Die Haftungsverfassung der Partnerschaftsgesellschaft mit beschränkter Berufshaftung

Schriften zum Gesellschafts-, Bilanz- und Unternehmensteuerrecht

Herausgegeben von Barbara Grunewald und Joachim Hennrichs

Band 26

Zur Qualitätssicherung und Peer Review der vorliegenden Publikation

Die Qualität der in dieser Reihe erscheinenden Arbeiten wird vor der Publikation durch den Herausgeber der Reihe geprüft.

Notes on the quality assurance and peer review of this publication

Prior to publication, the quality of the work published in this series is reviewed by the editor of the series.

Benedikt Statz

Die Haftungsverfassung der Partnerschaftsgesellschaft mit beschränkter Berufshaftung

PL ACADEMIC RESEARCH

Bibliografische Information der Deutschen Nationalbibliothek
Die Deutsche Nationalbibliothek verzeichnet diese Publikation in der Deutschen Nationalbibliografie; detaillierte bibliografische Daten sind im Internet über http://dnb.d-nb.de abrufbar.

Zugl.: Köln, Univ., Diss., 2017

D 38
ISSN 1867-500X
ISBN 978-3-631-72505-4 (Print)
E-ISBN 978-3-631-72802-4 (E-PDF)
E-ISBN 978-3-631-72803-1 (EPUB)
E-ISBN 978-3-631-72804-8 (MOBI)
DOI 10.3726/b11888

PL Academic Research ist ein Imprint der Peter Lang GmbH.

Peter Lang – Frankfurt am Main · Bern · Bruxelles · New York · Oxford · Warszawa · Wien

Diese Publikation wurde begutachtet.

www.peterlang.com

Vorwort

Die vorliegende Arbeit wurde im Wintersemester 2016/2017 von der rechtswissenschaftlichen Fakultät der Universität zu Köln als Dissertation angenommen. Literatur und Rechtsprechung wurden bis Januar 2017 berücksichtigt.

Zunächst danke ich aufrichtig meiner Doktormutter und Erstgutachterin Frau Prof. Dr. Barbara Grunewald für die hervorragende Betreuung während der gesamten Dauer des Promotionsvorhabens, in fachlicher wie auch in persönlicher Hinsicht. Zudem bin ich Herrn Prof. Dr. Joachim Hennrichs für die rasche Erstellung des Zweitgutachtens zu Dank verpflichtet. Beiden danke ich auch für die Aufnahme in die von ihnen herausgegebene Schriftenreihe.

Mein besonderer Dank gilt meiner Familie, allen voran meinen Eltern, für die uneingeschränkte Unterstützung vor und während der Entstehung dieser Arbeit. Ebenfalls sehr dankbar bin ich meiner besseren Hälfte, Frau Beatrice von Schmeling, die mit viel Verständnis und Rückhalt zu der Fertigstellung dieser Arbeit beigetragen hat.

Schließlich gilt mein herzlichster Dank Herrn Dr. Martin Grieß und Herrn Arnulf Mallmann für die abschließende Korrekturlesung des Manuskripts.

Köln, im Februar 2017 *Benedikt Statz*

Inhaltsverzeichnis

Abkürzungsverzeichnis

a.E.	am Ende
a.F.	alte Fassung
aA	anderer Auffassung
Abs.	Absatz
AcP	Archiv für die civilistische Praxis
AEUV	Vertrag über die Arbeitsweise der Europäischen Union
AG	Aktiengesellschaft
AHB	Allgemeine Versicherungsbedingungen für die Haftpflichtversicherung
AktG	Aktiengesetz
Alt.	Alternative
AnwBl	Anwaltsblatt
Art.	Artikel
AT	Allgemeiner Teil
Aufl.	Auflage
BB	Betriebs-Berater
Bd.	Band
BeckRS	Elektronische Entscheidungsdatenbank in beck-online
BGB	Bürgerliches Gesetzbuch
BGBl.	Bundesgesetzblatt
BGH	Bundesgerichtshof
BGHZ	Entscheidungen des Bundesgerichtshofs in Zivilsachen
BMJ	Bundesministerium der Justiz und für Verbraucherschutz
BORA	Berufsordnung der Rechtsanwälte
BRAK	Bundesrechtsanwaltskammer
BRAK-Mitt.	Mitteilungen der Bundesrechtsanwaltskammer
BRAO	Bundesrechtsanwaltsordnung
BR-Drucks.	Bundesrats-Drucksache
BT	Besonderer Teil
BT-Drucks.	Bundestags-Drucks.
BT Pl.Prot.	Bundestags-Plenarprotokoll
BVerfG	Bundesverfassungsgericht
bzw.	beziehungsweise
d.h.	das heißt
DAV	Deutscher Anwaltsverein
DB	Der Betrieb
ders.	derselbe
dies.	dieselbe
Diss.	Dissertation
DNotV	Deutscher Notarverein

DNotZ	Deutsche Notarzeitschrift
DRB	Deutscher Richterbund
DStR	Deutsches Steuerrecht
DVStB	Verordnung zur Durchführung der Vorschriften der Steuerberater, Steuerbevollmächtigte und Steuerberatungsgesellschaften
DZWIR	Deutsche Zeitschrift für Wirtschafts- und Insolvenzrecht
EBOR	European Business Organization Law Review
Einl.	Einleitung
EStG	Einkommenssteuergesetz
etc.	et cetera
EU	Europäische Union
EWS	Europäisches Wirtschafts- und Steuerrecht
f.	folgende (Einzahl)
F.A.Z.	Frankfurter Allgemeine Zeitung
ff.	folgende (Mehrzahl)
Fn.	Fußnote
FS	Festschrift
GbR	Gesellschaft bürgerlichen Rechts
GDV	Gesamtverband der Deutschen Versicherungswirtschaft
GewStG	Gewerbesteuergesetz
GG	Grundgesetz
GmbH	Gesellschaft mit beschränkter Berufshaftung
GmbH & Co. KG	Gesellschaft mit beschränkter Berufshaftung und Compagnie Kommanditgesellschaft
GmbHG	Gesetz über die Gesellschaft mit beschränkter Haftung
GmbHR	GmbH-Rundschau
GoA	Geschäftsführung ohne Auftrag
GS	Gedächtnisschrift
GWR	Gesellschafts- und Wirtschaftsrecht
Habil.	Habilitationsschrift
HFR	Humboldt Forum Recht
HGB	Handelsgesetzbuch
hrsg.	herausgegeben
HS	Halbsatz
i.H.v.	in Höhe von
i.S.d.	im Sinne des / der
i.S.v.	im Sinne von
i.V.m.	In Verbindung mit
InsO	Insolvenzordnung
IStR	Internationales Steuerrecht
IPRax	Praxis des Internationalen Privat- und Verfahrensrechts
jew. m. w. N.	jeweils mit weiteren Nachweisen
J.I.B.F.L.	Journal of International Banking and Financial Law
JR	Juristische Rundschau

JSE	Jura Studium & Examen
JuS	Juristische Schulung
JZ	Juristenzeitung
Kap.	Kapitel
KG	Kommanditgesellschaft
KGaA	Kommanditgesellschaft auf Aktien
KTS	Zeitschrift für Insolvenzrecht
Mitt.	Mitteilungen
MoMiG	Gesetz zur Modernisierung des GmbH-Rechts und zur Bekämpfung von Missbräuchen, BGBl. I 2008, 2026
LG	Landgericht
LLP	Limited Liability Partnership nach englischem Recht
m.w.N.	mit weiteren Nachweise
MDR	Monatsschrift für Deutsches Recht
NJ	Neue Justiz
NJW	Neue Juristische Wochenschrift
NJW-RR	Neue Juristische Wochenschrift- Rechtsprechungsreport
NotBZ	Zeitschrift für notarielle Beratungs- und Beurkundungspraxis
Nr.	Nummer
NWB	Neue Wirtschaftsbriefe
NZG	Neue Zeitschrift für Gesellschaftsrecht
OHG	Offene Handelsgesellschaft
OLG	Oberlandesgericht
PAO	Patentanwaltsordnung
PartGG	Partnerschaftsgesellschaftsgesetz
PartG mbB	Partnerschaftsgesellschaftsgesetz mit beschränkter Berufshaftung
PHi	Produkthaftpflicht International
r+s	recht und schaden
Rn.	Randnummer
Rz.	Randziffer
RNotZ	Rheinische Notar-Zeitschrift
Rspr.	Rechtsprechung
RSW	Risikobeschreibungen zur Vermögensschaden-Haftpflichtversicherung für Rechtsanwälte
s.	siehe
S.	Satz
ScheckG	Scheckgesetz
Slg.	Sammlung
sog.	so genannte/ n/ s
st. Rspr.	ständige Rechtsprechung
StB	Der Steuerberater
Stbg	Die Steuerberatung
StBG	Steuerberater Woche
StBerG	Steuerberatungsgesetz

u.a.	unter anderem
UG	Unternehmergesellschaft (haftungsbeschränkt)
UmwG	Umwandlungsgesetz
Univ.	Universität
UStG	Umsatzsteuergesetz
v.	von / vom
VersR	Versicherungsrecht
vgl.	vergleiche
VO	Verordnung
Vorb. / Vorbem.	Vorbemerkung
VVG	Versicherungsvertragsgesetz
WiB	Wirtschaftliche Beratung
WM	Wertpapier-Mitteilungen
WPg	Die Wirtschaftsprüfung
WPK-Mitt.	Mitteilungen der Wirtschaftsprüferkammer
WPO	Wirtschaftsprüferordnung
z.B.	zum Beispiel
ZAP	Zeitschrift für die Anwaltspraxis
ZGR	Zeitschrift für Unternehmens- und Gesellschaftsrecht
ZHR	Zeitschrift für das gesamte Handels- und Wirtschaftsrecht
Ziff.	Ziffer
ZIP	Zeitschrift für Wirtschaftsrecht
ZInsO	Zeitschrift für das gesamte Insolvenzrecht
ZNotP	Zeitschrift für die Notarpraxis
ZPO	Zivilprozessordnung
ZRP	Zeitschrift für Rechtspolitik

A. Einleitung

I. Ausgangslage

1. Bedürfnis bei Freiberuflern nach einer Haftungsbegrenzung kraft Rechtsform

Die Einführung der Partnerschaftsgesellschaft mit beschränkter Berufshaftung (PartG mbB) ist vor dem Hintergrund von zwei rechtstatsächlichen Entwicklungstendenzen zu betrachten, mit denen sich Freiberufler schon seit Jahrzehnten konfrontiert sehen, die sich aber in jüngster Vergangenheit in ihrer Intensität weiter verstärkt haben:

Auf der einen Seite steht ein ungebrochener Trend der freiberuflichen Berufsausübung weg von der klassischen Einzelpraxis, hin zu Berufsausübungsgesellschaften und großen freiberuflichen Dienstleistungsunternehmen[1]. Diese Entwicklung reflektiert, dass sich freiberufliche Leistungserbringung in einer immer komplexer werdenden Dienstleistungsgesellschaft einem zunehmend verstärkten nationalen und internationalen Wettbewerbs-, und damit einhergehenden Spezialisierungsdruck ausgesetzt sieht[2]. Die ständig umfangreicher und vielfältiger werdenden fachlichen Anforderungen an die einzelnen Professionen erfordern neben fundierten Grundkenntnissen auch außerordentliches Spezialwissen. Gleichzeitig verlangt der Markt nicht nur nach unterschiedlichen Fachrichtungen einer Profession, sondern auch nach verschiedenen Professionen „aus einer Hand“[3]. Die Nachfrage nach freiberuflichen Dienstleistungen besteht nicht länger nur regional, sondern zunehmend überregional und auch international[4]. Einen so gelagerten Beratungsbedarf können Berufsträger regelmäßig nur noch im Verbund abdecken. Neben dem sich wandelnden Anspruch an die Beratungsleistung, bedeutet der Zusammenschluss auch unter Kostengesichtspunkten Vorteile: Zum einen bringt die gemeinschaftliche Nutzung von personellen und sachlichen Hilfsmitteln Kostenersparnisse mit sich[5]. Zum anderen erfordert die Leistungserbringung häufig einen hohen Kapitaleinsatz – bspw. für medizinische

---

1 *Kämmerer*, Gutachten 68. DJT (2010), H 41; *Lenz*, in: M/GvW/H/L/W, PartGG, § 1 Rn. 3; *Wehrheim/Wirtz*, Die Partnerschaftsgesellschaft, S. 1; für Rechtsanwälte: *Henssler*, in: Henssler/Streck, HdB SozietätsR, A Rn. 3 ff.; für rechts- und steuerberatende Berufe: *Kunz*, in: Peres/Senft, SozietätsR, § 1 Rn. 1.

2 *Damm*, FS Raiser (2005), S. 23, 24; *Kämmerer*, Gutachten 68. DJT (2010), H 41.

3 *Bösert*, ZAP Fach 15, S. 137, 138; *Lenz*, in: M/GvW/H/L/W, PartGG, § 1 Rn. 3.

4 *Bösert*, ZAP Fach 15, S. 137, 138; *Lenz*, in: M/GvW/H/L/W, PartGG, § 1 Rn. 3.

5 *Henssler*, in: Henssler/Streck, HdB SozietätsR, A Rn. 4; *Kunz*, in: Peres/Senft, SozietätsR, § 1 Rn. 2.

Geräte oder umfangreiche EDV-Ausstattungen, den ein Einzelner kaum aufzubringen, geschweige denn zu amortisieren vermag[6].

Auf der anderen Seite ist die Situation der freiberuflichen Berufsausübung von zunehmenden Haftungsrisiken gekennzeichnet[7]. Diese Entwicklung deckt sich mit Erkenntnissen von Berufshaftpflichtversicherern, die seit einigen Jahren eine spürbare Zunahme der Geltendmachung von Schadensersatzansprüchen beobachten, etwa von Mandanten gegen Anwälte[8] oder von Patienten gegen Ärzte und Krankenhausträger[9]. Auf die Frage, welche Gründe diese Haftungsentwicklung hat, lässt sich keine pauschale Antwort finden. Zweifellos haben ein gesteigerter Wettbewerbs- und Zeitdruck, strengere Maßstäbe der Rechtsprechung an die berufliche Sorgfalt und die zunehmende Komplexität der jeweiligen Fachbereiche einen entscheidenden Einfluss. Hinzu kommt ein gesteigertes Anspruchsdenken auf Gläubigerseite[10], verbunden mit der zunehmenden Bereitschaft – gerade bei Mandaten aus der Wirtschaft – im Falle mutmaßlicher Falschberatung den Regressweg zu beschreiten[11].

Damit lässt sich festhalten: für Freiberufler besteht ein andauernder Trend zur gemeinschaftlichen Berufsausübung, gleichzeitig sehen sie sich immer größeren Haftungsrisiken ausgesetzt. Dieser rechtstatsächliche Befund begründet ein Bedürfnis von Freiberuflern nach angemessenen gesellschaftsrechtlichen Organisationsmöglichkeiten, die insbesondere auch der sich aus den erheblichen Haftungsgefahren ergebenden Notwendigkeit einer Haftungsbeschränkung bestmöglich gerecht werden.

2. Bisherige Rechtsformen nach deutschem Recht

Treffen Freiberufler die Entscheidung, sich zur gemeinschaftlichen Berufsausübung zusammenzuschließen, so sehen sie sich mit der Frage nach einer geeigneten Rechtsform konfrontiert. Die Rechtsformwahl stellt eine der grundlegenden organisatorischen Entscheidungen der gemeinsamen wirtschaftlichen Betätigung dar[12] und erfolgt unter Berücksichtigung einer Vielzahl von Entscheidungsgesichtspunkten[13]. Im Allgemeinen[14] und für Freiberufler in Anbetracht der zunehmenden

---

6 *Bösert*, ZAP Fach 15, S. 137, 138; *Henssler*, in: Henssler/Streck, HdB SozietätsR, A Rn. 4; *Lenz*, in: M/GvW/H/L/W, PartGG, § 1 Rn. 3.

7 *Hirte*, Stellungnahme Rechtsausschuss, S. 3; *Lohbeck*, JSE 2013, 5, 9.

8 *Helten*, F.A.Z. v. 16.12.2015, S. 16.

9 *Laufs/Kern*, in: Laufs/Kern, HdB Arztrecht, § 93 Rn. 1.

10 *Helten*, F.A.Z. v. 16.12.2015, S. 16; *Henssler*, FS 200 Jahre Carl Heymanns Verlag (2015), S. 195, 197 (für Rechtsanwälte).

11 für Rechtsanwälte: *Henssler*, FS 200 Jahre Carl Heymanns Verlag (2015), S. 195, 198; *Jatzkowski*, JUVE Rechtsmarkt 06/12, S. 53, 55.

12 *Fleischer*, in: MüKo GmbHG, Einleitung Rn. 299.

13 Übersichten zu Auswahlkriterien etwa bei *Fleischer*, in: MüKo GmbHG, Einleitung Rn. 300; *Heckschen/Bretschneider*, NotBZ 2013, 81, 83 (allgemein für Freiberufler); *Henssler*, in: Henssler/Streck, HdB SozietätsR, A Rn. 41 ff. (für Rechtsanwälte).

14 *Fleischer*, in: MüKo GmbHG, Einleitung Rn. 300 („Vorauswahl unter den Gesichtspunkten der Haftungsbeschränkung und Steueroptimierung").

Haftungsrisiken im Speziellen rückt dabei die Möglichkeit der Haftungsbeschränkung in den Vordergrund. Sofern Angehörige freier Berufe sich zu einem „Risikomanagement durch Rechtsformwahl“[15] entschlossen hatten, bot ihnen das deutsche Gesellschaftsrecht vor Einführung der PartG mbB unterschiedlich effektive Möglichkeiten, einschließlich der den jeweiligen Rechtsformen eigenen Vor- und Nachteilen.

Die unter Freiberuflern noch heute verbreitetste Verbandsform ist die Gesellschaft bürgerlichen Rechts (GbR)[16]. Eine sachgerechte Möglichkeit zur Beschränkung der persönlichen Haftung bietet diese Rechtsform indes nicht[17]. Tritt die GbR nach außen im Rechtsverkehr auf, so trifft die Gesellschafter nach gefestigter Rechtsprechung des BGH eine unmittelbare, persönliche, akzessorische und gesamtschuldnerische Haftung nach § 128 HGB analog[18]. Außerdem wendet der BGH § 130 HGB auf neu eintretende Gesellschafter an[19]. Gesellschaftern einer GbR bleibt damit einzig die Haftungsbeschränkung mittels vertraglicher Abrede, die allerdings aus rechtlichen und tatsächlichen Gründen keine gleichwertige Alternative zu einer Haftungsbeschränkung kraft Rechtsform darstellt[20].

Im Vergleich zum Zusammenschluss in einer GbR bietet die im Jahr 1995 speziell für Angehörige freier Berufe geschaffene Partnerschaftsgesellschaft[21] eine günstigere Haftungssituation. Auch hier haften zunächst gemäß § 8 Abs. 1 PartGG alle Gesellschafter akzessorisch neben der Gesellschaft, jedoch sieht § 8 Abs. 2 PartGG eine entscheidende Einschränkung für Berufsfehler vor: waren nur einzelne Partner mit der Bearbeitung eines Mandats befasst, so konzentriert sich die Haftung wegen fehlerhafter Berufsausübung auf diese Partner. Diese Haftungskonzentration ändert aber nichts daran, dass weiterhin mindestens ein Partner persönlich für den Berufsfehler einzustehen hat und außerhalb des Anwendungsbereiches von § 8 Abs. 2 PartGG weiterhin alle Partner unbeschränkt persönlich haften. Ferner bietet § 8 Abs. 2 PartGG in seiner Anwendung nicht immer die nötige Rechtssicherheit, da weiterhin zahlreiche Auslegungsfragen ungeklärt sind oder von der Rechtsprechung zum Nachteil der Gesellschafter entschieden wurden[22]. So hat der BGH[23] etwa in jüngerer Vergangenheit festgestellt, dass ein Partner nach § 8 Abs. 2 PartGG

15 *Kilian*, AnwBl 2012, 895; *Leuering*, NZG 2013, 1001.

16 *Heckschen/Bretschneider*, NotBZ 2013, 81, 83; für Rechtsanwälte: *Ulmer/Schäfer*, in: MüKo BGB, Vorbemerkungen §§ 705 ff. Rn. 36.

17 Vgl. nur *Römermann*, in: Michalski/Römermann, PartGG, Einführung Rn. 74.

18 *C. Schäfer*, in: MüKo BGB, § 714 Rn. 35 m.w.N.

19 BGHZ 154, 370, 372 ff. = NJW 2003, 1803, 1804 f.

20 Eingehend: *Leuering*, ZIP 2012, 1112, 1113 f.

21 Eingehend zur Entstehungsgeschichte des PartGG: *Römermann*, in: Michalski/Römermann, PartGG, Einführung Rn. 1 ff.

22 *Heckschen/Bretschneider*, NotBZ 2013, 81, 85; *Lieder*, NotBZ 2014, 81, 82; *Linardatos*, VersR 2013, 1488; *Lohbeck*, JSE 2013, 5, 11 f.; *Römermann*, in: Michalski/Römermann, PartGG, Einführung Rn. 62; *Römermann/Jähne*, BB 2015, 579; *Römermann/Praß*, NZG 2012, 601, 602.

23 BGH NJW 2010, 1360, 1361 f.

auch für solche Berufsfehler einzustehen habe, die bereits vor seiner Zuziehung, also ohne seine Beteiligung, begangen wurden und die er auch nicht mehr hätte korrigieren können. Entscheidend sei nur, dass er nach seinem Eintritt mit der „Bearbeitung des Auftrags befasst" gewesen sei. § 8 Abs. 2 PartGG sei als verschuldensunabhängige Handelndenhaftung zu verstehen.

Eine umfassende Haftungsbeschränkung können Freiberufler nur mit der Wahl einer Kapitalgesellschaft erreichen (vgl. § 13 Abs. 2 GmbHG, § 1 Abs. 1 S. 2 AktG)[24]. Allerdings muss die vollständige Freizeichnung von der persönlichen Inanspruchnahme mit einer Reihe von Nachteilen, gerade im Verhältnis zu Personengesellschaften, erkauft werden: es gelten strengere Vorschriften in Bezug auf Gründung, Organisation und Gesellschafterwechsel[25]. Kapitalgesellschaften unterliegen Bilanzierungs- sowie Publizitätspflichten (§§ 238 ff., 325 HGB)[26], und sind körperschaftssteuer-, sowie kraft Rechtsform gewerbesteuerpflichtig (§ 1 Abs. 1 Nr. 1 KStG, § 2 Abs. 2 GewStG)[27]. Hinzu kommt, dass die Berufsausübung in einer Kapitalgesellschaft vielfach mit strengen berufsrechtlichen Regelungen verbunden ist (bspw. §§ 59c ff. BRAO für eine Rechtsanwalts-Kapitalgesellschaft[28])[29]. In diesem Zusammenhang ist insbesondere ein von der Gesellschaft zu unterhaltender (erhöhter) Versicherungsschutz zu nennen (bspw. § 59j BRAO für eine Rechtsanwalts-Kapitalgesellschaft), der unter Kostengesichtspunkten negativ ins Gewicht fällt[30]. Aufgrund dieser Nachteile haben sich Kapitalgesellschaften in der Praxis bei der Rechtsformwahl von Freiberuflern weitgehend nicht durchsetzen können[31].

Die Möglichkeit, durch Wahl einer GmbH & Co. KG[32] die Vorteile einer Kapitalgesellschaft (insbesondere keine Haftung einer natürlichen Person) mit denen einer

---

24 Zur Rechtsentwicklung und Zulässigkeit in Bezug auf die einzelnen Freiberuflergruppen: *C. Schäfer*, in: Ulmer/Schäfer, Syst Komm GbR/PartGG, Vor § 1 PartGG Rn. 15 ff.

25 *Linardatos*, VersR 2013, 1488, 1489; *Lohbeck*, JSE 2013, 5, 8.

26 *Heckschen/Bretschneider*, NotBZ 2013, 81, 88 f.; *Römermann*, in: Michalski/Römermann, PartGG, Einführung Rn. 66.

27 *Heckschen/Bretschneider*, NotBZ 2013, 81, 88; *Kreße*, NJ 2013, 45, 47; *Linardatos*, VersR 2013, 1488, 1489; *Lohbeck*, JSE 2013, 5, 8.

28 Die §§ 59c ff. BRAO gelten direkt nur für eine Rechtsanwalt-GmbH, werden jedoch entsprechend auf eine Rechtsanwalts-AG angewandt, vgl. *Brüggemann*, in: Feuerich/Weyland, BRAO, Vor § 59c Rn. 8 ff. m.w.N.

29 Überblick bei *Fastrich*, in: Baumbach/Hueck, GmbHG, § 1 Rn. 9; *Michalski*, in: Michalski, GmbHG, § 1 Rn. 21 ff.

30 Vgl. nur *Henssler*, in: Henssler/Streck, HdB SozietätsR, A Rn. 60.

31 *Heckschen/Bretschneider*, NotBZ 2013, 81, 89.

32 Hierbei handelt es sich um eine Kommanditgesellschaft (KG), deren (in der Regel einziger) persönlich haftender Gesellschafter (Komplementär) eine GmbH ist. Rechtlich handelt es sich weiterhin um eine Personengesellschaft und die Zulässigkeit dieser Grundtypenvermischung gilt mittlerweile als anerkannt, vgl. *Roth*, in: Baumbach/Hopt, HGB, Anhang § 177a Rn. 1; *Grunewald*, in: MüKo HGB, § 161 Rn. 46 f. jew. m. w. N.

Personengesellschaft (jedenfalls zum Teil) zu verbinden[33], ist Freiberuflern weitgehend[34] versperrt. Eine KG ist eine Personenhandelsgesellschaft und setzt gemäß § 161 Abs. 1 HGB als Gesellschaftszweck den Betrieb eines Handelsgewerbes voraus. Nach tradierter Auffassung betreiben Freiberufler allerdings kein Gewerbe[35]. Diese Sichtweise hat der BGH mit seiner Entscheidung zur Unzulässigkeit einer Rechtsanwalts-GmbH & Co. KG unlängst wieder bekräftigt[36].

Im Ergebnis ist zu konstatieren, dass es Angehörigen freier Berufe an einer deutschen Gesellschaftsform fehlt, welche die Vorteile einer Haftungsbeschränkung mit denen einer Personengesellschaft kombiniert[37]. Während für Gewerbetreibende diese Lücke die GmbH & Co. KG zu schließen vermag, fehlt es Freiberuflern an einer gleichwertigen Verbandsform[38].

3. Präferenz für die Rechtsform der LLP nach englischem Recht

Angesichts dieser Schwächen im deutschen Gesellschaftsrechtskonzept für Freiberufler verwundert es nicht, dass ein zunehmendes Interesse von Freiberuflern, insbesondere von Rechtsanwälten[39], an der englischen Limited Liability Partnership (LLP)[40] aufkam[41].

Die LLP ist eine hybride Gesellschaftsform, die auch Freiberuflern offensteht und durch eine günstige Kombination von Merkmalen einer Personen- und Kapitalgesellschaft gekennzeichnet ist[42]. Während das Innenverhältnis weitgehend die Struktur einer Personengesellschaft aufweist[43] und die LLP steuerrechtlich grundsätzlich

---

33 Zu den Vorteilen einer GmbH & Co. KG: *Roth*, in: Baumbach/Hopt, HGB, Anhang § 177a Rn. 3; *Casper*, in: GroßKomm HGB, § 161 Rn. 80 ff.; *Grunewald*, in: MüKo HGB, § 161 Rn. 48 ff.

34 Anders nur für Wirtschaftsprüfer und Steuerberater, vgl. *Heckschen/Bretschneider*, NotBZ 2013, 81, 86 m.w.N.

35 *Roth*, in: Baumbach/Hopt, HGB, § 1 Rn. 19; *Kindler*, in: E/B/J/S, HGB, § 1 Rn. 38; *K. Schmidt*, in: MüKo HGB, § 1 Rn. 32 (gleichzeitig ktitisch gegenüber der Entscheidung des Gesetzgebers).

36 BGH NJW 2011, 3036. Das BVerfG nahm die hiergegen erhobene Verfassungsbeschwerde nicht zur Entscheidung an (vgl. Beschl. v. 6.12.2011–1 BvR 2280/11, NJW 2012, 993).

37 *Henssler*, NZG 2011, 1121, 1129 f.; *Kreße*, NJ 2013, 45, 48; *Römermann*, in: Michalski/Römermann, PartGG, Einführung Rn. 61; *Römermann/Praß*, NZG 2012, 601, 602; *Seibert*, DB 2013, 1710; *Seibert*, WPg 2013, I; andeutend: *Linardatos*, VersR 2013, 1488, 1489.

38 *Seibert*, DB 2013, 1710; *Seibert*, WPg 2013, I.

39 So schon *Triebel/Silny*, NJW 2008, 1034.

40 Im Folgenden ist stets die LLP nach englischem Recht maßgeblich.

41 *Henssler*, NZG 2011, 1121, 1129; *Henssler*, BB-Special 3/2010, 2, 3; *Römermann/Praß*, NZG 2012, 601, 602.

42 *Bank*, BB-Special 3/2010, 4, 5; *Triebel/Silny*, NJW 2008, 1034.

43 *Bank*, BB-Special 3/2010, 4, 5; *Eilers*, IStR 2008, 22; *Kilian*, NZG 2000, 1008, 1011 f.

wie eine solche zu behandeln ist[44], richten sich die Außenbeziehungen vornehmlich nach dem Recht der Kapitalgesellschaften[45]. Entscheidend dabei ist, dass die LLP über eine eigene Rechtspersönlichkeit verfügt und die Haftung umfassend auf das Gesellschaftsvermögen begrenzt ist – ohne dass ein gesetzliches Mindestkapital vorgesehen ist[46].

In Anbetracht der Rechtsprechung des EuGH zur Niederlassungsfreiheit (Art. 49, 54 AEUV) bestehen keine Bedenken gegen das Auftreten einer nach englischem Recht gegründeten LLP mit tatsächlichem Verwaltungssitz in Deutschland[47]. Allerdings sind zahlreiche rechtliche Fragen in Bezug auf eine in Deutschland tätige LLP ungeklärt[48], insbesondere, ob nicht auch den hierzulande beratenden Partner eine persönliche Haftung nach englischem Deliktsrecht trifft[49].

Auch wenn in tatsächlicher Hinsicht eine „Flucht in die LLP", wie vielfach in Bezug auf Rechtsanwälte kolportiert[50], schon mangels empirischen Nachweises zumindest stark bezweifelt werden durfte[51], geriet dennoch das deutsche Gesellschaftsrecht aufgrund des durch die Rechtsprechung des EuGH ausgelösten „Wettbewerbs der Rechtsformen"[52] international durch die LLP unter Druck. Denn die englische Rechtsordnung bot Freiberuflern (zumindest potentiell) die Möglichkeit einer umfassenden Haftungsbeschränkung in Verbindung mit personengesellschaftsrechtlichen Vorzügen an und deutsche Freiberufler machten von diesem Angebot vermehrt Gebrauch[53].

---

44 *Eilers*, IStR 2008, 22 m.w.N.

45 *Bank*, BB-Special 3/2010, 4, 5; *Henssler/Mansel*, FS Horn (2006), S. 403, 404.

46 *Bank*, BB-Special 3/2010, 4, 5; *Kilian*, NZG 2000, 1008, 1013 f.; *Triebel/Silny*, NJW 2008, 1034.

47 Vgl. nur *Heckschen/Bretschneider*, NotBZ 2013, 81, 90; *Henssler/Mansel*, NJW 2007, 1393; dazu auch unten Kapitel C. II.4.

48 Überblick bei *Grunewald*, ZIP 2012, 1115, 1116; Eingehend *Henssler/Mansel*, NJW 2007, 1393, 1395 ff.

49 Das englische Deliktsrecht kennt den *tort of negligence*, eine Vermögenshaftung auch bei Fahrlässigkeit (dazu eingehend *Tribel/Silny*, NJW 2008, 1034). Ob ein in Deutschland tätiger Partner nach englischem Deliktsrecht in Anspruch genommen werden kann, ist umstritten; dafür *Henssler/Mansel*, NJW 2007, 1393, 1395 ff., dagegen etwa *Triebel/Silny*, NJW 2008, 1034, 1035 ff. und mittlerweile auch *Henssler*, NJW 2014, 1761, 1765 ff. (aufgrund der Einführung der PartG mbB).

50 *Dahns*, NJW Spezial 2012, 190; *Ewer*, AnwBl 2010, 857; *Salger*, DB 2012, 1794.

51 *DRB*, Stellungnahme Rechtsausschuss, S. 3; *Lieder*, NotBZ 2014, 81, 84; *Römermann*, NJW 2013, 2305, 2306; *Römermann/Jähne*, BB 2015, 579, *Tröger/Pfaffinger*, JZ 2013, 812; deutlicher *Grunewald*, ZIP 2012, 1115, 1117 („vielleicht nur ein Phantomgegner").

52 *Eidenmüller*, ZGR 2007, 168, 169.

53 In diese Richtung *Lohbeck*, JSE 2013, 5, 15.

II. Einführung der PartG mbB

Vor diesem Hintergrund führte der Gesetzgeber die PartG mbB als jüngste Erweiterung des deutschen Gesellschaftsrechtssystems ein. Eingeleitet wurde das Gesetzgebungsverfahren[54] mit Veröffentlichung eines Referentenentwurfs des Bundesjustizministeriums am 15.2.2012[55]. Darauf folgte am 15.8.2012 ein Regierungsentwurf, der dem Deutschen Bundestag zugeleitet wurde[56]. Dort wurde der Gesetzesentwurf nach erster Lesung an die zuständigen Ausschüsse überwiesen[57]. Am 12.6.2013 gab der Rechtsausschuss in seinem Bericht eine Beschlussempfehlung ab, der einige Änderungen enthielt, das Grundkonzept des Gesetzesentwurfs aber unberührt ließ[58]. Unter Zugrundelegung dieser Beschlussempfehlung stimmte der Bundestag in zweiter und dritter Lesung dem Gesetzesentwurf zu. Am 19.7.2013 trat das „Gesetz zur Einführung einer Partnerschaftsgesellschaft mit beschränkter Berufshaftung und zur Änderung des Berufsrechts der Rechtsanwälte, Patentanwälte, Steuerberater und Wirtschaftsprüfer" schließlich in Kraft[59].

Maßgebliches Anliegen des Gesetzgebers war es, Freiberuflern eine deutsche Alternative zur LLP an die Hand zu geben[60]. Allgemeiner gefasst wird man aufgrund der dargestellten Ausgangslage sagen müssen, dass es darum ging, eine Gesellschaft anzubieten, die die Vorzüge einer Personengesellschaft mit einer Haftungsbeschränkung (für Berufsfehler) auf das Gesellschaftsvermögen verbindet[61].

Kernstück der Neuregelung ist ein neu eingefügter Absatz 4 in § 8 PartGG, nach dem die Haftung für Schäden wegen fehlerhafter Berufsausübung auf das Gesellschaftsvermögen beschränkt ist, sofern eine zu diesem Zweck durch Gesetz vorgegebene Berufshaftpflichtversicherung von der Partnerschaft unterhalten wird. Flankiert wird die Einführung der PartG mbB durch einen in § 4 PartGG neu angefügten Absatz 3 sowie eine Neufassung von § 7 Abs. 5 PartGG. Die Ausgestaltung der spezifischen Berufshaftpflichtversicherung i.S.v. § 8 Abs. 4 PartGG soll durch die jeweiligen Berufsgesetze erfolgen. Anfangs stand die PartG mbB nur den Berufsgruppen der Rechtsanwälte, Patentanwälte, Steuerberater und Wirtschaftsprüfer

54 Eingehend zum Gesetzgebungsverfahren: *Römermann*, in: Michalski/Römermann, PartGG, § 8 Rn. 71 ff.

55 Online abrufbar unter: www.bmjv.de/SharedDocs/Gesetzgebungsverfahren/Dokumente/RefE_Gesetz_zur_Einfuehrung_einer_Partnerschaftsgesellschaft_mbB.html (letztes Abrufdatum. 22.10.2016).

56 BT-Drucks. 17/10487, S. 1, 5.

57 BT Pl.Prot. 17/195, 23579, 23583.

58 BT-Drucks. 17/13944.

59 BGBl. I 2013, Nr. 38, S. 2386.

60 BT-Drucks. 17/10487, S. 1, 10.

61 So auch *Bachmann/Schaloske*, PHi 2013, 202; *Linardatos*, VersR 2013, 1488, 1489; in diese Richtung *Römermann*, in: Michalski/Römermann, PartGG, Einführung Rn. 61.

offen. Mittlerweile wurde die Gesellschaft durch entsprechende berufsrechtliche Regelungen auch für andere Freiberufler wie bspw. Architekten und (beratende) Ingenieure geöffnet[62].

In der Praxis hat die PartG mbB seit ihrer Einführung regen Zuspruch erfahren. Bis Ende 2015 hat sich die Zahl auf 2957 Gesellschaften erhöht, was eine Zunahme von 74% gegenüber dem Vorjahr bedeutet. Die PartG mbB nimmt damit einen Anteil von über 24% von allen Partnerschaften ein[63].

Eine solche positive Aufnahme der neuen Organisationsform deutete bereits eine Umfrage des Soldan Instituts aus dem Jahr 2011 bei Rechtsanwälten an, nach der sich 71% der Befragten für die Schaffung einer Personengesellschaft ohne persönliche Gesellschafterhaftung bei Berufsfehlern aussprachen[64].

III. Ziel und Gang der Untersuchung

1. Ziel der Untersuchung

Ziel der Untersuchung ist eine umfassende Darstellung der Haftungsverhältnisse bei der Partnerschaftsgesellschaft mit beschränkter Berufshaftung. Unter verschiedenen Blickwinkeln wird untersucht, ob es dem Gesetzgeber gelungen ist, Freiberuflern eine rechtlich konsistente und praxistaugliche Organisationsform zwecks Haftungsbeschränkung zur Verfügung zu stellen. Haftungsrisiken für die Gesellschafter werden identifiziert, sowie Möglichkeiten aufgezeigt, diesen Risiken zu begegnen. Die Untersuchung der Haftungsstrukturen bildet den Schwerpunkt der Arbeit. Jede haftungsbeschränkte Rechtsform bedeutet indes eine Belastung des Rechtsverkehrs. Daher wird insbesondere auch der Frage nachgegangen, ob der Gesetzgeber bei der PartG mbB ein angemessenes Gläubigerschutzkonzept implementiert hat.

Anliegen der Arbeit ist es, Aussagen zu treffen, die für jedwede PartG mbB Geltung beanspruchen. Daher wird im Ausgangspunkt ein allgemeiner Ansatz verfolgt, soweit möglich, losgelöst von den Besonderheiten der verschiedenen Professionen. Da sich allerdings jede Untersuchung der PartG mbB notwendigerweise mit den unterschiedlichen berufsrechtlichen Anforderungen konfrontiert sieht, wird dort, wo es die Darstellung erfordert, das Berufsrecht von Rechtsanwälten herangezogen.

2. Gang der Untersuchung

Das erste Kapitel widmet sich den rechtsdogmatischen Grundlagen der PartG mbB. Dabei wird geklärt, welche Stellung die PartG mbB innerhalb des deutschen Verbandsrechts einnimmt und welche grundsätzlichen Strukturmerkmale diese neue Verbandsform aufweist. Anschließend erfolgt eine nähere Untersuchung der Systematik der Haftungsbeschränkung gemäß § 8 Abs. 4 PartGG.

---

62 Übersicht bei *Korch*, GmbHR 2016, 150, 151.

63 *Lieder/Hoffmann*, NZG 2016, 287.

64 *Kilian*, AnwBl 2012, 957, 958 ff.

Im zweiten Kapitel werden die einzelnen Entstehungsvoraussetzungen der PartG mbB – sowohl für den Fall der Neugründung, als auch einer Umwandlung aus einer bestehenden Gesellschaft – untersucht.

Daran schließt sich im dritten Kapitel eine detaillierte Analyse der Reichweite der Haftungsbeschränkung gemäß § 8 Abs. 4 PartGG an. Schwerpunkte sind die Herausarbeitung der hiervon erfassten Anspruchsgrundlagen, sowie die Klärung der Frage, inwieweit die zu unterhaltende Berufshaftpflichtversicherung Einfluss auf den Umfang der Haftungsprivilegierung hat.

Das vierte Kapitel beschäftigt sich mit Fragen zu der spezifischen Berufshaftpflichtversicherung i.S.v. § 8 Abs. 4 PartGG. Das Tatbestandsmerkmal des „Unterhaltens" einer solchen Versicherung, versicherungsrechtliche Einzelfragen und die eingehende Darstellung der Berufshaftpflichtversicherung einer PartG mbB von Rechtsanwälten sowie einer interprofessionellen PartG mbB stehen im Mittelpunkt.

Das fünfte Kapitel setzt sich zunächst mit den Haftungsfragen bei Veränderung der Gesellschaftsstruktur einer PartG mbB auseinander. Hier soll insbesondere die für die Praxis relevante Frage geklärt werden, welche Auswirkungen die Änderung des Haftungsstatus bei einem Wechsel hin zu einer PartG mbB auf bereits vor der Strukturänderung begründete Mandatsbeziehungen hat. Zudem werden die haftungsrechtlichen Konsequenzen eines Beitritts in eine PartG mbB, sowie eines Austritts aus einer PartG mbB für den betroffenen Gesellschafter erörtert.

Im sechsten Kapitel wird geklärt, welche haftungsrelevanten Fragestellungen sich bei der PartG mbB im Zusammenhang mit der Publizität des Partnerschaftsregisters sowie nach allgemeinen Rechtsscheingrundsätzen ergeben. Insbesondere wird die Bedeutung des Rechtsformzusatzes nach § 8 Abs. 4 S. 3 PartGG in diesem Zusammenhang näher beleuchtet.

Den Schwerpunkt des siebten Kapitels bildet die Fragestellung, ob die bislang klassischerweise im Kapitalgesellschaftsrecht erörterten Fallgruppen eines Haftungsdurchgriffs auf die Gesellschafter auch bei der PartG mbB Geltung beanspruchen. Außerdem wird geklärt, ob eine persönliche Inanspruchnahme der Gesellschafter wegen Insolvenzverschleppung möglich ist (§ 823 Abs. 2 BGB i.V.m. § 15a InsO).

Das achte Kapitel befasst sich mit Fragen der Innenhaftung bei der PartG mbB. Insbesondere wird der Frage nachgegangen, ob der im Außenverhältnis wirkende „Haftungsschirm" des § 8 Abs. 4 PartGG möglicherweise durch einen Innenregress der Gesellschaft gegenüber den Gesellschaftern konterkariert wird.

Abschließend erfolgt eine umfassende Gesamtbetrachtung der Haftungsverfassung der PartG mbB, in der zum einen einerseits eine wertende Analyse der Haftungsrisiken und (haftungsrechtlichen) Vorteile für die Gesellschafter erfolgt, zum anderen geklärt wird, ob der Gesetzgeber ein angemessenes Gläubigerschutzkonzept bei der PartG mbB implementiert hat.

Zugunsten einer Schwerpunktsetzung auf die umfassende Darstellung der Haftungsstrukturen einer PartG mbB wird bewusst auf einen Rechtsformvergleich, insbesondere ob die PartG mbB eine gleichwertige Alternative zur LLP darstellt, verzichtet, zumal diese Thematik schon hinreichend in der Literatur behandelt worden ist[65].

65 Eingehend insbesondere *Fischer*, S. 203 ff.; *Hennen*, S. 163 ff.; *Kienzler*, S. 195 ff.

B. Rechtsdogmatische Grundlagen der PartG mbB

I. PartG mbB als Rechtsformvariante

Trägt ein Gesetz, das Änderungen gesellschaftsrechtlicher Normen mit sich bringt, den Namen „Einführung einer Partnerschaftsgesellschaft mit beschränkter Berufshaftung [...]“, könnte dies zunächst vermuten lassen, der Gesetzgeber habe eine neue Gesellschaftsform schaffen wollen. Eine solche Annahme erweist sich indes bei genauerer Betrachtung als unzutreffend. Die PartG mbB ist (lediglich) eine Rechtsformvariante der Partnerschaft. Diese Sichtweise entspricht der wohl einhelligen Ansicht des Schrifttums[66] und wurde mittlerweile auch obergerichtlich bestätigt[67]. Darauf deutet bereits der Wortlaut des Gesetzes hin, da § 8 Abs. 4 PartGG die PartG mbB durchgehend als „Partnerschaft“ bezeichnet[68]. Die Richtigkeit einer solchen Sichtweise bestätigt weiter die Gesetzesbegründung[69]. Außerdem spricht für die Annahme einer Rechtsformvariante die Systematik des Gesetzes selbst[70]. Die PartG mbB ist in einem neuen Absatz 4 von § 8 PartGG verortet, der die Haftung bei der Partnerschaftsgesellschaft insgesamt betrifft. § 8 Abs. 4 PartGG sieht als Ausnahme von der Regel einer gesamtschuldnerischen persönlichen Haftung der Partner nach § 8 Abs. 1 PartGG und in Abweichung von der bisherigen Handelndenhaftung des § 8 Abs. 2 PartGG eine auf das Gesellschaftsvermögen beschränkte Haftung für berufliche Fehler vor. Die Haftung für sonstige Verbindlichkeiten richtet sich in beiden Fällen weiter nach § 8 Abs. 1 PartGG. Somit folgen die „normale“[71] Partnerschaft und die PartG mbB bei der Haftung denselben Regeln, nur im Hinblick auf die Haftung für Schäden aus Berufsfehlern unterscheiden sie sich. Dies bringt zum Ausdruck, dass es sich im Kern bei der PartG mbB noch um die Rechtsform Partnerschaftsgesellschaft handelt, nur in einem leicht abgewandelten Gewand. Des Weiteren spricht die sonst vom Gesetzgeber verfolgte Regelungstechnik hinsichtlich eigenständiger Rechtsformen und Rechtsformvarianten einer Rechtsform für die Annahme einer Rechtsformvariante[72]: eine eigene Rechtsform ist regelmäßig

---

66 Vgl. nur *Brüggemann*, in: Feuerich/Weyland, BRAO, § 8 PartGG Rn. 20; *Henssler*, in: Henssler/Prütting, BRAO, § 8 PartGG Rn. 57; *Gummert*, in: MAH Personengesellschaftsrecht, § 7 Rn. 72; *C. Schäfer*, in: MüKo BGB, § 8 PartGG Rn. 41; *Posegga*, in: Peres/Senft, SozietätsR, § 19 Rn. 6.

67 OLG Nürnberg, BB 2014, 534.

68 *Cramer*, GWR 2014, 197.

69 BT-Drucks. 17/10487, S. 15; OLG Nürnberg, BB 2014, 534 m.w. N.

70 *Römermann*, BB 2014, 535.

71 Diese Formulierung verwendet der Gesetzgeber für die Partnerschaftsgesellschaft nach bisherigem Recht, vgl. BT-Drucks. 17/10487, S. 12.

72 OLG Nürnberg, BB 2014, 534.

entweder mit eigenen gesetzlichen Regelungen verbunden[73] oder zumindest mit einem eigenen Abschnitt innerhalb eines Gesetzes[74]. Die Variante einer Rechtsform wurde hingegen wie bei der PartG mbB durch Implementierung einer Vorschrift innerhalb des für die Rechtsform geltenden Gesetzes geschaffen[75].

Im Ergebnis sieht die Rechtsform *„Partnerschaftsgesellschaft“* nun zwei Varianten vor[76], die sich hinsichtlich ihres Haftungsregimes bei Schäden aus fehlerhafter Berufsausübung unterscheiden[77]. Zum einen gibt es weiter die bisherige *Partnerschaft (mit Handelndenhaftung nach § 8 Abs. 2 PartGG)*, zum anderen existiert nunmehr die *Partnerschaftsgesellschaft mit beschränkter Berufshaftung*. Dabei stehen beide Varianten selbstständig nebeneinander[78] und die PartG mbB stellt lediglich ein Angebot dar, mit der Wahl dieser Rechtsformvariante die Haftung für Berufsfehler auf das Gesellschaftsvermögen zu beschränken. Die Haftungsbeschränkung nach § 8 Abs. 4 PartGG ist, anders als § 8 Abs. 2 PartGG, kein zwingendes Element der Partnerschaftsgesellschaft, sondern lediglich eine Option[79].

Aufgrund der rechtlichen Qualifikation als Rechtsformvariante der Partnerschaftsgesellschaft ergibt sich, dass die PartG mbB im Grundsatz sämtlichen für die herkömmliche Partnerschaft geltenden Rechtsvorschriften, einschließlich solcher außerhalb des PartGG, unterliegt[80]. Etwas anderes gilt dann, soweit sich aus den ausdrücklich für die PartG mbB geschaffenen Regelungen Abweichungen ergeben[81] oder die Anwendung von auf die Partnerschaft anwendbaren Normen mit der PartG mbB als solcher bzw. der beschränkten Haftung nicht vereinbar wäre[82]. Damit entspricht die Organisationsverfassung der PartG mbB, sieht man von dem unterschiedlichen Haftungsregime bei Schäden wegen fehlerhafter Berufsausübung ab, der einer „normalen“ Partnerschaft.

---

73 So z.B. für die AG das AktG, für die GmbH das GmbHG.

74 So bei der OHG (Zweites Buch, Erster Abschnitt) und KG (Zweites Buch, Zweiter Abschnitt) im HGB.

75 So geschehen für die UG gemäß § 5a GmbHG als Rechtsformvariante der GmbH, vgl. nur *Fastrich*, in: Baumbach/Hueck, GmbHG, § 5a Rn. 7; *Roth*, in: Roth/Altmeppen, GmbHG, § 5a Rn. 5.

76 BT-Drucks. 17/10487, S. 15.

77 *Henssler*, in: Henssler/Prütting, BRAO, § 8 PartGG Rn. 57; *Leitzen*, DNotZ 2013, 596, 597; *Römermann/Praß*, NZG 2012, 601, 606.

78 BT-Drucks. 17/10487, S. 11.

79 BT-Drucks. 17/10487, S. 11, 15 („neue Möglichkeit“); *Posegga*, in: Peres/Senft, SozietätsR, § 19 Rn. 6; *Ruppert*, DStR 2013, 1623, 1624.

80 *Beck*, AnwBl 2015, 380; *Leitzen*, DNotZ 2013, 596, 597; *Posegga*, in: Peres/Senft, SozietätsR, § 19 Rn. 6.

81 So schließen sich etwa § 8 Abs. 2 und Abs. 4 PartGG zwangsläufig gegenseitig aus, vgl. *Leuering*, NZG 2013, 1001, 1003.

82 *Bauer*, BRAK-Mitt 2013, 202 f.; *Leitzen*, NotBZ 2013, 596, 597.

II. Strukturmerkmale der PartG mbB

Nachfolgend werden die grundsätzlichen Strukturmerkmale der PartG mbB herausgearbeitet. Im Zentrum der Überlegung soll dabei die Einordnung der PartG mbB in das gesellschaftsrechtliche System der Grundformen von Personenvereinigungen stehen, also ob es sich um eine Personengesellschaft (§§ 705 ff. BGB) oder um eine Körperschaft (§§ 21 ff. BGB)[83] handelt. Für die Beantwortung der Frage, ob es sich bei der PartG mbB um eine juristische Person[84] handelt, reicht es aus, darauf abzustellen, ob die Verbandsform nach dem System der Normativbestimmungen als juristische Person anerkannt wird oder nicht[85]. Dies ist bei der PartG mbB, anders als etwa bei der GmbH in § 13 Abs. 2 GmbHG und der AG in § 1 Abs. 1 S. 1 AktG, ausdrücklich nicht vorgesehen[86]. Es ist daher in diesem Zusammenhang nicht erforderlich, die kontroverse Theorie über das Wesen der juristischen Person[87] wiederzubeleben[88] oder sich damit weiter auseinanderzusetzen[89]. Die rechtspraktische Bedeutung ist angesichts der Anerkennung der Rechtsfähigkeit von Personengesellschaften ohnehin gering[90].

Die Rechtsfähigkeit der PartG mbB ergibt sich aus § 7 Abs. 2 PartGG i.V.m. § 124 HGB. Zudem ist die PartG mbB ebenso wie die herkömmliche Partnerschaft[91] Gesamthandsgemeinschaft gemäß § 1 Abs. 4 PartGG i.V.m. §§ 718 ff. BGB.

Fraglich ist, wie die PartG mbB in das System der Grundformen von Personenvereinigungen einzuordnen ist. Charakteristikum einer Personengesellschaft ist, dass die Person des Gesellschafters für seine Rechte und Pflichten entscheidend ist, Charakteristikum der Kapitalgesellschaft ist eine weitreichende Verselbstständigung der

83 *Grunewald*, GesR, § 1 Rn. 1; *Kübler/Assmann*, GesR, § 3 I., S. 22 ff.; *K. Schmidt*, GesR, § 3 I. 2. a), S. 46; *Windbichler*, § 2 Rn. 9 ff.

84 Bei einer juristischen Person handelt es sich um eine Gesellschaft mit eigener Rechtspersönlichkeit, die selbst Trägerin von Rechten und Pflichten sowie des Gesellschaftsvermögens ist. Typischerweise sind Körperschaften juristische Personen, was allerdings nicht zwingend einher geht, wie der nicht rechtsfähige Verein (Körperschaft, aber keine juristische Person) zeigt, vgl. *Grunewald*, GesR, § 4 Rn. 12; *Windbichler*, GesR, § 2 Rn. 7.

85 *Michalski*, in: Michalski, GmbHG, Syst. Darst. 1 Rn. 24 f.; *Römermann/Praß*, NZG 2012, 601, 606; *Windbichler*, GesR, § 2 Rn. 8.

86 *Römermann/Praß*, NZG 2012, 601, 606; im Ergebnis: *Beck*, AnwBl 2015, 380; *Suyr*, S. 27 f.

87 Eingehend: *K. Schmidt*, GesR, § 8 II., S. 186 ff.

88 *Römermann/Praß*, NZG 2012, 601, 606.

89 Zur Frage der (weiteren) Annäherung von juristischer Person und rechtsfähiger Persongesellschaft, *Fischer*, S. 42 ff.

90 *Windbichler*, GesR, § 2 Rn. 8.

91 *Henssler*, PartGG, Einführung Rn. 10; *Hirtz*, in: Henssler/Strohn, GesR, § 7 PartGG Rn. 8; *Salger*, in: MüHdB GesR, Bd. 1, § 37 Rn. 1 f.; *C. Schäfer*, in: MüKo BGB, § 7 PartGG Rn. 10.

Körperschaft von den einzelnen Mitgliedern[92]. Die Einteilung erfolgt nach der Idee des Gesetzes, nicht nach der jeweiligen Ausprägung einer bestimmten Gesellschaft[93].

Herkömmlich werden zur Unterscheidung von Personen- und Kapitalgesellschaften folgende Merkmale herangezogen[94]: Personengesellschaften sind vom Mitgliederbestand abhängig, Körperschaften sind hingegen hiervon unabhängig und auf einen Mitgliederwechsel ausgelegt. Die Willensbildung erfolgt bei Personengesellschaften nach dem Einstimmigkeitsprinzip, bei Körperschaften nach dem Mehrheitsprinzip. Bei Personengesellschaften erfolgt die Geschäftsführung durch die Mitglieder selbst (Prinzip der Selbstorganschaft), bei Körperschaften gilt das Prinzip der Fremdorganschaft.

Klammert man die unterschiedliche Haftungsstruktur aus, so weist die PartG mbB, genau wie die herkömmliche Partnerschaft[95], sämtliche Merkmale einer Personengesellschaft auf[96]. Dies ist zwingend, gelten doch grundsätzlich alle Vorschriften des PartGG auch für die PartG mbB und handelt es sich bei dieser um eine Rechtsformvariante der Partnerschaft. Dieser Feststellung schließt sich die Frage an, welche Auswirkungen die beschränkte Haftung – denn nur um diese kann es bei einer abschließenden Klassifizierung gehen – auf die rechtliche Einordnung der PartG mbB als Personengesellschaft[97], als Körperschaft oder gar als Hybrid[98] zwischen diesen beiden Organisationsformen hat.

Dabei ist festzustellen, dass es sich bei der Haftungsprivilegierung zugunsten der Gesellschafter um kein Strukturmerkmal handelt, das den Körperschaften vorbehalten ist. Dies zeigt ein Blick auf die Kommanditgesellschaft[99], bei der die

---

92 *Grunewald*, GesR § 1 Rn. 1; *Saenger*, GesR, § 2 Rn. 12 f.; *K. Schmidt*, GesR, § 3 I. 2. a), S. 46; *Windbichler*, GesR, § 2 Rn. 17.

93 *Grunewald*, GesR, Vor § 1 Rn. 1, 3; *Hadding*, FG Zivilrechtslehrer (1999), S. 147, 148 f.; *K. Schmidt*, GesR, § 3 I. 2. c), S. 47 (entscheidend ist die vom Gesetz vorgegebene „Idealstruktur", nicht die tatsächlich anzutreffende „Realstruktur").

94 *Kübler/Assmann*, GesR, § 3 I, II, S. 23 f.; *Grunewald*, GesR, Vor § 1 Rn. 1; *Windbichler*, GesR, § 2 Rn. 11 f. jew. m.w.N.

95 Vgl. nur *Brüggemann*, in: Feuerich/Weyland, BRAO, § 1 PartGG Rn. 6 f; *Henssler*, PartGG, § 1 Rn. 2; *C. Schäfer*, in: MüKo BGB, § 1 PartGG Rn. 7; *Seibert/Kilian*, in: Kilian, PartGG, § 1 Rn. 2.

96 Keine Vererblichkeit der Mitgliedschaft (§ 9 Abs. 4 PartGG), persönliche Haftung außerhalb der Haftungsbeschränkung (§ 8 Abs. 1 PartGG), Selbstorganschaft (§ 7 Abs. 3 PartGG i.V.m. § 125 HGB), Einstimmigkeitsprinzip (§ 6 Abs. 3 PartGG i.V.m. § 119 HGB).

97 *Beck*, AnwBl 2015, 380; *Heckschen/Bretschneider*, NotBZ 2013, 81, 91; *Henssler*, in: Henssler/Prütting, BRAO, § 8 PartGG Rn. 62; *Korch*, GmbHR 2016, 150; *Römermann*, in: Michalski/Römermann, PartGG, Einführung Rn. 98; *Römermann/Praß*, NZG 2012, 601, 606; *Seibert*, DB 2013, 1710, 1711; *Uwer/Roeding*, AnwBl 2013, 309.

98 So wohl *Beuthien*, ZRP 2012, 127; *Linardatos*, VersR 2013, 1488, 1497; *Posegga*, in: Peres/Senft, Sozietätsrecht, § 19 Rn. 15.

99 *Hadding*, FG Zivilrechtslehrer (1999), S. 147, 171 f.; *K. Schmidt*, GesR, § 8 IV. 2. f), S. 211.

persönliche Haftung des Kommanditisten nach erbrachter Einlage ausgeschlossen ist (§§ 171 Abs. 1, 172 Abs. 1 HGB)[100]. Die beschränkte Haftung des Kommanditisten rückt die KG zwar in die Nähe der Kapitalgesellschaften[101], gleichwohl ändert dies nichts an ihrer Qualifikation als Personengesellschaft. Ebenso ist bei der Stillen Gesellschaft und der Innen-GbR als bloße Innengesellschaften (selbstverständlich) keine persönliche Haftung angeordnet[102]. Zudem führt § 8 Abs. 2 PartGG zum Ausschluss der persönlichen Haftung der nicht mit dem Auftrag befassten Partner in Bezug auf die Berufshaftung[103] und sorgt so für ein Haftungssystem mit „ständig wechselnden Komplementären"[104]. Trotz dieser Einschränkung im Hinblick auf die unbeschränkte Haftung aller Gesellschafter sind diese Verbände einhellig als Personengesellschaften zu klassifizieren. Dies relativiert jedenfalls, dass für die Abgrenzung der Organisationsstrukturen die Haftung der Gesellschafter ein ausschlaggebendes Merkmal ist. Teilweise wird auch vertreten, dass die Haftungsverhältnisse aus den genannten Gründen keinen zwingenden Strukturunterschied darstellen könnten[105]. Die Bedeutung der Haftungsstruktur für die Klassifizierung der PartG mbB relativiert sich weiter, da die Gesellschafter weiterhin eine unbeschränkte persönliche Haftung gemäß § 8 Abs. 1 PartGG trifft und die für Personengesellschaften (bislang) typische[106] Gesellschafterhaftung nur im Umfang von § 8 Abs. 4 PartGG durchbrochen wird. Weitergehend wird teilweise sogar die nach wie vor bestehende persönliche Haftung als maßgeblicher Grund dafür angeführt, dass die PartG mbB sich in das System der Personengesellschaften einfüge[107].

Bezieht man sich auf die eingangs beschriebene Grundüberlegung zur Charakterisierung einer Personengesellschaft, nämlich die Abhängigkeit der Gesellschaft von ihren Mitgliedern, so wird die untergeordnete Bedeutung der Haftungsstruktur weiter deutlich. Diese wirkt ausschließlich im Außenverhältnis und sagt nichts darüber aus, wie die Gesellschaft zu dem Bestand ihrer Mitglieder steht.

Im Ergebnis sorgt der Umstand, dass die PartG mbB mit der beschränkten Haftung ein Merkmal aufweist, dass typischerweise – aber wie gezeigt nicht zwingend ausschließlich – bei Körperschaften anzutreffen ist, nicht für eine Vorherrschaft

100 Einzelheiten *K. Schmidt*, in: MüKo HGB, § 172 Rn. 4 ff.

101 *Thiessen*, in: GroßKomm HGB, § 171 Rn. 9.

102 *Hadding*, FG Zivilrechtslehrer (1999), S. 147, 172.

103 Vgl. nur *Hirtz*, in: Henssler/Strohn, GesR, § 8 PartGG Rn. 15 ff.

104 BT-Drucks. 17/10487, S. 13.

105 *Hadding*, FG Zivilrechtslehrer (1999), S. 147, 171 ff.; *Raiser*, in: FS Lutter (2000), S. 637, 643; *K. Schmidt*, GesR, § 8 IV. 2. f), S. 211; wohl auch *Wiedemann*, GesR, Bd. I, § 2 I. 1. a) bb), S. 90 ff., der die Haftungsverhältnisse nicht als Unterscheidungsmerkmal zwischen Körperschaft und Personengesellschaft anführt.

106 *Klimke*, in: BeckOK HGB, § 128 Rn. 1 („allgemeines Prinzip des Personengesellschaftsrechts").

107 *Henssler*, in: Henssler/Prütting, BRAO, § 8 PartGG Rn. 62; *Seibert*, DB 2013, 1710, 1711; wohl auch *Hellwig*, NJW 2011, 1557, 1559; *Hellwig*, AnwBl 2012, 345, 346.

körperschaftsrechtlichen Denkens[108]. Ebenso wie bei der GmbH, die im Innenverhältnis personalistische Strukturmerkmale aufweist[109], aufgrund derer aber weder als Personengesellschaft, noch als Mischform zweier Strukturtypen angesehen wird[110], muss für die Einordnung in das gesellschaftsrechtliche System der Grundformen von Personenvereinigungen der Gesamtcharakter der Gesellschaft entscheidend sein. Bei der PartG mbB liegt der Schwerpunkt eindeutig bei Strukturmerkmalen, die sie zu einer Personengesellschaft machen. Diese Auffassung teilt auch der Gesetzgeber[111]. Der Annahme einer Mischform bzw. eines Hybrids ist demnach nicht zu folgen.

III. Systematik der Haftungsbeschränkung

1. Grundkonzeption der Haftungsbeschränkung

§ 8 Abs. 4 S. 1 PartGG ordnet die Haftungsbeschränkung für die PartG mbB an. Die Norm folgt einem konditionalen Aufbau und teilt sich damit gedanklich in Tatbestand und Rechtsfolge[112]. Diesem Aufbau folgend wird die Grundkonzeption der Haftungsbeschränkung dargestellt.

a. Tatbestandsseite

Voraussetzung für die Wirksamkeit der Haftungsbeschränkung ist das Unterhalten einer spezifischen Berufshaftpflichtversicherung i.S.v. § 8 Abs. 4 PartGG. Aus dem konditionalen Aufbau der Norm folgt, dass die Haftungsbeschränkung nicht länger gilt, wenn diese Voraussetzung nicht erfüllt ist. Wird also die spezifische Berufshaftpflichtversicherung i.S.v. § 8 Abs. 4 PartGG nicht länger unterhalten oder genügt diese nicht den berufsrechtlichen Anforderungen, dann lebt die persönliche Haftung nach Maßgabe von § 8 Abs. 1, 2 PartGG automatisch wieder auf[113]. Damit weicht die Haftungsbeschränkung der PartG mbB von dem bei Kapitalgesellschaften bekannten Konzept ab. Dies zeigt sich z.B. bei der GmbH, die nach Einhaltung der Gründungsvoraussetzungen mit Eintragung ins Handelsregister (§ 11 Abs. 1 GmbHG) als juristische Person besteht (§ 13 Abs. 1 GmbHG). Damit gilt auch die Haftungsbeschränkung nach § 13 Abs. 2 GmbHG. Diese teilt das rechtliche Schicksal der

108 Im Ergebnis: *Römermann/Praß*, NZG 2012, 601, 606.
109 *Michalski*, in: Michalski, GmbHG, Syst. Darst. 1 Rn. 2 ff.; *H.P. Westermann*, in: Scholz, GmbHG, Einl. Rn. 2 f.
110 Vgl. nur *Baumbach/Hueck*, GmbHG, Einl. Rn. 1.
111 BT-Drucks. 17/10487, S. 11.
112 Von diesem Aufbau geht auch der Gesetzgeber aus, vgl. BT-Drucks. 17/10487, S. 14.
113 BT-Drucks. 17/10487, S. 15; *Henssler*, in: Henssler/Prütting, BRAO, § 8 PartGG Rn. 59; *Leuering*, NZG 2013, 1001, 1005; im Ergebnis: *Linardatos*, VersR 2013, 1488, 1489 f.; eingehend dazu unten Kapitel C. II.1.b, F. IV.1.

Gesellschaft und endet daher ebenfalls erst mit Vollbeendigung der Gesellschaft[114]. Selbst wenn die Gesellschafter gegen die Vorschriften zur Kapitalaufbringung und -erhaltung, die mit der beschränkten Haftung korrelieren und insbesondere den Ausgleich für den Ausschluss der persönlichen Haftung darstellen[115], verstoßen, führt dies grundsätzlich zunächst nur zu einer Innenhaftung gegenüber der Gesellschaft[116] und lässt die Haftungsbeschränkung an sich unangetastet[117]. Bei der GmbH ist die Norm zur Haftungsbeschränkung nicht in Tatbestand und Rechtsfolge gegliedert. Die Haftungsbeschränkung besteht mit Entstehung der Gesellschaft. Verstöße gegen Vorschriften, die als Ausgleich zum Ausschluss der persönlichen Haftung geschaffen wurden, lassen die Haftungsbeschränkung grundsätzlich unberührt, ziehen allerdings, differenziert nach Art und Umfang des Verstoßes, (haftungsrechtliche) Konsequenzen nach sich[118]. Bei der PartG mbB hingegen führt ein Verstoß gegen die Verpflichtung zum Unterhalten einer Berufshaftpflichtversicherung unmittelbar zum Verlust der Haftungsprivilegierung, also zur denkbar schärfsten Rechtsfolge, und folgt damit einem „Alles-oder-Nichts-Prinzip".

Ein gesellschaftsrechtliches Novum ist, dass eine gesetzlich angeordnete Haftungsbeschränkung an das Bestehen eines wirksamen Vertrages mit einem Dritten, konkret ein Versicherungsvertrag mit einer Versicherungsgesellschaft, geknüpft ist. Damit können sich Freiberufler nicht aus „eigener Kraft" zu einer PartG mbB zusammenschließen, sondern sind davon abhängig, dass zum einen der Versicherungsmarkt eine derartige Versicherung (zu wirtschaftlich sinnvollen Konditionen) anbietet, zum anderen, dass eine Versicherungsgesellschaft zum Abschluss eines Vertrages bereit ist. Zudem unterliegt die PartG mbB dem Risiko, dass es wegen einer Kündigung des Versicherungsverhältnisses durch den Versicherungsgeber zum Ende des Versicherungsschutzes und damit zur (automatischen) Beendigung der Haftungsbeschränkung kommt[119]. Dies unterwirft die Haftungsbeschränkung der PartG mbB im Vergleich zu der Haftungsbeschränkung bei Kapitalgesellschaften Unsicherheiten und Risiken, die nicht im Einflussbereich der Gesellschafter liegen. Zugespitzt formuliert schwebt über der Haftungsbeschränkung der PartG mbB insoweit ständig das „Damoklesschwert" eines unwirksamen Versicherungsvertrages.

---

114 Zum Zeitpunkt des vollständigen Endes der GmbH: *Haas*, in: Baumbach/Hueck, GmbHG, § 60 Rn. 2 ff.

115 Vgl. nur *Fastrich*, in: Baumbach/Hueck, GmbHG, Einleitung Rn. 5 ff.

116 *Michalski/Funke*, in: Michalski, GmbhG, § 13 Rn. 11; *Merkt*, in: MüKo GmbHG, § 13 Rn. 333; *Wicke*, GmbHG, § 13 Rn. 3.

117 Davon ausgenommen ist eine persönliche Haftung aus besonderem Verpflichtungsgrund oder die Fälle der sog. Durchgriffshaftung, vgl. nur *Verse*, in: Henssler/Strohn, GesR, § 13 GmbHG Rn. 11; *Wicke*, GmbHG, § 13 Rn. 3.

118 Vgl. nur *Michalski/Funke*, in: Michalski, GmbHG, § 13 Rn. 11.

119 So können Versicherungsbedingungen etwa das Recht der außerordentlichen Kündigung im Schadensfall vorsehen, vgl. *Sassenbach*, in: Terbille/Höra, MüAnwHdB VersicherungsR, § 18 Rn. 32.

b. Rechtsfolgenseite

Auf Rechtsfolgenseite ist festgelegt, dass die Haftung auf das Vermögen der Partnerschaft begrenzt ist. § 8 Abs. 4 S. 1 PartGG etabliert eine institutionelle Haftungsbeschränkung zugunsten der Gesellschafter[120]. Die Haftungsbeschränkung erfolgt durch gesetzliche Anordnung, vorgesehen im PartGG selbst und nicht in den jeweiligen Berufsrechten[121].

Die Beschränkung der Haftung auf das Gesellschaftsvermögen besagt zum einen, dass den Gläubigern der Partnerschaft das Privatvermögen der Gesellschafter (im Umfang der Haftungsbeschränkung) entzogen ist, zum anderen, dass den Gläubigern das gesamte Vermögen der Gesellschaft zur Verfügung steht[122]. Dieses umfasst auch Ansprüche der Gesellschaft gegen die Gesellschafter und gegen Dritte.

Im Hinblick auf den Umfang der Haftungsbeschränkung differenziert das Gesetz nach der Art der Verbindlichkeit: die Haftungsbeschränkung gilt nur für „Schäden wegen fehlerhafter Berufsausübung“[123], im Übrigen bleibt es bei der unbeschränkten persönlichen Haftung der Gesellschafter gemäß § 8 Abs. 1 PartGG. Es handelt sich demnach lediglich um eine partielle, aber in ihrem Anwendungsbereich vollständige Haftungsbeschränkung, die dem deutschen Gesellschaftsrecht in dieser Form bislang unbekannt war[124]. Damit weicht das Konzept der Haftungsbeschränkung bei der PartG mbB von dem der Kapitalgesellschaften ab, denn dort ist die Haftungsbeschränkung umfassend und differenziert nicht nach Art der Verbindlichkeit (vgl. § 13 Abs. 2 GmbHG, § 1 Abs. 1 S. 2 AktG)[125].

In Bezug auf die Unterscheidung nach der Art der Forderung gegen die Gesellschaft wurde kritisiert, dass dies dem mit dem MoMiG unternommenen Versuch, einfache, klare und übersichtliche Gesellschaftsformen zu schaffen, zuwiderlaufe. Aufgrund der Differenzierung weise die PartG mbB eine „janusköpfige Gestalt“ auf[126]. Richtig ist, dass eine umfassende Haftungsbeschränkung zwangsläufig hinsichtlich ihres Anwendungsbereichs leichter und klarer zu bestimmen ist. Richtig ist auch, dass jede Differenzierung mit Abgrenzungsschwierigkeiten verbunden ist. Allerdings weist das PartGG unabhängig von der PartG mbB, bereits ein

---

120 BT-Drucks. 17/10487, S. 14; *Henssler*, AnwBl 2014, 96, 97; *Ring*, WM 2014, 237, 239; *Römermann/Jähne*, BB 2015, 579, 581.

121 BT-Drucks. 17/10487, S. 14.

122 Zur GmbH: *Michalski/Funke*, in: Michalski, GmbHG, § 13 Rn. 10.

123 Dazu eingehend unten Kapitel D. II.2.

124 *Beck*, DZWIR 2012, 447; *Heckschen/Bretschneider*, NotBZ 2013, 81, 91; *Lieder*, NotBZ 2014, 81, 82; *Leitzen*, DNotZ 2013, 596, 599; *Posegga*, DStR 2012, 611, 612; *Schumacher*, S. 30 f.

125 Vgl. nur *Fastrich*, in: Baumbach/Hueck, GmbHG, § 13 Rn. 7; *Koch*, in: Hüffer/Koch, AktG, § 1 Rn. 8.

126 *DRB*, Stellungnahme v. März 2012, Ziff. 7; *DRB*, Stellungnahme Rechtsausschuss, S. 6.

„zweispuriges Haftungssystem" auf[127]: das Gesetz unterscheidet in § 8 Abs. 2 PartGG, der eine Haftungskonzentration auf den handelnden Partner und damit zugleich eine Haftungsprivilegierung für die übrigen Partner vorsieht[128], einerseits nach der Haftung für berufliche Fehler[129] und andererseits in § 8 Abs. 1 PartGG nach sonstigen Verbindlichkeiten. Unterscheidungsmerkmal ist dabei der Grund der Haftung bzw. der Inanspruchnahme[130]. Auf diesem Regelungskonzept baut die Haftungsverfassung der PartG mbB auf. Das bestehende zweispurige System wurde zu einer umfassenden Haftungsprivilegierung bei Berufsausübungsfehlern, kombiniert mit einem entsprechenden Versicherungsschutz der Gesellschaft, fortentwickelt[131], während es bei sonstigen Verbindlichkeiten unverändert zu einer persönlichen Haftung kommt. Die „Trennlinie" zwischen persönlicher und beschränkter Haftung verläuft an der Definition des Berufsausübungsfehlers[132], genauer an der eines „Schadens wegen fehlerhafter Berufsausübung". Der Gedanke der Fortentwicklung des bestehenden Systems wurde auch dadurch verfolgt, dass ein ursprüngliches Anliegen für die Einführung der Partnerschaftsgesellschaft, nämlich die Reduzierung der persönlichen Haftung (auf ein vernünftiges Maß)[133], gestärkt wurde[134]. Das bislang geltende System des § 8 Abs. 2 PartGG kann Orientierungshilfe sein und dazu beitragen, Rechtsunsicherheiten im Zusammenhang mit Abgrenzungsfragen zu verhindern.

2. Haftungsbeschränkung durch Versicherungsschutz

a. *Bisherige Legitimation einer gesellschaftsrechtlichen Haftungsbeschränkung*

Das Regelungskonzept der Haftungsbeschränkung bei Kapitalgesellschaften lässt sich wie folgt skizzieren: Kapitalgesellschaften sind als juristische Person ausgestaltet (§ 13 Abs. 1 GmbHG, § 1 Abs. 1 S. 1 AktG) und sie verfügen damit über eine eigene Rechtspersönlichkeit. Der Gesellschaft wird Rechtsfähigkeit zuerkannt und sie ist somit selbst Trägerin von Rechten und Pflichten[135]. Damit einher geht,

127 *Leuering*, ZIP 2012, 1112, 1114 f.; *Leuering*, Stellungnahme Rechtsausschuss, S. 3.

128 *C. Schäfer*, in: MüKo BGB, § 8 PartGG Rn. 14 f.

129 Diesselbe Differenzierung findet sich auch bei der Höchstbetragshaftung gemäß § 8 Abs. 3 PartGG, vgl. *C. Schäfer*, in: MüKo BGB, § 8 PartGG Rn. 36.

130 *Leuering*, Stellungnahme Rechtsausschuss, S. 3; *Schumacher*, S. 32.

131 *Hartung*, Stellungnahme Rechtsausschuss, S. 7 f; *Leuering*, ZIP 2012, 1112, 1114 f; *Leuering*, Stellungnahme Rechtsausschuss, S. 3; *C. Schäfer*, Stellungnahme Rechtsausschuss, S. 2; *Seibert*, DB 2013, 1710; ähnlich: *Posegga*, DStR 2012, 611.

132 *Kilian*, MDR 2013, 1137, 1139.

133 BT-Drucks. VI/2047, S. 1; BT-Drucks. 12/6152, S. 7.

134 ähnlich *Leuering*, Stellungnahme Rechtsausschuss, S. 2 f.; *Leuering*, NZG 2013, 1001, 1005.

135 Vgl. nur *Fastrich*, in: Baumbach/Hueck, GmbHG, § 13 Rn. 2; *Koch*, in: Hüffer/Koch, AktG, § 1 Rn. 4.

dass zwischen Gesellschaft und Gesellschaftern und damit auch zwischen den jeweiligen Vermögenssphären strikt zu trennen ist (sog. Trennungsprinzip)[136]. Für Verbindlichkeiten der Gesellschaft haftet nur das Gesellschaftsvermögen und nicht die Gesellschafter persönlich (§ 13 Abs. 2 GmbHG, § 1 Abs. 1 S. 2 AktG). Der wegen der Haftungsbeschränkung erforderliche besondere Schutz der Gläubiger soll maßgeblich dadurch gewährleistet werden, dass die Gesellschaft mit einem gesetzlich vorgegebenen (Mindest-) Maß an Garantiekapital als Haftungssubstanz[137] ausgestattet werden muss, abgesichert durch Vorschriften, die die tatsächliche Aufbringung eines solchen Mindestkapitals vorsehen (sog. Kapitalaufbringung) und den nachträglichen Abfluss verhindern (Kapitalerhaltung)[138]. Hierin findet sich die vornehmliche Legitimation für die Haftungsbeschränkung.

Eine Haftungsbeschränkung findet sich auch bei der Unternehmergesellschaft, einer Variante der GmbH. Bei dieser ist der Gesetzgeber allerdings vom zuvor dargestellten Konzept bei Kapitalgesellschaften insoweit abgewichen, als dass die Anforderungen an das Mindeststammkapital auf 1 Euro abgesenkt worden (§ 5a Abs. 1 GmbHG). Damit verlor das Prinzip, die Haftungsbeschränkung durch ein Mindeststammkapital zu „erkaufen", entscheidend an Bedeutung[139]. Dies rechtfertigt sich jedoch insoweit, als dass der Schutz der Gläubiger durch eine in gewissem Umfang bestehende Pflicht zur Rücklagenbildung von erzielten Gewinnen zur Verbesserung der Eigenkapitalausstattung (§ 5a Abs. 3 GmbHG) und der Verpflichtung zur Führung eines Namenszusatzes im Rechtsverkehr gemäß § 5a Abs. 1 GmbHG verwirklicht werden soll[140].

Im Recht der Personengesellschaften findet sich eine beschränkte Haftung für den Kommanditisten einer KG. Eine solche findet ihre Rechtfertigung zunächst darin, dass in der KG in Form des Komplementärs wenigstens ein Gesellschafter unbeschränkt persönlich haftet (§ 161 Abs. 1 HGB) und damit zu erwarten ist, dass dieser schon im eigenen Interesse die Belange von Gesellschaftsgläubigern ausreichend berücksichtigen wird[141]. Eine hierauf beschränkte Sichtweise lässt jedoch das ausdifferenzierte System der §§ 171, 172 HGB außer Acht und berücksichtigt nur unzureichend den Zusammenhang von Außenhaftung des Kommanditisten und Einlagenleistung. Die §§ 171 ff. HGB stellen in weiten Teilen „funktionsäquivalente

---

136 Vgl. nur *Solveen*, in: Hölters, AktG, § 1 Rn. 7; *Merkt*, in: MüKo GmbHG, § 13 Rn. 332.

137 Bei der AG beträgt das sog. Grundkapital mindestens 50.000 Euro (§ 7 AktG), bei der GmbH beläuft sich das sog. Stammkapital auf mindestens 25.000 Euro (§ 5 GmbHG).

138 Vgl. nur *Koch*, in: Hüffer/Koch, AktG, § 1 Rn. 10 ff.; *Merkt*, in: MüKo GmbHG, § 13 Rn. 332.

139 *Römermann*/Praß, NZG 2012, 601, 606.

140 *Miras*, in: Michalski, GmbHG, § 5a Rn. 68; *Seibert*, DB 2013, 1710, 1711; *Wicke*, GmbHG, § 5a Rn. 1; zur Kritik: *Rieder*, in: MüKo GmbHG, § 5a Rn. 57 ff. m.w.N.

141 BGHZ 60, 324, 332 = NJW 1973, 1036, 1038 f.; *Strohn*, in: E/B/J/S, HGB, § 171 Rn. 4; *Oetker*, in: Oetker, HGB, § 171 Rn. 2; *Seibert*, DB 2013, 1710, 1711.

Regeln"[142] zu den Vorschriften betreffend Kapitalaufbringung und -erhaltung bei Kapitalgesellschaften dar und schaffen so im Interesse der Gläubiger Anreize, dass der Kommanditist die Gesellschaft mit den versprochenen Eigenmitteln ausstattet und ihr diese nicht wieder entzieht[143].

Die vorstehenden Ausführungen zeigen, dass Regelungstechnik sowie Legitimation einer Haftungsbeschränkung variantenreich sind[144] und sich der Gesetzgeber nicht an ein bestimmtes Regelungskonzept zur Verwirklichung einer Haftungsbeschränkung gebunden sieht. Gemeinsam ist den verschiedenen Haftungskonzepten jedoch, dass die Legitimation für die Haftungsbeschränkung letztlich immer (auch) auf einer hinreichenden Kapitalausstattung der Gesellschaft beruht. Im Grundsatz besteht (bzw. bestand bislang) ein „Wechselspiel von Haftung und Kapitalsicherung"[145].

b. Legitimation einer gesellschaftsrechtlichen Haftungsbeschränkung bei der PartG mbB

Das Regelungskonzept der PartG mbB verfolgt den Ansatz, die fehlende persönliche Haftung der Partner im Geltungsbereich von § 8 Abs. 4 S. 1 PartGG durch eine (Berufs-) Haftpflichtversicherung zu kompensieren[146]. Die maßgebliche Aufgabe der bei Personengesellschaften typischerweise anzutreffenden, unbeschränkten persönlichen und akzessorischen Haftung der Gesellschafter liegt im Schutz der Gläubigerinteressen, da ein in der Aufbringung und Erhaltung rechtlich gesichertes Haftungskapital – wie bei Kapitalgesellschaften – fehlt[147]. Fällt eine solche persönliche Haftung weg, so ist als rechtspolitische Rechtfertigung[148] im Gegenzug ein Ausgleich zum Schutz der Gläubiger zu schaffen, hier entgegen traditionellem Verständnis geschehen durch die als zwingende Voraussetzung der PartG mbB vorgegebene Berufshaftpflichtversicherung. Die fehlende persönliche Haftung für Berufsfehler wird ersetzt durch Versicherungsschutz („Haftungsersetzung durch Versicherungsschutz")[149].

---

142 *Thiessen*, in: GroßKomm HGB, § 171 Rn. 9.

143 *Thiessen*, in: GroßKomm HGB, § 171 Rn. 10; den Zusammenhang zwischen Haftungsbeschränkung und Einlagenleistung gleichfalls herausstellend: *Goette*, ZInsO 2007, 1177, 1181; *Kirsch*, Einlageleistung, S. 49 ff.; *K. Schmidt*, ZGR 1976, 307 ff. („Kapitalaufbringung und Kapitalerhaltung in der KG"); andeutend: BGHZ 39, 319, 329 = NJW 1963, 1873, 1876.

144 *Seibert*, DB 2013, 1710, 1711.

145 *K. Schmidt*, GesR, § 18 IV 1. b), S. 541.

146 BT-Drucks. 17/10487, S. 14.

147 *Windbichler*, GesR, § 14 Rn. 18.

148 *K. Schmidt*, GesR, § 18 IV 1. b), S. 538 f.; dazu eingehend unten Kapitel B. III.2.c) und Kapitel J. III.1.

149 *Baumann*, GmbHR 2014, 953, 954; *Hirte*, Stellungnahme Rechtsausschuss, S. 4; *Ruppert*, DStR 2013, 1623, 1624; im Ergebnis: *Römermann*, in: Michalski/Römermann, PartGG, Einführung Rn. 103; *Seibert*, DB 2013, 1710, 1711; *Seibert*, WPg 2013, I.

Die PartG mbB bleibt als Anspruchsgegnerin selbstverständlich erhalten (§ 7 Abs. 2 PartGG i.V.m. § 124 HGB), und damit steht den Gläubigern weiterhin potentiell das Vermögen der Gesellschaft[150] zur Verfügung. Allerdings ist trotz Haftungsbeschränkung kein gesetzliches Mindestkapital vorgesehen und dementsprechend existieren keine Vorschriften zu Kapitalaufbringung und -erhaltung[151]. Auch lässt sich nicht im Wege der Rechtsfortbildung eine Pflicht zur angemessenen Eigenkapitalausstattung der Gesellschaft herleiten[152]. Dies führt dazu, dass es den Gesellschaftern auch in der Situation eines Haftungsfalles grundsätzlich möglich ist, der Gesellschaft selbst Vermögen zu entziehen[153]. Außerdem schafft § 8 Abs. 4 PartGG tendenziell einen Anreiz, kein oder nur ein sehr geringes, dem potentiellen Zugriff von Gläubigern ausgesetzten Gesellschaftsvermögen zu bilden und Gewinne möglichst rasch und umfassend an die Gesellschafter auszuschütten[154]. Im Ergebnis wird dem primär gegen die PartG mbB gerichteten Anspruch, möchte man Befriedigung aus dem Gesellschaftsvermögen in Form von Eigenkapital erlangen, daher nur geringer Wert zukommen[155]. Dem Gesellschaftsvermögen in Form von Eigenkapital kommt damit nur eine begrenzte Gläubigersicherung zu[156], da den Gläubigern eine Haftungsmasse zur Verfügung gestellt wird, die weitgehend legal von den Gesellschaftern in eine „leere Hülle“ verwandelt werden kann[157]. Gleichwohl dient das Gesellschaftsvermögen, zu dem – sieht man von Fällen eines Direktanspruchs gegen die Versicherung ab (§ 8 Abs. 4 S. 2 PartGG i.V.m. § 115 VVG) – auch der Freistellungsanspruch aus der zu unterhaltenden Versicherung gehört, richtigerweise primär der Befriedigung der Gläubiger[158]. Vorhandenes Gesellschaftsvermögen wird zumindest insoweit geschützt, als dass der ungehinderten „Selbstbedienung“ der Gesellschafter aus dem Gesellschaftsvermögen über die repressive

150 Die Partnerschaft ist nach § 7 Abs. 2 PartGG i.V.m. § 124 HGB selbstständiges Rechtssubjekt und damit Trägerin des eigenen Gesellschaftsvermögens, vgl. *Brüggemann*, in: Feuerich/Weyland, BRAO, § 7 PartGG Rn. 4; *Hirtz*, in: Henssler/Strohn, § 7 PartGG Rn. 8.

151 Vgl. nur *Henssler*, AnwBl 2014, 96, 101; *Kilian*, NJW 2014, 1499, 1503; *Römermann*, in: Michalski/Römermann, PartGG, Einführung Rn. 100; *Römermann*, NJW 2013, 2305, 2309; *Römermann/Praß*, NZG 2012, 601, 607.

152 Dazu unten Kapitel H. I.4.b.

153 *Henssler*, PartGG, § 8 Rn. 12; *Römermann*, NJW 2013, 2305, 2310.

154 Allgemein: *Immenga*, Die personalistische Kapitalgesellschaft, S. 349; im Zusammenhang mit § 8 Abs. 2 PartGG: *Henssler*, PartGG, § 8 Rn. 12; *Henssler*, in: Henssler/Prütting, BRAO, § 8 PartGG Rn. 12; zur Gewinnverteilung: *Salger*, in: MüHdB GesR, Bd. 1, § 42 Rn. 1 ff. m.w.N.

155 *Henssler*, PartGG, § 8 Rn. 12; *Offermann-Burckart*, AnwBl 2014, 366, 369.

156 So auch *Piller*, S. 308; *Römermann*, NJW 2013, 2305, 2309; *Römermann/Praß*, NZG 2012, 601, 607.

157 Ähnlich *Kubata/Riegler/Straßen*, DStR 2014, 1949, 1954; *Römermann/Praß*, Stbg 2012, 319, 326.

158 Eingehend dazu unten Kapitel H. I.2.b.

Sanktion einer Existenzvernichtungshaftung als äußerste Entnahmesperre Einhalt geboten wird[159].

Die grundsätzliche Legitimation der Haftungsbeschränkung bei der PartG mbB liegt demnach nicht in der Pflicht zur generellen Sicherstellung von Gesellschaftsvermögen in Gestalt eines rechtlich gesicherten Haftkapitals, sondern in der Pflicht zur vorausschauenden Absicherung der Gläubiger in der konkreten Schadenssituation durch Versicherungsschutz[160]. Die Grundlage der Haftungsbeschränkung verschiebt sich damit von einer bislang abstrakt-bilanziellen Sichtweise in Form von Haftkapital hin zu einer situativen Betrachtung durch Versicherungsschutz im konkreten Schadensfall[161].

Gleichwohl lassen sich zwischen der Aufrechterhaltung von Versicherungsschutz und der Aufbringung sowie Erhaltung eines Garantiekapitals systematische Parallelen ziehen: An die Stelle eines Mindeststammkapitals als Haftungsfonds tritt ein summenmäßig erheblich ausgeweiteter Versicherungsschutz[162], der bei Rechtsanwälten gemäß § 51a Abs. 2 BRAO eine Mindestversicherungssumme für jeden Schadensfall in Höhe von 2,5 Mio. Euro vorschreibt. Folgerichtig lässt sich der Versicherungsschutz als funktionales Äquivalent eines gesetzlich vorgeschriebenen Garantiekapitals beschreiben[163]. Der maximale Deckungsumfang ist in ähnlicher Weise wie das Haftkapital begrenzt, allerdings mit dem Unterschied, dass der maximale Deckungsumfang der Versicherung, anders als das Garantiekapital einer Kapitalgesellschaft, zunächst nicht insgesamt, sondern nur pro Schadensfall begrenzt ist[164]. Dies wird eingeschränkt, wenn eine Begrenzung der Jahreshöchstleistung des Versicherers für alle in einem (Versicherungs-) Jahr verursachten Schäden eröffnet ist (vgl. etwa für Rechtsanwälte: § 51a Abs. 2 BRAO). Dadurch kann – ebenso wie das Garantiekapital – der Versicherungsschutz nicht nur pro Schadensfall, sondern auch insgesamt vollständig aufgezehrt sein. Allerdings geht der Schutz durch die Versicherung auch bei einer Begrenzung der Jahreshöchstleistung über den eines festen Haftkapitals hinaus, da der Versicherungsschutz zwangsläufig jährlich wieder vollständig „erneuert" wird, während das Garantiekapital einer Kapitalgesellschaft durch die Geschäftstätigkeit vollständig aufgezehrt werden kann, ohne dadurch Nachschusspflichten der Gesellschafter auszulösen[165].

Eine deutliche Parallele weist das Instrumentarium des Versicherungsschutzes zum Kapitalschutzsystem bei Kapitalgesellschaften dahingehend auf, als dass die Möglichkeit der Teilnahme am risikobehafteten Geschäftsverkehr in Form eines

---

159 Dazu unten Kapitel H. I.2.b.

160 *Römermann/Praß*, NZG 2012, 601, 607; *Seibert*, DB 2013, 1710, 1711.

161 *Römermann*, in: Michalski/Römermann, PartGG, Einführung Rn. 103; *Römermann/Praß*, NZG 2012, 601, 607; *Werner*, StBW 2013, 715, 718.

162 So auch *Baumann*, GmbHR 2014, 953, 954 („Haftungsfondsersetzung durch Versicherungsschutz"); *Fischer*, S. 58; *C. Schäfer*, Stellungnahme Rechtsausschuss, S. 2.

163 *Tröger/Pfaffinger*, JZ 2013, 812, 820.

164 *Hirte*, Berufshaftung, S. 440.

165 Vgl nur *Goette*, ZInsO 2007, 1177, 1181; *Vetter*, ZGR 2005, 788, 799.

Verbandes mit Haftungsbeschränkung durch das Risiko des endgültigen Verlustes eines bestimmten Einsatzes, also des gesetzlichen Garantiekapitals bei Kapitalgesellschaften, oder durch regelmäßige Prämienzahlungen bei der PartG mbB, erkauft werden muss[166]. In beiden Fällen sind es die Gesellschafter, die als Begünstigte der Haftungsprivilegierung, den Preis hierfür aufbringen müssen. Den Kapitalaufbringungs- und -erhaltungsvorschriften entsprechende Regelungen in Bezug auf den Versicherungsschutz sind bei der PartG mbB überflüssig, da durch die Ausgestaltung des Versicherungsschutzes als tatbestandliche Voraussetzung der Haftungsbeschränkung sichergestellt ist, dass der Versicherungsschutz als Haftungsfonds ständig, also sowohl bei Errichtung, als auch für die gesamte Dauer der Existenz der Gesellschaft, den Gläubigern zur Verfügung steht. Andernfalls würde die Gesellschafter wieder eine persönliche Haftung treffen. Bei der Versicherungslösung wird der Versicherungsschutz als Haftungsfonds durch die regelmäßige Prämienzahlung sowohl aufgebracht, als auch erhalten[167].

Die Mindestversicherungssumme pro Schadensfall entsprechend den jeweiligen Berufsgesetzen übersteigt die Ziffer des gesetzlich vorgegebenen Garantiekapitals bei Kapitalgesellschaften[168] deutlich. Diese erhöhte versicherungsrechtliche Deckungsvorsorge lässt sich mit der besonderen Risikostruktur einer PartG mbB, einer Gesellschaft zur gemeinschaftlichen Berufsausübung von Freiberuflern, erklären[169]: im gewerblich tätigen Bereich entspricht regelmäßig die Gegenleistung (etwa der Kaufpreis) für die erbrachte Tätigkeit dem maximalen Haftungsumfang. Bei einer freiberuflichen Tätigkeit liegen die Dinge anders. Die Leistungserbringung führt hier in der Regel zu einem Schadensersatzrisiko, das bei Weitem die Höhe der erhaltenen Gegenleistung übersteigt. Aus diesem Grund ist es generell gerechtfertigt, den Mindestversicherungsschutz verhältnismäßig hoch anzusetzen.

c. *Dogmatische Betrachtung der Legitimation einer Haftungsbeschränkung durch Versicherungsschutz*

Fraglich ist, ob grundsätzliche dogmatische Bedenken dagegen bestehen, dass der Gesetzgeber sich bei der PartG mbB dafür entschieden hat, den Ausgleich für das Entfallen der persönlichen Gesellschafterhaftung durch einen entsprechenden Versicherungsschutz zu gewährleisten.

Hierzu ist festzuhalten, dass eine Haftungsbeschränkung nicht als „voraussetzungslos gültiges Prinzip isoliert im Raum steht“; es ist nicht Selbstzweck, sondern

166 So allgemein bereits *Hirte*, Berufshaftung, S. 326.
167 In diese Richtung *Fischer*, S. 58.
168 Für die GmbH: 25.000 Euro (§ 5 Abs. 1 GmbHG); für die UG: mindestens 1 Euro (§ 5a Abs. 1 GmbHG); für die AG: 50.000 Euro (§ 7 AktG).
169 Allgemein: *Hirte*, Berufshaftung, S. 440 ff.; andeutend: *Hirte*, Stellungnahme Rechtsausschuss, S. 3.

bedarf der (rechtspolitischen) Legitimation[170]. Jede Haftungsbeschränkung bedeutet in erster Linie eine Belastung des Rechtsverkehrs. Demgegenüber stellt die Haftungsbeschränkung eine Begünstigung der Gesellschafter dar. Diesen wird die Möglichkeit eröffnet, einer wirtschaftlichen Betätigung unter dem Schutzschirm einer Haftungsbeschränkung nachzugehen, deren Gewinne sie im Erfolgsfall vereinnahmen, während die Verluste im Fall des Scheiterns von den Gläubigern ganz oder teilweise zu tragen sind und sich die Beteiligung der Gesellschafter hieran auf das in die Gesellschaft eingebrachte Vermögen beschränkt[171], bei der PartG mbB einschließlich der bis dahin gezahlten Versicherungsprämien für das Unterhalten des Versicherungsschutzes. Die Möglichkeit einer Haftungsbeschränkung bedeutet eine Risikobegrenzung zugunsten der Gesellschafter, stellt aber gleichzeitig eine daraus folgende Risikoverlagerung auf die Gläubiger dar[172]. Daraus folgt, dass die Legitimationslast für eine Haftungsbeschränkung maßgebend auf Seiten der Gesellschafter liegt[173].

Eine Determinierung des Gesetzgebers an eine bestimmte Haftungsordnung besteht indes nicht. Zwar standen bislang Haftungsbeschränkung und Kapitalsicherung wie gezeigt im Mittelpunkt der gesetzgeberischen Umsetzung einer Haftungsbeschränkung. Es existiert allerdings kein „ehernes Gesetz", das besagt, dass eine Haftungsprivilegierung durch ein Haftkapitalsystem legitimiert sein muss[174]. Wie dargestellt gibt es schon jetzt unterschiedliche Ausdifferenzierungen im Hinblick auf Regelungstechnik und Legitimation einer Haftungsprivilegierung. Für die Ausgestaltung ist nicht das gesetzgebungstechnische Mittel, sondern das Ergebnis entscheidend[175]. Dabei gibt es keinen rechtssystematischen oder aus Gerechtigkeitsgründen zwingend vorgezeichneten Lösungsweg[176]. Daher ist es unerheblich, dass die Legitimation für eine Haftungsbeschränkung bei der PartG mbB von den bisherigen Regelungskonzepten abweicht. Ebenso, wie bei Kapitalgesellschaften maßgeblich die Bildung haftenden Vermögens das persönliche Einstehen der Gesellschafter für Verbindlichkeiten der Gesellschaft substituiert, ersetzt bei der PartG mbB das Unterhalten einer spezifischen Berufshaftpflichtversicherung die

170 *Brändel*, in: GroßKomm AktG, § 1 Rn. 92; ebenso: *Haas*, DStR 2006, 993, 995; *K. Schmidt*, GesR, § 18 IV 1. b), S. 538 f.; *Teichmann*, NJW 2006, 2444, 2445; siehe in diesem Zusammenhang auch unten Kapitel J. III.1.

171 *Emmerich/Bitter*, in: Scholz, GmbHG, § 13 Rn. 56.

172 *Emmerich/Bitter*, in: Scholz, GmbHG, § 13 Rn. 63.

173 *Michalski*, in: Michalski, GmbHG, Syst. Darst. 1 Rn. 40; *K. Schmidt*, GesR, § 18 IV 1. b), S. 540.

174 *Seibert*, WPg 2013, I; im Ergebnis: *Blaurock*, FS Raiser (2005), S. 3, 7; *Fleischer*, EBOR 7 (2006), 29, 30 f; *Haas*, DStR 2006, 993, 995; *Haas*, Gutachten 66. DJT (2006), E14; *Fleischer*, in: MüKo GmbHG, Einleitung Rn. 287; *Vetter*, ZGR 2005, 788, 807.

175 So auch *Seibert*, DB 2013, 1710, 1711; *Seibert*, WPg 2013, I; *Vetter*, ZGR 2005, 788, 807; im Ergebnis: *Piller*, S. 308 f.

176 *Haas*, Gutachten 66. DJT (2006), E14; *Vetter*, ZGR 2005, 788, 807.

persönliche Haftung für Berufsfehler[177]. Das Unterhalten des Versicherungsschutzes (in Form der regelmäßig zu zahlenden Versicherungsprämien) wird zum Preis für die Entlassung aus der persönlichen Haftung im Bereich von Schäden wegen fehlerhafter Berufsausübung. Es ist dabei nur folgerichtig, dass die Haftungsbeschränkung nicht umfassend gilt, sondern nur dort, wo die (Berufs-) Haftpflichtversicherung einen sinnvollen Schutz der Gläubiger bieten kann und es im Übrigen bei der persönlichen Haftung bleibt[178].

Im Ergebnis ist festzuhalten, dass aus rechtsdogmatischer Sicht keine Bedenken an dem Ansatz bestehen, den maßgeblichen Ausgleich für die fehlende persönliche Haftung der Gesellschafter für Berufsfehler durch entsprechenden Versicherungsschutz zu erreichen[179].

177 *Grunewald*, GWR 2013, 393; *Tröger/Pfaffinger*, JZ 2013, 812, 816.

178 *Fischer*, S. 58; *Grunewald*, ZIP 2012, 1115, 1117; C. *Schäfer*, Stellungnahme Rechtsausschuss, S. 2.

179 Bereits *Sandberger/Müller-Graff*, ZRP 1975, 1, 3 stellen Garantiekapital und Versicherungsschutz auf eine Stufe als Legitimationsgrundlage einer Haftungsbeschränkung; aus jüngster Zeit *Vetter*, ZGR 2005, 788, 799, der Gläubigerschutz durch eine Versicherungslösung statt persönlicher Haftung für einen „theoretisch" gangbaren Weg hält.

C. Die Entstehung der PartG mbB

Für die Entstehung einer PartG mbB kommen sowohl eine Neugründung als auch die Umwandlung einer bestehenden Gesellschaft in Betracht. Im Falle einer Umwandlung ist zu unterscheiden zwischen Umwandlungsmaßnahmen im engeren Sinne, also solchen nach dem Umwandlungsgesetz, und Umwandlungsmaßnahmen im weitesten Sinne, wozu sonstige Umstrukturierungen zählen, die keine Umwandlungen i.S.d. UmwG darstellen, solchen in der Wirkung aber gleichkommen[180]. Zu Letzterem zählt insbesondere ein Wechsel der Gesellschaftsform nach allgemeinen (personen-) gesellschaftsrechtlichen Grundsätzen[181].

Explizite gesetzliche Regelungen zur Entstehung einer PartG mbB wurden mit der Einführung der PartG mbB nicht geschaffen. Auch die Gesetzesbegründung trifft hierzu kaum (brauchbare) Aussagen. Zutreffend, wenn auch eher euphemistisch, stellt *Henssler* fest, dass der Gesetzgeber die Frage des Zugangs in die PartG mbB „etwas stiefmütterlich" behandelt[182]. Dies überrascht, kommt doch der (wirksamen) Entstehung einer PartG mbB erheblicher Stellenwert zu und ist keinesfalls so klar, wie die zurückhaltende Behandlung durch den Gesetzgeber sowohl auf Normebene, als auch auf der Ebene der Gesetzesbegründung, vermuten lässt. Bedeutung kommt einer (wirksamen) Gründung der PartG mbB insbesondere zu, damit die Gesellschafter überhaupt in den Genuss der beschränkten Haftung der PartG mbB kommen, sowie für die Bestimmung des Zeitpunktes, ab wann das Haftungsregime der PartG mbB gilt.

I. Neugründung

1. Abschluss eines Partnerschaftsvertrages

Die Neugründung einer Partnerschaftsgesellschaft mit beschränkter Berufshaftung erfordert zunächst den Abschluss eines Partnerschaftsvertrages, wobei sich mindestens zwei Personen zu dem Zweck zusammenschließen, ihrer gemeinsamen freiberuflichen Berufsausübung nachzugehen (§ 1 Abs. 1 PartGG). Der Gesellschaftsvertrag bedarf in Abweichung zu § 705 BGB der Schriftform (§§ 3 Abs. 1 PartGG, 126 BGB) und muss gemäß § 3 Abs. 2 PartGG folgende Angaben enthalten: Name und Sitz der Gesellschaft, vollständiger Name sowie den in der Partnerschaft ausgeübten Beruf und den Wohnort jedes Partners sowie den Gegenstand der Partnerschaft (bei einer PartG mbB von Rechtsanwälten: Beratung und Vertretung in

---

180 *Kraft*, in: Kraft/Redenius-Hövermann, UmwandlungsR, Kap. 1 Rn. 86; *Semler/Stengel*, in: Semler/Stengel, UmwG, Einleitung A Rn. 3.

181 *Kraft*, in: Kraft/Redenius-Hövermann, UmwandlungsR, Kap. 1 Rn. 89.

182 *Henssler*, AnwBl 2014, 96, 98; deutlicher: *Vossius*, GmbHR 2012, R213: „Stückwerk".

Rechtsangelegenheiten)[183]. Der Name der Partnerschaft muss ferner den auf die Haftungsbeschränkung hinweisenden Namenszusatz nach § 8 Abs. 4 PartGG enthalten; diese Pflicht ergibt sich aus dem Zusammenspiel von § 3 Abs. 2 Nr. 1 und § 8 Abs. 4 S. 3 PartGG.

Der nach § 705 BGB erforderliche Beitrag der Partner[184] liegt jedenfalls in der außerhalb der Haftungsbeschränkung von § 8 Abs. 4 PartGG liegenden, grundsätzlich unbeschränkten persönlichen Haftung und der Einbringung der persönlichen Arbeitsleistung im Hinblick auf den Gesellschaftszweck.

Genügt der Gesellschaftsvertrag den gesetzlichen Anforderungen nicht und ist Form-nichtig oder aus sonstigen materiell-rechtlichen Gründen fehlerhaft, so entsteht die PartG mbB – vorausgesetzt, die übrigen Voraussetzungen nach § 8 Abs. 4 PartGG sind erfüllt und die Gesellschaft ist in Vollzug gesetzt – nach den Grundsätzen zur fehlerhaften Gesellschaft gleichwohl und kann nur mit Wirkung für die Zukunft aufgelöst werden[185]. Diese Grundsätze gelten auch für die PartG mbB.

2. Unterhalten einer spezifischen Berufshaftpflichtversicherung

Weitere Voraussetzung ist gemäß § 8 Abs. 4 S. 1 PartGG, „dass die Partnerschaft eine [...] durch Gesetz vorgegebene Berufshaftpflichtversicherung unterhält". Unterhalten der Versicherung bedeutet deren Abschluss und Aufrechterhaltung[186]. Versicherungsnehmerin ist die Gesellschaft selbst[187]. Im Falle einer Neugründung einer Partnerschaftsgesellschaft stellt sich die Frage, welcher Rechtsträger die Versicherung zunächst abschließt und unterhält. Nach außen wirksam wird die Partnerschaft erst mit der Eintragung gemäß § 7 Abs. 1 PartGG[188]. Erforderlich für die Anmeldung einer PartG mbB zum Partnerschaftsregister ist jedoch die Vorlage einer Versicherungsbescheinigung gemäß § 113 Absatz 2 VVG. Darin hat der Versicherer dem Versicherungsnehmer unter Angabe der Versicherungssumme zu bescheinigen, dass eine der zu bezeichnenden Rechtsvorschrift entsprechende Versicherung „besteht"; der Versicherungsnachweis bescheinigt also, dass eine entsprechende Berufshaftpflichtversicherung abgeschlossen worden ist[189]. Mithin muss bereits vor Anmeldung und Eintragung einer PartG mbB, d.h. bevor diese nach außen wirksam entstanden ist, eine Versicherung „bestehen", also abgeschlossen und unterhalten werden. Zuordnungssubjekt einer solchen kann nur eine PartG mbB sein, die bereits

183 *Uwer/Roeding*, AnwBl 2013, 309, 310.
184 *Henssler*, in: Henssler/Prütting, BRAO, § 1 PartGG Rn. 8.
185 *Henssler*, in: Henssler/Prütting, BRAO, § 1 PartGG Rn. 8; *C. Schäfer*, in: MüKo BGB, PartGG, § 7 Rn. 7.
186 BT-Drucks. 17/10487, S. 14; Eingehend dazu unten Kapitel E. II.1.
187 Dazu unten Kapitel E. I.1.a.
188 Dazu unten Kapitel C. I.4.
189 *Langheid*, in: Langheid/Rixecker, VVG, § 113 Rn. 7; *Knappman*, in Prölss/Martin, VVG, § 113 Rn. 6.

vor Eintragung ihre Geschäfte aufgenommen hat bzw. dementsprechend aufnehmen musste (sog. „Vor-Partnerschaft")[190]. Für eine solche Gesellschaft gelten nach ganz überwiegender Meinung die Regelungen der GbR[191], teilweise wird vertreten, die Regelungen der Partnerschaft sollten bereits für die Vor-Partnerschaft (zumindest „weitgehend") gelten[192]. Praktische Bedeutung kommt dieser Unterscheidung jedoch nicht zu. Bei den Ansprüchen aus dem Versicherungsvertrag handelt es sich der Haftungsbeschränkung nach § 8 Abs. 4 PartGG nicht unterfallende, „sonstige Verbindlichkeiten"[193], für die entweder nach § 8 Abs. 1 PartGG oder nach den von der Rechtsprechung für die GbR entwickelten Grundsätzen gemäß § 128 HGB analog[194] alle Gesellschafter gesamtschuldnerisch persönlich neben der Gesellschaft akzessorisch haften.

3. Bedeutung des Namenszusatzes (§ 8 Abs. 4 S. 3 PartGG)

a. Inhaltliche Anforderungen

Der Name der Partnerschaft muss gemäß § 2 Abs. 1 S. 1 PartGG den Namen mindestens eines Partners, den Namenszusatz „und Partner" oder „Partnerschaft" (bzw. „Part" oder „PartG" gemäß § 8 Abs. 4 S. 3 PartGG a.E.) sowie die Berufsbezeichnungen aller in der Partnerschaft vertretenen Berufe enthalten. Nach § 8 Abs. 4 S. 3 PartGG muss im Namen als weiterer Zusatz „mit beschränkter Berufshaftung" oder die Abkürzung „mbB" oder eine andere allgemein verständliche Abkürzung dieser Bezeichnung enthalten sein[195]. Die in der Praxis gebräuchlichste Form dürfte[196], schon aus Gründen der Praktikabilität und Rechtssicherheit, „PartG mbB" sein[197]. Ob der Rechtsverkehr daraus unmittelbar die Art der Rechtsform und die rechtlichen Konsequenzen ableiten kann, darf bezweifelt werden. Schon die Vielzahl der denkbaren „allgemein verständlichen Abkürzungen" trägt eher zur Verwirrung, denn zur Klarheit bei. Jedenfalls wird an dem Zusatz deutlich, dass es sich bei der Gesellschaft um „etwas Anderes und Aufmerksamkeit Verlangendes"[198]

---

190 Daher unzutreffend *Meyer*, S. 164, die die „Vor-Partnerschaft" nicht als notwendiges Durchgangsstadium auf dem Weg zu einer PartG mbB im Fall der Neugründung erachtet.

191 Zur „normalen" Partnerschaft: *Brüggemann*, in: Feuerich/Weyland, BRAO, § 7 PartGG Rn. 2; *Henssler*, PartGG, § 7 Rn. 7 ff; *Henssler*, in: Henssler/Prütting, BRAO, § 7 PartGG Rn. 2; *Hirtz*, in: Henssler/Strohn, GesR, § 7 PartGG Rn. 4.

192 *Praß*, in: Michalski/Römermann, PartGG, § 7 Rn. 13 f.

193 Dazu unten Kapitel D. II.2.a. und D. III.

194 Grundlegend BGHZ 146, 341 = NJW 2001, 1056.

195 Einzelheiten: *Lieder*, NotBZ 2014, 128; *Römermann*, in: Römermann/Michalski, PartGG, § 8 Rn. 117 f.

196 *Römermann*, in: Römermann/Michalski, PartGG, § 8 Rn. 117.

197 Die Abkürzung „PartG mbB" findet sich ausdrücklich in der Gesetzesbegründung, vgl. BT-Drucks. 17/10487, S. 14.

198 Zum Rechtsformzusatz der UG: *Seibert*, GmbHR 2007, 673, 675.

handelt, womit der Warn- und Informationsfunktion des Zusatzes genüge getan sein dürfte. Der Zusatz schafft jedenfalls eine hinreichende Abgrenzung zur herkömmlichen Partnerschaft und zur GmbH.

Keinesfalls zulässig ist es, den Namenszusatz in Klammern zu setzen. Entscheidend ist stets, dass keine Irreführung des Rechtsverkehrs eintreten darf. Mit dem In-Klammern-Setzen wird jedoch typischerweise verbunden, dass es sich um etwas von geringerer Bedeutung handelt, das nicht zwingend zum zuvor Genannten gehört. Ein solcher Eindruck darf hinsichtlich des Namenszusatzes nicht erweckt werden, dem gerade entscheidende Bedeutung zukommt[199].

Von dem noch vom (Initiativ-) Vorschlag der BRAK[200] und auch in der anfänglichen Diskussion zur PartG mbB von Seiten der Literatur[201] verwendeten Zusatz „mbH" hat der Gesetzgeber ausdrücklich Abstand genommen[202]. Dem ist mit der fast einhelligen Literatur[203] im Ergebnis zuzustimmen, da dadurch der unzutreffende Eindruck erweckt würde, die Haftung sei vollständig auf das Gesellschaftsvermögen[204] und nicht nur im Hinblick auf eine fehlerhafte Berufsausübung beschränkt[205]. Dies ist auch der entscheidende Punkt, denn damit käme der Zusatz nicht länger hinreichend seiner Informationsfunktion nach und grenzte sich für den Rechtsverkehr nicht klar genug von einer GmbH ab.

Nach § 7 Abs. 5 PartGG i.V.m. § 125a HGB muss der von der PartG mbB gewählte Namenszusatz auch auf Geschäftsbriefen der Partnerschaft verwendet werden. Außerdem besteht die Pflicht, den Rechtsformzusatz nach § 8 Abs. 4 S. 3 PartGG als Teil des Namens i.S.v. § 2 PartGG in das Partnerschaftsregister einzutragen. Dies ergibt sich bereits aus dem Zusammenspiel der allgemeinen Vorschriften nach §§ 3 Abs. 2 Nr. 1, 5 Abs. 1 PartGG[206] und war daher richtigerweise nicht explizit in § 8 Abs. 4 PartGG aufzunehmen.

---

199 Zur GmbH: *Michalski*, in: Michalski, GmbHG, § 4 Rn. 37.

200 Stellungnahme der Bundesrechtsanwaltskammer zur Begrenzung der Haftung bei der Partnerschaftsgesellschaft, S. 4. [online abrufbar unter: www.brak.de/zur-rechtspolitik/national/berufsrecht/partnerschaftsgesellschaft/; letzter Abruf: 22.10.2016].

201 Beispielhaft *Grunewald*, BB 2011, I; *Hartung*, AnwBl 2011, 449.

202 BT-Drucks. 17/10487, S. 14; Gleichwohl kommt es in der Registerpraxis – trotz ordnungsgemäßer Anmeldungsunterlagen – mitunter zu Fehleintragungen mit dem Zusatz „mbH", vgl. *Lieder/Hoffmann*, NJW 2015, 897, 899.

203 Vgl. nur *Henssler*, AnwBl 2014, 94, 97; *Lieder/Hoffmann*, NJW 2015, 897, 899; *C. Schäfer*, in: MüKo BGB, § 8 PartGG Rn. 44; **aA** *Hirte*, Stellungnahme Rechtsausschuss, S. 14; *Graf v. Westphalen*, in: M/GvW/H/L/W, PartGG, § 8 Rn. 171 (wohl eher ein Redaktionsversehen).

204 Außerdem dürfte sich die Abkürzung „mbH" im Rechtsverkehr soweit etabliert haben, dass damit auch das Bestehen eines Stammkapitals verbunden wird.

205 BT-Drucks. 17/10487, S. 14.

206 BT-Drucks. 17/14087, S. 14.

b. Bedeutung des Namenszusatzes für die Haftungsbeschränkung

Der Namenszusatz der PartG mbB hat im Laufe des Gesetzgebungsverfahrens eine entscheidende Änderung erfahren. Noch im Regierungsentwurf[207] war § 8 Abs. 4 PartGG so gefasst, dass die Haftungsbeschränkung für Schäden aus fehlerhafter Berufsausübung neben dem Unterhalten der spezifischen Berufshaftpflichtversicherung („1.") zusätzlich („und") daran geknüpft war, dass der Name der Partnerschaft einen entsprechenden Namenszusatz enthält („2."). Daraus wurde richtigerweise geschlossen, dass der Namenszusatz Bedingung für das Bestehen der Haftungsbeschränkung sei[208].

An dieser tatbestandlichen Verknüpfung von Haftungsbeschränkung und Namenszusatz wurde im Zuge des Gesetzgebungsverfahrens zu Recht Kritik geäußert[209]. Dem deutschen Recht war bislang die korrekte Firmierung als Bedingung für die Haftungsbeschränkung einer Gesellschaft fremd. Bei den Kapitalgesellschaften ist zwar ein auf die Haftungsbeschränkung hinweisender Rechtsformzusatz vorgeschrieben (§§ 4 AktG, 4 GmbHG), dieser ist indes nicht als Voraussetzung für die Haftungskonzentration ausgestaltet (§ 1 Abs. 1 S. 2 AktG, § 13 Abs. 2 GmbHG)[210]. Dies gilt auch für die KG, bei der die Haftung mit Leistung der Einlage ausgeschlossen ist (§ 171 Abs. 1 HGB), ohne dabei an die Firmenvorschrift nach § 19 Abs. 1 Nr. 3 HGB anzuknüpfen[211]. Die tatbestandliche Verknüpfung von Namenszusatz und Haftungsbeschränkung würde zu systemwidrigen Rechtsfolgen wie im Fall einer fehlerhaften Eintragung führen und sich ohne ersichtlichen Grund in Widerspruch zu der rechtsformübergreifenden Gesetzessystematik setzen.

Auf diese Kritik hat der Gesetzgeber reagiert. Nunmehr ist der Namenszusatz gemäß § 8 Abs. 4 S. 3 PartGG nicht länger konstitutives Merkmal der PartG mbB[212]. Dies ergibt sich deutlich aus der Beschlussempfehlung des Rechtsausschusses, wonach es systematisch konsequenter sei, „die Eintragung des Namens nur anzuordnen, nicht aber zur Bedingung der Haftungsbeschränkung zu machen"[213]. Dies kann nur als Reaktion auf die rechtssystematische Kritik und als deutliche Abkehr von der tatbestandlichen Verknüpfung verstanden werden. Zwar sind der Wortlaut von § 8 Abs. 4 Nr. 2 PartGG in der Fassung des Regierungsentwurfs und der jetzt gültige § 8 Abs. 4 S. 3 PartGG deckungsgleich, doch sorgt die aufgegebene

---

207 BT-Drucks. 17/10487, S. 7.

208 Vgl. nur *Beck*, AnwBl 2015, 380, 384; *Leuering*, ZIP 2012, 1112, 1115; *Salger*, DB 2012, 94, 96.

209 *Leuering*, ZIP 2012, 1112, 1115; *Leuering*, Stellungnahme Rechtsausschuss, S. 4 f.; *Salger*, DB 2012, 94, 96; anders *Uwer/Roeding*, AnwBl 2013, 309, 310.

210 *Leuering*, ZIP 2012, 1112, 1115.

211 *Leuering*, ZIP 2012, 1112, 1115; *Leuering*, Stellungnahme Rechtsausschuss, S. 4 f.

212 Vgl. nur *Beck*, AnwBl 2015, 380, 384; *Lieder*, NotBZ 2014, 128; *Lieder/Hoffmann*, NJW 2015, 897, 898; *Linardatos*, VersR 2013, 1488, 1494; *Seibert*, DB 2013, 1710, 1713.

213 BT-Drucks. 17/13944, S. 20.

Verknüpfung mit einem „und" sowie die systematische Stellung in einem eigenen S. 3 für eine hinreichende Abgrenzung zu der eigentlichen tatbestandlichen Voraussetzung für die Haftungsbegrenzung nach § 8 Abs. 4 S. 1 PartGG[214]. Zudem fügt sich diese Sichtweise in das im deutschen Gesellschaftsrecht bislang etablierte System bei Rechtsformzusätzen von Gesellschaften ein.

Im Ergebnis ist also der Namenszusatz nicht länger tatbestandliche Voraussetzung für die Haftungsbeschränkung. § 8 Abs. 4 S. 3 PartGG ist als reine Firmenvorschrift (genauer: Namensvorschrift)[215] ausgestaltet[216]. Systematisch stringenter wäre es gewesen, hätte der Gesetzgeber diese Vorschrift nicht in § 8 Abs. 4 PartGG, sondern an passender Stelle, nämlich in der namensrechtlichen Vorschrift des § 2 PartGG, verortet[217].

Mit der Vorschrift des § 8 Abs. 4 S. 3 PartGG setzt der Gesetzgeber das im Gesellschaftsrecht eingeschlagene Konzept, nämlich die Information des Rechtsverkehrs über die Gesellschaftsform mittels der Führung eines Rechtsformzusatzes[218], konsequent dergestalt fort, dass im Falle einer Haftungsbeschränkung der Gesellschaftsform die Gesellschaft zusätzlich zu ihrer Firma bzw. ihrem Namen einen Rechtsformzusatz tragen muss. Dritten gegenüber werden die Haftungsverhältnisse der Gesellschaft stets offengelegt[219] und enttäuschte Erwartungen an andere als die vorliegenden Haftungsverhältnisse werden so vermieden[220]. Der zentrale Punkt bei der PartG mbB ist die (partielle) Haftungsbeschränkung, sodass es zwingend und richtig ist, dass sich ein Hinweis darauf bereits im Namen niederschlägt.

Die Vorschrift des § 8 Abs. 4 S. 3 PartGG verfolgt, ebenso wie die entsprechenden Vorschriften bei Kapitalgesellschaften[221], ein Informationsmodell zum Schutz des Rechtsverkehrs und zur Sicherung des Gläubigerschutzes[222], konkret soll also ein Geschäftspartner die PartG mbB bereits an ihrem Namen zweifelsfrei als solche im

---

214 Ähnlich: *Beck*, AnwBl 2015, 380, 384; *Schumacher*, S. 133.

215 Als nicht-gewerblicher Zusammenschluss führt die Partnerschaft keine Firma, sondern einen Namen, vgl. *Seibert/Kilian*, in: Kilian, PartGG, § 2 Rn. 1.

216 BT-Drucks. 17/13944, S. 20 f.; *Henssler*, AnwBl 2014, 94, 98; *Fischer*, S. 114; *Römermann*, in: Michalski/Römermann, PartGG, § 8 Rn. 118; *Schumacher*, S. 133; *Uwer/Roeding*, AnwBl 2013, 483.

217 *Henssler*, in: Henssler/Prütting, BRAO, § 8 PartGG Rn. 70; *Leuering*, ZIP 2012, 1112, 1115; *Leuering*, Stellungnahme Rechtsausschuss, S. 5.

218 Zur GmbH und AG: *Ammon*, DStR 1994, 325.

219 Vgl. nur zur AG: *Solveen*, in: Hölters, AktG, § 4 Rn. 1; *Koch*, in: Hüffer/Koch, AktG, § 4 Rn. 1.

220 *K. Schmidt*, NJW 1998, 2161, 2168.

221 *Fastrich*, in: Baumbach/Hueck, GmbHG, § 5a Rn. 9; *Mayer*, in: MüKo GmbHG, § 4 Rn. 11; *Rieder*, in: MüKo GmbHG, § 5a Rn. 14.

222 So auch *Lieder*, NotBZ 2014, 128, 129; In diese Richtung: *Grunewald*, GWR 2013, 393; *Henssler*, AnwBl 2014, 96, 97; *Seibert*, DB 2013, 1710, 1713.

Sinne eines Warnhinweises erkennen können[223]. Außerdem sorgt sie dafür, dass im Rechtsverkehr eine hinreichende Abgrenzung zu einer „normalen" Partnerschaft hergestellt wird[224].

Auf den ersten Blick erscheint es als Nachteil der aufgegebenen tatbestandlichen Verknüpfung von Haftungsbeschränkung und Namenszusatz, dass der Wegfall der persönlichen Partnerhaftung nun nicht mehr zwingend nach außen kenntlich gemacht wird[225]. Nachteilige Folgen hat dies für den Rechtsverkehr indes nicht, da dieser ausreichend durch eine Rechtsscheinhaftung nach allgemeinen Grundsätzen geschützt wird[226]. Außerdem werden die Fälle einer fehlenden Registereintragung in der Praxis überschaubar sein[227]: im Fall einer Neugründung und einer „Umwandlung" einer bestehenden GbR in eine PartG mbB ist die Eintragung konstitutiv und bei der Umwandlung (durch Formwechsel, §§ 190 ff. UmwG) wird diese erst mit Eintragung ins Partnerschaftsregister wirksam. Einzig die „Umwandlung" einer bestehenden Partnerschaft in eine PartG mbB setzt die Eintragung in das Partnerschaftsregister nicht als konstitutives Element voraus[228]. Gleichwohl ist eine solche Eintragung zu erwarten, um eine Haftung aus Rechtsscheingesichtspunkten zu vermeiden.

c. *Rechtsfolgen eines fehlenden oder fehlerhaften Namenszusatzes*

Genügt die Anmeldung zum Partnerschaftsregister nicht den Anforderungen an den Namenszusatz, so hat das Registergericht mit einer Zwischenverfügung auf eine Beseitigung dieses Mangels unter Setzung einer angemessenen Frist hinzuwirken (§§ 382 Abs. 4, 374 Nr. 3 FamFG). Kommt die Partnerschaft dem nicht nach, so ist die Eintragung zu versagen[229]. Die fehlerhafte Eintragung in das Partnerschaftsregister hat auf die wirksame Entstehung der PartG mbB hingegen keinen Einfluss[230]. Dies ergibt sich zum einen aus den vorherigen Erläuterungen, zum anderen entspricht dies auch dem Konzept bei Kapitalgesellschaften[231], an dem sich der Gesetzgeber bei der PartG mbB hinsichtlich des Rechtsformzusatzes erkennbar orientiert hat. Allerdings ist dem Registergericht in einem solchen Fall die Möglichkeit einer Amtslöschung gemäß § 395 Abs. 1 FamFG eröffnet, alternativ hierzu die

223 Zur UG: *Michalski*, in: Michalski, GmbHG, § 5a Rn. 64.
224 *Henssler*, AnwBl. 2014, 96, 97.
225 *Henssler*, in: Henssler/Prütting, BRAO, § 8 PartGG Rn. 69.
226 Dazu unten Kapitel G. II.
227 *Henssler*, in: Henssler/Prütting, BRAO, § 8 PartGG Rn. 69
228 Dazu unten Kapitel C. II.1.a.ii.
229 *Lieder*, NotBZ 2014, 128, 129; zur GmbH: *Ammon*, DStR 1994, 325, 327; *Michalski*, in: Michalski, GmbHG, § 4 Rn. 99; *Mayer*, in: MüKo GmbHG, § 4 Rn. 139.
230 *Lieder*, NotBZ 2014, 128, 129; *Lieder/Hoffmann*, NJW 2015, 897.
231 *Michalski*, in: Michalski, GmbHG, § 4 Rn. 100; *Mayer*, in: MüKo GmbHG, § 4 Rn. 140.

Androhung eines Ordnungsgeldes zur Richtigstellung des Namenszusatzes gemäß § 392 Abs. 2 FamFG[232].

Schließlich kommen neben solchen registerrechtlichen Sanktionen und einer denkbaren Anfechtung eines in der Annahme einer unbeschränkten Haftung abgeschlossenen Rechtsgeschäfts durch den Vertragspartner[233] noch haftungsrechtliche Sanktionen in Betracht[234].

Hiervon ist der Fall zu unterscheiden, dass sich Angehörige einer Berufsgruppe, sei es alleine oder mit einer anderen (zugelassenen) Berufsgruppe als interprofessionelle Partnerschaft, zu einer PartG mbB zusammenschließen möchten, obwohl das jeweilige Berufsrecht eine spezifische Berufshaftpflichtversicherung i.S.v. § 8 Abs. 4 S. 1 PartGG nicht vorsieht. Kommt es hier irrtümlicherweise[235] zu einer Eintragung ins Partnerschaftsregister, so ist die PartG mbB nicht wirksam entstanden[236]. Die zwingende Normativvoraussetzung des § 8 Abs. 4 S. 1 PartGG ist nicht erfüllt; fehlt es an dem Unterhalten einer spezifischen Berufshaftpflichtversicherung, so scheidet eine Haftungsbeschränkung aus. Eine trotzdem ergangene Eintragung kann das zwingende Erfordernis einer spezifischen Berufshaftpflichtversicherung nicht ersetzen. Deshalb verbietet sich ein Rückgriff auf § 5 HGB in analoger Anwendung, der schon für die „normale" Partnerschaft bewusst ausgenommen wurde[237]. Gleichwohl handelt es sich bei der eingetragenen Gesellschaft nicht um ein „rechtliches Nullum", vielmehr ist eine herkömmliche Partnerschaft entstanden[238].

4. Wirksamkeit der PartG mbB

Mit Abschluss des Partnerschaftsvertrages erlangt die PartG mbB im Verhältnis der Gesellschafter zueinander Wirksamkeit[239].

Für die Wirksamkeit im Außenverhältnis genügt dies jedoch nicht. § 7 Abs. 1 PartGG ordnet an, dass die Partnerschaft im Verhältnis zu Dritten mit ihrer Eintragung zum Partnerschaftsregister wirksam wird. Danach kommt der Eintragung konstitutive, also rechtbegründende, Wirkung zu[240]. Diese ursprünglich für die Neugründung einer „normalen" Partnerschaft geltende Regelung findet auch im Fall

---

232 *Lieder*, NotBZ 2014, 128, 129.

233 Eingehend *Lieder*, NotBZ 2014, 128, 130 f.

234 Dazu unten Kapitel G. II.1.

235 Das Fehlen einer berufsrechtlichen Regelung zu einer Berufshaftpflichtversicherung i.S.v. § 8 Abs. 4 PartGG stellt ein von Amts wegen zu berücksichtigenden Eintragungshindernis dar.

236 *Lieder/Hoffmann*, NZG 2014, 127, 129.

237 BT-Drucks. 12/6152, S. 16; *K. Schmidt*, NJW 1995, 1, 7; *Seibert/Kilian*, in: Kilian, PartGG, § 7 Rn. 3.

238 *Lieder/Hoffmann*, NZG 2016, 287, 289.

239 *C. Schäfer*, in: MüKo BGB, § 7 PartGG Rn. 5; *Wälzholz*, DStR 2013, 2637, 2640.

240 *Henssler*, in: Henssler/Prütting, BRAO, § 7 PartGG Rn. 1; *Praß*, in: Römermann/Michalski, PartGG, § 7 Rn. 7.

der Neugründung einer PartG mbB Anwendung[241]. Hinweise darauf, dass der Gesetzgeber mit der Einführung der PartG mbB die Neugründung anders ausgestalten wollte als bei der Partnerschaft ursprünglicher Fassung, sind weder dem Wortlaut des § 8 Abs. 4 PartGG[242], noch der Gesetzesbegründung zur PartG mbB oder der Systematik des Gesetzes zu entnehmen. Allenfalls zweifeln ließe sich an diesem Ergebnis, wenn man sich das gesetzgeberische Motiv für einen fehlenden Verweis auf § 123 Abs. 2 HGB vor Augen führt: anders als im Verhältnis zwischen GbR und OHG[243] fehlt es im Verhältnis zwischen GbR und „normaler" Partnerschaft an einem inhaltlichen Abgrenzungskriterium, sodass es ohne die Regelung des § 7 Abs. 1 PartGG im Ergebnis zu einem Formzwang zur Partnerschaft bei einer freiberuflichen GbR gekommen wäre[244]. Im Verhältnis GbR und PartG mbB existiert allerdings ein sachliches Unterscheidungsmerkmal, nämlich das Unterhalten einer Berufshaftpflichtversicherung i.S.v. § 8 Abs. 4 PartGG. Allein aus diesem Umstand abzuleiten, für die Neugründung der PartG mbB das bisherige System nach § 7 Abs. 1 PartGG dem der OHG weiter anzunähern, fällt schwer, zumal der Gesetzgeber bei der Schaffung von § 7 PartGG die künftige Entwicklung hin zu einer PartG mbB nicht im Blick gehabt haben wird. Vielmehr ist es sogar sinnvoll, auch die Neugründung einer PartG mbB von einer Eintragung in das Partnerschaftsregister abhängig zu machen: wird nämlich die spezifische Berufshaftpflichtversicherung tatsächlich nicht wirksam unterhalten, so entsteht zumindest eine „normale" Partnerschaft mit der für die Partner günstigen Haftungskonzentration nach § 8 Abs. 2 PartGG.

Daher wird man aus den vorgenannten Gründen und der Beibehaltung von § 7 Abs. 1 PartGG in unveränderter Form schließen müssen, dass das bisherige Verfahren zur Gründung einer „klassischen" Partnerschaft auch für die PartG mbB gilt, zumal es sich bei der PartG mbB, wie gezeigt[245], auch um eine Partnerschaft handelt, bei der die Haftung nach § 8 Abs. 4 PartGG beschränkt ist und für die im Übrigen die sonstigen Vorschriften einer Partnerschaft grundsätzlich gleichermaßen gelten. Mithin hat die Eintragung konstitutive und nicht deklaratorische Wirkung; ab diesem Zeitpunkt besteht die Haftungsbeschränkung nach § 8 Abs. 4 PartGG.

Praktische Bedeutung kommt der Unterscheidung zwischen konstitutiver und deklaratorischer Wirkung der Eintragung im Rahmen der Neugründung, aber

241 *Henssler*, AnwBl 2014, 96, 98; *Kraft*, ZNotP 2013, 242, 244; *Leuering*, NZG 2013, 1001, 1004; *Lieder*, NotBZ 2014, 128, 131; *Linardatos*, VersR 2013, 1488, 1494; *Piller*, S. 279; *Schumacher*, S. 131;*Uwer/Roeding*, AnwBl 2013, 309, 311; *Wälzholz*, DStR 2013, 2637, 2640; *Werner*, StBW 2013, 715, 719.

242 Anders noch *Römermann/Praß*, NZG 2012, 601, 603, wonach der Zeitpunkt des „Entstehens" unkar sei, allerdings unter Hinweis auf den Wortlaut von § 8 Abs. 4 PartGG in der Fassung des Regierungsentwurfs.

243 Dort anhand des Kriteriums „Handelsgewerbe".

244 BT-Drucks. 12/6152, S. 15 f.; *Hirtz*, in: Henssler/Strohn, GesR, § 7 PartGG Rn. 3; *Henssler*, in: Henssler/Prütting, BRAO, § 7 PartGG Rn. 1.

245 Dazu oben Kapitel B. I.

auch bei der „Umwandlung“ einer bestehenden Gesellschaft zu[246], insbesondere in folgender Konstellation: während bei ersterem Fall die Eintragung absolut gilt, also unabhängig von Wissen oder Nichtwissen Dritter[247], so gilt in letzterem Fall, dass sich die Gesellschafter auf die Haftungsbeschränkung der PartG mbB nach § 5 Abs. 2 PartGG i.V.m. § 15 Abs. 1 HGB nicht berufen können, es sei denn, der Dritte hat (positive) Kenntnis[248]. Ein Inkenntnissetzen des Dritten, etwa durch eindeutige Kenntlichmachung auf Geschäftsbriefen, würde somit ausreichen, um in den Genuss der Haftungsbeschränkung zu kommen. Dies gewinnt etwa für begründete Mandatsbeziehungen in der Phase zwischen Abschluss des Gesellschaftsvertrages sowie Unterhalten der Berufshaftpflichtversicherung und späterer Eintragung in das Partnerschaftsregister an Bedeutung.

5. Anmeldungs- und Eintragungsverfahren

Die in öffentlich beglaubigter Form vorzunehmende Registeranmeldung richtet sich gleichermaßen wie für die herkömmliche Partnerschaft nach §§ 4 PartGG, 106 HGB und muss die dort genannten Angaben enthalten[249]. Insbesondere ist dabei der Namenszusatz nach § 8 Abs. 4 S. 3 PartGG anzugeben.

Neu eingeführt wurde der als Informationspflicht gegenüber dem Registergericht[250] ausgestaltete § 4 Abs. 3 PartGG, wonach der Anmeldung eine Versicherungsbescheinigung gemäß § 113 Abs. 2 VVG beigefügt sein muss. Darin wird, wie oben dargestellt, dem Versicherungsnehmer unter Angabe der Versicherungssumme bescheinigt, dass eine der zu bezeichnenden Rechtsvorschrift[251] entsprechende Versicherung besteht. Durch die Pflicht zur Vorlage einer solchen Versicherungsbescheinigung soll das Registergericht in die Lage versetzt werden, zu prüfen, ob die berufsrechtlich vorgesehene Mindestversicherungssumme erreicht ist[252]. Das Registergericht beschränkt sich dabei auf eine rein formale Prüfung hinsichtlich der richtigen Berufshaftpflichtversicherung i.S.v. § 8 Abs. 4 PartGG und ob die

---

246 Zur Frage der konstitutiven oder deklaratotischen Wirkung der Eintragung in das Partnerschaftsregister bei Umwandlung aus einer bestehenden Gesellschaft: Kapitel C. II.1a.ii.(„normale“ Partnerschaft), II.2. (GbR) und II.3.c. (Kapitalgesellschaft).

247 *Praß*, in: Michalski/Römermann, PartGG, § 7 Rn. 7

248 *Hopt*, in: Baumbach/Hopt, HGB, § 15 Rn. 7.

249 Ausführlich dazu *Henssler*, in: Henssler/Prütting, BRAO, § 4 PartGG Rn. 3 ff.; *Wolff*, in: M/GvW/H/L/W, PartGG, § 4 Rn. 15 ff.

250 BT-Drucks. 17/10487, S. 2, 12.

251 *Seibert*, DB 2013, 1710, 1713 rät dazu, dass zur Erleichterung des Eintragungsvorgangs dies ausdrücklich auf der Versicherungspolice vermerkt werden solle.

252 BT-Drucks. 17/10487, S. 13.

Versicherungssumme den gesetzlichen Vorgaben entspricht[253]. Es prüft nicht, ob die Versicherung tatsächlich wirksam unterhalten wird oder der Versicherungsvertrag im Übrigen den gesetzlichen Anforderungen entspricht. Dies bleibt das Risiko der Partner, da ansonsten die Haftungsbeschränkung nach § 8 Abs. 4 PartGG entfällt[254]. Eine trotzdem vorgenommene Eintragung führt nicht zu einer „Heilung" solcher Versicherungsmängel[255].

Eine gesetzliche Verpflichtung zur Mitteilung über die Beendigung der PartG mbB gegenüber dem Registergericht ist hingegen nicht eingeführt worden[256].

Bei der in der Versicherungsbescheinigung zu bezeichnenden Rechtsvorschrift handelt es sich um die der Versicherung zugrundeliegenden berufsrechtlichen Regelung, also bei Rechtsanwälten um § 51a BRAO, und nicht um § 4 Abs. 3 PartGG[257]. Dies ergibt sich bereits aus der Gesetzesbegründung[258]. Auch wird nur durch die Angabe der jeweiligen berufsrechtlichen Vorschrift dem Registergericht die oben beschriebene Prüfung erleichtert; die allgemeine Vorschrift des § 4 Abs. 3 PartGG vereinfacht dem Registergericht den Eintragungsvorgang nicht, da sie keine Aussage trifft, welche konkrete Versicherungssumme für die einzutragende PartG mbB maßgeblich ist.

Anders als dies nach Einführung der PartG mbB in der Praxis der Registergerichte vereinzelt zu beobachten war[259], ist eine Zustimmung der Rechtsanwaltskammer – so wie es für eine Rechtsanwaltsgesellschaft in den §§ 59c ff. BRAO im Rahmen eines Zulassungsverfahrens vorgesehen ist – für die Eintragung einer PartG mbB nicht vorgesehen. Die PartG mbB wird berufsrechtlich nicht zugelassen, sondern ist der Rechtsanwaltskammer gemäß § 12 BORA lediglich anzuzeigen[260].

Da es sich bei der PartG mbB, wie gezeigt[261], um eine Variante der Partnerschaft handelt, wird im Partnerschaftsregister in der Rubrik „Rechtsform" lediglich die Bezeichnung „Partnerschaft" – ohne den Namenszusatz nach § 8 Abs. 4 S. 3 PartGG – eingetragen[262]. Aus dem Partnerschaftsregister geht dann der Unterschied zur „normalen" Partnerschaft nur aus dem Namen der Gesellschaft, der den Namenszusatz enthalten muss, hervor.

---

253 *Seibert*, DB 2013, 1710, 1713.
254 *Henssler*, in: Henssler/Prütting, BRAO, § 4 PartGG Rn. 16.
255 *Henssler*, in: Henssler/Prütting, BRAO, § 4 PartGG Rn. 16.
256 *Riechert*, AnwBl 2014, 266.
257 So aber *Uwer/Roeding*, AnwBl 2013, 309, 311; *Werner*, StBW 2013, 715, 719.
258 BT-Drucks. 17/10487, S. 13.
259 *Schumacher*, S. 131.
260 BT-Drucks. 17/10487, S. 15; *Lerch/Lerch/Junkov*, GmbHR 2012, R 329, R 330.
261 Dazu oben Kapitel B. I.
262 OLG Nürnberg, BB 2014, 534.

II. Umwandlung einer bestehenden Gesellschaft

1. Wechsel von einer „normalen" Partnerschaft zu einer PartG mbB

a. Voraussetzungen

Besteht bereits eine Partnerschaft, so kann von der Möglichkeit Gebrauch gemacht werden, in eine PartG mbB zu „wechseln". Hiervon geht der Gesetzgeber wie selbstverständlich aus[263]. Dass ein solcher „Wechsel" möglich ist, ist sinnvoll und der Attraktivität der PartG mbB nur zuträglich, will man eine „Umwandlung" nach allgemeinem Zivil- und Gesellschaftsrecht, etwa durch eine aufwendige und umständliche Übertragung sämtlicher Vermögensgestände der bestehenden „normalen" Partnerschaft auf eine neu gegründete PartG mbB und eine anschließende Liquidation der Ausgangsgesellschaft, vermeiden[264]. In der Praxis ist der „Wechsel" einer bestehenden Partnerschaft in eine PartG mbB der verbreitetste Fall; ungefähr 50% der entstandenen PartG mbB gingen aus einer bereits existierenden Partnerschaft hervor[265].

Die Gesetzesbegründung erschöpft sich allerdings in einem bloßen Hinweis auf die Möglichkeit eines „Wechsels" von einer bestehenden „normalen" Partnerschaft in eine PartG mbB[266], und besondere Bestimmungen hierfür sind im Gesetz nicht geschaffen worden. Dies suggeriert, dass ohne Weiteres klar sei, wie ein solcher Übergang abläuft und es daher keiner weiteren Begründung oder Regelung bedürfte. Bei näherem Hinsehen ist jedoch keinesfalls so eindeutig, welche Voraussetzungen erfüllt sein müssen, um eine Haftungsbeschränkung nach § 8 Abs. 4 PartGG zu erreichen.

Unzweifelhaft ist jedenfalls, dass auch hier eine Berufshaftpflichtversicherung i.S.v. § 8 Abs. 4 PartGG von der Partnerschaft unterhalten werden muss. Ob und welche weiteren Voraussetzungen vorliegen müssen, ist innerhalb der Literatur umstritten und wird nachfolgend eingehend untersucht. Abschließend erfolgt eine rechtsdogmatische Einordnung des Übergangs von einer „normalen" Partnerschaft hin zu einer PartG mbB.

i. Beschluss der Partnerversammlung über den Abschluss der spezifischen Berufshaftpflichtversicherung

Im Zusammenhang mit dem Abschluss der erforderlichen Berufshaftpflichtversicherung stellen sich zwei Fragen: einerseits, inwieweit dieser im Innenverhältnis einer Legitimation durch einen Beschluss der Partnerversammlung bedarf und

---

263 BT-Drucks. 17/10487, S. 2, 12.

264 Eine Umwandlung nach dem UmwG im Wege des Formwechsels nach den §§ 190 ff. UmwG ist von vornherein ausgeschlossen, vgl. hierzu unten Kapitel C. II.1.b.

265 *Lieder/Hoffmann*, NZG 2016, 287.

266 BT-Drucks. 17/10487, S. 2, 12.

andererseits – erachtet man einen solchen Beschluss für erforderlich – welche Auswirkungen ein fehlender oder unzureichender Gesellschafterbeschluss auf die Wirksamkeit des Vertragsschlusses im Außenverhältnis hat[267]. Entscheidend hierfür ist, wie man den Abschluss einer solchen Berufshaftpflichtversicherung rechtlich einordnet. Hierbei ist auf die im Grundsatz bei Personengesellschaften anerkannte[268] Einteilung in gewöhnliche und außergewöhnliche Geschäfte sowie Grundlagengeschäfte zurückzugreifen. Da es sich bei der PartG mbB wie dargestellt[269] um eine Personengesellschaft handelt, ist ein Rückgriff auf diese Einteilung ohne Weiteres möglich.

Jedenfalls handelt es sich nicht um ein gewöhnliches Geschäft nach § 6 Abs. 3 PartGG i.V.m. § 116 Abs. 1 HGB[270], bei dem ein Gesellschafterbeschluss entbehrlich ist. Der Abschluss der Versicherung stellt kein Geschäft dar, das normalerweise im Zusammenhang mit dem Betrieb der Partnerschaft anfällt. Vielmehr hat es für die einzelnen Gesellschafter im Hinblick auf die damit verbundene Haftungsbeschränkung weitreichende Bedeutung, führt wegen der anfallen Versicherungsprämien zu einer nicht unerheblichen finanziellen Belastung für jeden Partner und weist daher Ausnahmecharakter auf[271].

Somit verbleibt eine Einordnung als außergewöhnliches Geschäft nach § 6 Abs. 3 PartGG i.V.m. 116 Abs. 2 HGB oder als Grundlagengeschäft. Grundlagengeschäfte sind Geschäfte, die die Grundlagen des Gesellschaftsverhältnisses berühren oder die gesellschaftsrechtlichen Rechtsverhältnisse der Gesellschafter zueinander betreffen[272]. Hierzu zählen insbesondere Änderungen des Gesellschaftsvertrages oder Tätigkeiten, die sich mittelbar auf den Gesellschaftsvertrag auswirken, weil mit ihnen eine Pflicht zur Änderung verbunden ist[273]. Außergewöhnliche Geschäfte hingegen gehen zwar über den bisherigen Geschäftsbetrieb nach Inhalt und Zweck hinaus und weisen Ausnahmecharakter auf, halten sich aber noch im Rahmen des Gesellschaftszwecks[274]. Für die Abgrenzung ist es insbesondere maßgeblich, ob und wie die Maßnahme die Ausgestaltung des Gesellschaftsverhältnisses,

267 Die nachfolgenden Ausführungen gelten vorbehaltlich abweichender Regelungen im Gesellschaftsvertrag, da das Erfordernis eines Zustimmungsbeschlusses dispositiv ist, vgl. *Roth*, in: Baumbach/Hopt, HGB, § 114 Rn. 3; *Drescher*, in: E/B/J/S, HGB, § 116 Rn. 28.

268 Vgl. nur *Jickeli*, in: MüKo HGB, § 116 Rn. 6.

269 Dazu oben Kapitel B.I.

270 Zum Begriff: *Drescher*, in: E/B/J/S, HGB, § 116 Rn. 2.

271 *Sommer/Treptow*, NJW 2013, 3269, 3270.

272 *Roth*, in: Baumbach/Hopt, HGB, § 126 Rn. 3; *Kindler*, in: Koller/Kindler/Roth/Morck, HGB, § 114 Rn. 2; *K. Schmidt*, in: MüKo HGB, § 126 Rn. 10.

273 *Hillmann*, in: E/B/J/S, HGB, § 126 Rn. 8; *Weitemeyer*, in: Oetker, HGB, § 114 Rn. 6; *Sommer/Treptow*, NJW 2013, 3269, 3270.

274 *Roth*, in: Baumbach/Hopt, HGB, § 116 Rn. 2; *Finckh*, in: Henssler/Strohn, GesR, § 116 HGB Rn. 15; *Jickeli*, in: MüKo HGB, § 116 Rn. 7.

also das Verhältnis der Gesellschafter untereinander, betrifft[275]. Der Unterscheidung kommt entscheidende Bedeutung zu. Zwar ist in beiden Fällen ein grundsätzlich einstimmiger Beschluss aller Gesellschafter erforderlich, allerdings schlägt der Abschluss der Versicherung durch einen vertretungsberechtigten Partner trotz fehlendem Gesellschafterbeschluss bei einem außergewöhnlichen Geschäft grundsätzlich[276] nicht auf das Außenverhältnis durch und ist gemäß § 7 Abs. 3 PartGG i.V.m. § 126 Abs. 2 HGB wirksam. Grundlagengeschäfte sind hingegen nicht von der Vertretungsmacht der Gesellschafter erfasst und bei fehlendem Gesellschafterbeschluss im Außenverhältnis unwirksam[277]. In letzterem Fall wäre der Abschluss des Versicherungsvertrages ohne (wirksamen) Zustimmungsbeschluss unwirksam und mithin bestünde die Haftungsbeschränkung nach § 8 Abs. 4 PartGG nicht.

Die wohl herrschende Meinung innerhalb der Literatur geht von der Annahme eines außergewöhnlichen Geschäfts aus[278]. Dafür wird angeführt, der Abschluss der Versicherung und der damit einhergehende Rechtsformvariantenwechsel *ex lege* habe keine Auswirkungen auf die Innenbeziehungen der Gesellschafter und lasse diese unberührt[279]. Auch käme es zu keiner Verkürzung der Rechte der Gesellschafter[280], vielmehr bedeute der Abschluss der Versicherung eine Besserstellung aufgrund der fortan entfallenden persönlichen Haftung für Berufsfehler[281]. Ferner gehe mit dem Vertragsabschluss kein Rechtsformwechsel einher[282], sondern vielmehr (nur) ein Rechtsformvariantenwechsel.

Ein Teil des Schrifttums plädiert für ein Beschlusserfordernis[283], teils unter ausdrücklicher Annahme eines Grundlagengeschäfts[284]. Eine solche Sichtweise wird damit begründet, dass ein Rechtsformwechsel immer in die Organisation und Struktur der Gesellschaft eingreife und deshalb stets das Verhältnis der Partner untereinander betreffe[285]. Einer solchen Argumentation ist im Ansatz zuzustimmen. Auch wenn es sich bei herkömmlicher Partnerschaft und PartG mbB um zwei Varianten derselben Rechtsform handelt, deren rechtliche Struktur lediglich hinsichtlich der

---

275 *Roth*, in: Baumbach/Hopt, HGB, § 116 Rn. 3; *Jickeli*, in: MüKo HGB, § 116 Rn. 7.

276 Anders im Falle eines sog. Missbrauchs der Vertretungsmacht, dazu *K. Schmidt*, in: MüKo HGB, § 126 Rn. 20 ff.

277 BGH NJW 1952, 537, 538; *Roth*, in: Baumbach/Hopt, HGB, § 126 Rn. 3; *v. Ditfuth*, in: MüHdb GesR, Bd. 1, § 54 Rn. 7; *K. Schmidt*, in: MüKo HGB, § 126 Rn. 10.

278 *Henssler*, AnwBl 2014, 96, 98; *Lieder*, NotBZ 2014, 128, 132; *Piller*, S. 281; *Sommer/Treptow*, NJW 2013, 3269, 3270 f; im Ergebnis: *Fischer*, S. 130 f ; *Leuering*, NZG 2013, 1001, 1005; *Salger*, in: MüHdB GesR, Bd 1, § 45a Rn. 8; *Schumacher*, S. 135.

279 *Piller*, S. 281; *Sommer/Treptow*, NJW 2013, 3269, 3271.

280 *Henssler*, AnwBl 2014, 96, 98.

281 *Sommer/Treptow*, NKW 2013, 3268, 3271.

282 *Henssler*, Anwbl 2014, 96, 96.

283 *Kilian*, MDR 2013, 1137, 1142; *Pestke/Michel*, Stbg 2013, 366, 371; *Uwer/Roeding*, AnwBl 2013, 309, 311; *Werner*, StBW 2013, 715, 719.

284 *Meyer*, S. 168; *Offermann-Burckart*, AnwBl 2014, 194, 210.

285 *Meyer*, S. 168; *Tröger/Pfaffinger*, JZ 2013, 812, 818.

Außenhaftung der Partner für Berufsfehler voneinander abweicht, so gehört zu den wesentlichen Merkmalen der Organisationstruktur einer Gesellschaft gerade auch die Haftung der Gesellschafter im Außenverhältnis. Für Änderungen der Organisationsstruktur einer Gesellschaft ist im Grundsatz weitgehend anerkannt, dass es sich bei derartigen Maßnahmen um ein Grundlagengeschäft handelt[286]. Schon diese tiefgreifende Strukturänderung durch Abschluss des Versicherungsvertrages spricht für die Annahme eines Grundlagengeschäfts. Darüber hinaus ist zu berücksichtigen, dass faktisch das Innenverhältnis der Gesellschaft durch die Änderung der Haftungsstruktur im Außenverhältnis berührt ist: zum einen hat die Wahl einer haftungsbeschränkten Verbandsform Auswirkungen darauf, ob weiterhin – vorbehaltlich gesellschaftsvertraglicher Regelungen – eine Nachschusspflicht der Gesellschafter während des Liquidationsverfahrens gemäß § 735 BGB anzunehmen ist[287] und in welchem Umfang im Innenverhältnis der Gesellschaft ein Regressanspruch gegen die Gesellschafter zusteht[288]. Zum anderen führt die Haftungsbeschränkung zur Anwendung der bislang aus dem Kapitalgesellschaftsrecht bekannten Haftungsfigur der Existenzvernichtungshaftung, wodurch den Gesellschaftern eine *de facto* äußerste Grenze im Umgang mit dem Gesellschaftsvermögen gesetzt und eine „faktische Entnahmesperre" etabliert wird. Das Gesellschaftsvermögen steht damit nicht länger dem gänzlich sanktionslosen Zugriff der Gesellschafter offen[289].

Aufgrund dieser Erwägungen ist im Ergebnis der Abschluss einer spezifischen Berufshaftpflichtversicherung i.S.v. § 8 Abs. 4 PartGG als Grundlagengeschäft einzuordnen. Ein Bedürfnis, das Erfordernis eines Gesellschafterbeschlusses aus allgemeinen (umwandlungsrechtlichen) Grundsätzen[290] abzuleiten, besteht daher nicht[291]. Auch wenn die Annahme eines Grundlagengeschäfts aufgrund der Unwirksamkeit der Maßnahme gegenüber Dritten in einem grundsätzlichen Spannungsverhältnis zu

286 *C. Schäfer*, in: MüKo BGB, § 709 Rn. 10; *Rawert*, in: MüKo HGB, § 114 Rn. 11; *Prieser*, DStR 2007, 28, 29; *Haas*, in: R/GvW/H, HGB, § 114 Rn. 4; *Martens*, in: Schlegelberger, HGB, § 114 Rn. 7.

287 Eingehend dazu unten Kapitel I. II.

288 Eingehend dazu unten Kapitel I. III.

289 Eingehend dazu unten Kapitel H I.2.b.

290 Hierbei geht es darum, ob Schutzvorschriften des Umwandlungsgesetzes (hier konkret ein Umwandlungsbeschluss wie in den §§ 13 Abs. 1, 122g, 125 S. 1, 176 Abs. 1, 177 Abs. 1, 193 UmwG vorgesehen) auf Vorgänge Anwendung finden, die zu einer Umstruktueriung der Gesellschaft führen und dabei keine Umwandlung i.S.d. UmwG darstellen, einer solchen im Ergebnis aber gleichkommen (sog. Ausstrahlungswirkung des UmwG), vgl. *Dauner-Lieb*, in: KölnerKomm, UmwG, § 1 Rn. 46; *Hörtnagel*, in: Schmitt/Hörtnagel/Stratz, UmwG, § 1 Rn. 69; *Kraft*, in: Kraft/Redenius-Hövermann, UmwandlungsR, Kap. 1 Rn. 97; ablehnend: *Semler*, in: Semler/Stengel, UmwG, § 1 Rn. 63.

291 Ein Beschlusserfordernis auf dieser Grundlage im Ergebnis ablehnend: *Lieder*, NotBZ 2014, 128, 132; *Sommer/Treptow*, NJW 2013, 3269, 3271.

berechtigten Verkehrsschutzinteressen steht[292], so sind doch hier Geschäftspartner der PartG mbB nicht in besonderem Maße schützenswert, da es bei Unwirksamkeit des Versicherungsvertrages bei der persönlichen Haftung der Gesellschafter bleibt.

ii. Bedeutung der Eintragung des Namenszusatzes in das Partnerschaftsregister

Nach § 8 Abs. 4 S. 3 PartGG muss der Name der Partnerschaft einen auf die beschränkte Haftung hinweisenden Zusatz aufweisen. Dieser Zusatz gehört zum Namen der Partnerschaft und ist mit diesem untrennbar verknüpft. Erfährt der Name der Partnerschaft eine Änderung, so muss diese Änderung nach § 4 Abs. 1 S. 3 PartGG zum Partnerschaftsregister angemeldet werden.

Dies sagt aber noch nichts darüber aus, welche Bedeutung der Änderung des Namens für die Wirksamkeit der PartG mbB im Außenverhältnis zukommt. Die Wirksamkeit einer Partnerschaft im Verhältnis zu Dritten regelt § 7 Abs. 1 PartGG, der der Eintragung ins Partnerschaftsregister konstitutive Wirkung zukommen lässt. Damit stellt sich die Frage, ob § 7 Abs. 1 PartGG auch für die „Umwandlung" einer bestehenden Partnerschaft hin zu einer PartG mbB gilt und damit der Eintragung des Namens mit Namenszusatz deklaratorische oder konstitutive Wirkung zukommt.

Einige vereinzelte Stimmen in der Literatur[293] messen der Eintragung konstitutive Wirkung bei, beschränken sich allerdings auf diese Feststellung, ohne sich inhaltlich damit näher auseinanderzusetzen. Die weit überwiegende Meinung geht zutreffend von einer deklaratorischen Eintragung aus[294]. Dafür sprechen die folgenden Erwägungen:

Für die herrschende Meinung spricht zunächst der Wortlaut von § 8 Abs. 4 S. 1 PartGG. Darin wird das Eingreifen der Haftungsbeschränkung nur an das Unterhalten der spezifischen Berufshaftpflichtversicherung geknüpft. Eine explizite Verknüpfung mit dem Führen des geänderten Namens oder der Eintragung in das Partnerschaftsregister wird nicht hergestellt, was auf eine deklaratorische Eintragung hindeutet[295].

Zudem wurde § 7 PartGG, der die Wirksamkeit der Partnerschaft im Außenverhältnis betrifft, inhaltlich nicht verändert. Hätte der Gesetzgeber neben der ursprünglichen Neugründung einer Partnerschaft auch die Wirksamkeit einer „Umwandlung" einer bestehenden Partnerschaft in eine PartG mbB von einer

292 Vgl. nur *Martens*, in: Schlegelberger, HGB, § 114 Rn. 5.

293 *Kilian*, MDR 2013, 1137, 1142; *Kraft*, ZNotP 2013, 242, 244; wohl auch *Seibert*, DB 2013, 1710, 1713.

294 *Beck*, AnwBl 2015, 380, 385; *Beck*, DZWIR 2012, 447, 448; *Fischer*, S. 130; *Leuering*, NZG 2013, 1001, 1005; *Lieder*, NotBZ 2014, 128, 132; *Lieder/Hoffmann*, NJW 2015, 897, 898; *Praß*, in: Römermann/Michalski, § 7 Rn. 8; *Sommer/Treptow*, NJW 2013, 3269, 3270; *Tröger/Pfaffinger*, JZ 2013, 812, 814; wohl auch: *Werner*, StBW 2013, 715, 718; *Uwer/Roeding*, AnwBl 2013, 309, 311.

295 Ähnlich: *Beck*, AnwBl 2015, 380, 385.

Eintragung in das Partnerschaftsregister abhängig machen wollen, so hätte er dies ausdrücklich regeln können, etwa – gesetzessystematisch korrekt – mit einem zweiten Satz in § 7 Abs. 1 PartGG (etwa: „Dies gilt auch für die Partnerschaft mit beschränkter Berufshaftung"), der klarstellt, dass § 7 Abs. 1 PartGG stets für die Wirksamkeit im Außenverhältnis gilt und nicht nur, wie ursprünglich beabsichtigt, für die Neugründung einer Partnerschaft. Dies ist unterblieben, was die Annahme einer deklaratorischen Eintragung stützt.

Die Annahme einer nur deklaratorischen Eintragung fügt sich auch in die bisherige Systematik des Gesetzes, nämlich dass, mit Ausnahme der erstmaligen Eintragung der Partnerschaft, Eintragungen in das Partnerschaftsregister grundsätzlich deklaratorisch wirken[296].

Gegen eine konstitutive Eintragung spricht außerdem der Zweck des § 7 Abs. 1 PartGG[297]. Durch die Vorschrift soll die Abgrenzung verschiedener Rechtsformen gewährleistet werden. Ist bei der Gründung einer Partnerschaft eine Abgrenzung zu einer Freiberufler-GbR durch eine zwingende Eintragung als formales Abgrenzungskriterium sinnvoll, so ist dies bei der „Umwandlung" einer bestehenden Partnerschaft in zweifacher Weise überflüssig. Einerseits ist bereits eine Partnerschaft eingetragen und grenzt sich dadurch von einer Freiberufler-GbR qua Gesetz ab (die Nichteintragung der PartG mbB ändert hieran nichts), andererseits bedarf es keines Abgrenzungskriteriums zwischen „normaler" Partnerschaft und PartG mbB in Form der Eintragung, da ein solches bereits in der zu unterhaltenden spezifischen Berufshaftpflichtversicherung besteht.

Davon, dass die Eintragung nicht konstitutiv ist, geht offenbar auch der Gesetzgeber aus. So wird in der Gesetzesbegründung ausgeführt, dass bei einem Versicherungsmangel die Haftungsbeschränkung „automatisch entfällt"[298]. Spiegelbildlich muss dies bedeuten, dass die Haftungsbeschränkung wieder automatisch auflebt, wenn die spezifische Berufshaftpflichtversicherung unterhalten wird; die Eintragung im Partnerschaftsregister spielt hierbei keine Rolle.

Auch besteht zum Schutz des Rechtsverkehrs kein Bedürfnis, die Wirksamkeit der PartG mbB im Außenverhältnis an eine erfolgte Eintragung zu knüpfen[299]. Unterlässt die PartG mbB die Anmeldung der Änderung des Namens, so kann sie sich nach § 5 Abs. 2 PartGG i.V.m. § 15 Abs. 1, 2 HGB Dritten gegenüber grundsätzlich nicht auf die Haftungsbeschränkung berufen[300]. Dass die Gesellschafter die Rechtsfolge des § 15 Abs. 1 HGB durch Inkenntnissetzung der Geschäftspartner ausschalten können, ist auch nicht unbillig, da mit dem Unterhalten einer spezifischen

296 *Keilbach*, RNotZ 2001, 159; *C. Schäfer*, in: MüKo BGB, § 5 PartGG Rn. 18; *Zimmermann*, in: Römermann/Michalski, PartGG, § 1 Rn. 24.

297 Dazu oben Kapitel C. I.4.

298 BT-Drucks. 17/10487, S. 15.

299 *Beck*, AnwBl 2015, 380, 386.

300 Eingehend dazu unten KapitelG. II.1.

Berufshaftpflichtversicherung der Wegfall der persönlichen Haftung nach § 8 Abs. 1, 2 PartGG kompensiert wird[301].

Im Ergebnis hat die Eintragung des geänderten Namens nur deklaratorische Wirkung. Gleichwohl wird es in der Praxis zu einer Anmeldung[302] des geänderten Namens kommen, will man die Rechtsfolge des § 5 Abs. 2 PartGG i.V.m. § 15 Abs. 1 HGB ausschließen und für eine vollumfängliche Haftungsbeschränkung sorgen. Hierzu bedarf es wiederum einer Änderung des Partnerschaftsvertrages, der seinerseits einen satzungsändernden Gesellschafterbeschlusses erfordert[303].

b. Rechtsdogmatische Einordnung

Unzweifelhaft ist zunächst, dass sich ein Übergang von herkömmlicher Partnerschaft hin zu einer PartG mbB jedenfalls außerhalb des Umwandlungsgesetzes vollzieht[304]. Hierbei kommt ein Formwechsel nach den §§ 190 ff. UmwG[305] deshalb nicht in Betracht, weil es sich bei der regulären Partnerschaft und der PartG mbB um dieselbe Rechtsform (Rechtsformgleichheit) handelt, bei der lediglich die Haftungsverfassung modifiziert wird[306].

Fraglich ist, wie man den Übergang weiter rechtsdogmatisch qualifizieren kann. Anerkannt ist, dass der Übergang zwischen einzelnen Personengesellschaften, also unterschiedlichen Rechtsformen, im Wege eines identitätswahrenden, gesetzlichen Formwechsels erfolgen kann[307]. Hierbei handelt es sich rechtlich um keine Umwandlung nach dem Umwandlungsgesetz, der Formwechsel steht aber im Ergebnis einer Umwandlung gleich[308]. Es kommt zu einer Änderung des rechtlichen Charakters der Gesellschaft (Wechsel des „Rechtskleides“)[309], wobei die Identität gewahrt bleibt und

---

301 *Beck*, AnwBl 2015, 380, 386.

302 Bei der Anmmeldung ist ebenfalls der Versicherungsschutz nachzuweisen gemäß § 4 Abs. 3 PartGG (analog), vgl. *Henssler*, AnwBl 2014, 96, 98; *Vossius*, GmbHR 2012, R214; *Zimmermann*, in: Michalski/Römernann, PartGG, § 4 Rn. 37; *Seibert*, DB 2013, 1710, 1713.

303 *Henssler*, AnwBl 2014, 96, 98.

304 *Beck*, AnwBl 2015, 380, 383; *Henssler*, AnwBl. 2014, 96, 98; *Lieder*, NotBZ 2014, 128, 133;*Pestke/Michel*, Stbg 2013, 366, 371; *Seibert*, DB 2013, 1712, 1714; *Uwer/Roeding*, AnwBl. 2013, 309, 311; *Wälzholz*, DStR 2013, 2637, 2640.

305 Ein Formwechsel nach den §§ 190 ff. UmwG wird definiert als die Änderung der Rechtsform eines Rechtsträgers bei Aufrechterhaltung seiner rechtlichen sowie wirtschaftlichen Identität, vgl. *Drinhausen/Keinath*, in: Hessler/Strohn, GesR, § 190 UmwG Rn. 6; *Kraft*, in Kraft/Redenius-Hövermann, UmwandlungsR, Rn. 60.

306 *Wälzholz*, DStR 2013, 2637, 2640; zu einem ebenfalls ausgeschlossenen Formwechsel gemäß §§ 190 ff. UmwG zwischen UG und GmbH wegen Rechtsformgleichheit: *Weber*, BB 2009, 842, 846.

307 Vgl. nur *Kraft*, in Kraft/Redenius-Hövermann, UmwandlungsR, Kap. 1 Rn. 89; *K. Schmidt*, GesR, § 12 I 4 a), S. 335.

308 *Kraft*, in Kraft/Redenius-Hövermann, UmwandlungsR, Kap. 1 Rn. 89.

309 *Wiedemann*, GesR, Bd II, § 6 II. 3., S. 543.

eine Vermögensübertragung nicht stattfindet[310]. Die verschiedenen Personengesellschaften sind ihrer Struktur nach gleich und damit untereinander austauschbar. Zugleich schließen sie sich aber gegenseitig aus[311]. Der gesetzliche Formwechsel vollzieht sich entweder *ex lege* ohne oder sogar gegen den Willen der Gesellschafter, wenn zwingende gesetzliche Voraussetzungen einer Rechtsform wegfallen oder hinzutreten (Rechtsformzwang), oder durch Rechtsgeschäft (Rechtsformwahl)[312].

Da es sich bei PartG mbB nur um eine Rechtsformvariante der herkömmlichen Partnerschaft[313] handelt, scheidet ein gesetzlicher Formwechsel im oben beschriebenen Sinne wegen Rechtsformgleichheit aus[314]. Darauf deutet auch die Gesetzesbegründung hin, die stets nur von einem „Wechsel" spricht und nicht etwa von einem Formwechsel[315].

Daher ist der Übergang als *identitätswahrender gesetzlicher Rechtsformvariantenwechsel* zu qualifizieren[316]. Dieser kommt im Ergebnis dem oben beschriebenen gesetzlichen Formwechsel zwischen Personengesellschaften gleich[317], mit dem Unterschied, dass er sich innerhalb derselben Rechtsform abspielt und kein Übergang in eine andere Gesellschaftsrechtsform vorliegt. Der Wechsel erfolgt auch hier unter Wahrung der Identität. Eine Vermögensübertragung ist demnach nicht erforderlich und Vermögensgegenstände gehen auch nicht im Wege der Gesamtrechtsnachfolge über. Der Übergang von der bestehenden Partnerschaftsgesellschaft hin zur PartG mbB ändert an der wirtschaftlichen und rechtlichen Identität nichts: die entstandene PartG mbB ist mit der vormaligen herkömmlichen Partnerschaft personenidentisch. Es ändert sich lediglich das rechtliche Kleid[318], genauer die Haftungsstruktur.

Dieser gesetzliche Rechtsformvariantenwechsel vollzieht sich *ex lege* auf Grundlage des Rechtsformzwangs im Recht der Personengesellschaften[319]. Einziges Unterscheidungsmerkmal zwischen der herkömmlichen Partnerschaft und der PartG mbB ist die Voraussetzung, dass nach § 8 Abs. 4 PartGG eine zu diesem Zweck

310 *Kraft*, in Kraft/Redenius-Hövermann, UmwandlungsR, Kap. 1 Rn. 89 f; *Wiedemann*, GesR, Bd II, § 6 II. 3., S. 543.

311 *K. Schmidt*, GesR, § 44 III 1., S. 1305.

312 *Leuering*, NZG 2013, 1001, 1005; *K. Schmidt*, GesR, § 44 III 1, S. 1305 ff.; *Wiedemann*, GesR, Bd II, § 6 II. 3., S. 543 ff.

313 Dazu oben Kapitel B.I.

314 So auch *Beck*, AnwBl 2015, 380, 384; *Henssler*, AnwBl 2014, 96, 98; *Schumacher*, S. 137.

315 BT-Drucks. 17/10487, S. 2, 12.

316 So auch *Piller*, S. 277, der allerdings nur von einem „Rechtsformvariantenwechsel" spricht; *Henssler*, AnwBl 2014, 96, 98 beschreibt den Vorgang zutreffend als „Abänderung der Haftungsstruktur innerhalb derselben Gesellschaft". Allerdings ist der hier gewählte Begriff vorzugswürdig, da er sich in die hergebrachte gesellschaftsrechtliche Terminologie einfügt.

317 In diese Richtung *Schumacher*, S. 135

318 *Lieder*, NotBZ 2014, 128, 133.

319 *Henssler*, in: Henssler/Prütting, BRAO, § 8 PartGG Rn. 69; *Leuering*, NZG 2013, 1001, 1005; *Lieder*, NotBZ 2014, 128, 133.

durch Gesetz vorgegebene Berufshaftpflichtversicherung unterhalten wird. Weitere Voraussetzungen werden nicht aufgestellt, insbesondere ist die richtige Firmierung nicht Voraussetzung für das Eingreifen der Haftungsbeschränkung. Liegen bei einer Partnerschaft die in § 8 Abs. 4 PartGG festgelegten gesetzlichen Merkmale vor, so *ist* diese Partnerschaft eine solche mit beschränkter Berufshaftung, gleichgültig, ob die Gesellschafter dies wollen oder nicht. Umgekehrt[320] bzw. spiegelbildlich[321] geht der Wechsel ebenfalls vonstatten: unterhält eine PartG mbB nicht länger eine Berufshaftpflichtversicherung, so *ist* diese Gesellschaft eine herkömmliche Partnerschaftsgesellschaft. Ein entgegenstehender Parteiwille wird kraft objektiven Rechts für unmaßgeblich erklärt[322]. Davon geht offenbar auch der Gesetzgeber aus[323]. Folglich muss man den Rechtsformzwang im Personengesellschaftsrecht nun umfassender verstehen, da dieser nicht nur im Verhältnis von unterschiedlichen Rechtsformen gilt, sondern auch Anwendung findet, wenn innerhalb einer Rechtsform mehrere Rechtsformvarianten vom Gesetzgeber angeboten werden, die sich aufgrund ihrer gesetzlichen Ausgestaltung unabhängig vom Parteiwillen gegenseitig ausschließen. Daher hat die Einführung der PartG mbB den Rechtsformzwang im Personengesellschaftsrecht um einen Aspekt erweitert, nämlich, dass ein solcher nicht nur im Verhältnis verschiedener Rechtsformen gilt, sondern auch bei mehreren Varianten einer Rechtsform. Konsequenterweise sollte man in letzterem Fall von *Rechtsformvariantenzwang* sprechen.

Parallelen lassen sich hinsichtlich des Übergangs von bestehender Partnerschaft hin zu einer PartG mbB zum Recht der Unternehmergesellschaft (UG) ziehen. Bei Letzterer handelt es sich nach allgemeiner Auffassung ebenfalls nicht um eine eigenständige Rechtsform, sondern um eine Rechtsformvariante (der GmbH). Für die UG finden sämtliche für die GmbH geltenden Rechtsvorschriften Anwendung, sofern sich aus der Sonderregelung des § 5a GmbHG nichts anderes ergibt[324]. Nach einer Erhöhung des Stammkapitals auf mindestens 25.000 Euro[325] gelten gemäß § 5a Abs. 5 GmbHG die Sondervorschriften des § 5a GmbHG nicht mehr. Der Übergang von einer durch § 5a GmbHG eingeschränkten Variante der GmbH zu einer uneingeschränkten GmbH erfolgt nach allgemeiner Meinung identitätswahrend und ohne Gesamtrechtsnachfolge[326]. Hierbei handelt es sich weder um eine Umwandlung nach

320 *Leuering*, NZG 2013, 1001, 1005.

321 *Beck*, AnwBl 2015, 380, 384.

322 *K. Schmidt*, GesR, § 5 II 3. b), S. 102.

323 BT-Drucks. 17/10487, S. 15: Ein Versicherungsmangel führt dazu, dass die Haftungsbeschränkung „automatisch" entfällt und sich die Haftung nach § 8 Abs. 1, 2 PartGG richtet.

324 *Fastrich*, in: Baumbach/Hueck, GmbHG, § 5a Rn. 7; *Roth*, in: Roth/Altmeppen, GmbHG, § 5a Rn. 5; *Wicke*, GmbHG, § 5a Rn. 3.

325 Einzelheiten: *Rieder*, in: MüKo GmbHG, § 5a Rn. 37ff.

326 Vgl. nur *Fastrich*, in: Baumbach/Hueck, GmbHG, § 5a Rn. 32; *Schäfer*, in: Henssler/Strohn, GesR, § 5a GmbHG Rn. 29.

dem UmwG, noch um einen Wechsel in eine andere Gesellschaftsform[327]. Vielmehr tritt der Wechsel und damit der Wegfall der Beschränkungen nach § 5a Abs. 5 GmbHG *ispo iure* ein[328]. Somit ist das Modell des Wechsels einer Rechtsformvariante dem Gesetzgeber – dem Grundsatz nach – keinesfalls neu und hat im Recht der Kapitalgesellschaften bereits vor Einführung der PartG mbB Einzug gefunden. Beide Fälle verlaufen im Ergebnis gleich, nämlich mit dem Eintritt der vom Gesetz aufgestellten Voraussetzungen vollzieht sich der Rechtsformvariantenwechsel *ex lege* bzw. *ispo iure* identitätswahrend und ohne dass es eines Rückgriffs auf das UmwG bedarf[329].

2. Wechsel von einer GbR zu einer PartG mbB

Auch der Weg von einer bestehenden GbR zu einer PartG mbB ist ohne Weiteres gangbar. Explizite neue Regelungen wurden auch hierzu nicht geschaffen, allerdings kann auf die bereits zur „Umwandlung" einer GbR hin zu einer herkömmlichen Partnerschaft entwickelten Grundsätze zurückgegriffen werden.

In dogmatischer Hinsicht handelt es sich beim Übergang einer bestehenden GbR hin zu einer PartG mbB jedenfalls nicht um eine Umwandlung im Sinne des Umwandlungsgesetzes[330]. Die Formen der Umwandlung werden in § 1 UmwG abschließend aufgezählt. Ein Formwechsel der GbR ist nicht möglich, da diese nicht formwechselnder Rechtsträger sein kann, wie sich aus § 191 Abs. 1 UmwG (i.V.m. §§ 190 Abs. 1, 1 Abs. 1 Nr. 4 UmwG) ergibt.

Teilweise wird die Auffassung vertreten, dass die Neugründung einer PartG mbB bei gleichzeitiger Übertragung des Gesamthandsvermögens auf diese erforderlich sei[331]. Begründet wird dies damit, dass eine Umwandlung der GbR mangels Umwandlungsfähigkeit nicht in Frage käme. Dies ist zwar, wie zuvor dargelegt, richtig, eines Rückgriffes auf das Umwandlungsgesetz bedarf es indes nicht. Die fehlende Umwandlungsfähigkeit der GbR als formwechselnder Rechtsträger lässt eine Umwandlung nach allgemeinen Grundsätzen des Personengesellschaftsrechts

327 *Fastrich*, in: Baumbach/Hueck, GmbHG, § 5a Rn. 32; *Schäfer*, in: Henssler/Strohn, GesR, § 5a GmbHG Rn. 29; *Miras*, in: Michalski, GmbHG, § 5a Rn. 116; *Rieder*, in: MüKo GmbHG, § 5a Rn. 37.

328 *Lange*, NJW 2010, 3686, 3690; *Roth*, in: Roth/Altmeppen, GmbHG, § 5a Rn. 33.

329 Dies trifft jedenfalls für den Fall des Wechsels einer UG hin zu einer vollwertigen GmbH zu. Anders als bei der PartG mbB ist der Übergang bei der UG nach allgemeiner Meinung als „Einbahnstraße" konzipiert. Ein Wechsel von der GmbH zurück zur UG ist vom Gesetz nicht vorgesehen, vgl. *Roth*, in: Roth/Altmeppen, GmbHG, § 5a Rn. 37; *Wicke*, GmbHG, § 5a Rn. 14.

330 *Beck*, AnwBl 2015, 380, 386; *Binnewies/Wollweber*, AnwBl 2014, 9, 10; *Lieder*, NotBZ 2014, 128, 133.

331 *Pestke/Michel*, Stbg 2013, 366, 371; *Uwer/Roeding*, AnwBl 2013, 309, 312; *Werner*, StBW 2013, 715, 718.

unberührt[332]. Richtigerweise vollzieht sich der Übergang außerhalb des Umwandlungsgesetzes im Wege des oben beschriebenen[333] identitätswahrenden Rechtsformwechsels[334]. Dies ist für den Übergang von einer bestehenden GbR zu einer „normalen" Partnerschaft in Rechtsprechung und Literatur anerkannt[335] und gilt gleichfalls bei der PartG mbB. Dies ergibt schon die vom Gesetzgeber eingeschlagene Regelungstechnik für die PartG mbB[336], nämlich dass sämtliche Vorschriften des PartGG auch für die PartG mbB gelten, sofern nicht eigenständige Regelungen geschaffen wurden. Damit findet auch § 2 Abs. 2 PartGG für die PartG mbB Anwendung, der von der Möglichkeit einer solchen „Umwandlung" implizit ausgeht[337]. Zudem ergibt dies die Stellung der PartG mbB im System der Personengesellschaften. Anhaltspunkte, dass der Gesetzgeber von diesem System abrücken wollte, lassen sich weder dem Gesetz noch der Gesetzbegründung entnehmen. Vielmehr handelt es sich bei der PartG mbB wie gezeigt um eine Personengesellschaft[338], die sich in das bestehende System einfügt und damit auch die Fähigkeit besitzt, ohne Aufgabe ihrer Identität von einer Rechtsform in die andere zu wechseln[339].

Die sachlichen Voraussetzungen eines Wechsels von einer bestehenden GbR zu einer PartG mbB sind[340]:

- Änderung des Gesellschaftsvertrages unter Beachtung der Anforderungen nach § 3 PartGG
- Unterhalten einer spezifischen Berufshaftpflichtversicherung i.S.v. § 8 Abs. 4 S. 1 PartGG
- Anmeldung der PartG mbB zum Partnerschaftsregister unter Vorlage einer Versicherungsbescheinigung gemäß § 4 Abs. 3 PartGG i.V.m. 113 Abs. 2 VVG
- Eintragung der PartG mbB in das Partnerschaftsregister gemäß § 7 Abs. 1 PartGG

Der Eintragung kommt hier konstitutive Wirkung zu. Dies war bereits für den Übergang von GbR zu herkömmlicher Partnerschaft anerkannt[341] und gilt auch für

332 *Stratz*, in: Schmitt/Hörtnagel/Stratz, UmwG, § 191 Rn. 33.

333 Dazu oben Kapitel C. II.1.b.

334 *Beck*, AnwBl 2015, 380, 386; *Binnewies/Wollweber*, AnwBl 2014, 9, 10; *Fischer*, S. 131; *Henssler*, AnwBl 2014, 93, 98; *Kilian*, MDR 2013, 1137, 1142; *Leuering*, NZG 2013, 1001, 1005; *Lieder*, DNotBZ 2014, 128, 133; *Meilicke*, in: M/GvW/H/L/W, PartGG, § 7 Rn. 36; *Schumacher*, S. 134; *Wollweber*, DStR 2014, 1926, 1927.

335 Eingehend *Binnewies/Wollweber*, AnwBl 2014, 9, 13 (Fn. 14, 15).

336 Dazu oben Kapitel B. I.

337 *Lieder*, NotBZ 2014, 128, 133.

338 Dazu oben Kapitel B. I.

339 *K. Schmidt*, NJW 1995, 1, 7; *K. Schmidt*, GesR, § 44 III 1, S. 1305.

340 *Beck*, AnwBl 2015, 380, 386; *Binnewies/Wollweber*, AnwBl 2014, 9, 10; *Fischer*, S. 131; *Henssler*, AnwBl 2014, 93, 98; *Kilian*, MDR 2013, 1137, 1142; *Leuering*, NZG 2013, 1001, 1005; *Lieder*, DNotBZ 2014, 128, 133; *Schumacher*, S. 134; *Wollweber*, DStR 2014, 1926, 1927.

341 Vgl. nur *Praß*, in: Römermann/Michalski, PartGG, § 7 Rn. 18.

die PartG mbB. Ab diesem Zeitpunkt entsteht die PartG mbB im Außenverhältnis und die Haftungsprivilegierung greift ein.

3. Umwandlung einer bestehenden Kapitalgesellschaft

Weiter ist es grundsätzlich möglich, dass eine PartG mbB im Wege der Umwandlung nach dem UmwG aus einer Kapitalgesellschaft entsteht. Denkbare Umwandlungsvorgänge sind eine Verschmelzung (§§ 45a ff. UmwG), Spaltung (§ 125 S. 1 UmwG) und Formwechsel (§§ 228 Abs. 2, 190 ff. UmwG). Aufgrund der Einordnung der PartG mbB als Rechtsformvariante gelten die bisherigen Regelungen im UmwG zur Partnerschaftsgesellschaft auch für die PartG mbB und daher kann die PartG mbB auch Zielrechtsform einer Umwandlung nach dem UmwG sein[342]. In der Praxis sind im Wege einer Umwandlung nach dem UmwG entstandene PartG mbB bereits vereinzelt anzutreffen[343].

Nachfolgend soll die Umwandlung an dem für die Praxis empfehlenswerten[344] Umwandlungsvorgang eines Formwechsels gemäß §§ 190 ff. UmwG skizziert werden. Das Verfahren des Formwechsels lässt sich in drei Phasen unterteilen: Vorbereitung, Beschlussfassung und Vollziehung[345].

a. Vorbereitung

Die Phase der Vorbereitung umfasst die Erstellung eines schriftlichen Umwandlungsberichts[346] durch das Vertretungsorgan des formwechselnden Rechtsträgers gemäß § 191 Abs. 1 UmwG. Ein solcher ist entbehrlich, wenn alle Anteilsinhaber auf seine Erstattung durch notariell beurkundete Erklärung nach § 191 Abs 2 S. 1, 2 UmwG verzichtet haben.

Im Rahmen der Vorbereitung der Beschlussversammlung ist der Entwurf des Umwandlungsbeschlusses spätestens einen Monat vor dem Tag der Versammlung dem Betriebsrat des formwechselnden Rechtsträgers zuzuleiten (§ 194 Abs. 2 UmwG). Die Einberufung der Versammlung der Anteilsinhaber und der Ablauf richten sich nach den Vorschriften des formwechselnden Rechtsträgers, bei der GmbH also nach den §§ 49 ff. GmbHG, bei der AG nach den §§ 121 ff. AktG[347]. Ergänzend

---

342 So auch *Leitzen*, DNotZ 2013, 596, 597; *Schumacher*, S. 135 ff.; im Ergebnis: *Henssler*, AnwBl 2014, 94, 98; *Leuering*, NZG 2013, 1001, 1005; *Lieder*, NotBZ 2014, 128, 133; *Lieder/Hoffmann*, NZG 2016, 287, 293; *Uwer/Roeding*, AnwBl 2013, 309, 313; *Wälzholz*, DStR 2013, 2637, 2641; *Vossius*, GmbHR 2012, R214; *Werner*, StBW 2013, 715, 719.

343 *Lieder/Hoffmann*, NZG 2016, 287.

344 Hierzu *Wälzholz*, DStR 2013, 2637, 2642.

345 *Bunting*, in Kraft/Redenius-Hövermann, Umwandlungsrecht, Kap. 5 Rn. 20; *Stengel*, in: Semler/Stengel, § 190 Rn. 12.

346 Zum Inhalt: *Uwer/Roeding*, AnwBl 2013, 309, 312.

347 *Uwer/Roeding*, AnwBl 2013, 309, 312.

hierzu richtet sich die Mitteilung des Umwandlungsberichtes nach § 230 UmwG. Eine Mitteilung des Abfindungsangebots nach § 231 UmwG ist entbehrlich, da der Umwandlungsbeschluss nach § 233 Abs. 1 UmwG der Zustimmung aller Anteilsinhaber bedarf und in einem solchen Fall mangels möglichen Widerspruchs gegen den Umwandlungsbeschluss eine Barabfindung ausscheidet[348].

b. Beschlussfassung

Nach § 193 Abs. 1 UmwG ist für den Formwechsel ein Umwandlungsbeschluss[349] erforderlich. Dieser sowie etwaige Zustimmungserklärungen nicht erschienener Anteilsinhaber sind nach § 193 Abs. 3 S. 1 UmwG notariell zu beurkunden. Der Beschluss hat durch alle Anteilsinhaber des formwechselnden Rechtsträgers gemäß § 233 Abs. 1 UmwG einstimmig zu erfolgen. Einer solchen einstimmigen Beschlussfassung bedarf es auch bei der Umwandlung in eine PartG mbB[350]. Das Einstimmigkeitserfordernis lässt sich auf den in § 35 BGB niedergelegten Rechtsgedanken zurückführen, wonach Sonderrechte nicht ohne Zustimmung des betroffenen Anteilsinhabers vermindert werden dürfen[351], konkret soll hier also ein beschränkt haftender Gesellschafter nicht ohne seinen Willen in die persönliche Haftung hineingedrängt werden[352]. Dies gilt genauso für die PartG mbB, da diese zwar eine Haftungsbeschränkung nach § 8 Abs. 4 S. 1 PartGG vorsieht, diese jedoch nur partiell wirkt und die Gesellschafter für sonstige Verbindlichkeiten nach § 8 Abs. 1 PartGG persönlich einzustehen haben. Den notwendigen Inhalt des Umwandlungsbeschlusses geben die §§ 194 Abs. 1, 234 UmwG vor[353]. Insbesondere muss dieser die Angaben enthalten, dass der künftige Rechtsträger die Rechtsform[354] einer PartG mbB haben sowie welchen Namen nebst Namenszusatz die PartG mbB führen wird[355].

---

348 *Stratz*, in: Schmitt/Hörtnagel/Stratz, UmwG, § 207 Rn. 1; *Uwer/Roeding*, AnwBl 2013, 309, 312; *Werner*, StBW 2013, 715, 719.

349 Zu den Rechtsfolgen von Beschlussmängeln: *Bärwaldt*, in: Semler/Stengel, UmwG, § 193 Rn. 30 ff.

350 *Uwer/Roeding*, AnwBl 2013, 309, 312; *Werner*, StBW 2013, 715, 719.

351 BT-Drucks. 12/6699, S. 138; *Bärwaldt*, in: Semler/Stengel, UmwG, § 193 Rn. 18.

352 *Drinhausen/Keinath*, in: Henssler/Strohn, GesR, § 233 UmwG Rn. 2; *Stratz*, in: Schmitt/Hörtnagel/Stratz, UmwG, § 233 Rn. 2; *Ihrig*, in: Semler/Stegel, UmwG, § 233 Rn. 1.

353 Einzelheiten: *Uwer/Roeding*, AnwBl 2013, 309, 313.

354 Die Angabe als „PartG mbB" ist sinnvoll, auch wenn es sich lediglich – wie gezeigt – um eine Rechtsformvariante der Partnerschaft handelt, Rechtsform also weiter eine Partnerschaft bleibt, denn mit der Festsetzung im Umwandlungsbeschluss werden der rechtliche Rahmen des künftigen Verbandsstatuts und die für den Formwechsel geltenden Grundüngsvorschriften gemäß § 197 S. 1 UmwG festgelegt, vgl. *Bärwaldt*, in: Semler/Stengel, UmwG, § 194 Rn. 5.

355 *Leuering*, NZG 2013, 1001, 1005;*Uwer/Roeding*, AnwBl 2013, 309, 313.

Ein wirksamer Formwechsel setzt gemäß § 197 S. 1 UmwG weiter voraus, dass sämtliche Voraussetzungen erfüllt sind, die für die (Neu-) Gründung einer PartG mbB gelten[356]. Die Voraussetzung, dass alle Anteilsinhaber der formwechselnden Gesellschaft natürliche Personen sein müssen, die einen freien Beruf i.S.v.§ 1 Abs. 1 und 2 PartGG ausüben, muss gemäß § 228 Abs. 2 UmwG spätestens im Zeitpunkt des Wirksamwerdens des Formwechsels, also mit Eintragung in das Partnerschaftsregister, erfüllt sein[357].

c. *Vollziehung*

An die Beschlussfassung schließt sich die Vollziehung des Beschlusses an, die sich in die Schritte Anmeldung, Eintragung und Bekanntmachung einteilen lässt.

Da sich die Art des für den Rechtsträger maßgebenden Registers durch den Formwechsel ändert (Partnerschaftsregister statt Handelsregister), sind zwei Registeranmeldungen erforderlich: zunächst ist gemäß § 198 Abs. 2 S. 3, 4 UmwG der Formwechsel zum bisherigen Register, dem Handelsregister, anzumelden und mit dem Vermerk zu versehen, dass die Umwandlung erst mit der Eintragung der PartG mbB in das Partnerschaftsregister wirksam wird[358]. Sodann erfolgt die Eintragung der PartG mbB in das Partnerschaftsregister gemäß § 198 Abs. 2 S. 1, 2 Alt. 1 UmwG . Diese Reihenfolge ist zwingend[359], wobei gemäß § 202 Abs. 3 UmwG die Verletzung der vorgegebenen Reihenfolge nicht die Wirksamkeit der Umwandlung berührt[360].

Der Inhalt der Anmeldung richtet sich zuvörderst nach dem Gründungsrecht der PartG mbB als neue Rechtsform gemäß § 197 S. 1 UmwG[361], es müssen also sämtliche Voraussetzungen für eine Anmeldung einer PartG mbB erfüllt sein[362]. Insbesondere ist die erforderliche Versicherungsbescheinigung gemäß § 4 Abs. 3 PartGG i.V.m. § 113 Abs. 2 VVG beizufügen[363]. Außerdem sind der Anmeldung gemäß § 199 UmwG noch folgende Unterlagen in Ausfertigung oder öffentlich beglaubigter Abschrift beizufügen: die Niederschrift des Umwandlungsbeschlusses, etwaige Zustimmungserklärungen von bei der Fassung des Umwandlungsbeschlusses nicht erschienenen Anteilsinhabern, der Umwandlungsbericht oder die Erklärungen über den Verzicht

356 *Uwer/Roeding*, AnwBl 2013, 309, 313; Einzelheiten oben Kapitel C. I.

357 *Uwer/Roeding*, AnwBl 2013, 309, 312.

358 Ein solcher Vernerk ist entbehrlich, wenn die Eintragungen bei den Registern am selben Tag erfolgen, § 198 Abs. 2 S. 4 UmwG a.E.

359 *Stratz*, in: Schmitt/Hörtnagel/Stratz, UmwG, § 198 Rn. 10; *Schwanna*, in: Semler/Stengel, UmwG, § 198 Rn. 23.

360 Die Eintragung in das Handelsregister ist gleichwohl nachzuholen, *Schwanna*, in: Semler/Stengel, UmwG, § 198 Rn. 24.

361 *Drinhausen/ Keinath*, in: Henssler/Strohn, GesR, § 198 UmwG Rn. 9; *Schwanna*, in: Semler/Stengel, UmwG, § 198 Rn. 6, § 199 Rn. 1; *Uwer/Roeding*, AnwBl 2013, 309, 313.

362 Dazu oben Kapitel C. I.5.

363 *Decher/Hoger*, in Lutter, UmwG, § 199 Rn. 12; *Uwer/Roeding*, AnwBl 2013, 309, 313.

auf seine Erstellung und ein Nachweis über die ordnungsgemäße Zuleitung des Umwandlungsbeschlusses an den Betriebsrat gemäß § 194 Abs. 2 UmwG. Einer Negativerklärung hinsichtlich einer Klage gegen die Wirksamkeit des Umwandlungsbeschlusses gemäß §§ 198 Abs. 3, 16 Abs. 2 UmwG bedarf es nicht, da sämtliche Anteilsinhaber dem Umwandlungsbeschluss gemäß § 233 Abs.1 UmwG zustimmen mussten[364]. Darüber hinaus ist bei der Anmeldung der PartG mbB zum Partnerschaftsregister ein Nachweis über die Voreintragung im Handelsregister in Form eines beglaubigten Handelsregisterauszugs erforderlich[365].

Die Eintragung der Umwandlung in das Handelsregister nach § 198 Abs. 2 S. 3 UmwG wirkt nur deklaratorisch, die Eintragung der PartG mbB in das Partnerschaftsregister hingegen konstitutiv[366]. Die Eintragung der PartG mbB in das Partnerschaftsregister hat nach § 202 Abs. 1, 2 UmwG insbesondere folgende Wirkung:

- die formwechselnde Kapitalgesellschaft besteht als PartG mbB fort (Grundsatz der Identität der Rechtsträger)[367]
- die Anteilsinhaber des formwechselnden Rechtsträgers werden Partner der PartG mbB (Kontinuität der Mitgliedschaft)[368]

Schließlich wird die Eintragung in das Partnerschaftsregister von dem für die Eintragung zuständigen Gericht nach § 10 HGB ihrem ganzen Inhalt nach bekannt gemacht (§ 201 UmwG).

4. Umwandlung einer bestehenden LLP

Aufgrund der Einführung der PartG mbB erscheint es nicht fernliegend, dass Freiberufler-Gesellschaften, die sich in der Vergangenheit mangels einer für ihre Zwecke geeigneten deutschen Gesellschaft für eine LLP entschieden haben, sich nunmehr zu einer „Rückkehr" veranlasst sehen könnten. Vor dem Hintergrund des sog. Brexits[369]

364 *Marsch-Barner*, in: Kallmeyer, UmwG, § 16 Rn. 29; *Schwanna*, in: Semler/Stengel, UmwG, § 16 Rn. 20; zurückhaltend: *Simon*, in: KölnerKomm-UmwG, § 16 Rn. 43.

365 *Zimmermann*, in: Kallmeyer, UmwG, § 199 Rn. 4; *Decher/Hoger*, in: Lutter, UmwG, § 199 Rn. 6; *Stratz*, in: Schmitt/Hörtnagel/Stratz, UmwG, § 199 Rn. 4; *Schwanna*, in: Semler/Stengel, UmwG, § 199 Rn. 5.

366 Dies ergibt sich bereits aus § 198 Abs. 2 S. 3, 4 und 5 UmwG sowie ausdrücklich aus § 202 Abs. 2 UmwG, vgl. *Petersen*, in: KölnerKomm-UmwG, § 198 Rn. 7, 8; *Stratz*, in: Schmitt/Hörtnagel/Stratz, UmwG, § 198 Rn. 10; *Kübler*, in: in: Semler/Stengel, UmwG, § 202 Rn. 6; *Schwanna*, in: Semler/Stengel, UmwG 198 Rn. 23, im Ergebnis: *Bachmann/Schaloske*, PHi 2013, 202, 204; *Leuering*, NZG 2013, 1001, 1005; *Lieder*, NotBZ 2014, 128, 133; *Uwer/Roeding*, AnwBl 2013, 309, 313.

367 Der Formwechsel lässt die Identität des Rechtsträgers unberührt und führt nur zu einer Änderung der Rechtsform, vgl. nur *Drinhausen/ Keinath*, in: Henssler/Strohn, GesR, § 202 UmwG Rn. 3; *Kübler*, in: Semler/Stengel, UmwG § 202 Rn. 7 ff.

368 *Kübler*, in: Semler/Stengel, UmwG § 202 Rn. 18 ff.

369 Am 23.6.2016 haben sich die Bürger des Vereinigten Königreichs in einem Referendum gegen den Verbleib in der Europäischen Union entschieden. Hierbei handelt

– auch wenn dessen konkrete Auswirkungen auf den Status von in Deutschland ansässigen Gesellschaften in englischer Rechtsform bislang noch nicht absehbar sind[370] – könnten sich außerdem künftig LLPs mit Verwaltungssitz in Deutschland spätestens bei einem für ihren gesellschaftsrechtlichen Status negativen Ausgang der Austrittsverhandlungen[371] sogar (unter Haftungsgesichtspunkten) „genötigt" sehen, eine deutsche Verbandsform wie die PartG mbB zu wählen. Im Folgenden wird daher untersucht, ob ein rechtssicherer und praktikabler Weg zur Rückführung in eine PartG mbB besteht.

Ein Übergang der LLP in eine PartG mbB kommt im Wege der Umwandlung in Betracht. Da an diesem Umwandlungsvorgang neben einem deutschen Rechtsträger auch ein ausländischer (innereuropäischer) Rechtsträger (sog. grenzüberschreitende Umwandlung) beteiligt ist – also ein Sachverhalt mit Auslandsberührung vorliegt –, ist zunächst die kollisionsrechtliche Frage nach dem anwendbaren Recht zu beantworten und im nächsten Schritt zu bestimmen, unter welchen Voraussetzungen nach der für anwendbar erklärten Rechtsordnung der Umwandlungsvorgang materiell-rechtlich zulässig ist[372].

Im Ausgangspunkt herrscht Einigkeit, dass für grenzüberschreitende Umwandlungsvorgänge – ebenso wie für Entstehung, Existenz und Auflösung von Gesellschaften – das Personalstatut der Gesellschaft (Gesellschaftsstatut) maßgeblich ist, das sich aus den in Deutschland nicht kodifizierten Regeln des internationalen Gesellschaftsrechts ergibt[373]. Für den hier entscheidenden innereuropäischen Kontext[374] ist mit den Entscheidungen des EuGH in den Rechtssachen *Centros*[375], *Überseering*[376] und *Inspire Art*[377] zur Niederlassungsfreiheit gemäß Art. 49, 54 AEUV im Grundsatz anerkannt, dass sich das Gesellschaftsstatut nach der sog. Gründungstheorie

---

es sich um kein offizielles Austrittsgesuch gemäß Art. 50 Abs. 2 EUV. Es ist aber zu erwarten, dass sich die britische Regierung dem Ergebnis der Volksabstimmung fügen und einen solchen Antrag zumindest mittelfristig stellen wird, vgl. *Freitag/Korch*, ZIP 2016, 1361; *Ulrich*, GmbHR 2016, R225.

370 Vgl. nur *Bode/Bron*, GmbHR 2016, R129.

371 Eingehend zu den möglichen negativen Folgen für bereits bestehende englische Gesellschaften mit Verwaltungssitz in Deutschland, insbesondere der Behandlung als GbR: *Bode/Bron*, GmbHR 2016, R129; *Freitag/Korch*, ZIP 2016, 1361, 1363 ff.

372 *Marsch-Barner*, in: Kallmeyer, UmwG, Vorb. zu §§ 122a ff Rn. 4 ff; *von Rummel*, in: Kraft/Redenius-Hövermann, UmwandlungsR, Kap. 6 Rn. 3; *Drinhausen*, in: Semler/Stengel, UmwG, Einl C Rn. 4.

373 *Simon/Rubner*, in: KölnerKomm-UmwG, Vor §§ 122a ff Rn. 4; *Kindler*, in: MüKo BGB, IntGesR Rn. 791 ff.; *Drinhausen*, in: Semler/Stengel, UmwG, Einl. C Rn. 6.

374 Die Entscheidung des britischen Volkes für einen „BREXIT" bedeutet rechtlich keine Unterschied zu dem Zeitraum vor der Stimmgabe, d.h. sämtliche europarechtlichen Vorschriften sind auch weiterhin im Verhältnis zu Großbritannien anwendbar, vgl. *Ulrich*, GmbHR 2016, R225.

375 EuGH, Rs. C-212/97, Slg. 1999, I-1459 = NJW 1999, 2027.

376 EuGH, Rs. C-208/00, Slg. 2002, I-9919 = NJW 2002, 3614.

377 EuGH, Rs. C-167/01, Slg. 2003, I-10155 = NJW 2003, 3331.

bemisst, wonach die Rechtsordnung des Staates maßgeblich ist, nach der die Gesellschaft gegründet worden ist[378]. In Fällen einer übertragenden grenzüberschreitenden Umwandlung wie der Verschmelzung und Spaltung[379] sind indes zwei Rechtsträger mit unterschiedlichen Gesellschaftsstatuten involviert, sodass nicht automatisch geklärt ist, welche Rechtsordnung(en) auf den Umwandlungsvorgang Anwendung findet. Dieses Problem wird von der ganz überwiegenden Meinung dahingehend gelöst, dass grundsätzlich die Rechtsordnungen kumulativ Berücksichtigung finden (sog. Vereinigungstheorie)[380], wobei noch weiter differenzierend angeknüpft wird für Voraussetzung, Verfahren und Wirkung der Umwandlung[381].

Vor dem Hintergrund der diesbezüglichen Rechtsprechung des EuGH zur Niederlassungsfreiheit[382] bestehen zunächst keine grundsätzlichen Bedenken hinsichtlich der sachrechtlichen Zulässigkeit einer grenzüberschreitenden Umwandlung[383]. Die eigentliche Problematik liegt indes in der praktischen Durchführung. Lediglich für die grenzüberschreitende Verschmelzung von Kapitalgesellschaften existieren mit den §§ 122a ff. UmwG – europaweit harmonisierte[384] – Regelungen. Im Übrigen fehlen gesetzliche Regelungen, insbesondere für Umwandlungsvorgänge unter Beteiligung von Personengesellschaften[385]. Betrachtet man in diesem Zusammenhang allein das deutsche Sachrecht, so besteht in der Praxis erhebliche Rechtsunsicherheit hinsichtlich Voraussetzungen und Durchführung von grenzüberschreitenden Umwandlungsvorgängen außerhalb der §§ 122a ff. UmwG[386]. Es ist bereits unklar, welche sachrechtlichen Vorschriften im Einzelnen anwendbar sind[387]. Im Ergebnis bestehen bereits im Hinblick auf das deutsche Sachrecht solch gravierende Zweifelsfragen, dass in der Praxis – vor allem unter dem Gesichtspunkt der

---

378 *Marsch-Barner*, in: Kallmeyer, UmwG, Vorb. zu §§ 122a ff Rn. 6; *Simon/Rubner*, in: KölnerKomm-UmwG, Vor §§ 122a ff Rn. 14 f; *Müller*, in: Spindler/Stilz, AktG, IntGesR Rn. 15 f;

379 Gleiches gilt für den Formwechsel, vgl. *Drinhausen*, in: Semler/Stengel, UmwG, Einl C Rn. 15; *Jaensch*, EWS 2007, 97, 98.

380 *Simon/Rubner*, in: KölnerKomm-UmwG, Vor §§ 122a ff Rn. 21 f; *Kindler*, in: MüKo BGB, IntGesR Rn. 799 ff; *Drinhausen*, in: Semler/Stengel, UmwG, Einl C Rn. 16;

381 *Kindler*, in: MüKo BGB, IntGesR Rn. 799 ff m.w.N.

382 EuGH, Rs. C-411/03, Slg. 2005, I-0805 = NJW 2006, 425 (*Sevic*); EuGH, Rs. C-210/06, Slg. 2008, I-9641 = NJW 2009, 569 (*Cartesio*); EuGH, Rs. C-378/10, Slg. 2012, I-0000 = NJW 2012, 2715 (*Vale*).

383 *DNotV*, Stellungnahme Rechtsausschuss, S. 5; *von Rummel*, in: Kraft/Redenius-Hövermann, UmwandlungsR, Kap. 6 Rn. 86 m.w.N.

384 Die §§ 122a ff. UmwG setzen die Richtlinie über die Verschmelzung von Kapitalgesellschaften aus verschiedenen Mitgliedsstaaten vom 26.10.2005 (Abl. EU Nr. L 310,1) um.

385 *Bungert/Schneider*, GS Gruson (2009), S. 37 ff.

386 *Bungert/Schneider*, GS Gruson (2009), S. 37, 40 ff.; *Drygala*, in: Lutter, UmwG, § 1 Rn. 33; *Herrler*, DNotZ 2009, 484, 491; *Lutter/Bayer*, in: Lutter, UmwG, Einl I Rn. 45.

387 *Bungert/Schneider*, GS Gruson (2009), S. 37, 40 *von Rummel*, in: Kraft/Redenius-Hövermann, UmwandlungsR, Kap. 6 Rn. 89 ff. jew. m.w.N.

Transaktionssicherheit – zu einer grenzüberschreitenden Umwandlung in solchen Fällen nicht geraten wird und alternative Strukturierungen für eine Transaktion gewählt werden[388].

Möglich wäre es, eine Rechtsanwalts-GmbH zu gründen, anschließend die LLP und die GmbH unter Anwendung der §§ 122a ff. UmwG zu verschmelzen und schließlich die RA-GmbH in eine PartG mbB nach den zuvor beschriebenen Schritten umzuwandeln[389]. Dieser Weg ist zweifellos zeit- und kostenintensiv, böte allerdings aufgrund der europaweit harmonisierten §§ 122 a ff. UmwG die nötige Transaktionssicherheit.

Eine alternative Lösung zu einer Umwandlung i.S.d. UmwG wäre es, das wirtschaftliche Ergebnis einer Umwandlung im Wege der Einzelrechtsübertragung aller Vermögensgegenstände herbeizuführen. Dafür müsste zunächst eine PartG mbB neu gegründet werden und anschließend erfolgt die Übertragung sämtlicher Aktiva und Passiva der LLP auf die PartG mbB[390]. Auch wenn dem keine grundsätzlichen rechtlichen Bedenken gegenüberstehen, so weist dieses Vorgehen – neben verhältnismäßig hohem Kosten- und Zeitaufwand[391] – vornehmlich den Nachteil auf, dass die Überführung von Rechtsverhältnissen, insbesondere der Mandatsverträge, von der im Einzelfall keinesfalls gewissen Zustimmung des jeweiligen Vertragspartners abhängt[392]. Allerdings stellt dieses Vorgehen eine rechtssichere Möglichkeit dar, was als klarer Vorteil herauszustellen ist. Aus diesem Grund hat sich auch die Wirtschaftskanzlei *Noerr* – allerdings im umgekehrten Fall, nämlich der Umwandlung von einer Partnerschaft hin zu einer LLP – für diese Variante entschieden[393] und damit für eine positive Belastungsprobe in der Praxis gesorgt.

Als Ausweichstrategie zu einer Umwandlung i.S.d. UmwG wird in der Praxis vielfach zu einem sog. *„Anwachsungsmodell“* geraten[394]. Dabei tritt die Zielgesellschaft der übertragenden Gesellschaft zunächst als weitere Gesellschafterin bei. Sodann treten alle anderen Gesellschafter aus der übertragenden Gesellschaft aus, was zur Auflösung dieser Gesellschaft und zur Anwachsung des gesamten Vermögens bei der Alleingesellschafterin, also der Zielgesellschaft, führt. Im hier in Rede stehenden Fall könnte eine solche Vermögensübertragung im Wege der grenzüberschreitenden Anwachsung folgendermaßen ablaufen[395]:

---

388 *Bungert/Schneider*, GS Gruson (2009), S. 37, 51; *Marsch-Barner*, in: Kallmeyer, UmwG, Vor §§ 122a – 122l Rn. 13.

389 *Klein*, RNotZ 2007, 565, 576; *Schumacher*, S. 138.

390 *DNotV*, Stellungnahme v. 14.03.2012, S. 4; *Vossius*, GmbHR 2012, R213, R214.

391 *Berenbrok*, in: Sudhoff, Unternehmensnachfolge, § 65 Rn. 11 ff.

392 *DNotV*, Stellungnahme v. 14.03.2012, S. 4; *Vossius*, GmbHR 2012, R213, R214.

393 *Pleister*, AnwBl 2012, 801, 802.

394 Allgemein: *Hoffmann*, in: MüHdB GesR, Bd. 6, § 55 Rn. 1 ff. m.w.N.; ausdrücklich für die Umwandlung einer LLP in eine PartG mbB: *DNotV*, Stellungnahme v. 14.03.2012, S. 4; *Vossius*, GmbHR 2012, R213, R214.

395 *DNotV*, Stellungnahme v. 14.03.2012, S. 4.

- Gründung einer PartG mbB
- Eintritt der PartG mbB als Partner in die LLP
- Ausscheiden aller anderer Partner aus der LLP
- Löschung der LLP aus dem englischen Register

Die PartG mbB kann aufgrund eigener Rechtssubjektivität Gesellschafterin einer anderen Gesellschaft sein[396]. Der Eintritt selbst richtet sich unter Zugrundlegung der Gründungstheorie nach englischem Gesellschaftsrecht. Danach ist der Eintritt einer anderen Gesellschaft als Gesellschafterin der LLP zulässig[397].

Ein solches Anwachsungsmodell greift allerdings nur, wenn das hierfür unter Anwendung der Gründungstheorie maßgebliche englische Recht eine Anwachsung bzw. eine der Anwachsung entsprechende Rechtsfolge kennt[398]. Dies ist bei LLP zunächst nicht der Fall. Da diese über eine eigene Rechtspersönlichkeit verfügt, lässt eine Veränderung des Gesellschafterbestandes diese unberührt. Sinkt die Anzahl der Gesellschafter unter zwei, so führt dies gerade nicht zur automatischen Auflösung der Gesellschaft[399]. Vielmehr kommt eine Liquidation der Gesellschaft nach dem auf die LLP anwendbaren *Insolvency Act 1986* in Betracht[400]. Nach Section 122 (1) (c) *Insolvency Act 1986* kann in diesem Fall auf Antrag auch der LLP selbst ein zwangsweises Liquidationsverfahren durch das zuständige englische Gericht durchgeführt werden (*compulsory winding up / winding up by the court*), an dessen Ende die vollständige Auflösung der LLP steht[401]. Während des Liquidationsverfahrens werden entweder durch einen amtlichen Verwalter (*official receiver*) oder einen privaten *liquidator* die Geschäfte der LLP abgewickelt, die Vermögensgegenstände der LLP verwertet und der Erlös an die Gläubiger bzw. Gesellschafter ausgekehrt (Section 143 *Insolvency Act 1986*)[402]. Zu einem automatischen Übergang sämtlicher Aktiva und Passiva der LLP auf den einzigen Gesellschafter kommt es gerade nicht. Daher scheidet im Ergebnis ein solches Anwachsungsmodell aus.

---

396 *Seibert/Kilian*, in: Kilian, PartGG, § 7 Rn. 4.

397 *Rouch/Smethurst*, J.I.B.F.L. 2004, 19 (2), S. 46; *Vossius*, GmbHR 2012, R213, R214; *Whittaker/Machell*, The Law of Limited Liability Partnerships, Kap. 2.2, S. 16.

398 *Bungert/Schneider*, GS Gruson (2009), S. 37, 52; *Orth*, DStR 1999, 1053, 1060.

399 *Rouch/Smethurst*, J.I.B.F.L. 2004, 19 (2), S. 46 f; *Schnittker*, Gesellschafts- und steuerrechtliche Behandlung einer englischen Limited Liabilty mit Verwaltungssitz in Deutschland, S. 66 f.; *Schnittker/Bank*, Die LLP in der Praxis, Rn. 43; *Whittaker/Machell*, The Law of Limited Liability Partnerships, Kap. 2.15, S. 22.

400 *Rouch/Smethurst*, J.I.B.F.L. 2004, 19 (2), S. 46, 47.

401 *Schnittker/Bank*, Die LLP in der Praxis, Rn. 43, 232 ff.

402 *Schnittker/Bank*, Die LLP in der Praxis, Rn. 236; *Whittaker/Machell*, The Law of Limited Liability Partnerships, Kap. 31, S. 477 ff.

III. Zusammenfassung

Die Neugründung der PartG mbB entspricht der einer „normalen“ Partnerschaft, nur dass die zusätzlichen Voraussetzungen nach § 8 Abs. 4 PartGG erfüllt und die Besonderheiten bei der Anmeldung (§ 4 Abs. 3 PartGG) berücksichtigt werden müssen. Der Namenszusatz nach § 8 Abs. 4 S. 3 PartGG stellt keine Entstehungsvoraussetzung dar, allerdings zieht die Nichtberücksichtigung andere Rechtsfolgen nach sich, insbesondere haftungsrechtlicher Natur. Der Eintragung der PartG mbB ins Partnerschaftsregister kommt konstitutive Wirkung gemäß § 7 Abs. 1 PartGG zu, sodass ab diesem Zeitpunkt die Haftungsbeschränkung gilt.

Einzige Normativvoraussetzung für den wirksamen „Wechsel“ einer bestehenden Partnerschaft hin zu einer PartG mbB ist der wirksame Abschluss und das Unterhalten einer spezifischen Berufshaftpflichtversicherung gemäß § 8 Abs. 4 S. 1 PartGG. Ab diesem Zeitpunkt besteht die Haftungsbeschränkung. Der Übergang erfolgt *ex lege* auf Grund *Rechtsformvariantenzwangs.* Allerdings ist der Abschluss des Versicherungsvertrages richtigerweise als Grundlagengeschäft einzuordnen, weshalb ein fehlender Gesellschafterbeschluss zur Unwirksamkeit des Vertragsschlusses im Außenverhältnis führt.

Der „Wechsel“ von einer GbR hin zu einer PartG mbB vollzieht sich in dogmatisch vergleichbarer Weise wie beim „Wechsel“ einer bestehenden Partnerschaft hin zu einer PartG mbB. Voraussetzungen und Verfahren sind hingegen denjenigen einer Neugründung einer PartG mbB ähnlich, weshalb die Haftungsbeschränkung mit der Eintragung in das Partnerschaftsregister wirkt.

Eine bestehende Kapitalgesellschaft lässt sich ohne Schwierigkeiten im Wege der Umwandlung nach dem UmwG in eine PartG mbB überführen. Der letzte Schritt im Hinblick auf die Wirksamkeit der PartG mbB bei einem Formwechsel stellt die Eintragung in das Partnerschaftsregister dar (§§ 198 Abs.2, 202 Abs. 1, 2 UmwG).

Schwierigkeiten bereitet der Übergang von LLP hin zu einer PartG mbB als Fall einer grenzüberschreitenden Umwandlung zwischen zwei Personengesellschaften. Rechtssichere, zugleich zeit- und kostenintensive Möglichkeiten stellen zum einen eine Umwandlung nach den §§ 120a ff. UmwG dar, allerdings unter Zuhilfenahme einer (Rechtsanwalts-) GmbH als „Zwischenstufe“ mit anschließendem Formwechsel in eine PartG mbB, und zum anderen eine Übertragung sämtlicher Aktiva und Passiva im Wege der Einzelrechtsnachfolge. Eine Umwandlung außerhalb der §§ 120a ff. UmwG ist aus Gründen der Transaktionssicherheit kein in der Praxis ratsamer Weg. Eine grenzüberschreitende Anwachsung scheidet aus, da das Recht der LLP keine dem deutschen Recht entsprechende Rechtsfolge der Anwachsung kennt.

Im Ergebnis ist festzuhalten, dass die erforderlichen Schritte zur Neugründung oder Umwandlung überschaubar[403] und unter Anwendung allgemeiner gesellschafts- und umwandlungsrechtlicher Grundsätze umsetzbar sind. Rechtsrisiken

403 *Uwer/Roeding*, AnwBl 2013, 309, 313.

verbleiben bei einer herkömmlichen Partnerschaft oder LLP als Ausgangsgesellschaft, gestalten sich aber als beherrschbar[404]. Gleichwohl wäre es aus Gründen der Rechtssicherheit wünschenswert gewesen, hätte sich der Gesetzgeber zu den aufgezeigten Streitpunkten jedenfalls im Rahmen der Gesetzesbegründung geäußert.

404 Im Ergebnis: *Uwer/Roeding*, AnwBl 2013, 309, 313.

D. Reichweite der Haftungsbeschränkung gemäß § 8 Abs. 4 S. 1 PartGG

I. Haftung der PartG mbB

Aus der Rechtsfähigkeit der PartG mbB gemäß § 7 Abs. 2 PartGG i.V.m. § 124 HGB ergibt sich, dass die Gesellschaft selbst Haftungssubjekt mit ihrem gesamthänderisch gebundenen Vermögen für gegen sie begründete Verbindlichkeiten ist[405]. Die Haftung der Gesellschaft gilt für Verbindlichkeiten jeder Art, ohne Rücksicht auf den Rechtsgrund[406]. Die Haftung der Gesellschaft für vertragliche Pflichtverletzungen gilt sowohl für Rechtsgeschäfte im Zusammenhang mit der Berufsausübung, als auch für sonstige Rechtsgeschäfte wie bspw. Arbeits-, Miet- oder Leasingverträge[407]. Vertragliches Fehlverhalten der Gesellschafter wird der Gesellschaft nach § 31 BGB analog zugerechnet[408], da es sich bei den Partnern um „verfassungsmäßig berufene Vertreter" der PartG mbB im Sinne dieser Vorschrift handelt[409]. Deliktisches Handeln der Gesellschafter wird der Gesellschaft ebenfalls nach § 31 BGB analog zugerechnet[410]. Von Bedeutung ist die deliktische Haftung nach § 823 Abs. 1 BGB insbesondere bei einem Zusammenschluss von Heilkundeberuflern, da Behandlungsfehler regelmäßig eine Körper- oder Gesundheitsverletzung nach sich ziehen[411]. Bei den Beratungsberufen wie Rechtsanwälten oder Steuerberatern hingegen kommt der deliktischen Haftung meist geringe Bedeutung zu[412], da eine Pflichtverletzung in der Regel nur zu einem von § 823 Abs. 1 BGB nicht erfassten[413],

---

405 *Henssler*, PartGG, § 8 Rn. 13; *Henssler*, in: Henssler/Prütting, BRAO, § 8 PartGG Rn. 6.

406 *Hirtz*, in: Henssler/Strohn, GesR, § 8 PartGG Rn. 5; *Graf v. Westphalen*, in: M/GvW/H/L/W, PartGG, § 8 Rn. 10.

407 *Henssler*, PartGG, § 8 Rn. 14.

408 *Brüggemann*, in: Feuerich/Weyland, BRAO, § 8 PartGG Rn. 2; *Henssler*, in: Henssler/Prütting, BRAO, § 8 PartGG Rn. 7; *Hirtz*, in: Henssler/Strohn, GesR, § 8 PartGG 5; aufgrund der analogen Anwendung von § 31 BGB auch innerhalb von vertraglichen Beziehungen kann offen bleiben, inwieweit § 278 BGB ebenfalls zur Anwendung kommt, vgl. *Henssler*, in: Henssler/Prütting, BRAO, § 8 PartGG Rn. 7 m.w.N.

409 Zum OHG-Gesellschafter: *Roth*, in: Baumbach/Hopt, HGB, § 124 Rn. 25 f.

410 *Brüggemann*, in: Feuerich/Weyland, BRAO, § 8 PartGG Rn. 4; *Henssler*, PartGG, § 8 Rn. 17; *Henssler*, in: Henssler/Prütting, BRAO, § 8 PartGG Rn. 9.

411 *Henssler*, § 8 PartGG Rn. 17.

412 *Brüggemann*, in: Feuerich/Weyland, BRAO, § 8 PartGG Rn. 4; *Henssler*, § 8 PartGG Rn. 17.

413 Anders als bei den deliktischen Tatbeständen nach § 823 Abs. 2 und § 826 BGB, die etwa im Falle der Veruntreuung von Mandantengeldern einschlägig sein können, vgl. *Henssler*, in: Henssler/Prütting, BRAO, § 8 PartGG Rn. 11.

reinen Vermögensschaden führt[414]. Pflichtverletzungen von Angestellten der PartG mbB werden dieser im vertraglichen Bereich nach § 278 BGB zugerechnet[415], vorausgesetzt es besteht eine Vertragsbeziehung zwischen Gesellschaft und Gläubiger und der Angestellte handelt als Erfüllungsgehilfe[416]. Außerhalb von Sonderrechtsbeziehungen kommt eine Haftung der Gesellschaft für Drittverhalten – insbesondere für deliktisches Verhalten – nicht über die insoweit nicht anwendbare Zurechnungsnorm des § 278 BGB, sondern vielmehr nach § 831 BGB als eigenständige Anspruchsgrundlage für Auswahl- oder Überwachungsverschulden in Betracht[417].

II. Umfang der Haftungsbeschränkung nach § 8 Abs. 4 S. 1 PartGG

Den Umfang der Haftungsprivilegierung legt § 8 Abs. 4 S. 1 PartGG fest. Danach muss es sich um *„Verbindlichkeiten der Partnerschaft“* handeln (1.) die eingegrenzt werden auf Ansprüche *„aus Schäden wegen fehlerhafter Berufsausübung“* (2.). Der Bestimmung dieser Merkmale kommt maßgebliche Bedeutung zu, da sich hiernach bemisst, welche Reichweite die Haftungsprivilegierung hat und für welche Ansprüche dementsprechend die Partner persönlich nach § 8 Abs. 1 S. 1 PartGG einzustehen haben.

1. Verbindlichkeiten der Partnerschaft

Die Haftungsbeschränkung erfasst, ebenso wie die Regelungen nach § 8 Abs. 1 S. 1 und Abs. 2 PartGG, nur „Verbindlichkeiten der Partnerschaft“. Die Formulierung von § 8 Abs. 4 S. 1 PartGG ist insoweit § 8 Abs. 1 S. 1 und Abs. 3 PartGG nachgeformt. Für die Bestimmung der Verbindlichkeit der Partnerschaft ist es ohne Bedeutung, aus welchem Rechtsgrund diese herrührt. Eingeschlossen sind alle Verpflichtungen aus einem Sonderrechtsverhältnis[418]. Entscheidend ist nur, dass es sich um eine Gesellschaftsschuld handelt.

Ausgangspunkt der näheren Eingrenzung ist der Sachverhalt, dass die PartG mbB Auftrags- oder Mandatsverhältnisse mit ihren Kunden abschließt und nicht die Partner selbst[419]. Ob ein Vertragsverhältnis mit der Gesellschaft vorliegt, bestimmt sich durch Auslegung nach den Umständen des Einzelfalls[420]. Dabei ist im Zweifel davon auszugehen, dass das Mandatsverhältnis mit der Gesellschaft und nicht

---

414 Vgl. nur *Teichmann*, in: Jauernig, BGB, § 823 Rn. 19.
415 *Henssler*, PartGG, § 8 Rn. 14.
416 *Stadler*, in: Jauernig, BGB, § 278 Rn. 3, 6 ff m.w.N.
417 *Grundmann*, in: MüKo BGB, § 278 Rn. 6 ff.
418 So allgemein: *Grundmann*, in: MüKo BGB, § 278 Rn. 21.
419 BT-Drucks. 17/10487, S. 14;
420 *Graf v. Westphalen*, in: M/GvW/H/L/W, PartGG, § 8 Rn. 25.

dem einzelnen Gesellschafter geschlossen wird[421]. Dies ergibt sich bereits aus den allgemeinen Regeln der Stellvertretung: nach den Grundsätzen des unternehmensbezogenen Geschäfts geht der Wille der Beteiligten im Zweifel dahin, dass die Gesellschaft selbst und nicht der für die Gesellschaft handelnde Vertragspartner werden soll[422]. Außerdem ist anzunehmen, dass es typischerweise im Interesse des Mandanten liegt, sich die gesamte Expertise der Partnerschaft und nicht nur speziell die eines Partners nutzbar zu machen[423].

Entgegen vereinzelter Stimmen in der Literatur[424] kann es sich auch bei deliktischen Ansprüchen um eine Verbindlichkeit der PartG mbB handeln, allerdings vorausgesetzt, das deliktische Handeln des Partners wird der Gesellschaft nach § 31 BGB analog zugerechnet[425]. Auch wenn die Gesetzesbegründung[426] in dieser Hinsicht ungenau formuliert ist[427], besteht kein sachlicher Grund, § 8 Abs. 4 S. 1 PartGG nicht wortlautgetreu[428] anzuwenden und solche deliktischen Ansprüche nicht als Verbindlichkeit der Gesellschaft zu behandeln. Schon im Rahmen von § 8 Abs. 1 S. 1 und Abs. 2 PartGG[429], aber auch bei der akzessorischen Haftung der Gesellschafter nach § 128 HGB[430], die ihrerseits eine Verbindlichkeit der Gesellschaft voraussetzen, ist (weitgehend)[431] anerkannt, dass auch deliktische Ansprüche mit einzubeziehen sind.

Die Haftungsbeschränkung greift hingegen nicht für solche Mandats- oder Auftragsverhältnisse, die ein einzelner Partner in eigenem Namen neben der Tätigkeit

---

421 *Lieder*, NotBZ 2014, 81, 83; *Graf v. Westphalen*, in: M/GvW/H/L/W, PartGG, § 8 Rn. 25; zur Sozietät: *Schöne*, in: BeckOK, BGB, § 705 Rn. 183; *Grunewald*, NJW 2012, 2443.

422 Zur Sozietät: *Grunewald*, NJW 2012, 2443; allgemein zum unternehmensbezogenen Geschäft: *Maier-Reimer*, in: Erman, BGB, § 164 Rn. 7.

423 *Lieder*, NotBZ 2014, 81, 83.

424 *Leitzen*, DNotZ 2013, 596, 598; *Wälzholz*, DStR 2013, 2637, 2638; wohl auch *Henssler*, AnwBl 2014, 96, 87; *Henssler*, in: Henssler/Prütting, BRAO, § 8 Rn. 61; *Seibert*, DB 2013, 1710.

425 So auch *Fischer*, S. 95 f; *Lieder*, NotBZ 2014, 81, 83; *Kilian*, MDR 2013, 1137, 1139; *Korch*, NZG 2015, 1425, 1426; *Offermann-Burckart*, AnwBl 2014, 474, 478; *Piller*, S. 330 ff; *Römermann*, in: Römermann/Michalski, PartGG, § 8 Rn. 109; *Römermann/Praß*, NZG 2012, 601, 603; *Ruppert*, DStR 2013, 1623, 1625; *Wertenbruch*, NZG 2013, 1006, 1008.

426 BT-Drucks. 17/10487, S. 14.

427 So auch *Fischer*, S. 95.

428 Der Wortlaut von § 8 Abs. 4 stellt lediglich auf eine Verbindlichkeit der Partnerschaft ab und differenziert nicht zwischen vertraglichen und anderen denkbaren (also auch deliktischen) Verbindlichkeiten.

429 *Brüggemann*, in: Feuerich/Weyland, BRAO, § 8 PartGG Rn. 4; *Henssler*, PartGG, § 8 Rn. 59; *Römermann*, in: Michalski/Römermann, PartGG, § 8 Rn. 17; *C. Schäfer*, in: MüKo BGB, § 8 PartGG Rn. 6.

430 Vgl. nur *Roth*, in: Baumbach/Hopt, HGB, § 128 Rn. 2.

431 Ablehnend (zu § 128 HGB) insbesondere *Altmeppen*, NJW 1996, 1017 ff.

in der Gesellschaft begründet hat[432]. Dies entspricht der Rechtslage bei § 8 Abs. 1 S. 1 PartGG[433]. Gleiches gilt, wenn der Partner in diesem Zusammenhang mit der Berufspflichtverletzung eine persönliche Haftung aus Delikt auslöst[434], bei der eine Zurechnung gegenüber der Gesellschaft nach § 31 BGB analog nicht erfolgt. Entsprechend muss eine Haftung eines Partners aus *culpa in contrahendo* gemäß §§ 280 Abs. 1, 311 Abs. 2, 241 Abs. 2 BGB nur dann zu einer Eigenhaftung des Gesellschafters führen, wenn die Vertragsverhandlungen im Zusammenhang mit einem nur mit dem einzelnen Partner als Vertragspartner gedachten Vertrag erfolgten[435]. Nichts anderes gilt für die Haftung eines Partners aus §§ 280 Abs. 1, 311 Abs. 3, 241 Abs. 2 BGB[436], da es sich hierbei *per se* schon um eine Eigenhaftung handelt[437]. In diesen Fällen der primären Eigenhaftung eines Partners fehlt es an der von § 8 Abs. 4 S. 1 PartGG, aber auch für die akzessorische Haftung der Gesellschafter gemäß § 8 Abs. 1 S. 1 PartGG vorausgesetzten Verbindlichkeit der Gesellschaft. Der strikten Trennung zwischen bloßer Eigenhaftung eines Partners und Verbindlichkeit der Partnerschaft kommt also weitreichende Bedeutung zu.

2. Ansprüche aus Schäden wegen fehlerhafter Berufsausübung

Das Tatbestandsmerkmal der Gesellschaftsverbindlichkeiten wird weiter eingeschränkt, in dem nur solche aus „Schäden wegen fehlerhafter Berufsausübung" in Frage kommen. Hierzu wird zunächst das Tatbestandsmerkmal näher konkretisiert und anschließend untersucht, welche Anspruchsgrundlagen von der Haftungsbeschränkung umfasst sind.

a. Konkretisierung des Tatbestandsmerkmals

Trotz der unterschiedlichen Formulierungen von § 8 Abs. 4 S. 1 PartGG im Verhältnis zu § 8 Abs. 2 PartGG (Haftung für „berufliche Fehler") ist unter „Schäden wegen fehlerhafter Berufsausübung" derselbe Bereich zu verstehen wie bei der Haftungskonzentration nach § 8 Abs. 2 PartGG bei der herkömmlichen Partnerschaft[438]. Die

---

432 BT-Drucks. 17/10487, S. 14; *Kilian*, MDR 2013, 1137, 1139; *Lieder*, NotBZ 2014, 81, 83.

433 *Graf v. Westphalen*, in: M/GvW/H/L/W, PartGG, § 8 Rn. 25.

434 BT-Ducks. 17/10487, S. 14; *Lieder*, NotBZ 2014, 81, 83; *Offermann-Burckart*, AnwBl 2014, 474, 478; *Seibert*, DB 2013, 1710; zu § 8 Abs. 2 PartGG: *Graf v. Westphalen*, in: M/GvW/H/L/W, PartGG, § 8 Rn. 55.

435 Im Ergebnis: *Lieder*, NotBZ 2014, 81, 83; zu § 128 HGB: *Hillmann*, in: E/B/J/S, HGB, § 128 Rn. 13.

436 Im Ergebnis: *Lieder*, NotBZ 2014, 81, 83; Zu § 8 Abs. 2: *Henssler*, PartGG, § 8 Rn. 58; *Henssler*, in: Henssler/Prütting, BRAO, § 8 PartGG Rn. 29.

437 *Emmerich*, in: MüKo BGB, § 311 Rn. 172; *Löwisch/Feldmann*, in: Staudinger, BGB, § 311 Rn. 167 f.

438 *Fischer*, S. 94 f; *Henssler*, AnwBl 2014, 96, 97; *Henssler*, in: Henssler/Prütting, BRAO, § 8 PartGG Rn. 62; *Kilian*, MDR 2013, 1137, 1139; *Kreße*, NJ 2013, 45, 49;

geringfügigen Abweichungen im Wortlaut zwischen beiden Absätzen rechtfertigen es nicht, den sachlichen Anwendungsbereich unterschiedlich zu bestimmen. Dies macht bereits die Gesetzesbegründung deutlich, in der beide Formulierungen synonym verwendet werden[439]. Daraus ist zu schließen, dass der Gesetzgeber von einem sachlichen Gleichlauf beider Vorschriften ausgeht[440]. Der gleiche Befund zeigt sich in der Gesetzesbegründung zur Einführung der heute gültigen Fassung von § 8 Abs. 2 PartGG, worin die Haftung für „berufliche Fehler" gleichbedeutend umschrieben wird mit „Schadensersatzansprüchen aus fehlerhafter Berufsausübung"[441]. Betrachtet man außerdem die Normentwicklung von § 8 Abs. 2 PartGG, so zeigt sich, dass in der ersten Fassung, die noch eine vertragliche Haftungsbeschränkung vorsah, von „Schäden wegen fehlerhafter Berufsausübung" die Rede war[442]. Hiervon weicht die heutige gesetzliche Fassung des § 8 Abs. 2 PartGG sprachlich ab, gleichwohl war eine inhaltliche Änderung der erfassten Ansprüche vom Gesetzgeber nicht bezweckt[443].

Der Grund für die unterschiedliche Formulierung wird dem Umstand geschuldet sein, dass der Gesetzgeber sich bei der Ausgestaltung des § 8 Abs. 4 PartGG sprachlich an § 13 Abs. 2 GmbHG, § 1 Abs. 1 S. 2 AktG angelehnt hat[444] und dies nur mit einer textlich abgewandelten Fassung von § 8 Abs. 2 PartGG umzusetzen war. Etwaige Rechtsunsicherheiten im Hinblick auf den von § 8 Abs. 2 PartGG abweichenden Wortlaut beseitigt die klare Gesetzesbegründung. Eine inhaltliche Abweichung war somit nicht gewollt, sodass die zu § 8 Abs. 2 PartGG gewonnen Abgrenzungskriterien grundsätzlich auch im Rahmen von § 8 Abs. 4 PartGG zum Tragen kommen[445].

Die Haftungsbeschränkung bezieht sich dem Wortlaut nach auf einen „Schaden", der einem Dritten im Zusammenhang mit der freiberuflichen Tätigkeit entstanden ist. Aufgrund der systematischen Stellung von § 8 Abs. 4 PartGG ist der Begriff anhand allgemeiner zivilrechtlicher Grundsätze zu bestimmen[446]. Dafür ist der Schadensbegriff nach den §§ 249 ff. BGB maßgeblich. Für die Anwendung der §§ 249 ff. BGB ist es ohne Bedeutung, auf welcher Haftungsnorm, auch außerhalb des BGB,

---

Offermann-Burckart, AnwBl 2014, 474, 478; *Posegga*, in: Peres/Senft, SozietätsR, § 19 Rn. 13; *Römermann/Dibbelt*, HFR 2013, 38, 46; *Römermann/Praß*, NZG 2012, 601, 603; *Tröger/Pfaffinger*, JZ 2013, 812, 814; **aA** – kein Gleichlauf von § 8 Abs. 2 und 4 PartGG – *Meyer*, S. 103.

439 Bspw. BT-Drucks. 17/10487, S. 11: Haftungsbeschränkung „hinsichtlich beruflicher Fehler".

440 Ähnlich *Römermann/Dibbelt*, HFR 2013, 38, 46.

441 BT-Drucks. 13/9820, S. 21.

442 BT-Drucks. 12/6452, S. 5.

443 *Fischer*, S. 94.

444 *Seibert*, DB 2013, 1710, 1711.

445 *Römermann/Praß*, NZG 2012, 601, 603.

446 *Römermann/Dibbelt*, HFR 2013, 38, 47.

der Schadensersatzanspruch beruht[447]. Im Grundsatz lässt sich davon ausgehen, dass der Gesetzgeber in den unterschiedlichen schadensersatzrechtlichen Regelungen einen einheitlichen Schadensbegriff verwenden will[448]. Damit ist auch gesagt, dass die Bestimmung des Begriffs „Schaden" in einer Vorschrift wie § 8 Abs. 4 PartGG, bei der es sich selbst um keine Haftungsnorm handelt, aber die als gesellschaftsrechtliche Haftungsbeschränkung eine solche zwingend voraussetzt und konkret einen „Schaden" in Bezug nimmt, im Grundsatz parallel zu den §§ 249 ff. BGB zu erfolgen hat.

Bei einem Schaden i.S.v. §§ 249 ff. BGB handelt es sich um jede unfreiwillige Einbuße an rechtlich geschützten Interessen[449]. Der Schadensbegriff umfasst materielle und immaterielle Schäden[450]. Zur Bemessung eines Vermögensschadens wird nach ganz überwiegender Auffassung in Rechtsprechung und Literatur auf die sog. *Differenzhypothese* zurückgegriffen, nach der ein Schaden durch einen Vergleich des tatsächlichen Vermögens mit dem hypothetischen Vermögenszustand ohne das schadensstiftende Ereignis ermittelt wird[451]. Vom Schadensbegriff der §§ 249 ff. BGB erfasst sind sowohl Vermögens-, als auch Personen- oder Sachschäden[452].

Der Schaden muss in Bezug auf einen „beruflichen Fehler" eingetreten sein. Entsprechend der Regelung des § 8 Abs. 2 PartGG ist erforderlich, dass ein sachlicher Zusammenhang zu der freiberuflichen Tätigkeit besteht[453]. Eine abstrakte Umschreibung dessen ist in Anbetracht der Vielfältigkeit der freien Berufe an sich und der damit verbundenen vielschichtigen Tätigkeitsbereiche, losgelöst vom einzelnen Berufsbild, schwerlich möglich[454]. Vor diesem Hintergrund werden an dieser Stelle nur einige allgemeine Abgrenzungskriterien benannt, die einer allgemeinen Begriffsbestimmung dienen.

Die Aufgabenwahrnehmung muss einen hinreichenden Bezug zu dem Berufsbild aufweisen, das der Typusbeschreibung nach § 1 Abs. 2 PartGG unterfällt. Entscheidend ist auch, dass es zu einem beruflichen Auftreten am Markt, gerade als Angehöriger eines (freien) Berufes, kommt[455]. Im Gegensatz hierzu steht eine

---

447 *Oetker*, in: MüKo BGB, § 249 Rn. 1 f; *Grüneberg*, in: Palandt, BGB, Vorb v § 249 Rn. 4; *Ekkenga/Kunz*, in: Soergel, BGB, Vor § 249 Rn. 13; *Schiemann*, in: Staudinger, BGB, Vorbem zu §§ 249 ff Rn. 5 ff.

448 *Grüneberg*, in: Palandt, BGB, Vorb v § 249 Rn. 4.

449 *Oetker*, in: MüKo BGB, § 249 Rn. 16; *Schiemann*, in: Staudinger, BGB, Vorbem zu §§ 249 ff Rn. 25.

450 *Grüneberg*, in: Palandt, BGB, Vorb v 249 Rn. 9.

451 *J.W. Flume*, in: BeckOK BGB, § 249 Rn. 37; *Oetker*, in: MüKo BGB, § 249 Rn. 16 ff; *Grüneberg*, in: Palandt, BGB, Vorb v 249 Rn. 10.

452 *Ebert*, in: Erman, BGB, Vorbemerkung zu §§ 249–253 Rn. 14 ff m.w.N.

453 *Kilian*, MDR 2013, 1137, 1139; *Korch*, NZG 2015, 1425; Zu § 8 Abs. 2 PartGG: *Henssler*, PartGG, § 8 Rn. 61.

454 Ausführlich zur Bestimmung des Merkmals bei anwaltlicher Tätigkeit: *Schumacher*, S. 52 ff.; *Schumacher*, NZG 2015, 379, 380 ff.

455 *Hopt*, AcP 183 (1983), 608, 681.

rein private und außerhalb des Erwerbslebens liegende Tätigkeit[456], auch wenn die Abgrenzung zwischen beiden Bereichen oftmals schwierig sein wird. Die Grenze wird man zumindest dort ziehen können, wo der Freiberufler sich lediglich im Bereich einer Gefälligkeit und außerhalb einer vertraglichen Beziehung bewegt[457], was durch Auslegung der Umstände des Einzelfalls aus der Sicht des Erklärungsempfängers zu ermitteln ist[458]. Weiter muss die Tätigkeit zwar nicht berufstypisch, aber zumindest noch hinreichend berufsbezogen sein[459]. Lässt sich die Tätigkeit nicht zweifelsfrei einem Bereich zuordnen, so ist der Schwerpunkt maßgebend. Von vornherein ausgenommen sind berufsfremde, insbesondere rein wirtschaftliche Tätigkeiten, die ihren Rechtsgrund nicht in der freiberuflichen Aufgabenwahrnehmung haben[460]. Hierunter fallen vornehmlich „Hilfsgeschäfte", die erst die nötige Infrastruktur für die berufliche Tätigkeit schaffen sollen, wie etwa Arbeitsverträge mit Mitarbeitern, Mietverträge über Büro-/Praxisräume, Leasing- oder Kaufverträge über Gerätschaften bzw. Arbeitsmaterial und Versicherungsverträge (also auch derjenige in Bezug auf die Berufshaftpflichtversicherung i.S.v. § 8 Abs. 4 PartGG)[461]. Ausgenommen sind auch steuerliche Verbindlichkeiten der Gesellschaft[462].

b. Von der Haftungsbeschränkung erfasste Anspruchsarten

Von besonderer Bedeutung für die Partner einer PartG mbB ist die Klärung der Frage, welche Anspruchsarten von der Haftungsbeschränkung erfasst sind. Dabei ist auf die oben gewonnenen Erkenntnisse zurückzugreifen. Für das Merkmal der „Verbindlichkeit der Partnerschaft" kommt es nur darauf an, dass eine Gesellschaftsschuld vorliegt. Mithin ist es zunächst gleichgültig, um welche (vertragliche oder gesetzliche) Anspruchsgrundlage es sich handelt. Das Merkmal des „beruflichen Fehlers" sagt auch nichts darüber aus, welche konkrete Anspruchsgrundlage erfasst ist, sondern nur in welchem Zusammenhang diese zum Entstehen gekommen sein muss. Nur das Kriterium des Vorliegens eines Schadens grenzt die Anspruchsgrundlage dahingehend ein, dass diese in einen „Schaden" münden muss. Unter welchen Voraussetzungen ein Anspruch dieses Kriterium erfüllt, wird im Folgenden zu untersuchen sein.

---

456 *Hopt*, AcP 183 (1983), 608, 680 f.; *Schumacher*, S. 61; *Schumacher*, NZG 2015, 379, 380.

457 *Schumacher*, NZG 2015, 379, 380.

458 *Grüneberg*, in: Palandt, BGB, Einl v § 241 Rn. 7 ff.

459 *Hopt*, AcP 183 (1983), 608, 681.

460 In diese Richtung *Hopt*, AcP 183 (1983), 608, 681 f.

461 BT-Drucks. 17/10487, S. 14; *Grunewald*, GWR 2013, 393; *Henssler*, AnwBl 2014, 96, 97; *Kilian*, MDR 2013, 1137,1139; *Lieder*, NotBZ 2014, 81, 83; *Seibert*, DB 2013, 1710, 1711; *Wertenbruch*, in: Westermann/Wertenbruch, HdB Personengesellschaften, Bd. 1, Rz. 994.

462 *Kilian*, MDR 2013, 1137, 1139; *Seibert*, DB 2013, 1710, 1711; *Wertenbruch*, in: Westermann/Wertenbruch, HdB Personengesellschaften, Bd. 1, Rz. 995.

i. Vertragliche Ansprüche

Ausgangspunkt ist der Wortlaut von § 8 Abs. 4 PartGG, der Ansprüche aus „Schäden wegen fehlerhafter Berufsausübung“ erfasst. Hierzu zählen jedenfalls vertragliche Schadensersatzansprüche wegen einer Pflichtverletzung nach den §§ 280 ff. BGB[463]. Dies gilt auch im Rahmen von § 8 Abs. 2 PartGG[464] und wegen des deckungsgleichen Anwendungsbereichs ist das dort gefundene Ergebnis auf § 8 Abs. 4 PartGG übertragbar.

Näherer Klärung bedarf die Frage, ob auch Erfüllungsansprüche und Gewährleistungsrechte wie Minderung sowie Rücktritt von der Haftungsbeschränkung erfasst sind. Diese Frage wird im Hinblick auf Gewährleistungsansprüche bei § 8 Abs. 2 PartGG unterschiedlich beantwortet und wegen des gleichen Anwendungsbereichs wird man diese Diskussion auf § 8 Abs. 4 PartGG übertragen können. Teilweise wird vertreten, auch Nacherfüllung, Minderung und Rücktritt seien erfasst[465]. Begründet wird dies damit, dass der Begriff der „Haftung“ weiter reiche als der des Schadens, was ein Blick auf § 128 HGB verdeutliche. Die überwiegende Meinung klammert allerdings solche Ansprüche aus[466]. Dem ist im Hinblick auf die PartG mbB zuzustimmen. Weder Erfüllungsansprüche, noch Gewährleistungsrechte (Minderung, Rücktritt) sind von § 8 Abs. 4 PartGG erfasst[467]. Die Mindermeinung zu § 8 Abs. 2 PartGG verkennt bereits, dass der Gesetzgeber die „Haftung für berufliche Fehler“ gleichbedeutend mit Ansprüchen aus „Schäden wegen fehlerhafter Berufsausübung“ versteht[468]. Bezogen auf die PartG mbB grenzt § 8 Abs. 4 PartGG die Ansprüche dem Wortlaut nach schon klar auf Schadensersatzansprüche ein. Erfüllungsansprüche lassen sich hierunter nicht fassen, denn erst die (fehlerhafte oder unterlassene) Erfüllungshandlung führt zu einem Schaden[469]. Zudem stellt die Pflicht zum Ersatz des Schadens, der dem Gläubiger durch eine vom Schuldner zu vertretende Pflichtverletzung in zurechenbarer Weise verursacht worden ist, eine sekundäre Leistungspflicht innerhalb der vertraglichen Beziehung dar und ist streng zu trennen von primären Leistungspflichten[470]. Primäre Leistungspflichten sind alle Haupt- und Nebenleistungspflichten, sekundäre Leistungspflichten entstehen erst durch

---

463 *Henssler*, in: Henssler/Prütting, BRAO, § 8 PartGG Rn. 62; *Kilian*, MDR 2013, 1137, 1139; Ausführlich zu den einzelnen Schadensersatzansprüchen: *Schumacher*, S. 104 ff.; *Schumacher*, NZG 2015, 379, 381 f.

464 *Henssler*, PartGG, § 8 Rn. 55; *Henssler*, in: Henssler/Prütting, BRAO, § 8 PartGG Rn. 28; *Seibert/Kilian*, in: Kilian, PartGG, § 8 Rn. 6.

465 *Graf v. Westphalen*, in: M/GvW/H/L/W, PartGG, § 8 Rn. 52; wohl auch *C. Schäfer*, in: MüKo BGB, § 8 PartGG Rn. 15.

466 *Henssler*, PartGG, § 8 Rn. 56; *Henssler*, in: Henssler/Prütting, BRAO, § 8 PartGG Rn. 29; *Hirtz*, in: Henssler/Strohn, GesR, § 8 PartGG Rn. 23.

467 *Kilian*, MDR 2013, 1137, 1139; *Grunewald*, GWR 2013, 393.

468 Dazu oben Kapitel D. II.2.a.

469 *Jawansky*, Haftung und Haftungskonzentration, S. 88.

470 *Larenz*, Schuldrecht, Bd. 1, S. 8, 369.

Verletzung von primären Leistungspflichten[471]. Die Erfüllung eines solchen Primäranspruchs kann also schon begrifflich nicht unter § 8 Abs. 4 PartGG gefasst werden, da primäre und sekundäre Leistungspflichten verschiedene Anspruchskategorien sind. Gleiches muss für den gewährleistungsrechtlichen Nacherfüllungsanspruch gelten, da es sich bei diesem nur um einen „modifizierten Erfüllungsanspruch" der primären Leistungspflicht handelt[472]. Auch Minderung und Rücktritt sind mit einem Schadensersatzanspruch nicht vergleichbar[473]. Beide sind zunächst keine Ansprüche, sondern als Gestaltungsrechte konzipiert[474]. Die Minderung setzt bereits keinen Schaden des Gläubigers voraus[475]. Durch den Rücktritt wird das ursprüngliche Schuldverhältnis in ein Rückgewährschuldverhältnis umgewandelt und bei bereits gewährten vertraglichen Leistungen stellen die Rückgewähransprüche aus §§ 346 ff. BGB ihrerseits neue *primäre* Leistungspflichten dar[476]. Ziel der §§ 346 ff. BGB ist es auch (nur), die Rechtslage herzustellen, wie sie sich nach Vertragsschluss, aber vor Leistungsaustausch darstellte[477], während ein Schadensersatzanspruch darüber hinausgehen kann[478].

Im Ergebnis ist damit festzuhalten, dass von der Haftungsbeschränkung nur (vertragliche) Schadensersatzansprüche erfasst sind[479], genauer Ersatzansprüche, die dadurch entstanden sind, dass einem Mandanten, Klienten oder Patienten im Rahmen der Berufsausübung ein Schaden entstanden ist.

ii. Deliktische Ansprüche

Wie dargelegt[480] kann es sich auch bei deliktischen Ansprüchen um Verbindlichkeiten der Gesellschaft handeln. Von der Haftungsbeschränkung nach § 8 Abs. 4 S. 1 PartGG erfasst sind diese, wenn eine Zurechnung nach § 31 BGB analog erfolgt und sie im Zusammenhang mit der beruflichen Tätigkeit stehen. Fest steht damit, dass die übrigen Partner von einer persönlichen Inanspruchnahme gemäß § 8 Abs. 1 S. 1 PartGG geschützt sind.

Der deliktisch handelnde Partner hingegen kann weiterhin persönlich neben der Gesellschaft in Anspruch genommen werden und die Haftungsbeschränkung gilt für

---

471 *Mansel*, in: Jauernig, BGB, § 241 Rn. 11.
472 *Busche*, in: MüKo BGB, § 635 Rn. 2 m.w.N.
473 Nach *Henssler*, PartGG, § 8 Rn. 56 kommen Minderung und Rücktritt „ihrer Funktion nach" nicht in Betracht.
474 Vgl. nur *H.P. Westermann*, in: MüKo BGB, § 441 Rn. 1.
475 *Berger*, in: Jauernig, BGB, § 441 Rn. 1.
476 *Gaier*, in: MüKo BGB, § 346 Rn. 15.
477 BGHZ 174, 290, 293 f. = NJW 2008, 911 f.; *H. Schmidt*, in: BeckOK BGB, § 346 Rn. 1.
478 Angedeuet: BGHZ 174, 290, 292 ff. = NJW 2008, 911 f.
479 So auch *Kilian*, MDR 2013, 1137, 1139; *Schumacher*, S. 95 f.; *Seibert*, DB 2013, 1710.
480 Dazu oben Kapitel D. II.1.

ihn nicht[481]. Namentlich von *Korch* wird dieses Ergebnis zunächst angezweifelt[482], wobei er schließlich im Wege einer teleologischen Reduktion von § 8 Abs. 4 S. 1 PartGG zum selben Ergebnis gelangt. Bei der teleologischen Reduktion als Unterfall der teleologischen Auslegung wird ein vom Wortlaut erfasster Fall aus dem Anwendungsbereich der Vorschrift herausgenommen, da er kein entsprechendes Regelungsbedürfnis auslöst[483]. Für eine teleologische Reduktion ist jedoch kein Raum, da schon der Wortlaut der Vorschrift nicht die persönliche (deliktische) Inanspruchnahme eines Partners erfasst. Richtig ist zwar, dass mit der Formulierung von Schäden aus „fehlerhafter Berufsausübung" auch deliktische Ansprüche einbezogen werden[484]. Allerdings begrenzt der Wortlaut die Haftungsbeschränkung klar auf „Verbindlichkeiten der Partnerschaft". Über Ansprüche, die einen Partner persönlich betreffen, trifft die Regelung keine Aussage, unabhängig davon, ob diese gleichzeitig eine Verbindlichkeit der Gesellschaft begründen. Der Wortlaut deckt also nicht den einzelnen Partner persönlich treffende deliktische Ansprüche ab[485]. Möchte man die persönliche Inanspruchnahme aus Delikt im Zusammenhang mit der Berufsausübung auch unter die Haftungsbeschränkung nach § 8 Abs. 4 S. 1 PartGG fassen, so ließe sich dieses Ergebnis einzig im Wege einer teleologischen Extension[486] erzielen. Das Regelungsanliegen des Gesetzgebers bietet hierfür jedoch keine Rechtfertigungsgrundlage. Zwar geht es dem Gesetzgeber darum, Haftungsrisiken der Gesellschafter im Bereich der Berufsausübung zu begrenzen und auch Unsicherheiten im Bereich des Haftungsbeschränkungsmodells des § 8 Abs. 2 PartGG zu beseitigen[487]. Dieses Ziel wird allerdings auch dann hinreichend verwirklicht, wenn man nicht den „zivilrechtlichen Minimalschutz" der §§ 823 ff. BGB, insbesondere im Bereich der absoluten Rechtsgüter[488], ausschaltet und dem deliktisch handelnden Partner insoweit einen Freischein für deliktisches Handeln mit entsprechendem Missbrauchspotential ausstellt. Für das gefundene Ergebnis spricht auch aus systematischer Sicht, dass dem deutschen Gesellschaftsrecht ein solcher vollständiger Haftungsausschluss fremd ist. Für Kapitalgesellschaften ist anerkannt, dass die gesellschaftsrechtliche Haftungsbeschränkung nicht die persönliche deliktische Inanspruchnahme des Einzelnen beseitigt[489]. Betrachtet man das der Haftungsbeschränkung zugrunde liegende Konzept der „Versicherungslösung",

---

481 *Beck*, AnwBl 2015, 380, 389; *Fischer*, S. 96; *Posegga*, DstR 2012, 611, 612; *Ring*, WM 2014, 237, 239; *Römermann*, in: Michalski/Römermann, PartGG, § 8 Rn. 109; *Lieder*, NotBZ 2014, 81, 83; *Schumacher*, NZG 2015, 379, 381.

482 *Korch*, NZG 2015, 1425, 1426 ff („keinesfalls selbstverständlich").

483 Vgl. nur *Bitter/Rauhut*, JuS 2009, 289, 294.

484 *Korch*, NZG 2015, 1425, 1427.

485 So aber: *Korch*, NZG 2015, 1425, 1427 („mühelos").

486 Zum Begriff: *Bitter/Rauhut*, JuS 2009, 289, 294.

487 BT-Drucks. 17/10487, S. 14.

488 Dazu *Teichmann*, in: Jauernig, BGB, § 823 Rn. 2 ff.

489 Vgl. nur *Verse*, in: Henssler/Strohn, GesR, § 13 GmbHG Rn. 27; *Michalski/Funke*, in: Michalski, GmbHG, § 13 Rn. 337; *Merkt*, in: MüKo GmbHG, § 13 Rn. 341 f.

so ließe sich argumentieren, dass ein weitgehender Ausschluss der privatrechtlichen Schadensersatzansprüche gegen die Gesellschafter damit zu rechtfertigen wäre, dass ausschließlich die Gesellschafter diejenigen sind, die die den Gläubigern zur Verfügung stehende Berufshaftpflichtversicherung finanzieren und dadurch die Gesellschafter vollständig aus ihrer Haftungsverantwortlichkeit freigestellt werden. Ein solches „Finanzierungsargument" liegt auch[490] der Vorschrift nach § 104 SGB VII zugrunde[491], bei der ebenfalls eine Haftungsersetzung durch Versicherungsschutz stattfindet[492] und es dort zu einem weitgehenden Ausschluss von zivilrechtlichen Schadensersatzansprüchen des Versicherten (und gewisser anderer Personen) gegen den Unternehmer kommt[493]. Dieses Argument verliert allerdings im hier in Rede stehenden Zusammenhang an Gewicht, da gewährter Versicherungsschutz und nach §§ 823 ff., 249 ff. BGB zu ersetzender Schaden nicht immer deckungsgleich sein müssen[494] und auch bei den Kapitalgesellschaften es die Gesellschafter sind, die sich die Haftungsbeschränkung durch Zurverfügungstellung eines Haftungsfonds „erkaufen", gleichfalls aber nicht von der persönlichen deliktischen Inanspruchnahme befreit werden. In Anbetracht dessen und der zuvor dargelegten Argumente muss es bei dem eingangs beschriebenen Ergebnis bleiben. Zudem würde ein gegenteiliges Ergebnis zu einer nicht zu rechtfertigenden Schutzlücke führen, wenn der Partner vorsätzlich handelt und die Versicherung nicht leistet (vgl. § 103 VVG)[495].

iii. Vor- und nachvertragliche Schadensersatzansprüche

Erfasst sind zunächst Ansprüche aus *culpa in contrahendo* gemäß §§ 280 Abs. 1, 241 Abs. 2, 311 Abs. 2 BGB[496], sofern das vorvertragliche Schuldverhältnis im Zusammenhang mit der Berufsausübung entstanden ist[497]. Dies ergibt die sachliche Nähe eines solchen Anspruchs zum späteren Vertrag[498], wenn die Vertragsanbahnung i.S.v.

---

490 Daneben beruht die Vorschrift auf dem sog. Friedensargument, wonach der Betriebsfrieden durch die Verhinderung von Streitigkeiten um die Ersatzpflicht aus Betriebsunfällen gewahrt werden soll.

491 Vgl. nur *Rolfs*, in: ErfK ArbeitsR, § 104 SGB VII Rn. 1 f.; *von Kroppenfels-Spies*, in: KKW SozialR, § 104 SGB VII Rn. 2.

492 *Baumann*, GmbHR 2014, 953; *G. Schiemann*, in: Erman BGB, Vorbemerkung § 823 Rn. 9; *Rolfs*, in: ErfK ArbeitsR, § 104 SGB VII Rn. 1 („Haftungsersetzung durch Versicherungsschutz").

493 Einzelheiten: *Rolfs*, in: ErfK ArbeitsR, § 104 SGB VII Rn. 5 ff.

494 Dazu unten Kapitel D. II.3.

495 Dazu unten Kapitel E. III.3.

496 Eingehend dazu *Emmerich*, in: MüKo BGB, § 311 Rn. 35 ff.

497 *Kilian*, MDR 2013, 1137, 1139; *Lieder*, NotBZ 2014, 81, 83; *Römermann/Dibbelt*, HFR 2013, 38, 46; *Römermann/Praß*, NZG 2012, 601, 603; *Schumacher*, S. 115 f.; *Schumacher*, GmbHR 2016, 732, 736; *Seibert*, DB 2013, 1710.

498 Dies wird schon daran deutlich, dass sich Art und Umfang der Schutzpflichten sachlich nach den verschiedenen Vertragsverhältnissen richten, auf die sich die

§ 311 Abs. 2 BGB im Zusammenhang mit der beruflichen Tätigkeit steht[499]. Diese Sichtweise entspricht auch dem Willen des Gesetzgebers zu § 8 Abs. 2 PartGG[500] und ist innerhalb der Literatur dort anerkannt[501]. Auch wenn sich berufsbezogene Hinweis-, Aufklärungs- oder Schutzpflichten oftmals schon als echte Vertragspflichten – unter Annahme eines konkludent begründeten Mandatsverhältnisses – einordnen lassen, so ist daraus nicht generell zu schließen, dass vorvertragliche berufsbezogene Pflichten nicht bestünden[502] und damit auch keine Bedeutung in Bezug auf § 8 Abs. 4 PartGG haben. So lassen sich vorvertragliche berufsbezogene Pflichten in Bezug auf Rechtsanwälte etwa bereits aus verschiedenen gesetzlichen Vorschriften ableiten (bspw. § 44 S. 2 BRAO – Pflicht zur unverzüglichen Mandatsablehnung)[503]. Weitere vorvertragliche Anwaltspflichten sind beispielsweise die Hinweispflicht bei Gebührenbemessung nach dem Gegenstandswert (§ 49b Abs. 5 BRAO)[504] oder die Offenlegungspflicht über eine vorherige Vertretung der gegnerischen Partei, unabhängig von einem tatsächlichen Bezug zu dem aktuellen Mandat[505].

Gleiches gilt für Schadensersatzansprüche wegen Verletzung von nachvertraglichen Pflichtverletzungen (*culpa post contractum finitum*). Solche nachwirkenden Treue- oder Schutzpflichten leiten sich erst aus dem geschlossenen Vertrag ab[506] und weisen damit eine unmittelbare sachliche Nähe zu einem von § 8 Abs. 4 PartGG erfassten vertraglichen Schadensersatzanspruch auf[507].

iv. Bereicherungsrechtliche Ansprüche

Schwierigkeiten bereitet die Frage, ob auch bereicherungsrechtliche Ansprüche gemäß §§ 812 ff. BGB von der Haftungsbeschränkung erfasst sind. Hinweise hierzu finden sich weder in der Gesetzesbegründung zur PartG mbB, noch zu § 8 Abs. 2 PartGG.

Ausgehend vom Wortlaut des § 8 Abs. 4 PartGG muss erster Anhaltspunkt sein, wie das Bereicherungsrecht zu dem Erfordernis eines Schadens steht. Die §§ 812 ff. BGB schaffen eine Ausgleichsordnung, wonach Vermögensverschiebungen

Vertragsverhandlungen, die Vertragsanbahnungen oder der geschäftliche Kontakt beziehen, vgl. *Löwisch/Feldmann*, in: Staudinger, BGB, § 311 Rn. 115.

499 So auch *Schumacher*, S. 115 f.

500 BT-Drucks. 12/6152, S. 18.

501 *Graf v. Westphalen*, in: M/GvW/H/L/W, PartGG, § 8 Rn. 52; *Henssler*, PartGG, § 8 Rn. 57; *Henssler*, in: Henssler/Prütting, BRAO, § 8 PartGG Rn. 28; *Hirtz*, in: Henssler/Strohn, GesR, § 8 PartGG Rn. 23; *Jawansky*, S. 90 f; *Seibert/Kilian*, in: Kilian, PartGG, § 8 Rn. 6.

502 *Jawansky*, Haftung und Haftungskonzentration S. 90 f.

503 *Henssler*, PartGG, § 8 Rn. 57; *Schumacher*, S. 116 m.w.N.

504 BGH NJW 2008, 371, 372.

505 BGH NJW 2008, 1307 f.

506 *Sutschet*, in: BeckOK BGB, § 241 Rn. 99.

507 *Lieder*, NotBZ 2014, 81, 83; *Schumacher*, S. 117; *Schumacher*, GmbHR 2016, 732, 736; *Seibert*, DB 2013, 1710.

rückgängig gemacht werden, die nach dem Gesamturteil der Rechtsordnung ohne rechtlichen Grund erfolgen und daher zu missbilligen sind[508]. Im Grundsatz gilt für die §§ 812 ff. BGB, dass es auf einen Schaden des Bereicherungsgläubigers nicht ankommt. Ein solcher ist weder für die Bestimmung des Erlangten, noch für den Umfang des Bereicherungsanspruchs entscheidend[509]. Bei den §§ 812 ff. BGB ist die Be- und nicht die Entreicherung maßgebend, es geht um Wert- und nicht um Schadensersatz[510]. Das Verhältnis von Schadensersatz- und Bereicherungsrecht wird auch als „spiegelbildlich" beschrieben[511]: während es bei Ersterem um den Ausgleich einer Einbuße im Vermögen des Gläubigers geht, ist das Ziel bei Letzterem umgekehrt die Rückgängigmachung einer Vermehrung im Vermögen des Schuldners[512]. Auch wenn teilweise Gemeinsamkeiten („durchaus verwandte Funktionen") zwischen Bereicherungs- und Schadensrecht dergestalt herausgestellt werden, dass beide insbesondere einen Ausgleichszweck verfolgen[513], so reicht dies nicht aus, um die grundlegenden Unterschiede zwischen beiden Regelungsmaterien zu überwinden[514]. Damit lassen sich bereicherungsrechtliche Ansprüche grundsätzlich nicht unter den Wortlaut von § 8 Abs. 4 PartGG fassen. Auch nach einer extensiven Auslegung besteht kein Bedürfnis, da der Anspruch grundsätzlich[515] auf das beschränkt ist, was sich tatsächlich noch (rechtsgrundlos) im Vermögen des Bereicherten befindet (§ 818 Abs. 3 BGB), und es damit an einer besonderen Schutzbedürftigkeit des Bereicherungsschuldners, *ergo* Gesellschafters, fehlt. Nichts anderes gilt auch für die Wertersatzpflicht nach §§ 812, 818 Abs. 2 BGB[516]. An dieser Stelle wird der Unterschied zum Schadensersatzrecht nochmals deutlich, kommt es doch anders als dort für das Entstehen der (Wertersatz-) Verpflichtung – ebenso wie bei den übrigen

508 *Wendehorst*, BeckOK BGB, § 812 Rn. 3; *von Sachsen Gessaphe*, in: NK-BGB, Vor §§ 812 ff Rn. 1.

509 *Esser/Weyers*, Schuldrecht BT, § 47 2., S. 366; *Schwab*, in: MüKo BGB, § 812 Rn. 5.

510 *Esser/Weyers*, Schuldrecht BT, § 47 2., S. 366; *Larenz/Canaris*, Schuldrecht BT, Bd. 2, § 71 I. b), S. 256 f; *Lorenz*, in: Staudinger, BGB, § 812 Rn. 24.

511 *Larenz/Canaris*, Schuldrecht BT, § 67 I. 1. b), S. 128; *von Sachsen Gessaphe*, in: NK-BGB, Vor §§ 812 ff Rn. 6.

512 Die Perspektiven hinsichtlich des Ausgleichs stehen damit diametral zueinander: während die §§ 812 ff BGB die Veränderung im Vermögen des Bereicherungsschuldners im Blick haben, geht es beim Schadensersatzrecht um die erlittene Einbuße im Vermögen des Gläubigers.

513 *Hagen*, in FS Larenz (1973), S. 867, 868 ff.: der Autor stellt heraus, dass beide Regelungsmaterien gleiche Sachprobleme aufwerfen würden, insbesondere bei der Bestimmung der Vermögensänderung beim Geschädigten bzw. Bereicherten, betont aber gleichwohl die Unterschiede zwischen beiden (gleiche Sachprobleme, wenn auch „gleichsam unter umgekehrten Vorzeichen").

514 So aber *Schumacher*, S. 125 f.

515 Ausgenommen ist die verschärfte Haftung nach §§ 818 Abs. 4, 819 BGB, dazu *Schwab*, in: MüKo BGB, § 818 Rn. 276 ff.

516 Anders *Schumacher*, S. 126 f; *Schumacher*, NZG 2015, 379, 383, *Schumacher*, GmbHR 2016, 732, 737.

bereicherungsrechtlichen Ansprüchen – nicht auf ein Verschulden des Schuldners an. Gleichwohl kann dieser sich – wiederum ohne Rücksicht auf sein Verschulden – auf den Einwand der Entreicherung nach § 818 Abs. 3 BGB berufen[517].

Auf den ersten Blick könnte man annehmen, dass § 8 Abs. 4 PartGG wiederum einschlägig ist, wenn der bereicherungsrechtliche Anspruch bei der verschärften Haftung des Bereicherungsschuldners gemäß §§ 818 Abs. 4, 819, 292, 987 ff. BGB in einen Schadensersatzanspruch übergeht[518]. Es wäre allerdings wertungswidersprüchlich, den gutgläubigen Bereicherungsschuldner mit einer persönlichen Haftung nach § 8 Abs. 1 S. 1 PartGG zu belasten und insoweit schlechter zu stellen als den verschärft haftenden, nicht schutzwürdigen[519] Bereicherungsschuldner, dem die Haftungsbeschränkung zugute kommt[520]. Im Ergebnis sind damit sämtliche bereicherungsrechtlichen Ansprüche nicht von der Haftungsbeschränkung nach § 8 Abs. 4 PartGG erfasst[521].

v. *Sonstige erfasste Anspruchsarten*

Auch Schadensersatzansprüche aus Geschäftsführung ohne Auftrag (GoA) gemäß §§ 677 ff. BGB fallen unter die Haftungsbeschränkung, wenn die Geschäftsbesorgung im sachlichen Zusammenhang mit der freiberuflichen Tätigkeit steht. Ihrer Rechtsnatur nach ist die GoA ein auftragsähnliches gesetzliches Schuldverhältnis[522] und weist damit erhebliche Nähe zu einem vertraglich begründeten Mandatsverhältnis auf[523].

Ansprüche aus Verträgen mit Schutzwirkung zugunsten Dritter sind ebenfalls von § 8 Abs. 4 PartGG erfasst[524]. Dies ergibt sich schon daraus, dass die Haftungsbeschränkung aufgrund ihrer gesellschaftsrechtlichen Natur gegenüber jedermann wirkt und unabhängig davon gilt, ob man zu dem Geschädigten in unmittelbarem beruflichen Kontakt stand oder nicht[525]. Zudem geht der Gesetzgeber im Rahmen von § 8 Abs. 2 PartGG davon aus, dass auch solche Ansprüche erfasst seien[526]. Diese Wertung lässt sich wie dargestellt wegen des deckungsgleichen Anwendungsbereichs

---

517 *Larenz/Canaris*, Schuldrecht BT, Bd. 2, § 71 II. 1. a), S. 257; *Schwab*, in: MüKo BGB, § 818 Rn. 46; *Sprau*, in: Palandt, BGB, § 818 Rn. 30.

518 So *Schumacher*, S. 127; *Schumacher*, GmbHR 2016, 732, 737.

519 *Stadler*, in: Jauernig, BGB, § 819 Rn. 1; *Schwab*, in: MüKo BGB, § 819 Rn. 1.

520 Gleichzeitig wäre dem Bereicherungsgläubiger die persönliche Inanspruchnahme aller Gesellschafter verwehrt.

521 So im Ergebnis *Schüppen*, WPg 2013, 1193, 1200; *Suyr*, S. 124; differenzierend *Grunewald*, GWR 2013, 393 (Herausgabeansprüche von § 8 Abs. 4 PartGG nicht erfasst).

522 *Gehrlein*, in: BeckOK BGB, § 677 Rn. 1; *Sprau*, in: Palandt, BGB, Einf v § 677 Rn. 2.

523 *Schumacher*, S. 127 f. m.w.N.

524 *Lieder*, NotBZ 2014, 81, 83; *Römermann/Dibbelt*, HFR 2013, 38, 46; *Römermann/Praß*, NZG 2012, 601, 603; *Schumacher*, S. 118 f; *Schumacher*, GmbHR 2016, 732, 736 f.

525 *Römermann/Dibbelt*, HFR 2013, 38, 46; *Römermann/Praß*, NZG 2012, 601, 603.

526 BT-Drucks. 12/6152, S. 18.

auf § 8 Abs. 4 PartGG übertragen. Solche Ansprüche § 8 Abs. 4 PartGG unterfallen zu lassen, ist von besonderer Bedeutung, da die Haftung gegenüber Dritten von der Rechtsprechung kontinuierlich ausgebaut wurde[527]. Dies gilt insbesondere für die rechts- und wirtschaftsberatenden Berufsgruppen[528].

3. Einfluss des Versicherungsrechts auf den Umfang der Haftungsbeschränkung

Nachdem der Umfang der Haftungsbeschränkung inhaltlich näher konkretisiert und die erfassten Anspruchsarten festgestellt wurden, wird im Folgenden untersucht, in welchem Verhältnis dazu die obligatorische Berufshaftpflichtversicherung i.S.v. § 8 Abs. 4 PartGG steht. Diese Frage drängt sich allein schon deshalb auf, da die Verbindung von Haftungsbeschränkung und (Berufshaftpflicht-) Versicherung dem gesamten Konzept des § 8 Abs. 4 PartGG innewohnt und beide in einem funktionalen Zusammenhang stehen. Auch der Gesetzgeber wirft diese Frage indirekt auf, indem er die Haftungsbeschränkung für Verbindlichkeiten aus Berufshaftung auf die gesetzliche Kompensation dieser Haftungsbeschränkung durch eine Haftpflichtversicherung zurückführt[529]. Dies könnte nahelegen, dass der Gesetzgeber davon ausgeht, dass Versicherungsschutz und Umfang der Haftungsbeschränkung deckungsgleich sind. Es ist daher zu klären, ob und, wenn ja, welchen Einfluss der Umfang der Berufshaftpflichtversicherung auf den Umfang der Haftungsbeschränkung hat. Welche konkreten Folgen es hätte, würde man eine solche Interdependenz bejahen, soll zunächst am Beispiel der spezifischen Berufshaftpflichtversicherung i.S.v. § 8 Abs. 4 PartGG für Rechtsanwälte verdeutlicht werden.

Gemäß § 51a Abs. 1 BRAO i.V.m. § 51 Abs. 1 BRAO, § 1 Abs. 1 Nr. 1 AVB-RSW[530] deckt die Berufshaftpflichtversicherung nur Vermögensschäden ab, unter die nach der Negativabgrenzung gemäß § 1 Abs. 1 Nr. 2 AVB-RSW solche Schäden fallen, die weder Personen- noch Sachschäden sind, noch sich aus solchen herleiten[531]. Damit

---

527 *Römermann/Praß*, NZG 2012, 601, 603 m.w.N.

528 *Gottwald*, in: MüKo BGB, § 328 Rn. 210 f, 243 ff. m.w.N.; eingehend zur Haftung von Rechtsanwälten gegenüber Nichtvertragspartnern: *Grunewald*, AnwBl 2000, 209 ff.

529 BT-Drucks. 17/10487, S. 14; so auch *Schumacher*, S. 97 f.

530 Die „AVB-RSW" (Allgemeine Versicherungsbedingungen für Rechtsanwälte, Steuerberater, Wirtschaftsprüfer) sind von Versicherern standardmäßig verwendete Bedingungswerke für die Berufshaftpflichtversicherung. Hierbei handelte es sich um vertragliche Regelungen, nicht um Gesetzrecht. Wirksamkeit erlangen sie zwischen den Parteien nur, wenn eine entsprechenden Vereinbarung getroffen wurde, vgl. *Diller*, AVB-RSW, Einleitung Rn. 38; *Diller*, AnwBl 2014, 2; *Schimikowski*, in: Späte/Schimikowski, Haftpflichtversicherung, Einl Rn. 95.

531 *Diller*, in: Henssler/Prüttung, BRAO, § 51 Rn. 17, 115; *Kleine-Cosack*, BRAO, § 51 Rn. 9; *Sassenbach*, in: Terbille/Höra, MüAnwHdB VersR, § 18 Rn. 13.

ist dieser versicherungsrechtliche[532] Schadensbegriff im Umfang enger gefasst als der zivilrechtliche nach den §§ 249 ff. BGB, da Letzterer sämtliche Schäden, also Personen-, Sach- und Vermögensschäden umfasst. Würde man diesen versicherungsrechtlichen Schadensbegriff § 8 Absatz 4 PartGG zugrunde legen, hätte die Berufshaftpflichtversicherung begrenzenden Einfluss auf den Umfang der Haftungsbeschränkung, konkret bei dem maßgeblichen Schaden[533].

Nach § 51a BRAO, § 1 Abs. 1 Nr. 1 AVB-RSW sind Schäden versichert, die bei der Ausübung der beruflichen Tätigkeit entstanden sind. Versicherungsdeckung besteht grundsätzlich nur, wenn ein sachlicher Zusammenhang zur Tätigkeit als Rechtsanwalt besteht[534]. Allerdings sind in den Risikobeschreibungen der AVB-RSW (Teil 2. B.) abschließend einzelne Tätigkeiten aufgelistet, die zwar klassischerweise auch oder sogar ganz überwiegend von Rechtsanwälten erfüllt werden[535], aber im eigentlichen Sinne nicht rechtsberatende Tätigkeiten sind[536]. Diese Tätigkeiten sind sogar dann vom Versicherungsschutz eingeschlossen, wenn die Aufgabe ganz schwerpunktmäßig kaufmännisch oder betriebswirtschaftlich ausgefüllt wird[537]. Dadurch können von dem Versicherungsschutz auch letztlich berufsfremde oder jedenfalls nicht mehr berufsspezifische Tätigkeiten erfasst sein[538], sofern sie in dem abschließenden Katalog der mitversicherten Tätigkeiten aufgeführt sind. Wie zuvor dargestellt, fallen solche berufsfremden Tätigkeiten bzw. solche, die nicht ihren Schwerpunkt in der freiberuflichen Tätigkeit haben, nicht unter die zu § 8 Abs. 4 PartGG getroffene Begriffsbestimmung. Würde man nun auch die mitversicherten Tätigkeiten nach den Risikobeschreibungen der AVB-RSW in § 8 Abs. 4 PartGG einbeziehen, so hätte die Berufshaftpflichtversicherung erweiternden Einfluss auf den Umfang der Haftungsbeschränkung, konkret bei der maßgeblichen beruflichen Tätigkeit.

Fraglich ist damit, ob zur Bestimmung des Umfangs der Haftungsbeschränkung nach § 8 Abs. 4 PartGG ein Abgleich mit dem tatsächlichen Versicherungsschutz vorzunehmen ist[539] oder ob die sachliche Reichweite von § 8 Abs. 4 PartGG losgelöst von der Berufshaftpflicht zu bestimmen ist[540]. Diese Frage ist im letzteren Sinne zu beantworten.

---

532 *Träger*, in: Feuerich/Weyland, BRAO, § 51 Rn. 15.

533 In diese Richtung auch *Schumacher*, S. 98 ff.

534 *Diller*, in: Henssler/Prütting, BRAO, § 51 Rn. 70 ff. m.w.N.

535 Insbesondere Tätigkeiten als Testamentsvollstrecker, Nachlassverwalter, Vormund, Pfleger oder Betreuer, bei denen rechtliche Kentnisse oftmals keine (wesentliche) Rolle spielen, vgl. *Jungk*, AnwBl 2004, 117, 118.

536 *Diller*, in: Henssler/Prütting, BRAO, § 51 Rn. 86; *Sassenbach*, in: Terbille/Höra, MüAnwHdB VersR, § 18 Rn. 54.

537 *Diller*, in: Henssler/Prütting, BRAO, § 51 Rn. 86.

538 *Sassenbach*, in: Terbille/Höra, MüAnwHdB VersR, § 18 Rn. 54.

539 So *Korch*, NZG 2015, 1425, 1426; *Meyer*, 103 f.

540 *Piller*, S. 329; *Schumacher*, S. 104 (allerdings begrenzt auf die Bestimmung des „Schadens").

Der eingangs beschriebene Ansatz in der Gesetzesbegründung, der eine Deckungsgleichheit von Haftungsbeschränkung und Versicherungsschutz nahelegen könnte, wird bei näherer Betrachtung nicht konsistent durchgehalten[541]. So soll zum einen die Haftungsbeschränkung auch dann gelten, wenn der Schaden die Versicherungsdeckung übersteigt[542], zum anderen wird an anderer Stelle nur von der „Berücksichtigung" von Gläubigerinteressen durch die Berufshaftpflichtversicherung gesprochen[543], was, bezogen auf eine Kompensation, einen graduellen Rückschritt bedeutet. Damit verliert der Einwand eines möglicherweise anders lautenden Willens des Gesetzgebers an Gewicht.

Des Weiteren spricht für die hier vertretene Ansicht der Wortlaut von § 8 Abs. 4 PartGG, der nicht darauf abstellt, inwieweit, sondern nur dass Versicherungsschutz besteht („wenn" statt „soweit"). Eine Eingrenzung dieser Auslegung des Wortlauts darauf, dass damit nur begrenzter Versicherungsschutz der Höhe, aber nicht dem Umfang nach gemeint sei, ist dem Wortlaut nicht zu entnehmen[544], der gerade keine dahingehende Unterscheidung trifft.

Ein losgelöst von der Berufshaftpflichtversicherung zu bestimmender Umfang der Haftungsbeschränkung entspricht zudem auch dem grundsätzlichen Verhältnis von Gesellschaftsrecht und Berufsrecht. Gesellschaftsrecht und Berufsrecht haben jeweils einen eigenen Regelungsgegenstand: Gesellschaftsrecht ist Organisationsrecht und größtenteils „technisches Recht", dessen Aufgabe darin besteht, Rechtsformen zur Verfügung zu stellen[545]. Berufsrecht hingegen befasst sich weitgehend mit Erlaubnissen und Verboten und ist damit auch für die Rahmenbedingungen zulässiger Verbandsformen zuständig[546]. Das Gesellschaftsrecht hat eine allgemeingültige Rahmenordnung zur Verfügung zu stellen, innerhalb derer das jeweilige Berufsrecht weitere Ausdifferenzierungen vornehmen kann[547]. Ein allgemeingültiger Rahmen in Bezug auf die Haftungsbeschränkung gemäß § 8 Abs. 4 PartGG kann nur geschaffen werden, wenn deren Umfang unabhängig von der jeweiligen Berufshaftpflichtversicherung bestimmt wird. Eine damit verbundene, klare Trennung von Gesellschaftsrecht und Berufsrecht verfolgt das PartGG auch vom grundsätzlichen Ansatz her[548].

Aufgrund der vom Gesetzgeber getroffenen Festlegung auf eine Berufshaftpflichtversicherung als Legitimation für die Haftungsbeschränkung ist anzunehmen, dass das Risiko einer möglichen Inkongruenz von Haftungsbeschränkung und Versicherungsschutz in Kauf genommen wurde. Wesen einer Haftpflichtversicherung

541 *Schumacher*, S. 97.

542 BT-Drucks. 17/10487, S. 14: Eine Deckung von Haftung und Haftungsbeschränkung ist damit schon der Höhe nach nicht vorgesehen.

543 BT-Drucks. 17/10487, S. 11.

544 So aber *Korch*, NZG 2015, 1425, 1426.

545 *K. Schmidt*, ZIP 1993, 633, 634.

546 *Leutheusser-Schnarrenberger*, in: FS Helmrich, S. 676, 679 ; *K. Schmidt*, ZIP 1993, 633, 634; *Wehrheim/Wirtz*, Die Partnerschaftsgesellschaft, S. 29 f.

547 *Donath*, ZHR 156 (1992), 134, 141 f.

548 *v. Falkenhausen*, AnwBl 1993, 479, 480; *Seibert*, Die Partnerschaft, S. 52.

ist nämlich der Grundsatz der Spezialität der versicherten Risiken[549]: es wird nicht ein allgemeines Haftpflichtrisiko im Sinne eines Universalschutzes versichert, sondern nur die (spezielle) Haftpflicht aus den im Versicherungsvertrag angeführten Eigenschaften, Rechtsverhältnissen oder Tätigkeiten des Versicherungsnehmers[550]. Dies klingt auch in der Gesetzesbegründung an, da auf die Notwendigkeit gleicher rechtlicher Bedingungen für wirtschaftliche Betätigung in Gestalt der PartG mbB hingewiesen wird[551]. Zudem würde die Annahme, dass die Berufshaftpflichtversicherung den Umfang der Haftungsbeschränkung bestimmen würde, dazu führen, dass die Haftungsbeschränkung für jeden freien Beruf neu zu bestimmen wäre und der Umfang entsprechend variieren würde[552]. Besondere Schwierigkeiten würden bei Regelungen zu einer Berufshaftpflichtversicherung auftreten, die in die Zuständigkeit der Länder fallen[553]. In diesem Fall würde das Landesrecht den Umfang der bundesgesetzlichen Regelung bestimmen, was aus normhierarchischen bzw. kompetenziellen Erwägungen heraus problematisch ist[554]. Die Gegenansicht würde allgemein zu Rechtsunsicherheiten führen. Anliegen des Gesetzgebers ist es, eine standardisierte und gleichmäßig ausgestaltete Gesellschaftsform dem Rechtsverkehr anzubieten[555] – ein Ziel, das nur mit einer allgemein gültigen Bestimmung des Umfangs der Haftungsbeschränkung nach § 8 Abs. 4 PartGG zu erreichen ist.

III. Persönliche Haftung der Partner (§ 8 Abs. 1 S. 1 PartGG)

Für alle Verbindlichkeiten der PartG mbB, für die die Haftungsbeschränkung nach § 8 Abs. 4 PartGG nicht gilt („sonstige Verbindlichkeiten"), haften die Gesellschafter persönlich als Gesamtschuldner neben der Gesellschaft mit ihrem Privatvermögen gemäß § 8 Abs. 1 S. 1 PartGG. Die Haftung der Gesellschafter ist zu derjenigen der

549 Der Grund hierfür liegt darin, dass die Haftpflichtgefahren, die sich ein Einzelner – sei es auch begrenzt auf einen bestimmten (Lebens-) Bereich – höchst vielfältig und fast grenzenlos sind. Eine Absicherung aller vorhandenen oder bloß vorstellbaren Haftpflichtrisiken kann faktisch nicht von der Versicherungswirtschaft angeboten werden, vgl. *Schimikowski*, in: Späte/Schimikowski, Haftpflichtversicherung, Einl Rn. 63.

550 *Diller*, AVB-RSW, Einl Rn. 51; *Diller*, in: Henssler/Prütting, BRAO, § 51 Rn. 16; *von Rintelen*, in: Späte/Schimikowski, Haftpflichtversicherung, Einl Rn. 3; *Kummer*, in: Terbille/Höra, MüAnwHdB VersR, § 12 Rn. 29.

551 BT-Drucks. 17/10487, S. 11 f.

552 Bspw. umfasst die Haftpflichtversicherung von Architekten neben Vermögens- auch Personen- sowie Sachschäden und geht damit weiter als die Haftpflichtversicherung von Rechtsanwälten, vgl. *Sassenbach*, in: Terbille/Höra, MüAnwHdB VersR, § 18 Rn. 125 ff.

553 Auf diesen Umstand weist der Gesetzgeber ausdrücklich hin, BT-Drucks. 17/10487, S. 12.

554 *Piller*, S. 328.

555 BT-Drucks. 17/10487, S. 12.

Gesellschaft akzessorisch, d.h. sie „steht und fällt" mit dem Bestand der Forderung gegen die Gesellschaft[556]. Entscheidend ist, dass es sich um eine Verbindlichkeit der Gesellschaft handelt, ohne dass es darauf ankommt, ob es sich um vertragliche oder außervertragliche (privatrechtliche oder öffentlich-rechtliche) Ansprüche handelt[557]. Bei Inanspruchnahme eines Partners wegen einer Verbindlichkeit der Gesellschaft kann dieser, neben seinen persönlichen Einwendungen, grundsätzlich alle Einwendungen der Gesellschaft geltend machen (§ 8 Abs. 1 S. 2 PartGG i.V.m. § 129 Abs. 1–3 HGB)[558]. Zur zwangsvollstreckungsrechtlichen Realisierung der persönlichen Inanspruchnahme eines Partners nach § 8 Abs. 1 S. 1 PartGG bedarf es eines gegen den Gesellschafter gerichteten Titels (§ 8 Abs. 1 S. 2 PartGG i.V.m. § 129 Abs. 4 HGB)[559].

---

556 *Bosche*, in Oetker, HGB, § 128 Rn. 5.
557 Vgl. nur zu § 128 HGB: *K. Schmidt*, in: MüKO HGB, § 128 Rn. 10.
558 Eingehend: *Henssler*, PartGG, § 8 Rn. 35 ff.
559 *Henssler*, in: Henssler/Prüting, BRAO, § 8 PartGG Rn. 15.

E. Die Berufshaftpflichtversicherung der PartG mbB

Voraussetzung für das Wirksamwerden der Haftungsbeschränkung ist nach § 8 Abs. 4 S. 1 PartGG, dass die Partnerschaft „eine zu diesem Zweck durch Gesetz vorgegebene Berufshaftpflichtversicherung unterhält". Im Folgenden wird zunächst das Merkmal des „Unterhaltens" eingehend untersucht und (versicherungsrechtliche) Einzelfragen behandelt (I.). Anschließend werden die allgemeinen Anforderungen an eine spezifische Berufshaftpflichtversicherung i.S.v. § 8 Abs. 4 PartGG (II.) sowie die berufsrechtlichen Vorgaben an eine solche Versicherung bei einer PartG mbB von Rechtsanwälten (III.) und einer interprofessionellen PartG mbB (IV.) dargestellt. Es folgt eine Darstellung der Rechtsfolgen einer, den gesetzlichen Vorgaben nicht entsprechenden, spezifischen Berufshaftpflichtversicherung (V.). Abschließend wird erörtert, ob etwaige Regressansprüche der Versicherungsgesellschaft von der Haftungsbeschränkung gemäß § 8 Abs. 4 PartGG erfasst sind (VI.), und wie sich die Geltendmachung eines Schadens wegen fehlerhafter Berufsausübung aus Sicht des Geschädigten gestaltet (VII.).

I. „Unterhalten" der Berufshaftpflichtversicherung

Gemäß § 8 Abs. 4 S. 1 PartGG ist Voraussetzung, dass die spezifische Berufshaftpflichtversicherung „unterhalten" wird. Hierunter wird ausweislich der Gesetzesbegründung und allgemeiner Auffassung in der Literatur verstanden, dass die Versicherung abgeschlossen worden ist und im Moment der schädigenden Handlung (oder Unterlassung) Versicherungsschutz besteht[560].

1. Begriffsbestimmung

a. *Abschluss des Versicherungsvertrages*

Der Versicherungsvertrag muss zunächst von der Partnerschaft selbst oder, im Fall der Neugründung wie gezeigt[561], von der „Vor-Partnerschaft" abgeschlossen werden. Die Gesellschaft ist Trägerin der Versicherung, also Versicherungsnehmerin[562], was

560 BT-Drucks. 17/10487, S. 14; *Kilian*, MDR 2013, 1137, 1140; *Lieder*, NotBZ 2014, 81, 87; *Graf v. Westphalen*, in: M/GvW/H/L/W, PartGG, § 8 Rn. 107; *Römermann*, in: Michalski/Römermann, PartGG, § 8 Rn. 82; *Tröger/Pfaffinger*, JZ 2013, 812, 815; *Ulmer*, AnwBl 2014, 806, 807.

561 Dazu oben Kapitel C. I.1.

562 *Diller*, in: Henssler/Prütting, BRAO, § 51a Rn. 6; *Kilian*, MDR 2013, 1137, 1140; *Lieder*, NotBZ 2014, 81, 87; *Graf v. Westphalen*, in: M/GvW/H/L/W, PartGG, § 8 Rn. 108; *Riechert*, AnwBl 2014, 266.

schon der Wortlaut von § 8 Abs. 4 S. 1 PartGG klar festlegt. Dies ist konsequent und folgerichtig, da § 8 Abs. 4 PartGG zu einem Ausschluss der persönlichen Haftung führt und nur die Gesellschaft selbst Anspruchsgegnerin ist[563]. Unabhängig davon bleibt es bei der persönlichen Versicherungspflicht des einzelnen Berufsträgers, sofern eine solche gesetzlich angeordnet ist (bspw. § 51 BRAO für Rechtsanwälte)[564].

Der Versicherungsvertrag i.S.v. § 1 VVG ist ein privatrechtlicher, zweiseitig verpflichtender, schuldrechtlicher Vertrag in Form eines Dauerschuldverhältnisses[565]. Begründung, Abwicklung und Beendigung richten sich grundsätzlich nach allgemeinen zivilrechtlichen Grundsätzen. Damit kommt der Vertrag durch zwei übereinstimmende Willenserklärungen, Angebot und Annahme, zustande (§§ 145 ff. BGB)[566]. Der Zeitpunkt des Vertragsschlusses bestimmt sich nach dem Wirksamwerden der Annahmeerklärung[567]. Zwingende Voraussetzung für das Bestehen der Haftungsbeschränkung ist die Wirksamkeit des Vertrages. Fehlt es hieran, geht dies zu Lasten der Gesellschafter und die PartG mbB wird *ex lege* zu einer „normalen" Partnerschaft[568].

Im Ergebnis ist festzuhalten, dass das Merkmal des „Unterhaltens" zunächst den wirksamen Abschluss eines Versicherungsvertrages sowie dessen Aufrechterhaltung seitens der Gesellschaft erfordert.

b. Bestehen des Versicherungsschutzes

Nach dem zweiten Teil der Begriffsdefinition ist das Bestehen von Versicherungsschutz im Moment der schädigenden Handlung notwendig. Im Folgenden wird dargestellt, was Versicherungsschutz bedeutet und welche Folgerungen daraus zu ziehen sind, dass dieser „im Moment der schädigenden Handlung" vorliegen muss.

Versicherungsschutz besteht dann, wenn ein wirksamer Versicherungsvertrag besteht, aus dem sich die Verpflichtung des Versicherers ergibt, „ein bestimmtes Risiko des Versicherungsnehmers durch eine Leistung abzusichern, die er bei Eintritt des vereinbarten Versicherungsfalles[569] zu erbringen hat" (vgl. § 1 Abs. 1 S. 1 VVG). Die Risikoabsicherung besteht bereits mit dem Leistungsversprechen des Versicherers, während die Leistung des Versicherers vom Eintritt eines vertraglich

563 Ähnlich *Diller*, in: Henssler/Prütting, BRAO, § 51a Rn. 6.

564 Eingehend: *Fischer*, S. 98 ff.

565 Vgl. nur *Armbrüster*, in: Prölss/Martin, VVG, § 1 Rn. 27.

566 *Armbrüster*, in: Prölss/Martin, VVG, § 1 Rn. 28 ff.; *Schimikoswki*, in: Späte/Schimikowski, Haftpflichtversicherung, Einl Rn. 62, 173.

567 *Busche*, in: MüKo BGB, § 147 Rn. 35; Einzelheiten zu Ablauf und Zeitpunkt des Vertragsschlusses bei Versicherungsverträgen: *Schimikoswki*, in: Späte/Schimikoswki, Haftpflichtversicherung, Einl Rn. 173 ff.

568 Dazu oben Kapitel C. II.1.b.

569 Der Versicherungsfall ist dasjenige Ereignis, welches die Leistungspflicht des Versicherers begründet, vgl. *von Rintelen*, in: Späte/Schimikowski, Haftpflichtversicherung, AHB Ziff. 1 Rn. 26.

vereinbarten Versicherungsfalls abhängt[570]. Voraussetzung für eine Leistungspflicht des Versicherers ist, dass der Haftungsfall während des Haftungszeitraums[571] der Versicherung eintritt[572]. Dementsprechend besteht Versicherungsschutz aus dem Versicherungsvertrag erst ab dem Beginn des Haftungszeitraums (sog. materieller Versicherungsbeginn)[573] und endet zu dem Zeitpunkt, von dem an der Versicherer nicht mehr zur Gewährung des Versicherungsschutzes verpflichtet ist[574].

Der Haftungszeitraum bestimmt sich in erster Linie nach dem Versicherungsvertrag. Fehlt es an einer vertraglichen Vereinbarung, so bestimmt die Auslegungsregel des § 10 VVG, dass die Versicherung mit Beginn des Tages anfängt, an dem der Vertrag geschlossen wird[575]. Der materielle Versicherungsbeginn ist von dem Zeitpunkt, zu dem der Versicherungsvertrag geschlossen wird (sog. formeller Versicherungsbeginn), zu trennen und beide müssen nicht zwingend zusammenfallen[576]. Der materielle Versicherungsbeginn kann außerdem noch davon abhängen, dass die (erste) Versicherungsprämie rechtzeitig bezahlt worden ist (§ 37 Abs. 2 VVG)[577]. Festzuhalten ist damit, dass Versicherungsschutz (nur) für die Dauer des Haftzeitraums besteht, sofern der Versicherungsfall in diese Zeit fällt.

Der Umfang des Versicherungsschutzes i.S.v. § 8 Abs. 4 S. 1 PartGG richtet sich nach der vom jeweiligen Berufsrecht vorgegebenen Berufshaftpflichtversicherung und den dort aufgestellten Voraussetzungen. Zwingend für § 8 Abs. 4 PartGG ist es, dass die Versicherung den gesetzlichen Anforderungen entspricht, nicht hingegen, dass der Geschädigte aus der Versicherung (und dem Vermögen der Gesellschaft) völlige Befriedigung erlangt. Damit ist für die Haftungsbeschränkung weder erforderlich, dass der Schaden durch die Versicherung vollständig gedeckt ist[578], noch, dass die Versicherung diesen tatsächlich übernimmt[579]. Dies stellt die

570 *Brömmelmeyer*, in: Rüffer/Halbach/Schimikowski, VVG, § 1 Rn. 61.

571 Dies ist also der Zeitraum, indem den Versicherer für den Eintritt eines Versicherungsfalls eine Leistungsverpflichtung trifft.

572 *Brömmelmeyer*, in: Rüffer/Halbach/Schimikowski, VVG, § 2 Rn. 4.

573 *Armbrüster*, in: Prölss/Martin, VVG, § 2 Rn. 3; *Schimikoswki*, Versicherungsvertragsrecht, Rn. 87; *von Rintelen*, in: Späte/Schimikowski, Haftpflichtversicherung, AHB Ziff. 1 Rn. 123.

574 *von Rintelen*, in: Späte/Schimikowski, Haftpflichtversicherung, AHB Ziff. 1 Rn. 125.

575 *Schimikowski*, Versicherungsvertragsrecht, Rn. 89; *Wandt*, Versicherungsrecht, Rn 463.

576 *Rixecker*, in: Langheid/Rixecker, VVG, § 2 Rn. 4; *Brömmelmeyer*, in: Rüffer/Halbach/Schimikowski, VVG, § 2 Rn. 4.

577 Dazu unten Kapitel E. I.2.c.

578 Dies ist der Fall, wenn der enstandenen Schaden die Versicherungshöchstsumme übersteigt oder die zu leistende Jahreshöchstsumme durch vorangegangene Haftungsfälle bereits ausgeschöpft ist.

579 *Grunewald*, GWR 2013, 393; *Lieder*, NotBZ 2014, 81, 87; *C. Schäfer*, in: MüKo BGB, § 8 PartGG Rn. 43; *Seibert*, DB 2013, 1710, 1712; *Tröger/Pfaffinger*, JZ 2013, 812, 815; *Ulmer*, AnwBl 2014, 806, 807.

Gesetzesbegründung klar heraus[580], ergibt sich aber auch aus dem Wortlaut von § 8 Abs. 4 PartGG („wenn“ statt „soweit“)[581]. Zudem lässt sich der konkreten Ausgestaltung der Berufshaftpflichtversicherung durch den jeweiligen Berufsgesetzgeber im Grundsatz die abschließende Abwägung entnehmen, die zwischen den Interessen der Gläubiger und der Gesellschafter getroffen wurde und es damit ausreicht, wenn diese Anforderungen erfüllt werden[582].

Ausweislich der Gesetzesbegründung verlangt der Gesetzgeber, dass der Versicherungsschutz „im Moment der schädigenden Handlung“ bestehen muss. Damit bringt der Gesetzgeber zweierlei klar zum Ausdruck: zum einen den Zeitpunkt, auf den es für das Bestehen des Versicherungsschutzes ankommt, und zum anderen wie dieser Zeitpunkt zu bestimmen ist, nämlich anhand der „schädigenden Handlung“. Wegen der augenscheinlichen versicherungsrechtlichen Nähe wird man diese Formulierung als Verweis auf das zur Bestimmung eines Versicherungsfalls herangezogene „*Verstoßprinzip*“ im (Haftpflicht-) Versicherungsrecht verstehen müssen[583]. Auch dabei wird auf das den Schaden verursachende Verhalten, den Verstoß, abgestellt[584]. Hieran angelehnt ist für die Bestimmung des Zeitpunkts dasjenige erste (berufsfehlerhafte) Verhalten maßgeblich, welches als Ursache adäquat kausal das Schadensereignis zur Folge hatte[585]. Im Fall des Unterlassens gilt der Berufsfehler an dem Tag als begangen, an dem die versäumte Handlung spätestens hätte vorgenommen werden müssen, um den Eintritt des Schadens zu vermeiden[586]. Der genauen Bestimmung des Verstoßzeitpunktes kommt erhebliche Bedeutung zu, da damit festgelegt wird, wann Versicherungsschutz bestehen muss.

Fraglich ist, ob sich aus dem Vorgesagten konkrete Anforderungen an die Bestimmung des Versicherungsfalls für eine spezifische Berufshaftpflichtversicherung i.S.v. § 8 Abs. 4 PartGG ergeben. Versicherungsschutz ist bezogen auf den Zeitpunkt des Verstoßes und Versicherungsschutz ist gekoppelt an einen Versicherungsfall im Haftungszeitraum. Der Versicherungsfall schafft die zeitliche Abgrenzung des Versicherungsschutzes[587]. Damit stehen der Zeitpunkt für das Bestehen des Versicherungsschutzes, festgelegt durch das Merkmal des „Unterhaltens“ in § 8 Abs. 4 PartGG, und die Bestimmung des Versicherungsfalles notwendig in einer Wechselwirkung: der Versicherungsschutz muss so ausgestaltet sein, dass eine „schädigende Handlung“ innerhalb des Versicherungszeitraums eine

580 BT-Drucks. 17/10487, S. 14.

581 *Seibert*, DB 2013, 1710, 1712.

582 *C. Schäfer*, in: MüKo BGB, § 8 PartGG Rn. 43.

583 Im Ergebnis ebenso *Henssler*, AnwBl 2014, 96, 99.

584 *von Rintelen*, in: Späte/Schimikowski, Haftpflichtversicherung, AHB Ziff. 1 Rn. 75 ff. m.w.N.

585 *Brügge*, in: Gräfe/Brügge, Vermögensschadenhaftpflichtversicherung, Kap. B Rn. 38 ff., S. 157 ff; *Schimikowski*, in: Späte/Schimikowski, Haftpflichtversicherung, Einl Rn. 31.

586 *Sassenbach*, in: Terbille/Höra, MüAnwHdB VersR, § 18 Rn. 37.

587 *von Rintelen*, in: Späte/Schimikowski, Haftpflichtversicherung, AHB Ziff. 1 Rn. 29.

Leistungspflicht des Versicherers auslöst. Notwendige Bedingung für den Eintritt einer Leistungspflicht ist der Versicherungsfall[588]. Das VVG selbst gibt nicht zwingend vor, welches Ereignis den Versicherungsfall auslöst, vielmehr richtet sich dies nach den Bestimmungen im Versicherungsvertrag[589]. In der Praxis haben sich hierfür in den einzelnen versicherungsrechtlichen Bedingungswerken verschiedene Konzepte herausgebildet, von denen die für Freiberufler relevanten auf ihre Vereinbarkeit mit den zuvor aufgestellten Anforderungen im Folgenden untersucht werden.

Unproblematisch ist die Bestimmung des Versicherungsfalls nach dem sogenannten „Verstoßprinzip", da Bestimmung des Zeitpunkts der „schädigenden Handlung" und des Versicherungsfalls deckungsgleich verlaufen. Hieran knüpfen Vermögensschadenhaftpflichtversicherungen (z.B. von Rechtsanwälten, Steuerberatern und Wirtschaftsprüfern) sowie Architekten-Haftpflichtversicherungen traditionell an[590].

Schwierigkeiten bereitet es, wenn die Bestimmung des Versicherungsfalls anhand des sog. *„claims-made"*-Prinzips bzw. Anspruchserhebungsprinzips erfolgt. Hiernach ist nicht der Verstoß entscheidend, sondern der Zeitpunkt der erstmaligen Geltendmachung von Haftpflichtansprüchen[591]. Versicherungsschutz wird nur für während des Haftzeitraums geltend gemachte Ansprüche gewährt[592]. Üblicherweise folgen Haftpflichtversicherungen aus dem angelsächsischen Raum diesem Prinzip[593]. Für eine während des Haftzeitraums begangene Pflichtverletzung, für die erst nach Ablauf des Versicherungszeitraums eine Anspruchserhebung erfolgt, fehlt es allerdings an einem zum Zeitpunkt der schädigenden Handlung bestehenden Versicherungsschutz i.S.v. § 8 Abs. 4 PartGG, sodass den Gesellschaftern eine Berufung auf die Haftungsbeschränkung im Falle der Anspruchserhebung nach Ende des Haftungszeitraums verwehrt ist[594].

Ebenfalls problematisch ist eine Bestimmung des Versicherungsfalls nach dem sog. *„Schadensereignisprinzip"*, das für die allgemeine Haftpflichtversicherung gilt[595], aber in der Regel auch etwa Berufshaftpflichtversicherungen von Ärzten zugrunde gelegt wird[596]. Hierbei wird auf den Zeitpunkt abgestellt, in dem der Schaden

588 *von Rintelen*, in: Späte/Schimikowski, Haftpflichtversicherung, AHB Ziff. 1 Rn. 26.
589 *Schimikowski*, in: Rüffer/Halbach/Schimikowski, VVG, § 100 Rn. 7; *von Rintelen*, in: Späte/Schimikowski, Haftpflichtversicherung, AHB Ziff. 1 Rn 35 m.w.N.
590 *Brügge*, in: Gräfe/Brügge, Vermögensschadenhaftpflichtversicherung, Kap. B Rn. 1, S. 166; *von Rintelen*, in: Späte/Schimikowski, Haftpflichtversicherung, AHB Ziff. 1 Rn. 31.
591 *von Rintelen*, in: Späte/Schimikowski, Haftpflichtversicherung, AHB Ziff. 1 Rn. 34.
592 *Brügge*, in: Gräfe/Brügge, Vermögensschadenhaftpflichtversicherung, Kap. B Rn. 7 ff., S. 167 f.
593 *Diller*, AVB-RSW, Einl Rn. 26.
594 Daher unzutreffend *Diller*, in: Henssler/Prütting, BRAO, § 51a Rn. 9, der eine claims-made-Versicherung für ausreichend erachtet.
595 *Wandt*, Versicherungsrecht, Rn. 916.
596 *von Rintelen*, in: Späte/Schimikowski, Haftpflichtversicherung, AHB Ziff. 1 Rn. 65.

beim Dritten aufgrund eines vorangegangenen Fehlverhaltens eintritt[597]. Auch hier besteht die Möglichkeit, gerade bei Behandlungsfehlern von Ärzten[598], dass haftungsbegründende Ursache und Schadensereignis mit teilweise erheblichem zeitlichen Abstand auseinander liegen können[599]. Ebenso wie bei Verwendung des *„claims-made“*-Prinzips fehlt es an einem Nachhaftungseffekt der Versicherung: es besteht kein Versicherungsschutz für Schadensereignisse nach Ablauf des Haftungszeitraums, selbst dann, wenn das Kausalereignis innerhalb des Versicherungszeitraums lag[600]. Insoweit ist es den Gesellschaftern dann gleichfalls für solche Ansprüche verwehrt, sich auf die Haftungsbeschränkung zu berufen.

Gleichfalls lässt sich für die dem „claims-made“- bzw. Schadensereignis-Prinzip folgenden Versicherungen ein Versicherungsschutz finden, der es den Gesellschaftern erlaubt, sich auch nach Ende des Versicherungsvertrages vollumfänglich auf die Haftungsbeschränkung nach § 8 Abs. 4 PartG zu berufen. Eine Determinierung des Versicherungsschutzes auf das *„Verstoßprinzip“* zur Bestimmung des Versicherungsfalls ist der Vorschrift des § 8 Abs. 4 PartGG nicht zu entnehmen, entscheidend ist nur, dass für einen umfassenden Versicherungsschutz im Zeitpunkt der „schädigenden Handlung“ gesorgt wird. Ein solcher Versicherungsschutz ist dadurch zu erreichen, dass im jeweiligen Versicherungsvertrag eine (zeitlich) uneingeschränkte Nachdeckung vereinbart wird[601], die ihrerseits wieder den Anforderungen der jeweiligen Berufshaftpflichtversicherung gerecht werden muss. Damit wird der sonst nicht vorhandene Nachhaftungseffekt herbeigeführt.

c. Zwischenergebnis

Voraussetzung für eine PartG mbB ist, dass ein wirksamer Versicherungsvertrag von der Gesellschaft abgeschlossen wurde und dieser den Anforderungen entspricht, die das jeweilige Berufsrecht an eine solche Berufshaftpflichtversicherung stellt. Für die Dauer der Aufrechterhaltung eines solchen Versicherungsvertrages besteht eine PartG mbB. Versicherungsschutz muss für den Moment der schädigenden Handlung bestehen, also bezogen sein auf den Berufsfehler, der den Auslöser für den unter die Haftungsbeschränkung fallenden (Schadensersatz-)Anspruch gelegt hat[602]. Dies ist für die Dauer des Bestehens des Versicherungsvertrags stets der Fall, gleich nach welchem Prinzip ein Versicherungsfall bestimmt wird. Tritt der Schaden erst nach Beendigung des Versicherungsvertrags ein bzw. kommt es erst dann zur Geltendmachung des Schadensersatzanspruchs, so ist zu differenzieren: Erfolgt die

597 *Brügge*, in: Gräfe/Brügge, Vermögensschadenhaftpflichtversicherung, Kap. B Rn. 6, S. 167.

598 Bspw. treten die schädlichen Folgen einer falschen Medikation nicht zwingend sofort nach Einnahme zutage.

599 *von Rintelen*, in: Späte/Schimikowski, Haftpflichtversicherung, AHB Ziff. 1 Rn. 65 f.

600 *von Rintelen*, in: Späte/Schimikowski, Haftpflichtversicherung, AHB Ziff. 1 Rn. 108.

601 *Diller*, AVB-RSW, Einl Rn. 27 (zu § 51 BRAO).

602 *Seibert*, DB 2013, 1710, 1712.

Bestimmung des Versicherungsfalls nach dem „*Verstoßprinzip*", so bleiben Haftungsbeschränkung nach § 8 Abs. 4 PartGG und das Eintreten der Versicherung von der Beendigung des Vertrages unberührt. Wird der Versicherungsfall hingegen nach dem „*claims-made*"-Prinzip oder dem „*Schadensereignisprinzip*" bestimmt und fehlt es demnach über den Zeitpunkt der Beendigung des Versicherungsvertrages hinaus an einem Nachhaftungseffekt der Versicherung für während der Versicherungsdauer begangene Berufsfehler, so ist den Gesellschaftern eine Berufung auf § 8 Abs. 4 PartGG verwehrt; das Merkmal des „Unterhaltens" ist nicht erfüllt, da rückblickend kein Versicherungsschutz im Moment der schädigenden Handlung bestand. Dieses Risiko lässt sich dadurch beheben, dass eine uneingeschränkte Nachdeckung in letzteren beiden Fällen zusätzlich vereinbart wird.

2. Einzelfragen

a. Möglichkeit einer Rückwärtsversicherung

In der Regel fällt der materielle mit dem formellen Haftungsbeginn zusammen oder folgt diesem nach. Dies bezeichnet man als „Vorwärtsversicherung"[603]. Eine so ausgestaltete Versicherung stößt hinsichtlich des Merkmals „unterhalten" auf keinerlei Bedenken. Nach der oben dargestellten Begriffsdefinition sind zwei (kumulativ) zu erfüllende Voraussetzungen erforderlich: Abschluss (und Aufrechterhaltung) des Vertrages, sowie bestehender Versicherungsschutz. Fallen formeller und materieller Versicherungsbeginn zusammen, so ist das Merkmal in diesem Zeitpunkt erfüllt, folgt der materielle zeitlich auf den formellen Versicherungsbeginn, so ist das Merkmal zum späteren Zeitpunkt erfüllt.

Fraglich ist, ob eine Rückwärtsversicherung den Anforderungen des § 8 Abs. 4 PartGG genügt. Von einer Rückwärtsversicherung spricht man, wenn der Versicherungsschutz vor dem Zeitpunkt des Vertragsschlusses beginnt (§ 2 Abs. 1 VVG), also der materielle vor dem formellen Versicherungsbeginn liegt[604]. Man könnte nun annehmen, dass man auf diesem Wege rückwirkend die Haftungsbeschränkung aufgrund des bereits für die Vergangenheit bestehenden Versicherungsschutzes herbeiführen könnte. Dies ist jedoch abzulehnen[605]. Dies folgt zunächst daraus, dass das Merkmal „unterhalten" bei bloßem materiellen Versicherungsbeginn nicht erfüllt ist. Erforderlich ist hierfür nicht nur das Bestehen von Versicherungsschutz, sondern zusätzlich der Abschluss des Versicherungsvertrages. Beide Voraussetzungen müssen kumulativ vorliegen und erst, wenn dies der Fall ist, kann eine PartG mbB bestehen. Außerdem stützt dieses Ergebnis ein Vergleich mit den übrigen Personengesellschaften: Für die GbR ist anerkannt, dass eine

603 *Wandt*, Versicherungsrecht, Rn. 466.

604 *Brömmelmeyer*, in: Rüffer/Halbach/Schimikowski, VVG, § 2 Rn. 3 f.; *Wandt*, Versicherungsrecht, Rn. 467.

605 Im Ergebnis so auch *Diller*, in: Henssler/Prütting, BRAO, § 51a Rn. 28; *Römermann/Praß*, Stbg 2012, 319, 324; *Schumacher*, S. 168 f.; *Schumacher*, VersR 2016, 964, 966.

gesellschaftsvertragliche Abrede, durch die die Entstehung der Gesellschaft auf einen vor Vertragsschluss liegenden Zeitpunkt vorverlegt werden soll, lediglich schuldrechtliche Wirkung im Innenverhältnis haben kann[606]. Die rückwirkende Entstehung im Außenverhältnis ist hingegen ausgeschlossen[607]. Dieser Grundgedanke findet sich bereits in § 159 BGB[608], wonach eine rechtsgeschäftliche Rückwirkung auch nur schuldrechtliche Folgen haben kann[609]. Eine Rückwirkung nach außen ist ausgeschlossen, da die Außengesellschaft besondere Wirkungen im Verhältnis zu Dritten oder auch auf die dingliche Rechtslage hat[610]. Gleiches ist bei den Personenhandelsgesellschaften anerkannt[611]. Bei der hier beschriebenen Fragestellung im Zusammenhang mit der Rückversicherung geht es zwar nicht um die rückwirkende Entstehung durch Vereinbarung im Gesellschaftsvertrag – beiden Fällen gemein ist aber die Frage, ob eine bloße schuldrechtliche Vereinbarung dazu führen kann, dass einer Gesellschaft vor dem eigentlichen Vertragsschluss bereits im Außenverhältnis Wirkung zukommen kann.

Praktische Bedeutung kommt dieser Frage vornehmlich im Fall einer „Umwandlung“ einer bestehenden Partnerschaft in eine PartG mbB zu, da nur dort wie gezeigt[612] die Wirksamkeit im Außenverhältnis nicht von einer Eintragung ins Partnerschaftsregister abhängt. Denkbar wäre es auch, dass Gesellschafter einer bestehenden PartG mbB durch den Abschluss einer Rückwärtsversicherung versuchen wollen, die Haftungsbeschränkung auf einen Zeitpunkt vor der eigentlichen Entstehung „zurückzudatieren“. Beides ist, wie zuvor dargestellt, nicht möglich.

b. Zulässigkeit eines „vorläufigen Versicherungsschutzes“

Mit vorläufigem Deckungsschutz (oder auch „vorläufiger Deckung“) bezeichnet man Versicherungsschutz, der gegen das gleiche Risiko schon vor und unabhängig vom Zustandekommen des endgültigen Versicherungsvertrages gewährt wird[613]. Relevant ist vorläufiger Deckungsschutz für Fälle, in denen es dem Versicherungsinteressenten um eine zügige Deckung eines Risikos geht und er nicht abwarten möchte, bis der Versicherer nach Stellung eines Versicherungsantrags die notwendige Prüfung des Risikos, also Deckungsumfang und entsprechend angemessener Prämienhöhe, abschließend durchgeführt hat. Für diese Zwischenzeit bis zur endgültigen Annahme (bzw. Ablehnung) soll bereits Versicherungsschutz

---

606 Zur KG: BGH, WM 1976, 972, 974; BGH, NJW 1978, 264, 266.

607 *Möhrle*, in: MüHdB GesR, Bd. 1, § 5 Rn. 8; *Ulmer/Schäfer*, in: MüKo BGB, § 705 Rn. 7; *K. Schmidt*, GesR, § 59 II. 1. a), S. 1736 f.; *U.H. Schneider*, AcP 175 (1975), 279, 297 ff.; *Hadding/Kießling*, in: Soergel, BGB, § 705 Rn. 4.

608 *K. Schmidt*, GesR, § 59 II. 1. a), S. 1737.

609 *Mansel*, in: Jauernig, BGB, § 159 Rn. 1.

610 *U.H. Schneider*, AcP 175 (1975), 279, 297 ff. m.w.N.

611 Vgl. nur *C. Schäfer*, in: GroKomm HGB, § 105 Rn. 164.

612 Dazu oben Kapitel C. II.1.a.ii.

613 *Diller*, in: Henssler/Prütting, BRAO, § 51 Rn. 53.

bestehen[614]. Die vorläufige Deckungszusage hat insbesondere bei der anwaltlichen Berufshaftpflichtversicherung gemäß § 51 BRAO praktische Bedeutung[615], kann aber gleichfalls für Gesellschafter einer PartG mbB von Interesse sein: einerseits wird es den Partnern regelmäßig darum gehen, möglichst schnell gemeinschaftlich tätig zu werden (und Geld zu verdienen), andererseits besteht hierfür in gleichem Maße das Bedürfnis nach einer Haftungsbeschränkung. Diesem Bedürfnis trägt die vorläufige Deckung Rechnung. Bei dem Vertrag über die vorläufige Deckung handelt es sich um einen selbstständigen Versicherungsvertrag, der in den §§ 49–52 VVG geregelt ist[616]. Bedenken, vorläufiger Deckungsschutz reiche für die Haftungsbeschränkung gemäß § 8 Abs. 4 PartGG nicht aus, bestehen nicht[617]. Dieser gewährt in demselben Maße wie der eigentliche Versicherungsvertrag Versicherungsschutz. Der materielle Versicherungsbeginn fällt – vorbehaltlich anderer vertraglicher Abreden – auf den Zeitpunkt des Vertragsschlusses[618]. Beendet wird der Vertrag spätestens mit dem materiellen Versicherungsbeginn des Hauptvertrages mit demselben oder einem anderen Versicherer (§ 52 Abs. 1 S. 1 VVG)[619]. Dadurch soll der Versicherungsnehmer vor dem überraschenden Verlust des Versicherungsschutzes bewahrt werden[620]. Deckungslücken (und damit die Gefahr des Verlusts der Haftungsbeschränkung nach § 8 Abs. 4 PartGG) beim Übergang von vorläufigem Deckungsschutz hin zum eigentlichen Versicherungsvertrag bestehen bei regelgerechtem Verlauf daher nicht. Vorläufiger Deckungsschutz bedeutet für die Partner nur ein Risiko im Fall einer anderweitigen Beendigung des vorläufigen Versicherungsschutzes als nach § 52 Abs. 1 S. 1 VVG[621] oder bei Nichtzustandekommen des Hauptvertrages. Der Vertrag über die vorläufige Deckung beinhaltet nämlich keine Verpflichtung zum Abschluss des späteren Versicherungsvertrages; es handelt sich nicht um einen Vorvertrag[622]

---

614 *Steinbeck/Terno*, in: MüAnwHdB VersR, § 2 Rn. 222 f; *Schimikowsky*, Versicherungsvertragsrecht, Rn. 90.

615 Die Zulassung des Rechtsanwalts nach §§ 4 ff BRAO hängt u.a. von dem Nachweis ausreichenden Versicherungsschutzes nach § 51 BRAO ab, wofür allerdings eine vorläufige Deckungszusage nach § 12 Abs. 2 BRAO ausreicht, vgl. *Diller*, in: Henssler/Prütting, BRAO, § 51 Rn. 53, 298 ff. m.w.N.

616 *Schimikowsky*, Versicherungsvertragsrecht, Rn. 91.

617 So auch *Schumacher*, S. 168; *Schumacher*, VersR 2016, 964, 966.

618 *Wandt*, Versicherungsrecht, Rn. 486.

619 *Steinbeck/Terno*, in: MüAnwHdB VersR, § 2 Rn. 234; *Schimikowsky*, Versicherungsrecht, Rn. 96.

620 *Rixecker*, in: Langheid/Rixecker, VVG, § 52 Rn. 1; *Klimke*, in: Prölss/Martin, VVG, § 52 Rn. 2.

621 Einzelheiten: *Klimke*, in: Prölss/Martin, VVG, § 52 Rn. 17ff.

622 *Wandt*, Versicherungsrecht, Rn. 473.

c. Bedeutung der Prämienzahlung für den Versicherungsschutz

Die Prämie stellt das Entgelt für die Versicherung dar. Hierbei handelt es sich um die (einzige) Hauptleistungspflicht des Versicherungsnehmers (§ 1 S. 2 VVG)[623]. Gesetzliche Regelungen hierzu finden sich in den §§ 33–42 VVG. Abhängig von der vertraglichen Vereinbarung unterscheidet man zwischen einer einmalig für die gesamte Versicherungsdauer zu entrichtenden Prämie (einmalige Prämie) und laufenden Prämien, die jeweils für vertraglich bestimmte Zeitabschnitte der Versicherungsdauer entrichtet werden müssen[624]. Die nicht rechtzeitige Zahlung der Versicherungsprämie kann Auswirkungen auf den Versicherungsschutz haben. Hinsichtlich der Rechtsfolgen eines Zahlungsverzugs ist zwischen der Erst-[625] und Folgeprämie zu unterscheiden. Entscheidend für die Abgrenzung ist, ob es sich um eine zeitlich erste oder zeitlich nachfolgende Prämie handelt[626]. Wird die Erstprämie nicht rechtzeitig bezahlt, gilt – vorbehaltlich abweichender vertraglicher Abreden – die Regelung des § 37 VVG. Nach § 37 Abs. 2 VVG hängt der materielle Versicherungsbeginn von der rechtzeitigen Zahlung der Erstprämie ab (sog. *Einlösungsprinzip*)[627]. Ereignet sich ein Versicherungsfall in der Zeit des Zahlungsverzugs, ist der Versicherer (grundsätzlich)[628] leistungsfrei[629]. Wird eine Folgeprämie schuldhaft nicht rechtzeitig gezahlt, so tritt nach § 38 VVG ebenfalls Leistungsfreiheit ein, allerdings unter strengeren Voraussetzungen[630]. Daneben gewähren die §§ 37, 38 VVG dem Versicherer auch ein Rücktritts- bzw. Kündigungsrecht. Ein solches hat *ex nunc*-Wirkung und lässt damit den Versicherungsschutz für bereits eingetretene Versicherungsfälle unberührt[631].

Bei isolierter Betrachtung von §§ 37 Abs. 2, 38 Abs. 2 VVG sind die Auswirkungen auf die PartG mbB zunächst eindeutig: wie dargestellt ist das Merkmal des

---

623 *Rixecker*, in: Langheid/Rixecker, VVG, § 1 Rn. 5; *Knappmann*, in: Prölss/Martin, VVG, § 33 Rn. 4.

624 *Wandt*, Versicherungsrecht, Rn. 518 f.

625 Der Erstprämie gleichgestellt ist die einmalige Prämie, vgl. nur *Rixecker*, in: Langheid/Rixecker, VVG, § 37 Rn. 2.

626 *Knappmann*, in: Prölss/Martin, VVG, § 37 Rn. 2; *Karczewski*, in: Rüffer/Halbach/Schimikowski, VVG, § 37 Rn. 3.

627 *Wandt*, Versicherungsrecht, Rn. 541.

628 Weitere Voraussetzung für die Leistungsfreiheit ist, dass der Versicherungsnehmer die Nichtzahlung zu vertreten hat (§ 37 Abs. 2 S. 1 VVG) und nach § 37 Abs. 2 S. 2 VVG ordnungsgemäß über diese Rechtsfolge belehrt wurde, eingehend: *Staudinger*, in: MüKo VVG, § 37 Rn. 18 ff., 28 ff.

629 *Schimikowsky*, Versicherungsvertragsrecht, Rn. 87, 155 ff.; *Wandt*, Versicherungsrecht, Rn. 541.

630 Leistungsfreitheit des Versicherers nach § 38 Abs. 2 VVG setzt voraus, dass der Versicherungsnehmer in qualifizierter Form i.S.v. § 38 Abs. 1 VVG in Verzug gesetzt wird und dieser sich bei Eintritt des Versicherungsfall noch in Verzug befindet, vgl. *Schimikowsky*, Versicherungsvertragsrecht, Rn. 161 ff.

631 Vgl. nur *Staudinger*, in: MüKo VVG, § 37 Rn. 26 f, § 38 Rn. 19 f.

„Unterhaltens" einer spezifischen Versicherung erst ab dem Zeitpunkt des materiellen Versicherungsbeginns erfüllt. Führt der Zahlungsverzug des Versicherungsnehmers, also der Gesellschaft, zur Leistungsfreiheit des Versicherers und kann der Geschädigte dementsprechend keinen Anspruch gegen die Versicherung geltend machen, so besteht die Haftungsbeschränkung für die Zeit der Leistungsfreiheit des Versicherers nicht. § 8 Abs. 4 PartGG greift nicht, sodass die Partner persönlich haften.

Das Ergebnis eines fehlenden Anspruchs gegen die Haftpflichtversicherung in Fällen des Prämienverzugs wurde aus Sicht des Gesetzgebers unter Gläubigerschutzgesichtspunkten jedoch als unbefriedigend empfunden[632], weshalb die endgültige Fassung von § 8 Abs. 4 PartGG – in Abweichung vom Regierungsentwurf – in S. 2 einen Verweis auf § 117 VVG enthält. § 117 Abs. 1 VVG regelt, dass dem geschädigten Dritten nicht entgegengehalten werden kann, dass der Versicherer im Innenverhältnis dem Versicherungsnehmer gegenüber von seiner Leistungspflicht befreit ist. Zugunsten des geschädigten Dritten geht das Gesetz davon aus, dass der Deckungsanspruch des Versicherungsnehmers gegenüber dem Versicherer weiter besteht[633]. Nach herrschender Auffassung in Rechtsprechung und Literatur handelt es sich bei § 117 Abs. 1 VVG (und § 117 Abs. 2 VVG) um eine gesetzliche Fiktion, d.h. im Außenverhältnis zum Geschädigten fingiert das Gesetz einen Deckungsanspruch[634]. Von § 117 Abs. 1 VVG erfasst ist auch[635] der Fall der Leistungsfreiheit aufgrund Zahlungsverzugs bei Erst- oder Folgeprämie[636]. Damit bleibt es bei der Haftung des Versicherers im Außenverhältnis trotz der Leistungsfreiheit im Innenverhältnis.

Dies wirft die Frage auf, welche Auswirkung die Vorschrift des § 117 Abs. 1 VVG auf das Bestehen der Haftungsbeschränkung nach § 8 Abs. 4 PartGG hat. Man könnte nun annehmen, dass es aufgrund der Rechtsfolge des § 117 Abs. 1 VVG gerechtfertigt erscheint, das Merkmal des „Unterhaltens" nach § 8 Abs. 4 S. 1 PartGG als erfüllt zu betrachten[637]. Dafür ließe sich anführen, dass entscheidend sei, dass der Geschädigte tatsächlich Versicherungsschutz erlangt, gleichgültig ob aus einem „gesunden" Versicherungsvertrag oder aufgrund der Regelung des § 117 Abs. 1 VVG. Diese Annahme lässt indes außer Acht, das der Verweis von § 8 Abs. 4 S. 2 PartGG auf die §§ 114 ff. VVG, ebenso wie die Vorschrift des § 117 VVG selbst, den Schutz

632 BT-Drucks. 17/13944, S. 2, 15.

633 *Beckmann*, in: Bruck/Möller, VVG, § 117 Rn. 2; *Schneider*, in: MüKo VVG, § 117 Rn. 6.

634 BGHZ 87, 121, 124 = VersR 1983, 688, 690; *Beckmann*, in: Bruck/Möller, VVG, § 117 Rn. 5; *Brügge*, in: Gräfe/Brügge, Vermögensschadenhaftpflichtversicherung, Rn. 439; *Knappmann*, in: Prölss/Martin, VVG, § 117 Rn. 1.

635 Weitere vom sachlichen Anwendungsbereich von § 117 Abs. 1 VVG erfasste Fälle der Leistungsfreiheit des Versicherers im Innenverhältnis sind etwa die Verletzung vorvertraglicher Anzeigepflichten (§§ 19 ff. VVG) oder vertraglicher Obliegenheiten (§ 28 VVG), vgl. nur *Schneider*, in: MüKo VVG, § 117 Rn. 9.

636 *Schwartze*, in: Looschelders/Pohlmann, VVG, § 117 Rn. 5; *Schneider*, in: MüKo VVG, § 117 Rn. 9.

637 Im Ergebnis: *Schumacher*, S. 205 f.; *Seibert*, DB 2013, 1710, 1712.

des Geschädigten bezweckt[638]. Die Vorschrift des § 117 VVG soll den Rechtskreis des Geschädigten im Hinblick auf die Anspruchsdurchsetzung erweitern, nicht verkürzen. Zu Letzterem käme es allerdings – würde man mit der Anwendung des § 117 Abs. 1 VVG auch § 8 Abs. 4 PartGG bejahen – in folgenden Fällen: Zunächst ist es möglich, dass im Rahmen des Versicherungsvertrages, im Einklang mit dem jeweiligen Berufsrecht (oder hilfsweise mit § 114 Abs. 2 VVG[639]) der Schadensersatzanspruch von einem Risikoausschluss erfasst ist und damit schon keine Einstandspflicht der Versicherung besteht (§ 117 Abs. 3 S. 1 VVG)[640]. Dem Geschädigten bliebe dann nur das Gesellschaftsvermögen. Ohne den Verweis auf die Vorschrift des § 117 VVG stünde der Geschädigte dann sogar besser, da so unzweifelhaft die Voraussetzungen des § 8 Abs. 4 PartGG nicht erfüllt wären und neben dem Gesellschaftsvermögen noch die Partner persönlich haften würden. Des Weiteren ist der (fingierte) Anspruch von vornherein schon begrenzt auf die Höhe der gesetzlich vorgegebenen Mindestversicherungssumme gemäß § 117 Abs. 3 S. 1 VVG. Für einen diesen Betrag übersteigenden Schadensersatzanspruch bliebe nur das Gesellschaftsvermögen, da ein Rückgriff auf das Privatvermögen der Gesellschafter versperrt wäre. Eine solche Verkürzung der Anspruchsdurchsetzung ist mit dem Zweck des Verweises von § 8 Abs. 4 S. 2 PartGG auf § 117 VVG nicht vereinbar. Ergänzend ist zu berücksichtigen, dass es nicht unbillig ist, den Gesellschaftern die Haftungsbeschränkung zu verwehren, da diese mit Wahl der PartG mbB bewusst das Risiko eingegangen sind, dass bei einem nicht wirksamen Versicherungsschutz die persönliche Haftung auflebt, und der Grund für die Leistungsfreiheit der Versicherung (im Innenverhältnis) aus ihrer Sphäre stammt. Zudem ist einzubeziehen, dass im Ergebnis stets die Gesellschaft und mit ihr die Gesellschafter persönlich[641] den Schaden zu tragen haben: bei einer Befriedigung durch die Versicherung steht dieser nämlich ein Regressanspruch zu, entweder nach § 116 Abs. 1 S. 2 VVG bei einem bestehendem Gesamtschuldverhältnis gemäß § 115 Abs. 1 S. 4 VVG oder aus dem im Wege der cessio legis übergegangenen Schadensersatzanspruch des Geschädigten gemäß § 117 Abs. 5 S. 1 VVG[642].

Im Ergebnis ist festzuhalten, dass trotz der Geltung von § 117 Abs. 1 VVG das Merkmal des „Unterhaltens" gemäß § 8 Abs. 4 PartGG nicht erfüllt ist und damit eine persönliche Inanspruchnahme der Partner möglich ist.

---

638 BT-Drucks. 17/13944, S. 1; zu § 117 VVG: *Beckmann*, in: Bruck/Möller, VVG, § 117 Rn. 3; *Schwartze*, in: Looschelders/Pohlmann, VVG, § 117 VVG Rn. 1.

639 Dazu unten Kapitel E. II.3.

640 *Beckmann*, in: Bruck/Möller, VVG, § 117 Rn. 49; Zu zulässigen Risikoausschlüssen bei einer PartG mbB von Rechtsanwälten unten Kapitel E. III.3.

641 Dazu unten E. VI.2.

642 Vgl. nur *Schimikoswki*, in: Rüffer/Halbach/Schimikowski, VVG, § 116 Rn. 5f; § 117 Rn. 14 f.

d. Rechtsfolgen der Unwirksamkeit des Versicherungsvertrages

Es ist möglich, dass der Versicherungsvertrag schon von Anfang an nicht wirksam gewesen ist, etwa wegen unbewusst fehlender Einigung über *essentialia negotii*, versteckten Dissens (§ 155 BGB), oder wegen der *ex tunc*-Wirkung einer erklärten Anfechtung (§§ 142, 119 ff. BGB)[643]. Ein zunächst wirksames Versicherungsverhältnis kann etwa durch Kündigung oder Rücktritt (mit *ex nunc*-Wirkung), aber auch durch Zeitablauf seine Beendigung finden[644]. Für die PartG mbB bedeutet dies, dass diese bei anfänglichem Nichtbestehen des Versicherungsverhältnisses mangels Unterhalten einer spezifischen Berufshaftpflichtversicherung schon nicht zum Entstehen gekommen ist, im Falle der nachträglichen Unwirksamkeit ab dem Zeitpunkt des Nichtbestehens des Vertrages ihr Ende gefunden hat.

Hieran ändert auch die Regelung des (§ 8 Abs. 4 S. 2 PartGG i.V.m.) § 117 Abs. 2 VVG nichts[645]. Diese Regelung fingiert – ebenfalls wie § 117 Abs. 1 VVG – zugunsten des Geschädigten einen Deckungsanspruch der Versicherung in den Fällen, dass ein Vertrag entweder von Anfang an nicht entstanden oder später weggefallen ist (sog. Nachhaftung)[646]. Das zuvor zu § 117 Abs. 1 gefundene Ergebnis gilt hier in gleichem Maße[647].

II. Allgemeine Anforderungen

1. Charakteristika der Berufshaftpflichtversicherung i.S.v. § 8 Abs. 4 PartGG

Der Wortlaut des § 8 Abs. 4 S. 1 PartGG legt klar fest, dass es sich um eine Berufs-Haftpflichtversicherung handelt. Eine Haftpflichtversicherung hat den Zweck, die versicherte Person vor den wirtschaftlichen Folgen ihrer Haftpflicht gegenüber Dritten zu schützen[648]. Entsprechend geht es bei einer *Berufs*haftpflichtversicherung um die Absicherung des beruflichen Risikos. Die Haftpflichtversicherung ist eine Schadensversicherung (§§ 74 ff. VVG) in Form einer Passivenversicherung[649]. Es gilt das Prinzip der konkreten Bedarfsdeckung, d.h. der Versicherer ist im Schadensfall

---

643 *Beckmann*, in: Bruck/Möller, VVG, § 117 Rn. 21; *Schneider*, in: MüKo VVG, § 117 Rn. 15.

644 *Beckmann*, in: Bruck/Möller, VVG, § 117 Rn. 23; *Schneider*, in: MüKo VVG, § 117 Rn. 17 f.

645 Für eine Wahlmöglichkeit zwischen Inanspruchnahme der Versicherung und persönlicher Haftung der Partner: *Schumacher*, S. 172 f.; *Schumacher*, VersR 2016, 964, 967.

646 *Schneider*, in: MüKo VVG, § 117 Rn. 14 ff. m.w.N.

647 So auch im Ergebnis *Meyer*, S. 135; *Piller*, S. 341.

648 *Schneider*, in: Beckmann/Matuschke-Beckmann, § 24 Rn. 1.

649 *Schneider*, in: Beckmann/Matuschke-Beckmann, § 24 Rn. 1; *Langheid*, in: Langheid/Rixecker, VVG, § 100 Rn. 8.

nur verpflichtet, den konkret entstandenen Schaden nach Maßgabe des Versicherungsvertrages bis zur Höhe der Versicherungshöchstsumme zu zahlen, nicht hingegen einen pauschalen Betrag unabhängig von einem konkreten Schaden wie bei einer Summenversicherung[650].

Die Berufshaftpflichtversicherung i.S.v. § 8 Abs. 4 S. 1 PartGG ist nicht als Pflichtversicherung, sondern als freiwillige Versicherung ausgestaltet[651]. Nach der Legaldefinition des § 113 Abs. 1 VVG liegt eine Pflichtversicherung vor, wenn es sich um eine Haftpflichtversicherung handelt, zu deren Abschluss eine Verpflichtung durch Rechtsvorschrift besteht. § 8 Abs. 4 S. 1 PartGG ordnet allerdings – wie für die Annahme einer Pflichtversicherung erforderlich[652] – keine Versicherungspflicht an, sondern setzt lediglich eine entsprechende Haftpflichtversicherung für das Eingreifen der Haftungsbeschränkung voraus; die Wahl der Organisationsform PartG mbB steht den Gesellschaftern frei. Gleichwohl finden aufgrund der Verweisung des § 8 Abs. 4 S. 2 PartGG auf die §§ 113 Abs. 3, 114 ff. VVG die Vorschriften über die Pflichtversicherung (weitestgehend) Anwendung. Die spezifische Berufshaftpflichtversicherung i.S.v. § 8 Abs. 4 S. 1 PartGG lässt sich deshalb als „faktische Pflichtversicherung" bezeichnen[653].

2. „Zu diesem Zweck durch Gesetz vorgegebene Berufshaftpflichtversicherung"

§ 8 Abs. 4 S. 1 PartGG stellt zwei allgemeine Anforderungen an eine im Sinne der Vorschrift geeignete Berufshaftpflichtversicherung. Zunächst muss die Berufshaftpflichtversicherung „durch Gesetz" vorgegeben sein. Hierbei muss es sich um ein Gesetz im formellen Sinne[654], konkret also ein bundes- oder landesrechtliches Berufsgesetz, handeln[655]. Ein Gesetz im materiellen Sinne, etwa die Satzung einer Berufskammer, ist nicht ausreichend[656]. Darauf weist schon die Gesetzesbegründung hin, zeigt aber auch ein Vergleich zu § 8 Abs. 3 PartGG, für den anerkannt ist, dass die Anforderung „durch Gesetz" nur von einem formellen Gesetz erfüllt werden kann[657]. In der Gesetzesbegründung zu § 8 Abs. 3 PartGG heißt es, dass dadurch einer

650 *Diller*, AVB-SW, Einl Rn. 50; *von Rintelen*, in: Späte/Schimikowski, Haftpflichtversicherung, Einl. Rn. 14.

651 BT-Drucks. 17/10487, S. 14; *Dallwig*, VersR 2014, 19; *Fischer*, S. 98; *Graf v. Westphalen*, in: M/GvW/H/L/W, PartGG, § 8 Rn. 107; *Riechert*, AnwBl 2014, 266; *Römermann*, in: Michalski/Römermann, PartGG, § 8 Rn. 81; *Ring*, WM 2014, 237, 239; *Schumacher*, S. 152; **aA** *Meyer*, S. 47 ff.

652 Vgl. nur *Schimikowski*, in: Rüffer/Halbach/Schimikowski, VVG, § 113 Rn. 2.

653 *Römermann*, in: Michalski/Römermann, PartGG, § 8 Rn. 111.

654 Zum Begriff: *Dederer*, in: Maunz/Dürig, GG, Art. 100 Rn. 84.

655 *Henssler*, AnwBl 2014, 96; *Kilian*, MDR 2013, 1137, 1140; *Lieder/Hoffmann*, NZG 2016, 287, 291; *Schüppen*, WPg 2013, 1193, 1195; *Seibert*, DB 2013, 1710, 1711 f.

656 So aber *Tröger/Pfaffiner*, JZ 2013, 812, 814 (unter Verweis auf Art. 2 EGBGB).

657 Vgl. nur *Seibert/Kilian*, in: Kilian, PartGG, § 8 Rn. 9.

Rechtszersplitterung durch divergierende Satzungs- und Kammerrechte entgegen gewirkt werden solle[658]. Diese Überlegung lässt sich ohne Weiteres auf § 8 Abs. 4 PartGG übertragen.

Weiter muss es sich um eine „zu diesem Zweck" vorgegebene Berufshaftpflichtversicherung handeln. Ausweislich der Gesetzesbegründung soll das Berufsgesetz eine speziell auf § 8 Abs. 4 PartGG zugeschnittene Berufshaftpflichtversicherung vorsehen[659]. Die jeweilige Vorschrift muss also gerade im Sinne einer finalen Bestimmung darauf ausgerichtet sein, dass dadurch die Haftungsbeschränkung nach § 8 Abs. 4 PartGG erreicht wird[660]. Eine bereits bestehende, allgemeine Berufshaftpflicht genügt hierfür jedenfalls nicht[661]. Diese geforderte „Zweckbestimmung" veranlasst den Berufsgesetzgeber dazu, in der jeweiligen Regelung hinreichend eine Interessenabwägung zwischen Gläubigerschutz auf der einen Seite und Belastung der Gesellschafter (bzw. ggf auch der Versicherung) auf der anderen Seite vorzunehmen, diese in der jeweiligen Vorschrift zum Ausdruck zu bringen und so den „Preis" für die Haftungsbeschränkung genau festzulegen[662]. Zudem wird dadurch für genügend Rechtssicherheit im Hinblick auf die konkreten versicherungsrechtlichen Anforderungen bei einer PartG mbB gesorgt, von deren Einhaltung das Wirksamwerden der Haftungsbeschränkung abhängt[663].

3. Weitere allgemeine Anforderungen

Weitere Anforderungen an die Berufshaftpflichtversicherung werden vom PartGG durch den Verweis von § 8 Abs. 4 S. 2 PartGG auf § 114 VVG gesetzt. § 114 Abs. 1 VVG betrifft die Höhe des Versicherungsschutzes[664]. Die Vorschrift setzt eine Untergrenze für die Mindestversicherungssumme je Schadensfall (250.000,00 Euro) und die vom Versicherer zu zahlende Jahreshöchstersatzleistung für alle Versicherungsfälle eines Versicherungsjahres (1 Mio. Euro) fest, wobei die Vorschrift gegenüber spezialgesetzlichen Regelungen[665] und damit gegenüber der jeweiligen spezifischen Berufshaftpflichtversicherung subsidiär ist[666]. Bedeutung kann diese Vorschrift für

658 BT-Drucks. 12/6152, S. 18.
659 BT-Drucks. 17/10487, S. 14.
660 *Seibert*, DB 2013, 1710, 1712.
661 *Seibert*, DB 2013, 1710, 1712.
662 So weitgehend *Seibert*, DB 2013, 1710, 1712.
663 *Seibert*, DB 2013, 1710, 1712.
664 *Knappmann*, in: Prölss/Martin, VVG, § 114 Rn. 1.
665 *Brand*, in: MüKo VVG, § 114 Rn. 8.
666 § 114 Abs. 1 stellte keine absolute Untergrenze auf, d.h. die genannten Summen dürfen von einer anderen gesetzlichen Regelung sowohl über- als auch unterschritten werden, vgl. *Knappmann*, in: Prölss/Martin, VVG, § 114 Rn. 1; *Schimikowski*, in: Rüffer/Halbach/Schmimikowsky, VVG, § 114 Rn. 2.

den (theoretisch) denkbaren Fall haben, dass eine Berufshaftpflichtversicherung i.S.v. § 8 Abs. 4 PartGG keine Aussage zu Mindestversicherungssumme und/oder[667] Jahreshöchstersatzleistung trifft.

§ 114 Abs. 2 VVG macht Vorgaben zu Inhalt und Umfang der Versicherung. Auch hier gelten vorrangig die jeweiligen gesetzlichen Vorschriften zu einer Berufshaftpflichtversicherung i.S.v. § 8 Abs. 4 PartGG. Sofern dort keine abschließende Bestimmung getroffen wird, gelten die Vereinbarungen im Versicherungsvertrag[668]. Abreden der Parteien (insbesondere Risikoausschlüsse[669]) finden nach § 114 Abs. 2 S. 1 VVG ihre Grenze jedoch darin, dass diese nicht den jeweiligen Zweck der Haftpflichtversicherung gefährden dürfen[670].

Der Verweis auf § 113 Abs. 3 VVG stellt klar, dass die Regelungen der §§ 114 ff. VVG auch dann anzuwenden sind, wenn der Versicherungsvertrag einen über die berufsrechtlichen Mindestanforderungen hinausgehenden Versicherungsschutz gewährt[671].

III. Berufsrechtliche Vorgaben bei einer PartG mbB von Rechtsanwälten (§ 51a BRAO)

§ 51a BRAO normiert die Anforderungen an eine spezifische Berufshaftpflichtversicherung bei einer PartG mbB von Rechtsanwälten, die inhaltlich weitgehend den Vorgaben für die Berufshaftpflichtversicherung einer Rechtsanwalts-GmbH nach § 59j BRAO entsprechen[672]. Ebenfalls mit der Einführung der PartG mbB wurden Regelungen für Steuerberater, Wirtschaftsprüfer und Patentanwälte geschaffen (§ 67 StBerG i.V.m. §§ 51 ff. DVStB, § 54 WPO, § 45a Abs. 2 PAO). Für die Berufsgruppen der Architekten, Ingenieure[673] und in Bayern auch weitestgehend für alle Heilberufe[674] bestehen landesrechtliche Regelungen, die eine ebensolche

---

667 Die beiden Mindestversicherungssummen nach § 114 Abs. 1 VVG sind unabhängig voneinander. Trifft die gesetzliche Regelung nur zu einer von beiden eine Aussage, so gilt § 114 Abs. 1 VVG für die andere Mindestversicherungssumme, vgl. *Brand*, in: MüKo VVG, § 114 Rn. 6.

668 *Langheid*, in: Langheid/Rixecker, VVG, § 114 Rn. 3.

669 Risikoausschlüsse bedeuten, dass durch Gesetz oder im Versicherungsvertrag bestimmte Risiken von Anfang an vom Versicherungsschutz ausgenommen werden, vgl. *Beckmann*, in: Bruck/Möller, VVG, § 117 Rn. 12.

670 Einzelheiten: *Beckmann*, in: Bruck/Möller, VVG, § 114 Rn. 16 ff.; *Dallwig*, VersR 2014, 19, 21 ff.

671 Vgl. nur *Langheid*, in: Langheid/Rixecker, VVG, § 113 Rn. 8.

672 BT-Drucks. 17/10487, S. 15; *Tröger/Pfaffinger*, JZ 2013, 812, 815.

673 Überblick über die landesrechtlichen Regelungen bei *Lieder/Hoffmann*, NZG 2016, 287, 288 f.

674 Überblick über die Regelungen bei *Lieder/Hoffmann*, NZG 2016, 287, 290.

Berufshaftpflichtversicherung vorsehen. Im Folgenden werden die wesentlichen berufsrechtlichen Vorgaben einer Berufshaftpflichtversicherung bei einer PartG mbB von Rechtsanwälten dargestellt.

1. Mindestversicherungssumme (§ 51a Abs. 2 S. 1 BRAO)

Aus dem Charakter der Berufshaftpflichtversicherung als Schadensversicherung[675] ergibt sich, dass im Schadensfall nur diejenige Summe zu ersetzen ist, die dem Geschädigten als Schaden tatsächlich entstanden ist. Diese vom Versicherer zu ersetzende Summe wird regelmäßig im Versicherungsvertrag auf einen bestimmten Höchstbetrag begrenzt (sog. Versicherungssumme)[676]. In diesem Zusammenhang legt § 51a Abs. 2 S. 1 BRAO fest, dass die Mindestversicherungssumme für jeden Schadensfall 2,5 Mio. Euro betragen muss. Damit ist diese 10-mal so hoch wie in § 51 Abs. 4 BRAO für die Berufshaftpflichtversicherung des einzelnen Anwalts vorgeschrieben.

2. Jahreshöchstleistung (§ 51a Abs. 2 S. 2, 3 BRAO)

Die Versicherungsleistung für alle innerhalb eines Versicherungsjahres verursachten Schäden kann auf den Betrag der Mindestversicherungssumme, vervielfacht mit der Zahl der Partner, begrenzt werden (§ 51a Abs. 2 S. 2 BRAO). Die Jahreshöchstleistung für alle innerhalb eines Versicherungsjahres verursachten Schäden muss jedoch mindestens den vierfachen Betrag der Mindestversicherungssumme betragen, also 10 Mio. Euro (§ 51a Abs. 2 S. 3 BRAO). Ausgehend vom klaren Wortlaut der Vorschrift erhöht sich mit der Anzahl der Partner nicht etwa die Mindestversicherungssumme, sondern die maximal pro Versicherungsjahr vom Versicherer zu zahlende Versicherungssumme[677]. Es wird also nicht die Deckungssumme für den einzelnen Versicherungsfall erhöht, sondern es wird eine Art „fiktiver Haftungsfonds" gebildet, aus dem sämtliche Versicherungsfälle eines (Versicherungs-) Jahres beglichen werden[678].

Der maßgebliche Multiplikator für die Jahreshöchstleistung ist die Zahl der Partner. Damit stellt sich die Frage, wie bestimmt wird, wer als „Partner" im Sinne der Vorschrift gilt. Hierfür gibt es zwei[679] Möglichkeiten: entweder man stellt auf den Beitritt zur Gesellschaft an sich ab[680] oder orientiert sich daran, wer (zusätzlich) als

675 Dazu oben Kapitel E. II.1.
676 *Diller*, in: Henssler/Prütting, BRAO, § 51 Rn. 204.
677 Eingehend *Diller*, in: Henssler/Prütting, BRAO, § 51a Rn. 18 f (Versicherungsschutz „in der Breite", nicht „in der Höhe").
678 *Römermann*, in: BeckOK BORA, § 51 BRAO Rn. 18.
679 Zur Frage der Berücksichtigung von sog. Scheinpartnern Kapitel G. I.2.b.
680 Dies kann durch einen Aufnahmevertrag, die Übertragung des Gesellschaftsanteil, Eintrittsrecht oder im Wege der Gesamtrechtsnachfolge (i.V.m. § 9 Abs. Abs. 4 S. 2 PartGG) erfolgen, vgl. *Graf v. Westphalen*, in: M/GvW/H/L/W, PartGG, § 8 Rn. 32 ff.

Partner nach §§ 3 Abs. 2 Nr. 2, 5 Abs. 1 PartGG im Partnerschaftsregister eingetragen ist. Von Letzterem geht die Gesetzesbegründung aus[681].

Für die Beantwortung dieser Frage ist als Erstes Folgendes festzustellen: § 51a BRAO regelt die Anforderungen, die eine Berufshaftpflichtversicherung i.S.v. § 8 Abs. 4 PartGG zu erfüllen hat, damit die Haftungsbeschränkung überhaupt eingreift. Das Zusammenspiel von Haftung und zu erfüllenden Voraussetzungen nach § 51a BRAO liegt auf der Hand. Daher ist die oben aufgeworfene Frage in diesem Kontext zu beantworten: Ein jeder, der wirksam Partner der Gesellschaft geworden ist und für den sich die Haftung ab diesem Zeitpunkt nach § 8 PartGG richtet, muss maßgeblich sein für die Zahl der Partner i.S.v. § 51a BRAO. Nur so kann ein haftungsrechtlicher Gleichlauf zwischen der aus der Partnerstellung resultierenden (Außen-) Haftung und den Anforderungen daran, wonach sich die Haftung (für Berufsfehler) richtet, also entweder § 8 Abs. 1, 2 PartGG oder § 8 Abs. 4 PartGG, hergestellt werden. Andernfalls könnte sich die widersinnige Situation ergeben, dass der Partner bereits zum Zeitpunkt des Eintritts in die Gesellschaft nach § 8 PartGG im Außenverhältnis haftet, er aber bei den Voraussetzungen, die für die Haftungsbeschränkung nach § 8 Abs. 4 PartGG zu erfüllen sind, erst ab dem zeitlich späteren Zeitpunkt der Registereintragung berücksichtigt würde. Oder umgekehrt: die Haftung nach § 8 PartGG für den neu eintretenden Partner stellt auf den Zeitpunkt der Eintragung ab, während die Voraussetzungen des § 51a Abs. 2 BRAO sich am Eintritt in die Gesellschaft bemessen, obwohl der Partner haftungsrechtlich i.S.v. § 8 PartGG erst zum späteren Zeitpunkt relevant würde. Um solche Ergebnisse zu vermeiden, ist es für die Bestimmung der Zahl der Partner i.S.v. § 51a BRAO also entscheidend, zu welchem Zeitpunkt ein Partner wirksam für das Außenverhältnis in die Gesellschaft eingetreten ist.

Teilweise wird vertreten, der Eintritt hänge gemäß § 7 Abs. 1 PartGG analog von der Eintragung ins Partnerschaftsregister ab. Dies wird entweder nicht[682] oder unzutreffend[683] unter Verweis auf die angeblich anerkannte, tatsächlich aber umstrittene[684] Rechtslage bei der OHG begründet. Richtigerweise ist eine Eintragung in das Partnerschaftsregister entbehrlich, hat also nur deklaratorische Wirkung[685]. Das PartGG enthält keine ausdrückliche Regelung zum Eintritt eines Gesellschafters. § 7 Abs. 1 PartGG gilt direkt nur für die Neugründung. Für eine analoge Anwendung fehlt es bereits an einer vergleichbaren Interessenlage, da der hinter der Regelung des § 7 Abs. 1 PartGG liegende Gedanke, nämlich die Abgrenzung von Partnerschaft und Freiberufler-GbR zu gewährleisten[686], für den Neueintritt keine Bedeutung hat.

---

681 BT-Drucks. 17/10487, S. 15.
682 *Henssler*, PartGG, § 7 Rn. 6.
683 *Graf v. Westphalen*, in: M/GvW/H/L/W, PartGG, § 8 Rn. 39.
684 Vgl. nur *Habersack*, in: GroßKomm HGB, § 130 Rn. 13 m.w.N.
685 *Grunewald*, GesR, § 5 Rn. 14; wohl auch: *Römermann*, in: Michalski/Römermann, PartGG, § 8 Rn. 24; *C. Schäfer*, in: MüKo BGB, § 8 PartGG Rn. 9; *Schüppen*, DStR 646, 649.
686 Dazu oben Kapitel C. I.4.

Gegen das Erfordernis einer Eintragung spricht ein Vergleich mit den anderen Personengesellschaften. Bei der GbR hängt die Wirksamkeit des Beitritts eines Gesellschafters (zwangsläufig mangels Register) nicht von einer Eintragung ab[687]. Gleiches gilt nach zutreffender Ansicht aber auch für die OHG; § 123 HGB ist nicht entsprechend anwendbar[688]. So zeigt bereits die Vorschrift des § 130 HGB, dass die Haftung des neu eintretenden Gesellschafters für in der Vergangenheit begründeten Verbindlichkeiten nicht auf (von einem Register herrührende) Vertrauens- oder Verkehrsschutzaspekte abstellt, sondern aus Gründen der Rechtssicherheit und eines abstrakten Gläubigerschutzes einen einheitlichen Haftungsstatus aller Gesellschafter erzeugen soll[689]. Der zur Begründung der Gegenmeinung vorgebrachte Verweis auf § 176 Abs. 2 HGB geht fehl. Die Vorschrift verdeutlicht bereits, dass Folgen des Beitritts – einschließlich der Haftung – und damit auch die Gesellschafterstellung an sich unabhängig von einer Eintragung sind[690]. Im Ergebnis setzt die Gesellschafterstellung bei der PartG mbB keine Registereintragung voraus. Damit ist auch im Rahmen von § 51a Abs. 2 BRAO bereits der bloße Eintritt in die Gesellschaft für die Bemessung der Partnerzahl maßgeblich[691].

3. Haftungsausschlüsse (§ 51a Abs. 1 S. 2 i.V.m. § 51 Abs. 3 Nr. 2–5 BRAO)

§ 51a Abs. 2 S. 2 BRAO verweist auf die ebenfalls für die Berufshaftpflichtversicherung des Einzelanwalts geltenden Risikoausschlüsse nach § 51 Abs. 3 Nr. 2 bis 5 BRAO. Der Verweis auf die Ausschlusstatbestände ist abschließend, d.h. eine Versicherung mit weitergehenden Ausschlüssen würde den Anforderungen nach § 51a BRAO nicht mehr gerecht werden[692]. Haftungsausschlüsse können zulässigerweise vereinbart werden für Ersatzansprüche

- aus Tätigkeiten über in anderen Staaten eingerichteten oder unterhaltenen Kanzleien oder Büros (§ 51 Abs. 3 Nr. 2 BRAO)
- aus Tätigkeiten im Zusammenhang mit der Beratung und Beschäftigung mit außereuropäischem Recht (§ 51 Abs. 3 Nr. 3 BRAO)

---

687 Vgl. nur *Grunewald*, GesR, § 1 Rn. 136 ff.

688 *Hillmann*, in: E/B/J/S, HGB, § 130 Rn. 9; *Habersack*, in: GroßKomm HGB, § 130 Rn. 13; *Steitz*, in: Henssler/Strohn, GesR, § 130 HGB Rn. 8; *K. Schmidt*, in: MüKo HGB, § 123 Rn. 1a, § 130 Rn. 13; **aA** – für Erfordernis der Eintragung oder Zustimmung zur Fortsetzung der Geschäfte: *Roth*, in: Baumbach/Hopt, HGB, § 130 Rn. 6; *Emmerich*, in: Heymann, HGB, § 130 Rn. 6; *Boesche*, in: Oetker, HGB, § 130 Rn. 8; *Haas*, in: R/GvW/H, HGB, § 130 Rn. 8.

689 *Habersack*, in: GroßKomm HGB, § 130 Rn. 13.

690 *K. Schmidt*, in: MüKo HGB, § 123 Rn. 1a.

691 Im Ergebnis ebenso *Fischer*, S. 106; **aA** *Diller*, in: Henssler/Prütting, BRAO, § 51a Rn. 20; *Riechert*, AnwBl 2014, 266.

692 Zu § 51 BRAO: *Diller*, in: Henssler/Prütting, BRAO, § 51 Rn. 145; *Kleine-Cosack*, BRAO, § 51 Rn. 11.

- aus Tätigkeiten vor außereuropäischen Gerichten (§ 51 Abs. 3 Nr. 4 BRAO)
- wegen Veruntreuung durch Personal, Angehörige oder Sozien (§ 51 Abs. 3 Nr. 5 BRAO)

Die im Gesetz bewusst eröffnete Möglichkeit solcher Haftungsausschlüsse ist als gesetzgeberische Wertentscheidung dahingehend zu verstehen, dass der Mandant für solche Fälle als nicht schutzwürdig erachtet wird. Fällt ein Ersatzanspruch des Mandaten wegen eines beruflichen Fehlers unter einen der genannten Haftungsausschlüsse, so bleibt die Versicherung leistungsfrei. Gleichfalls greift die Haftungsbeschränkung nach § 8 Abs. 4 PartGG, da diese unabhängig von einer konkreten Einstandspflicht der Versicherung gilt. Der Mandant wird in solchen Fällen ausschließlich auf das Gesellschaftsvermögen verwiesen und es entsteht eine vom Gesetzgeber bewusst in Kauf genommene Schutzlücke. Die Regelung des § 117 Abs. 1 VVG ist auf Risikoausschlüsse nicht anwendbar[693].

Der ursprüngliche Gesetzesentwurf[694] sah in § 51a Abs. 1 S. 2 BRAO einen pauschalen Verweis auf § 51 Abs. 3 BRAO vor, eröffnete also auch einen Ausschluss in Fällen von wissentlicher Pflichtverletzung. Erst im Änderungsentwurf[695] nach Beratungen im Rechtsausschuss des Bundestages wurde der Verweis auf § 51 Abs. 3 Nr. 1 BRAO gestrichen, um eine – bis dahin bestehende – (rechtliche) Schutzlücke zulasten des Mandanten zu schließen[696]: Eine wissentliche Pflichtverletzung ist ein „Mittelding" zwischen grober Fahrlässigkeit und bedingtem Vorsatz[697]. Sie setzt hinsichtlich der Verletzung einer Rechtsnorm unbedingten Vorsatz (*dolus directus*) voraus, lässt es aber für den Schadenseintritt ausreichen, dass dieser auf der Pflichtverletzung beruht; eine dahingehende Absicht oder zumindest billigende Inkaufnahme ist nicht erforderlich[698]. Das hätte zur Folge gehabt, dass der Versicherungsschutz bei wissentlicher Pflichtverletzung entfallen wäre, gleichfalls aber die Haftungsbeschränkung bestehen geblieben wäre. Auch ein Zugriff auf das Privatvermögen der Partner im Wege der deliktischen Inanspruchnahme wäre dem Mandanten versperrt geblieben, da § 823 Abs. 1 BGB nicht das Vermögen schützt und eine Haftung aus § 826 BGB zumindest auch bedingten Vorsatz hinsichtlich des Schadenseintritts erfordert[699]. Mit der (abschließenden) Verweisung von § 51a Abs. 1 S. 2 BRAO auf § 51 Abs. 3 Nr. 2 bis 5 BRAO ist sichergestellt, dass ein Haftungsausschluss nicht länger zu Lasten des geschädigten Mandanten vereinbart werden kann.

---

693 *Beckmann*, in: Bruck/Möller, VVG § 117 Rn. 12 m.w.N.
694 BT-Drucks. 17/10487.
695 BT-Drucks. 17/13944.
696 BT-Drucks. 17/13944, S. 15; kritisch dazu *Ruppert*, DStR 2013, 1623, 1627.
697 *Diller*, AnwBl 2014, 2, 5.
698 *Diller*, AnwBl 2014, 2, 5; *Träger*, in: Feurich/Weyland, BRAO, § 51 Rn. 17; *Diller*, in: Henssler/Prütting, BRAO, § 51 Rn. 150; *Schüppen*, WPg 2013, 1193, 1199.
699 BT-Drucks. 17/13944, S. 15; *Diller*, in: Henssler/Prütting, BRAO, § 51a Rn. 11.

Davon unberührt bleibt der für alle Arten von Haftpflichtversicherungen geltende[700] subjektive Risikoausschluss zugunsten des Versicherers nach § 103 VVG für Fälle der vorsätzlichen[701] und widerrechtlichen Herbeiführung eines Schadensfalls durch den Versicherungsnehmer. Hiernach entfällt zwar die Leistungspflicht der Versicherung und die Haftungsbeschränkung nach § 8 Abs. 4 PartGG bleibt bestehen[702], aber in diesen Fällen greifen regelmäßig[703] deliktische Ansprüche gegen den einzelnen Partner[704]. Zu einer Schutzlücke kommt es damit grundsätzlich nicht, da die bestehende Haftungsbeschränkung trotz fehlendem Versicherungsschutz durch die persönliche Haftung des deliktisch handelnden Partners ausgeglichen wird.

Der Versicherungsmarkt hat auf die fehlende Möglichkeit eines Ausschlusses für wissentliche Pflichtverletzung mit entsprechender Anpassung der Regelwerke reagiert und entweder Prämienerhöhungen oder als Ausgleich für den nicht länger möglichen Risikoausschluss im Außenverhältnis einen Regressanspruch gegen den Versicherungsnehmer vorgesehen[705]. Aus Gläubigersicht ist der gesetzgeberische Schritt bei wissentlichen Pflichtverletzungen begrüßenswert, nachteilig ist hingegen die zu erwartende erhöhte Prämienbelastung für die Versicherungsnehmer.

4. Vereinbarung eines Selbstbehalts

Nach § 51a Abs. 1 S. 2 i.V.m. § 51 Abs. 5 BRAO besteht bei einer PartG mbB von Rechtsanwälten die Möglichkeit eines Selbstbehalts von bis zu 1% der Mindestversicherungssumme. Die „entsprechende" Anwendung von § 51 Abs. 5 BRAO bedeutet, dass sich die Mindestversicherungssumme an § 51a Abs. 3 BRAO orientiert, also ein Selbstbehalt von bis zu 25.000 Euro möglich ist. Die Vereinbarung eines Selbstbehalts zwischen Versicherung und Versicherungsnehmer hat zur Folge, dass der Versicherungsnehmer den von ihm zu vertretenden Schaden teilweise selbst zu tragen hat[706]. Aufgrund der Verweisung von § 8 Abs. 4 S. 2 PartGG auf § 114 Abs. 2 S. 2 VVG ist es dem Versicherer indes verwehrt, dies dem Geschädigten gegenüber

700 *Schimikowski*, in: Rüffer/Halbach/Schimikowski, VVG, § 103 Rn. 2.

701 Anders als bei der wissentlichen Pflichtverletzung muss sich hier der Vorsatz auch auch auf den Schadenseintritt beziehen, vgl. nur *Schulze Schwienhorst*, in: Looschelders/Pohlmann, VVG, § 103 Rn. 4.

702 Dies rechtfertigt sich daraus, dass im Übrigen der für die Haftungsbeschränkung notwendige Versicherungsschutz unterhalten wird – der Risikoausschluss erfolgt hier qua Gesetz – und aufgrund einer möglichen persönlichen Inanspruchnahme des Schädigers das Schutzbedürfnis des Mandanten es nicht gebietet, die Haftungsbeschränkung entfallen zu lassen.

703 Zum theoretisch denkbaren, praktisch wohl äußerst seltenen Fall, dass der Haftungsausschluss nach § 103 VVG nicht durch eine deliktische Haftung ausgeglichen wird, *Meyer*, S. 88; *Schumacher*, S. 197 f.

704 BT-Drucks. 17/13944, S. 15; *Diller*, in: Henssler/Prütting, BRAO, § 51a Rn. 11; *Seibert*, DB 2013, 1710, 1712 f; *Wertenbruch*, NZG 2013, 1006, 1009.

705 *Diller*, in: Henssler/Prütting, BRAO, § 51a Rn. 12.

706 *Brand*, in: MüKo VVG, § 114 Rn. 24.

geltend zu machen[707]. Der Versicherer ist auf den Regressweg gegenüber der PartG mbB verwiesen und trägt damit allein deren Insolvenzrisiko[708].

IV. Berufsrechtliche Anforderungen an eine interprofessionelle PartG mbB

Von besonderem Interesse ist es, inwieweit die PartG mbB Freiberuflern eine verlässliche und rechtssichere Möglichkeit bietet, sich auch mit Angehörigen fremder Berufsgruppen in dieser Verbandsform zusammenzuschließen. Vorteil und Nutzen einer solchen interprofessionellen PartG mbB ist es, dass für eine sachgerechte Bearbeitung vieler Mandate der Zugriff auf das Fachwissen fachfremder Professionen benötigt wird und der berufsübergreifende Zusammenschluss die Bündelung des notwendigen Know-how in einer Gesellschaft ermöglicht. Ein zügiger und umfassender Zugriff auf das Fachwissen der anderen Disziplin wird so gewährleistet und bietet nicht selten die Grundvoraussetzung für eine gewissenhafte sowie mandantenorientierte Berufsausübung, die ein dauerhaftes und erfolgreiches Bestehen am Markt überhaupt erst erlaubt[709].

Voraussetzung eines Zusammenschlusses von Freiberuflern verschiedener Berufszweige ist zunächst, dass die jeweils einschlägigen Berufsgesetze eine solche Möglichkeit ausdrücklich eröffnen oder jedenfalls nicht versagen. Für Rechtsanwälte zählt etwa § 59a BRAO enumerativ[710] auf, mit welchen anderen Berufsgruppen eine interprofessionelle Zusammenarbeit möglich ist[711]. Ist die Möglichkeit eines interprofessionellen Zusammenschlusses nach den einschlägigen Berufsgesetzen eröffnet, so wird eine ungehinderte interprofessionelle Zusammenarbeit in einer PartG mbB allerdings dadurch erschwert, dass die Anforderungen der verschiedenen Berufsgesetze an eine spezifische Berufshaftpflichtversicherung i.S.v. § 8 Abs. 4 PartGG weitgehend inhomogen ausgestaltet sind[712].

707 Vgl. nur *Brand*, in: MüKo VVG, § 114 Rn. 24.

708 *Diller*, in: Henssler/Prütting, BRAO, § 51 Rn. 220; *Knappmann*, in: Prölss/Martin, VVG, § 114 Rn. 3; *Schimikoswki*, in: Rüffer/Halbach/Schimikowski, VVG, § 114 Rn. 8.

709 So weitgehend für Rechtsanwälte: *Michalski/Römermann*, in: Henssler/Streck, HdB SozietätsR, B Rn. 764.

710 Jüngst hat das BVerfG (Beschl. v. 12.1.2016–1 BvL 6/13, NJW 2016, 700 ff.) allerdings entschieden, dass § 59a Abs. 1 BRAO im Fall eines Zusammenschlusses mit Ärzten und Apothekern mit Art. 12 Abs. 1 GG unvereinbar und insoweit nichtig ist, dazu eingehend *Römermann*, NJW 2016, 682 ff.

711 *Hartung*, in: Henssler/Prütting, BRAO, § 59a Rn. 129; *Kleine-Cosack*, BRAO, § 59a Rn. 7.

712 Eingehend zu den unterschiedlichen Anforderungen an eine spezifische Berufshaftplfichtversicherung i.S.v. § 8 Abs. 4 PartGG bei Rechtsanwälten, Patentanwälten, Wirtschaftsprüfern und Steuerberatern: *Riechert*, AnwBl 2014, 266, 268.

De lege lata obliegt der interprofessionellen PartG mbB die Erfüllung der unterschiedlichen Anforderungen aller einschlägigen Berufsrechte für die spezifische Berufshaftpflichtversicherung i.S.v. § 8 Abs. 4 PartGG. Darüber, wie und nach welchen Regeln die vielfach unterschiedlich ausgestalteten Anforderungen der jeweiligen Berufsgesetze miteinander in Einklang zu bringen sind, enthält das PartGG indes keine ausdrückliche Regelung. Hierzu ist der Beschlussempfehlung des Rechtsausschusses zu entnehmen, dass der Gesetzgeber bewusst davon Abstand genommen habe, eine ausdrückliche Regelung zu treffen. Diesem Verzicht liege die Überlegung zugrunde, dass einem allgemeinen berufsrechtlichen Grundsatz zufolge im Falle von divergierenden berufsrechtlichen Anforderungen stets die strengsten gelten[713]. Diese Sichtweise hat sich richtigerweise fast einhellig in der Literatur durchgesetzt[714] und ist mittlerweile auch obergerichtlich bestätigt worden[715]. Darüber hinaus ist allgemein für die interprofessionelle Zusammenarbeit von Freiberuflern – meist diskutiert im Zusammenhang mit der Rechtsform der GmbH – anerkannt, dass bei divergierenden berufsrechtlichen Pflichten das jeweils strengste Berufsrecht maßgeblich ist (sog. *„Prinzip der Meistbelastung"*)[716].

Abgesehen von dem offensichtlich dahingehenden Willen des Gesetzgebers, spricht für die Geltung des Prinzips der Meistbelastung, dass es sich hierbei zwar um kein allgemeines, gesetzlich normiertes Prinzip handelt, gleichwohl kommt ein solcher Grundsatz in verschiedensten berufsrechtlichen Normen zum Ausdruck und lässt sich daraus ableiten[717]. Dies zeigt zunächst, dass nach § 54 Abs. 1 DVStB der Versicherungspflicht einer Steuerberatungsgesellschaft durch eine den Vorgaben für Rechtsanwälte und Wirtschaftsprüfern entsprechenden Berufshaftpflichtversicherung Genüge getan wird, allerdings vorausgesetzt, die Anforderungen der §§ 52 bis 53a DVStB werden erfüllt[718]. § 44b Abs. 4 WPO gibt

---

713 BT-Drucks. 17/13944, S. 15.

714 *Bachmann/Schaloske*, PHi 2013, 202, 206; *Ludwig*, in: BeckRA-HdB, § 60 Rn. 97; *Fischer*, S. 104; *Gladys*, DStR 2013, 2416, 2417 ff; *Henssler*, in: Henssler/Prütting, BRAO, § 8 PartGG Rn. 58; *Leuering*, NZG 2013, 1001, 1003; *Kilian*, MDR 2013, 1137, 1140; *Lieder*, NotBZ 2014, 81, 87; *Graf v. Westphalen*, in: M/GvW/H/L/W, PartGG, § 8 Rn. 130; *Meyer*, S. 70; *Römermann*, in: Michalski/Römermann, PartGG, § 8 Rn. 98; *Riechert*, AnwBl 2014, 266, 268 f; *Ruppert*, DStR 2013, 1623, 1626 f; *Schüppen*, WPg 2013, 1193, 1199; *Seibert*, DB 2013, 1710, 1712; *Willerscheid*, NWB 2013, 2490; **aA** – Additionsmethode bzgl. der Mindestversicherungssumme – *Korch*, GmbHR 2016, 150, 152.

715 OLG Hamm, NZG 2016, 73, 74.

716 *Riddermann*, in: Busse/Goez/Kleemann/Kuhls/Maxl, StBerG, § 56 Rn. 59; *Haarmann*, FS 50 Jahre Fachanwälte für Steuerrecht (1999), S. 515, 525; *Henssler*, WPK-Mitt 1999, 2, 4; *Henssler*, AnwBl 2009, 670, 674; *Hartung*, in: Henssler/Prütting, BRAO, § 59a Rn. 137; *Henssler*, in: Henssler/Streck, HdB SozietätsR, D Rn. 201; *Pluskat*, GmbHR 2004, 1058; *Weinbeer*, Die Haftungsverfassung bei Zusammenschlüssen von Rechtsanwälten, S. 324.

717 In diese Richtung *Bachmann/Schaloske*, PHi 2013, 202, 206.

718 *Bachmann/Schaloske*, PHi 2013, 202, 206.

zudem Wirtschaftsprüfern vor, dass eine interprofessionelle Zusammenarbeit in einer Personengesellschaft nur dann möglich ist, wenn sie den Nachweis erbringen, dass ihnen auch bei gesamtschuldnerischer Inanspruchnahme der nach § 54 WPO vorgeschriebene Versicherungsschutz für jeden Versicherungsfall uneingeschränkt zur Verfügung steht[719]. Am deutlichsten kommt das Prinzip der Meistbelastung in § 30 Abs. 1 BORA zum Ausdruck. Nach dieser, gemäß § 33 Abs. 1 BORA für sämtliche Gesellschaftsformen von Rechtsanwälten geltenden Vorschrift, ist eine interprofessionelle Zusammenarbeit Rechtsanwälten nur dann erlaubt, wenn sichergestellt ist, dass das anwaltliche Berufsrecht von den Angehörigen der anderen Berufe beachtet wird. Soweit diesbezüglich das anwaltliche Berufsrecht eine strengere Bestimmung enthält als vergleichbare Regelungen der anderen Professionen, so gilt stets diese strengere Vorschrift[720].

Darüber hinaus ist die Anwendung des Prinzips der Mehrbelastung auch sachgerecht. Dadurch wird sichergestellt, dass die gläubigerschützende Wirkung dieser Vorschrift vollumfänglich zur Geltung kommt und mit einer interprofessionellen PartG mbB keine Absenkung des Schutzniveaus zu Lasten der Gläubiger einhergeht[721]. Aus diesem Grund ist auch die Ansicht abzulehnen, wonach die jeweils notwendigen berufsrechtlichen Versicherungssummen entsprechend der Partnerzahl der verschiedenen Professionen addiert werden sollen (sog. *Additionsmethode*)[722]. Wird etwa in einer interprofessionellen PartG mbB von Rechtsanwälten und Steuerberatern ein Mandat ausschließlich von Rechtsanwälten bearbeitet, so würde der Mandant hinsichtlich des Versicherungsschutzes schlechter gestellt, als hätte er mit einer reinen Rechtsanwalts-PartG mbB kontrahiert. Einer solchen Absenkung des Schutzniveaus in einer interprofessionellen PartG mbB ohne erkennbaren sachlichen Grund begegnet die Geltung des Prinzips der Meistbelastung, welches damit der dargestellten „Additionsmethode" vorzuziehen ist.

Im Ergebnis ist der Konflikt divergierender berufsrechtlicher Vorgaben an eine spezifische Berufshaftpflichtversicherung i.S.v. § 8 Abs. 4 PartGG bei der PartG mbB mittels des Prinzips der Meistbelastung zu lösen. Divergenzen können in Bezug auf

---

719 *Bachmann/Schaloske*, PHi 2013, 202, 206.

720 *Römermann*, in: BeckOK BORA, § 30 Rn. 12; *Scharmer*, in: Hartung/Scharmer, BORA/FAO, § 30 BORA Rn. 3; *Michalski/Römermann*, in: Henssler/Streck, HdB SozietätsR, B Rn. 775.

721 In diese Richtung *Henssler*, WPK-Mitt 1999, 2, 4; *ders.*, AnwBl 2009, 670, 674, der zwischen Berufsvorschriften, die das Vertragsverhältnis zum Mandanten betreffen, und öffentlich-rechtlichen Schutzvorschriften der Berufsgesetze unterscheidet. In letzterem Fall kommt er zu dem Ergebnis, dass diese grundsätzlich nur bei Geltung des Prinzips der Meistbelastung ihre Funktion erfüllen könnten. Übertragen auf die PartG mbB weisen die spezifischen berufsrechtlichen Vorgaben an eine Haftpflichtversicherung i.S.v. § 8 Abs. 4 PartGG aufgrund des intendierten Gläubigerschutzes ebenfalls öffentlich-rechtlichen Charakter auf.

722 Hierfür *Korch*, GmbHR 2016, 150, 152.

Anforderungen an die Mindestversicherungssumme, die Jahreshöchstleistung und die zulässigen Versicherungsbedingungen auftreten. Die Geltung des strengsten Berufsrechts bedeutet bei konsequenter Anwendung Folgendes:

Es gilt die höchste Mindestversicherungssumme und diese ist bei einer vorgesehenen Maximierung der Jahreshöchstleistung zu berücksichtigen[723].

Sieht ein Berufsrecht keine Jahreshöchstleistung vor, so darf eine solche Begrenzung nicht vereinbart werden[724].

In Bezug auf die zulässigen Versicherungsbedingungen (insbesondere die Zulässigkeit eines Risikoausschlusses bei wissentlicher Pflichtverletzung) sind diejenigen Vorschriften maßgeblich, die im Einzelfall den höchsten Versicherungsschutz gewährleisten, also die geringsten Einschränkungen zulasten der Gläubiger erlauben[725].

V. Rechtsfolgen einer unzureichenden Versicherung

Genügt die Versicherung nicht den Anforderungen, die das jeweilige Berufsgesetz an eine solche stellt (Versicherungsmangel), so ist das Merkmal des „Unterhaltens" zu dem Zeitpunkt nicht erfüllt, in dem der Umstand eintritt, der den Anforderungsverlust auslöst. Genügt die Versicherung von Anfang an nicht den Anforderungen des jeweiligen Berufsgesetzes, so ist die PartG mbB schon nicht wirksam entstanden. Die PartG mbB wird in diesem Moment *ex lege* kraft Rechtsformvariantenzwang zu einer „normalen" Partnerschaft[726]. Ab diesem Zeitpunkt darf die Gesellschaft auch nicht mehr den Namenszusatz „mbB" führen und ist gehalten, die Änderung zum Partnerschaftsregister anzumelden. Zuwiderhandlungen können von der zuständigen Berufskammer sowohl im Registerverfahren, als auch durch anderweitige Aufsichtsmaßnahmen geahndet werden[727]. Die Haftung richtet sich dann nach den für die herkömmliche Partnerschaft geltenden §§ 8 Abs. 1, 2 PartGG.

---

723 Vgl. nur *Bachmann/Schaloske*, PHi 2013, 202, 206; *Gladys*, DStR 2013, 2416, 2418; *Römermann*, in: Michalski/Römermann, PartGG.

724 So auch *Römermann*, in: Michalski/Römermann, PartGG, § 8 Rn. 100; *Posegga*, in: Peres/Senft, SozietätsR, § 19 Rn. 50; im Ergebnis *Kilian*, MDR 2013, 1137, 1140; differenzierend: *Gladys*, DStR 2014, 2596, 2600; *Schüppen*, WPg 2013, 1193, 1199.

725 So auch *Meyer*, S. 91; *Römermann*, in: Michalski/Römermann, PartGG, § 8 Rn. 101; *Posegga*, in: Peres/Senft, SozietätsR, § 19 Rn. 48; *Willerscheid*, NWB 2013, 2490, 2493; im Ergebnis *Bachmann/Schaloske*, PHi 2013, 202, 206; abweichend – zulässige Haftungsausschlüsse nur für die jeweilige Profession – *Riechert*, AnwBl 2014, 266, 269; so wohl auch *Gladys*, DStR 2014, 2596, 2599 f; unentschlossen: *Ruppert*, DStR 2013, 1623, 1627.

726 BT-Drucks. 17/10487, S. 15; Dazu bereits oben Kapitel C. II.1.b.

727 *Lieder*, NotBZ 2014, 81, 88; *Wälzholz*, DStR 2013, 2637, 2638.

VI. Regressansprüche des Versicherers und Haftungsbeschränkung

Kommt es zur Leistung der Versicherung an den Gläubiger der PartG mbB, stellt sich die Frage, ob etwaige von der Versicherung gegen die Gesellschaft geltend gemachte Regressansprüche auch von der Haftungsbeschränkung des § 8 Abs. 4 PartGG erfasst sind oder den Partnern auf diesem Wege eine persönliche Inanspruchnahme droht. Die möglichen Regressansprüche werden im Folgenden darauf untersucht.

1. Regressansprüche bei Selbstbehalt und wissentlicher Pflichtverletzung

Im Falle eines Selbstbehalts kann die Versicherung diesen nach § 8 Abs. 4 S. 2 PartGG i.V.m. § 114 Abs. 2 S. 2 VVG dem Geschädigten gegenüber nicht geltend machen. Der Selbstbehalt gilt nur im Innenverhältnis zwischen Versicherung und Versicherungsnehmer[728]. Der Versicherer kann den Selbstbehalt jedoch im Regressweg gegen die Gesellschaft durchsetzen[729], wobei sich die Frage stellt, ob hierfür die Partner persönlich nach § 8 Abs. 1 S. 1 PartGG haften oder § 8 Abs. 4 PartGG einschlägig ist. Ein solcher Regressanspruch hat seinen Ursprung in einem Schadensersatzanspruch wegen eines Berufsfehlers i.S.v. § 8 Abs. 4 PartGG, für den die Versicherung Ersatz geleistet hat. Allerdings liegt der Rechtsgrund für den Regressanspruch in der versicherungsvertraglichen Abrede zwischen Gesellschaft und Versicherungsgeber. Damit handelt es sich um eine Forderung aus einem allgemeinen zivilrechtlichen Vertrag, für die die Gesellschafter nach § 8 Abs. 1 PartGG einzustehen haben. Der bloß mittelbare Bezug zu einem Schaden wegen fehlerhafter Berufsausübung reicht für eine beschränkte Haftung nach § 8 Abs. 4 PartGG nicht aus. Dieses Ergebnis ist auch gerechtfertigt, da die Vereinbarung eines Selbstbehalts der Gesellschaft und damit auch den Gesellschaftern in Form von Prämienabschlägen zugute kommt und es auf der anderen Seite nicht unbillig erscheint, dass diese den „Preis" hierfür in Form einer möglichen persönlichen Inanspruchnahme zahlen müssen. Die Gesellschafter haben den „Preis" für die Haftungsbeschränkung in Form der regelmäßig zu zahlenden Prämien reduziert, gleichzeitig aber auch den Umfang der Haftungsbeschränkung verringert. Dieses Risiko sind sie mit der Vereinbarung eines Selbstbehalts bewusst eingegangen. Hinsichtlich des Regressanspruchs der Versicherung wegen eines vereinbarten Selbstbehalts haften die Gesellschafter daher persönlich nach § 8 Abs. 1 S. 1 PartGG.

---

728 Dazu oben Kapitel E. III.4.

729 *Schimikowski*, in: Rüffer/Halbach/Schimikowski, VVG, § 114 Rn. 8.

Mit der gleichen Argumentation trifft die Partner auch eine persönliche Haftung nach § 8 Abs. 1 S. 1 PartGG bei im Versicherungsvertrag vereinbarten Regressansprüchen wegen wissentlicher Pflichtverletzung[730].

2. Regressansprüche in den Fällen von § 117 Abs. 1 und 2 VVG

Hat der Versicherer wegen der nach § 117 Abs. 1 bzw. Abs. 2 VVG gegenüber dem Geschädigten fingierten Deckungspflicht an diesen geleistet, so steht ihm ein Regressanspruch gegen den Versicherungsnehmer, also die PartG mbB, zu. Bestand ein Direktanspruch des Geschädigten nach § 115 Abs. 1 S. 1 VVG, so sind Versicherungsnehmer und Versicherer Gesamtschuldner nach § 115 Abs. 1 S. 4 VVG und der Rückgriffsanspruch im Innenverhältnis richtet sich nach dem Gesamtschuldnerausgleich gemäß § 426 Abs. 1 und 2 BGB, jeweils nach Maßgabe von § 116 Abs. 1 S. 2 VVG, wonach den Versicherungsnehmer in den Fällen des § 117 Abs. 1 bzw. Abs. 2 VVG die volle Ersatzpflicht trifft[731]. Besteht kein Direktanspruch gegen den Versicherer, so richtet sich der Regress nach § 117 Abs. 5 VVG: Die Ansprüche des Geschädigten wegen der fehlerhaften Berufsausübung gehen im Wege des gesetzlichen Forderungsübergangs (*cessio legis*) auf den Versicherer über[732].

Fraglich ist, ob für diese Regressansprüche die Partner nach § 8 Abs. 1 S. 1 PartGG persönlich haften oder die Haftungsbeschränkung nach § 8 Abs. 4 PartGG gilt. Für letzteres ließe sich anführen, dass trotz des gesetzlichen Forderungsübergangs[733] die Schadensersatzforderung ihren Charakter bewahrt und damit unter die Haftungsbeschränkung zu fassen ist[734]. Dieses Argument verliert jedoch an Gewicht, da dem Geschädigten wie gezeigt[735] in den Fällen des § 117 Abs. 1 bzw. Abs. 2 VVG die Möglichkeit der persönlichen Inanspruchnahme der Partner offen steht. Entscheidend gegen eine Haftungsbeschränkung spricht zudem Folgendes: Der jeweilige Regressanspruch beruht letztlich auf der fehlenden Leistungspflicht des Versicherers im Innenverhältnis, welche aber auf das Außenverhältnis wegen der Regelungen des § 117 Abs. 1 bzw. 2 VVG nicht durchschlägt. § 117 VVG soll dem Schutz des Geschädigten dienen, nicht dem Schädiger. Bei den Regressansprüchen

730 So auch *Diller*, in: Henssler/Prütting, BRAO, § 51a Rn. 12; **aA** – § 8 Abs. 4 gilt – *Schüppen*, WPg 2013, 1193, 1200.

731 Vgl. nur *Schneider*, in: MüKo VVG, § 116 Rn. 7 ff.; § 117 Rn. 49.

732 Vgl. nur *Schimikowski*, in: Rüffer/Halbach/Schimikowski, VVG, § 117 Rn. 14.

733 Kommt es zum einem Gesamtschuldnerausgleich, so besteht nach § 426 Abs. 1 BGB neben § 426 Abs. 2 BGB ein (eigenständiger) Ausgleichsanspruch. Wegen des engen Zusammenhangs zwischen dem Anspruch aus Abs. 1 und der *cessio legis* nach Abs. 2, können beide Ansprüche im hier in Rede stehenden Fall wertungsmäßig gleich behandelt werden; vgl. zum engen Zusammenhang: *Bydlinski*, in: MüKo BGB, § 426 Rn. 44.

734 *Schüppen*, WPg 2013, 1193, 1200.

735 Dazu oben Kapitel E. I.2.c. und d.

geht es um die interne Schadensverteilung[736]. Entscheidend ist mithin auch das Innenverhältnis zwischen Versicherung und Versicherungsnehmer. In diesem Verhältnis ist der Versicherer aber gerade nicht zur Leistung verpflichtet, es besteht also kein Versicherungsschutz. Wertungsmäßig spricht dies gegen eine Anwendung von § 8 Abs. 4 PartG mbB. Außerdem geht es hier um einen Regress im Innenverhältnis zwischen Versicherer und Versicherungsnehmer, dem der Versicherungsvertrag als allgemeiner zivilrechtlicher Vertrag zugrunde liegt. Daher trifft die Partner eine persönliche Haftung[737].

3. Regressansprüche im Fall des § 86 Abs. 1 VVG

Soweit der Versicherer an den Geschädigten im Zusammenhang mit § 8 Abs. 4 PartGG tatsächlich Ersatz geleistet hat, gehen etwaige Ersatzansprüche des Versicherungsnehmers gegen einen Dritten, den Schadensverursacher, im Wege der *cessio legis* nach § 86 Abs. 1 VVG[738] auf ihn über[739]. Tauglicher Ersatzanspruch ist grundsätzlich jeder Anspruch, der dem Ausgleich der die Versicherungsleistung auslösenden Vermögenseinbuße dient[740]. Ein möglicher Regressanspruch der Gesellschaft gegen den für den Berufsfehler verantwortlichen Gesellschafter[741] lässt sich hierunter ohne Weiteres fassen[742]. § 86 Abs. 1 VVG gilt indes nur, wenn es sich um einen Ersatzanspruch gegen einen „Dritten" handelt. „Dritter" ist jeder, dessen Interessen nicht durch den Versicherungsvertrag (mit-) versichert sind[743]. Bei der Berufshaftpflichtversicherung handelt es sich zunächst um eine Eigenversicherung der Gesellschaft[744]. Dies schließt es allerdings nicht aus, dass andere ebenfalls in den Schutzbereich der Versicherung mit einbezogen werden und damit nicht „Dritte" i.S.v. § 86 Abs. 1 VVG sind[745]. Inwieweit dies der Fall ist, muss durch

---

736 *Bydlinski*, in: MüKo BGB, § 426 Rn. 1; *Knappmann*, in: Prölss/Martin, VVG, § 117 Rn. 37.

737 Im Ergebnis ebenso: *Kilian*, MDR 2013, 1137, 1140; so wohl auch *Schüppen*, WPg 2013, 1193, 1200.

738 § 86 VVG ist auf alle Schadensversicherungen, also auch auf die spezifische Berufshaftpflichtversicherung i.S.v. § 8 Abs. 4 PartGG anwendbar, vgl. *Langheid*, in: Langheid/Rixecker, VVG, § 86 Rn. 6; *Möller/Segger*, in: MüKo VVG, § 86 Rn. 31; *Armbrüster*, in: Prölss/Martin, VVG, § 86 Rn. 3.

739 *Möller/Segger*, in: MüKo VVG, § 86 Rn. 119; *Schimikowski*, Versicherungsvertragsrecht, Rn. 352 f.

740 *Armbrüster*, in: Prölss/Martin, VVG, § 86 Rn. 6 m.w.N.

741 Eingehend zu einer solchen Innenhaftung unten Kapitel I. III.

742 *Graf v. Westphalen*, in: M/GvW/H/L/W, PartGG, § 8 Rn. 138; *Wertenbruch*, NZG 2013, 1006, 1009.

743 *Möller/Segger*, in: MüKo VVG, § 86 Rn. 108; *Armbrüster*, in: Prölss/Martin, VVG, § 86 Rn. 22.

744 Dazu oben Kapitel E. I.1.a.

745 *Klimke*, in: Prölss/Martin, VVG, § 43 Rn. 3.

Vertragsauslegung ermittelt werden[746]. Im Bereich der Kaskoversicherung, bei der eine Personengesellschaft selbst Versicherungsnehmerin war, hat der BGH entschieden, dass regelmäßig das Sachersatzinteresse der Gesellschafter mitversichert sei, da es der Gesellschaft erkennbar daran gelegen ist, nicht in haftungsrechtliche Auseinandersetzungen mit ihren Gesellschaftern verwickelt zu werden[747]. Dieser Gedanke ist auf eine Haftpflichtversicherung übertragbar, bei der an die Stelle des Sachersatzinteresses das Haftpflichtinteresse der Gesellschafter tritt; dort findet sich die gleiche innergesellschaftliche Interessenlage und die Gesellschaft hat im gleichen Maße kein Interesse daran, haftungsrechtliche Auseinandersetzungen mit ihren Gesellschaftern zu führen[748]. Damit sind die einzelnen Partner regelmäßig nicht „Dritte" i.S.v. § 86 Abs. 1 VVG, sodass ein gesetzlicher Forderungsübergang und dementsprechend eine persönliche Haftung ausscheiden[749].

VII. Geltendmachung eines Schadens wegen fehlerhafter Berufsausübung (Schadensregulierung)

Richtungsweisend für die Geltendmachung eines Schadens wegen fehlerhafter Berufsausübung ist es, ob der Geschädigte grundsätzlich angehalten ist, gegen die PartG mbB vorzugehen, oder ob ihm ein Direktanspruch gemäß § 115 VVG gegen den Versicherer zusteht. Entscheidend hierfür ist, wie der Verweis von § 8 Abs. 4 S. 2 PartGG auf die Vorschriften des VVG zu verstehen ist. In der Gesetzesbegründung zur PartG mbB heißt es, dass es sich um eine Rechtsfolgenverweisung[750] handelt[751]. Die Annahme einer Rechtsfolgenverweisung ist notwendig, da die §§ 113 ff. VVG nur bei einer Pflichtversicherung eingreifen[752] und die spezifische Berufshaftpflichtversicherung i.S.v. § 8 Abs. 4 S. 1 PartGG wie dargestellt[753] als freiwillige Versicherung ausgestaltet ist; andernfalls wäre der Verweis auf die Vorschriften über die Pflichtversicherung bedeutungslos. Des Weiteren müssen richtigerweise die Voraussetzungen der jeweiligen Rechtsnormen, also auch von § 115 VVG, für

---

746 BGH NJW 2008, 1737, 1738 f.; *Armbrüster*, in: Prölss/Martin, VVG, § 86 Rn. 22.

747 BGH NJW 2008, 1737, 1739.

748 OLG Hamm NJW 2012, 1594, 1595 (zur Kfz-Haftpflicht); *Rixecker*, in: Langheid/Rixecker, VVG, § 43 Rn. 10; *Klimke*, in: Prölss/Martin, VVG, § 43 Rn 10; *Wertenbruch*, NZG 2013, 1006, 1009.

749 *Seibert*, DB 2013, 1710, 1713; *Wertenbruch*, NZG 2013, 1006, 1009; in diese Richtung: *Graf v. Westphalen*, in: M/GvW/H/L/W, PartGG, § 8 Rn. 138.

750 Eine Rechtsfolgenverweiung ist eine Verweisung auf die Rechtsfolgen einer Rechtsnorm, während im Gegensatz zu einer Rechtsgrundverweisung nicht auch auf den Tatbestand der Norm verwiesen wird, vgl. *Tilch*, Münchener Rechts-Lexikon, S. 44.

751 BT-Drucks. 17/13944, S. 15.

752 Vgl. nur *Langheid*, in: Langheid/Rixecker, VVG, Vorbemerkung zu §§ 113–124 Rn. 2.

753 Dazu oben Kapitel E. II.1.

die Anwendung der Rechtsfolgen vorliegen; der Rechtsfolgenverweis begrenzt sich also auf das Merkmal der „Pflichtversicherung“[754]. Von einem solchen Verständnis eines Rechtsfolgenverweises geht offensichtlich auch der Gesetzgeber aus, in dem er in Fällen des § 117 Abs. 1 VVG auf den Forderungsübergang nach § 117 Abs. 5 VVG verweist[755]. Würde der Gesetzgeber einen pauschalen Rechtsfolgenverweis annehmen, so wäre dieser Hinweis schlichtweg falsch, da dann stets ein Direktanspruch nach § 115 Abs. 1 S. 1 VVG, mithin auch ein Gesamtschuldverhältnis nach § 115 Abs. 1 S. 4 VVG bestünde und der Rückgriff sich in keinem Fall nach § 117 Abs. 5 VVG richten könnte[756].

Damit steht ein Direktanspruch gegen den Versicherer nach § 115 Abs. 1 VVG nur unter den genannten Voraussetzungen dem Gläubiger zu[757]. Im Übrigen gelten die für alle freiwilligen Haftpflichtversicherungen geltenden Grundsätze zur Anspruchsdurchsetzung: Kommt es nicht zu einer freiwilligen Zahlung seitens des Versicherers oder tritt die PartG mbB nicht von sich aus den Freistellungsanspruch aus dem Versicherungsvertrag i.V.m. § 100 VGG gegen die Versicherung an den Geschädigten ab (Vgl. § 108 Abs. 2 VVG)[758], so ist der Gläubiger gezwungen, einen Haftungsprozess gegen die PartG mbB anzustrengen, einen Titel zu erwirken und auf dessen Grundlage im Wege der Zwangsvollstreckung den zum Vermögen der PartG mbB gehörenden Freistellungsanspruch gegen die Versicherung pfänden und sich zur Einziehung überweisen zu lassen (§§ 828 ff. ZPO)[759]. Durch den Pfändungs- und Überweisungsbeschluss (§§ 829, 835 ZPO) wandelt sich der Freistellungs- in einen Zahlungsanspruch um, der dann im Wege der Leistungsklage gegen den Versicherungsgeber geltend gemacht werden kann (sog. *„Deckungsprozess“*)[760].

---

754 *Henssler*, AnwBl 2014, 96, 100; *Ring*, WM 2014, 237, 240; *Schumacher*, S. 157; *Schumacher*, VersR 2016, 964, 965; wohl auch *Kilian*, MDR 2013, 1137, 1141; **aA** – umfassende Rechtsfolgenverweisung – *Graf v. Westphalen*, in: M/GvW/H/L/W, PartGG, § 8 Rn. 111; *Sommer/Treptow*, NJW 2013, 3269, 3270; *Wälzholz*, DStR 2013, 2637; *Wertenbruch*, NZG 2013, 1006, 1009.

755 Dazu oben Kapitel E.VI.2.

756 Zum Vorrang des Gesamtschuldnerausgleichs nach §§ 426 BGB, 116 VVG gegenüber § 117 Abs. 5 VVG: vgl. nur *Knappmann*, in: Prölss/Martin, VVG, § 117 Rn. 37.

757 Bspw. wenn über das Vermögen der PartG mbB das Insolvenzverfahren eröffnet wurde gemäß § 115 Abs. 1 S. 1 Nr. 2 VVG.

758 Zu den Besonderheiten einer Klage aus abgetretenem Recht: *Schneider*, in: Beckmann/Matuschke-Beckmann, § 24 Rn. 149 ff.

759 *Beckmann*, in: Bruck/Möller, VVG, § 115 Rn. 19; *Wandt*, Versicherungsrecht, Rn. 1113.

760 *Schneider*, in: Beckmann/Matuschke-Beckmann, § 24 Rn. 146; *Wandt*, Versicherungsrecht, Rn. 1090.

F. Haftungsfragen bei Veränderung der Gesellschaftsstruktur und des Gesellschafterbestandes

I. Haftung der Gesellschafter bei Wechsel in eine PartG mbB

1. Grundüberlegungen

Entscheiden sich die Gesellschafter einer bestehenden Gesellschaft dazu, in eine PartG mbB zu wechseln, so stellt sich die Frage, welche Folgen dieser Vorgang auf die Gesellschafterhaftung für bereits begründete Verbindlichkeiten hat. Von besonderer praktischer Relevanz ist die Behandlung von Mandatsverhältnissen, die bereits bei Bestehen der Ausgangsgesellschaft eingegangen wurden und über den Wechsel hinaus von der PartG mbB fortgeführt werden (sog. Dauermandate)[761]. Schwierigkeiten stellen sich bei einer GmbH bzw. AG als Ausgangsgesellschaft grundsätzlich nicht, da hier die Haftung vollumfänglich auf das Gesellschaftsvermögen beschränkt ist. Außerdem hat für die Gläubiger der Ausgangsgesellschaft die Umwandlung in der Regel keine nachteiligen Folgen, da anstelle eines gesetzlich gebundenen Haftkapitals für die Haftung aus Berufsfehlern die spezifische Berufshaftpflichtversicherung i.S.v. § 8 Abs. 4 PartGG tritt und im Übrigen die Gesellschafter fortan persönlich haften (§ 8 Abs. 1 S. 1 PartGG)[762].

Von maßgeblicher Bedeutung für die eingangs aufgeworfene Frage ist daher der Fall einer „Umwandlung" einer bestehenden GbR bzw. Partnerschaftsgesellschaft in eine PartG mbB und hier nur für den Bereich der Haftung wegen Berufsfehlern (§ 8 Abs. 4 PartGG); ansonsten haften die Gesellschafter einer PartG mbB – ebenso wie schon in der Ausgangsgesellschaft – persönlich.

Auf die Haftung der Gesellschaft selbst hat der Rechtsform(varianten-)wechsel keine Auswirkung. Zwischen Ausgangsgesellschaft und PartG mbB herrscht Haftungskontinuität[763]. Die Verbindlichkeiten der Ausgangsgesellschaft sind ab dem Zeitpunkt des Wirksamwerdens des Wechsels Verbindlichkeiten der PartG mbB, da die Gesellschaft ihre Identität hinsichtlich des Vermögens und damit auch der Verbindlichkeiten behält. Bei einer Personengesellschaft als Ausgangsgesellschaft

761 *Henssler*, AnwBl 2014, 96, 99; *Riechert*, AnwBl 2014, 266, 267.

762 Zur ausnahmsweise bestehenden persönlichen Haftung der Gesellschafter einer PartG mbB für Altverbindlichkeiten einer Kapitalgesellschaft, unten Kapitel F. V.

763 Zum Formwechsel nach dem UmwG, *Vossius*, in: Widmann/Mayer, Umwandlungsrecht, § 224 UmwG Rn. 1 f.

ergibt sich dies aus allgemeinen personengesellschaftsrechtlichen Grundsätzen[764], bei einer Kapitalgesellschaft als Ausgangsgesellschaft aus § 202 Abs. 1 UmwG[765].

Mit dem Wechsel einer GbR bzw. Partnerschaftsgesellschaft in eine PartG mbB ist eine Veränderung des Haftungsstatus der Gesellschafter verbunden: die Haftung für Berufsfehler ist nicht länger eine persönliche nach § 128 HGB analog[766] bzw. § 8 Abs. 1, 2 PartGG, sondern ist ausgeschlossen nach § 8 Abs. 4 PartGG. Wenn die Haftung der Gesellschafter für Berufsfehler mit der „Umwandlung" in eine PartG mbB endet, ist es notwendig, neue und alte Verbindlichkeiten unterschiedlich zu behandeln[767]. Die Gesellschafter haften für Neuverbindlichkeiten nach Maßgabe der Haftungsverfassung der PartG mbB, während sie für Altverbindlichkeiten weiter unbeschränkt persönlich nach Maßgabe der Haftungsverfassung der Ausgangsgesellschaft haften[768]. Die Rechtslage hinsichtlich der Neuverbindlichkeiten ergibt sich ohne Weiteres daraus, dass die Haftungsgrundlage für das persönliche Einstehenmüssen für Verbindlichkeiten der Gesellschaft, also § 8 Abs. 1, 2 PartGG bzw. § 128 HGB analog, nicht länger gilt[769]. Ebenso eindeutig ist die Rechtslage für Altverbindlichkeiten, die sich schon aus allgemeinen Grundsätzen ergibt[770]: Den Gesellschaftern darf es nicht möglich sein, die einmal begründete Haftung für Verbindlichkeiten der Gesellschaft abzustreifen, indem sie den Haftungsstatus der Gesellschaft verändern[771]. Es widerspräche allgemeinen zivilrechtlichen Regeln, dass sich der Schuldner einseitig ohne Mitwirkung des Gläubigers seiner Verbindlichkeiten entledigen könnte[772]. Haftungsgrundlage bleibt § 8 Abs. 1, 2 PartGG bzw. § 128 HGB analog, das Schicksal der Ausgangsgesellschaft ändert hieran nichts.

Maßgeblich für die Frage, ob es sich um eine Alt- oder Neuverbindlichkeit handelt, ist der Zeitpunkt, zu dem sich der Haftungsstatus des Gesellschafters verändert[773]. Dies bestimmt sich nach dem Wirksamwerden des Wechsels in die PartG mbB[774]. Ergänzend zu einer „Umwandlung" einer herkömmlichen Partnerschaft in

---

764 Dazu oben Kapitel C. II.1.b.

765 Dazu oben Kapitel C. II.3.c.

766 Vgl. nur *Roth*, in: Baumbach/Hopt, HGB, Einl vor § 105 Rn. 14, § 128 Rn. 1 m.w.N.

767 *K. Schmidt*, ZHR 152 (1988), 105, 108.

768 So auch im Ergebnis: *Fischer*, S. 130 f.; *Henssler*, AnwBl 2014, 96, 99; *Sommer/Treptow*, NJW 2013, 3269, 3272 f.

769 *K. Schmidt*, ZHR 152 (1988), 105, 108; *K. Schmidt*, in: MüKo HGB, § 128 Rn. 40; *K. Schmidt*, in: Schlegelberger, HGB, § 128 Rn. 41 f.

770 *K. Schmidt*, GesR, § 51 I. 1., S. 1492; *K. Schmidt*, ZGR 1993, 366, 378; in diese Richtung: *Habersack*, in: GroßKomm HGB, § 128 Rn. 58; *Emmerich*, in: Heymann, HGB, § 128 Rn. 31 f.

771 *K. Schmidt*, GesR, § 51 I. 1., S. 1491 f. (zum Ausscheiden eines Gesellschafters).

772 *K. Schmidt*, ZHR 152 (1988), 105, 108; *Wiedemann*, GesR, Bd. II, § 8 III. 3. d) bb), S. 740; in diese Richtung: *Emmerich*, in: Heymann, HGB, § 128 Rn. 31

773 *Habersack*, in: GroßKomm HGB, § 128 Rn. 60; *Emmerich*, in: Heymann, HGB, § 128 Rn. 49; *K. Schmidt*, in: MüKo HGB, § 128 Rn. 48; *Haas*, in: R/GvW/H, HGB, § 128 Rn. 26; K. *Schmidt*, in: Schlegelberger, HGB, § 128 Rn. 49.

774 Zur genauen Bestimmung dieses Zeitpunkts oben Kapitel C. II.1.a.ii., II.2. und II.3.c.

eine PartG mbB ist der Rechtsschein des Partnerschaftsregisters zu berücksichtigen. Demnach handelt es sich dann noch um eine Altverbindlichkeit (genauer: aufgrund Vertrauensschutz kommt es zu einer Haftung bei Neuverbindlichkeiten wie bei Altverbindlichkeiten), wenn diese – sofern der Dritte keine positive Kenntnis von der „Umwandlung" hat – noch vor der Eintragung in das Partnerschaftsregister begründet wurde (§ 5 Abs. 2 PartGG i.V.m. § 15 Abs. 1 HGB)[775]. Ist die Tatsache eingetragen und bekannt gemacht worden, so kommt außerdem noch eine Haftung für innerhalb der Zwei-Wochen-Frist nach § 5 Abs. 2 PartGG i.V.m. § 15 Abs. 2 S. 2 HGB begründete Verbindlichkeiten in Betracht.

Für Altverbindlichkeiten haften die Gesellschafter auch nach dem Wechsel in die PartG mbB als Gesamtschuldner neben der PartG mbB unmittelbar und unbeschränkt persönlich weiter[776].

Nicht betroffen ist die persönliche Haftung eines Gesellschafters aus einem selbstständigen, ausschließlich ihn treffenden Verpflichtungsgrund[777]. Eine Enthaftung von dieser Schuld durch den Wechsel in die PartG mbB scheidet schon deshalb aus, da es sich hierbei nicht um eine Gesellschaftsschuld handelt, für die ein Gesellschafter nach § 8 Abs. 1 S. 1 PartGG bzw. § 128 HGB analog einzustehen hat, sondern die Verbindlichkeit unabhängig von der Zugehörigkeit zur Gesellschaft besteht und damit von einem Wechsel der Rechtsform(-variante) unberührt bleiben muss[778].

2. Abgrenzung von Alt- und Neuverbindlichkeiten

Es schließt sich die Frage an, wie der Kreis der von der Nachhaftung erfassten Altverbindlichkeiten von dem der Haftungsbeschränkung nach § 8 Abs. 4 PartGG unterfallenden Neuverbindlichkeiten zu trennen ist. Im Grundsatz hat die Abgrenzung und Auslegung hier genauso zu erfolgen, wie sie in Vorschriften erfolgt, die sich gleichfalls mit der Veränderung des Haftungsstatus eines Gesellschafters (bzw. vormaligen Unternehmensträgers) befassen, nämlich den §§ 26, 160 HGB, 45, 224, 133, 157 UmwG[779]. Diesen Regelungen liegt eine einheitliche Haftungssituation dergestalt zugrunde, als dass sich das Haftungsregime des vormaligen Unternehmensträgers bzw. vormals persönlich haftenden Gesellschafters *ex nunc* ändert; der einzelne Gesellschafter haftet nur noch für Altverbindlichkeiten, hingegen nicht mehr für

775 Zum Ausscheiden eines Gesellschafters aus einer OHG: *Habersack*, in: GroßKomm HGB, § 128 Rn. 55; *Grunewald*, GesR, § 2 Rn. 65; *Horn*, in: Heymann, HGB, § 160 Rn. 9; *K. Schmidt*, GesR, § 51 I. 2, S. 1493.

776 Zu § 224 UmwG: *Vossius*, in: Widmann/Mayer, Umwandlungsrecht, § 224 UmwG Rn. 4, 45 f.

777 Dazu oben Kapitel D. II.1.

778 Vgl. nur zu § 160 HGB: *Habersack*, in: GroßKomm HGB, § 160 Rn. 8.

779 Für eine einheitliche Auslegung der genannten Vorschriften: *Hopt*, in: Baumbach/Hopt, § 26 Rn. 1; *Hillmann*, in: E/B/J/S, HGB, § 26 Rn. 6; ablehnend: *Burgard*, in: GroßKomm HGB, § 26 Rn. 11.

Neuverbindlichkeiten[780]. Dieselbe Haftungssituation stellt sich auch für die Gesellschafter einer GbR bzw. „normalen" Partnerschaft als Ausgangsgesellschaft bei einem Wechsel in eine PartG mbB.

Eine Altverbindlichkeit liegt vor, wenn die Verbindlichkeit vor dem Wechsel in die PartG mbB begründet worden ist. Um eine Neuverbindlichkeit handelt es sich dementsprechend, wenn diese nach dem Wechsel begründet worden ist[781]. Die Frage, wann eine Verbindlichkeit „begründet" wurde, wird in Rechtsprechung und Literatur allerdings unterschiedlich beurteilt.

Für Sekundäransprüche aus einem bereits vor Veränderung des Haftungsstatus eines Gesellschafters geschlossenen Vertrages stellen Rechtsprechung[782] und Literatur[783] teilweise darauf ab, zu welchem Zeitpunkt die Pflichtverletzung begangen wurde. Bezogen auf den Fall eines Ausscheidens eines Gesellschafters aus einer Rechtsanwalts-Sozietät würde sich ein solches Verständnis aus den beiderseitigen Interessen der Parteien eines Anwaltsvertrages ergeben[784]: einerseits bestehe kein besonderes schutzwürdiges Interesse des Mandanten daran, dass ihm neben dem Gesellschaftsvermögen noch das persönliche Vermögen des (ausgeschiedenen) Gesellschafters als Haftungsmasse zur Verfügung stehe, angesichts der Verpflichtung eines Anwalts über eine Berufshaftpflichtversicherung zu verfügen (§ 51 BRAO). Der Mandant schließe den Vertrag im Vertrauen, dass eine Versicherung im Schadensfall eintrete. Zum anderen habe der ausgeschiedene Anwalt ein berechtigtes Interesse, nicht für Pflichtverletzungen anderer nach seinem Ausscheiden zu haften; ihm fehle nach seinem Ausscheiden die mögliche Einflussnahme auf die Sachbearbeitung und könne entsprechend keine Fehler verhindern. Letztgenanntes Argument lässt sich jedoch schon nicht auf den Wechsel in eine PartG mbB übertragen, da sich an der Gesellschafterstellung bei einem gesetzlichen Rechtsform(-varianten)wechsel nichts ändert und den Gesellschaftern ihre Einfluss- und Kontrollrechte erhalten bleiben[785].

---

780 *K. Schmidt/Schneider*, BB 2003, 1961 m.w.N.; in diese Richtung: *Hopt*, in: Baumbach/Hopt, HGB, § 26 Rn. 1; *Bömeke*, BeckOK HGB, § 26 Rn. 2; *K. Schmidt*, ZGR 1993, 366, 378.

781 So zum Ausscheiden eines Gesellschafters: *K. Schmidt*, in: MüKo HGB, § 128 Rn. 47; ausdrücklich zur PartG mbB: *Schumacher*, S. 139; *Sommer/Treptow*, NJW 2013, 3269, 3272; *Sommer/Treptow/Friemel*, NZG 2012, 1249, 1254; *Ulmer*, AnwBl 2014, 806, 810.

782 LG Bonn v. 13.4.2010–15 O 451/09, BeckRS 2010, 16151 (bei Ausscheiden eines Gesellschafters aus einer Rechtsanwalts-Sozietät); dem folgend: AG Eilenburg v. 9.11.2011–4 C 471/11, BeckRS 2012, 05164.

783 Zum Ausscheiden eines Gesellschafters aus einer Rechtsanwalts-Sozietät: *Meixner/Schröder*, DStR 2008, 527, 528; *Sieg*, WM 2002, 1432, 1438; zum Wechsel in eine PartG mbB: *Fischer*, S. 135 f; *Henssler*, AnwBl 2014, 96, 99; *Diller*, in: Henssler/Prütting, BRAO, § 51a Rn. 28; *Henssler*, in: Henssler/Prütting, BRAO, § 8 PartGG Rn. 66; *Hirtz*, in: Henssler/Strohn, GesR, § 8 Rn. 42; *Kilian*, MDR 2013, 1137, 1142; *Hoffmann*, in: M/GvW/H/L/W, PartGG, § 10 Rn. 37; *Ulmer*, AnwBl 2014, 806, 811.

784 LG Bonn, BeckRS 2010, 16151.

785 So auch *Fischer*, S. 141 f.

Wenn in der Literatur beim Wechsel in eine PartG mbB der Pflichtverstoß ausdrücklich für maßgeblich erachtet wird, so wird dies damit begründet, dass es die Verknüpfung von Haftungsbeschränkung und Versicherung bei der PartG mbB ermöglicht, aus der Ausgestaltung des Versicherungsschutzes Rückschlüsse auf die Haftung gegenüber Dritten zu ziehen. Versicherungsschutz müsse zum Zeitpunkt der schädigenden Handlung bestehen, dies enthalte einen Verweis auf das Verstoßprinzip im Haftpflichtversicherungsrecht und damit sei auch der Verstoßzeitpunkt maßgeblich für die Abgrenzung von Alt- und Neuverbindlichkeiten[786]. Richtig ist, dass dadurch, dass Versicherungsschutz „im Moment der schädigenden Handlung bestehen müsse", auf das versicherungsrechtliche Verstoßprinzip verwiesen wird[787]. Hierbei geht es allerdings nur darum, welche Anforderungen an den Versicherungsschutz zu stellen sind, damit dieser dem Merkmal des „Unterhaltens" i.S.v. § 8 Abs. 4 S. 1 PartGG gerecht wird und die Gesellschaft für die Zukunft entstehen kann. Daraus Rückschlüsse auf die Haftung der Gesellschafter für Altverbindlichkeiten zu ziehen, ist nicht zwingend. Auch bei einer Umwandlung einer Personengesellschaft in eine Kapitalgesellschaft, etwa in Form des Formwechsels, steht das gesetzlich gebundene Haftkapital ab Wirksamwerden der Umwandlung den Gläubigern zur Verfügung – ähnlich dem Versicherungsschutz bei der PartG mbB. Das bedeutet aber nicht, dass deshalb für die Abgrenzung der Altverbindlichkeiten der Pflichtverstoß maßgeblich sein muss.

Richtigerweise wird man mit der herrschenden Meinung in Rechtsprechung und Literatur entscheidend darauf abstellen müssen, wann der Rechtsgrund für die Verbindlichkeit gelegt worden ist[788]. Das ist bei rechtsgeschäftlichen Verbindlichkeiten, unabhängig ob Primär- oder Sekundärverpflichtung, der Zeitpunkt des Vertragsschlusses[789]. Entscheidend hierfür spricht neben dem Vorgesagtem folgende Erwägung: Mit Abschluss des Vertrages wird festgelegt, wer Gläubiger

786 *Henssler*, AnwBl 2014, 96, 99; *Kilian*, MDR 2013, 1137, 1142.

787 Dazu oben Kapitel E. I.1.b.

788 BGHZ 55, 267, 269 f. = NJW 1971, 1268; BGHZ 150, 373, 376 = NJW 2002, 2170, 2171; *Roth*, in: Baumbach/Hopt, HGB, § 128 Rn. 29 f.; *Hillmann*, in: E/B/J/S, HGB, § 128 Rn. 46; *Habersack*, in: GroßKomm HGB, § 128 Rn. 62; *Steitz*, in: Henssler/Strohn, GesR, § 128 HGB Rn. 47; *K. Schmidt*, in: MüKo HGB, § 128 Rn. 49; Haas, in: R/GvW/H, HGB, § 128 Rn. 27; *K. Schmidt*, in: Schlegelberger, HGB, § 128 Rn. 50.

789 BGHZ 36, 224, 225 f. = NJW 1962, 536, 537; BGHZ 48, 203, 204 = NJW 1967, 2203, 2204; *Roth*, in: Baumbach/Hopt, HGB, § 128 Rn. 29 f.; *Hillmann*, in: E/B/J/S, HGB, § 128 Rn. 47 f.; *Habersack*, in: GroßKomm HGB, § 128 Rn. 63 ff.; *Steitz*, in: Henssler/Strohn, GesR, § 128 HGB Rn. 48 f.; *H. Schmidt*, in: Lutter, UmwG, § 45 Rn. 14; *K. Schmidt*, in: MüKo HGB, § 128 Rn. 50 f.; *Haas*, in: R/GvW/H, HGB, § 128 Rn. 28; *K. Schmidt*, in: Schlegelberger, HGB, § 128 Rn. 51 f.; *Stratz*, in: Schmitt/Hörtnagel/Stratz, UmwG, § 45 Rn. 5; zur PartG mbB: *Hennen*, S. 148 ff.; *Graf v. Westphalen*, in: M/GvW/H/L/W, PartGG, § 8 Rn. 162; *Riechert*, AnwBl 2014, 266, 267; *Schumacher*, S. 142 f.; *Schumacher*, GmbHR 2016, 732, 734 f.; *Sommer/Treptow*, NJW 2013, 3269, 3272 f.; *Suyr*, S. 138 f.; *Tröger/Pfaffinger*, JZ 2013, 812, 814.

und Schuldner für Verpflichtungen aus diesem Schuldverhältnis ist[790]. Darauf haben sich die Parteien eingelassen und daran müssen sie sich auch festhalten lassen (*pacta sunt servanda*)[791]. Dies gilt sowohl für Primär- als auch Sekundäransprüche. Schuldrechtliche Rechte und Pflichten dürfen grundsätzlich nur durch Vertrag begründet, geändert oder aufgehoben werden (Vertragsprinzip)[792]. Wird ein Vertrag mit einer in Rede stehenden Personengesellschaft geschlossen, so ist gleichzeitig festgelegt, dass neben der Gesellschaft als Vertragspartner auch die persönlich haftenden Gesellschafter in Anspruch genommen werden können, gleichfalls für die aus dem Schuldverhältnis sich ergebenden Verpflichtungen. Bezugspunkt bleibt der Vertrag mit der Gesellschaft. Der Gläubiger darf darauf vertrauen, dass ihm die Gesellschafter haften, so wie es die Haftungsstruktur der Gesellschaft bei Vertragsschluss vorgab[793]. Dies gebietet schon das Sicherungsinteresse der Gläubiger. Das Fehlen eines gesetzlichen Haftkapitals wird ersetzt durch den Personalkredit der Gesellschafter. Dieser Personalkredit kann nicht durch Vorgänge beseitigt werden, auf die der Gläubiger keinen Einfluss hat[794]. Die Abgrenzung von Alt- und Neuverbindlichkeit anhand der Pflichtverletzung würde bedeuten, dass es die Gesellschafter einseitig in der Hand hätten, sich durch den Wechsel in die haftungsbeschränkte Rechtsform(-variante) ihren Sekundärverpflichtungen zu entziehen. Dies ist indes schon nach allgemeinen schuldrechtlichen Grundsätzen nicht ohne Zustimmung des Gläubigers[795] möglich[796].

Für Dauermandate bedeutet dies, dass es sich auch dann noch um eine Altverbindlichkeit handelt, für die eine persönliche Haftung der Gesellschafter in Frage kommt, wenn der Vertragsschluss vor dem maßgeblichen Zeitpunkt hinsichtlich der Veränderung des Haftungsstatus der Gesellschaft, die Pflichtverletzung hingegen danach erfolgte. Bei einer „normalen" Partnerschaft wird diese Haftungsproblematik für die Gesellschafter entschärft, da ihnen weiterhin die Handelndenhaftung nach § 8 Abs. 2 PartGG zugute kommt.

3. Begrenzung der Nachhaftung für Altverbindlichkeiten

Untrennbar mit der Nachhaftung, also der Gesellschafterhaftung für bis zur Änderung des Haftungsstatus begründeter (Alt-) Verbindlichkeiten der Gesellschaft, ist die Frage nach der Begrenzung eben dieser Nachhaftung verbunden. Ebenso wie den §§ 26, 160 HGB, 45, 224, 133, 157 UmwG eine einheitliche Haftungssituation zugrunde liegt, sind die Vorschriften Ausdruck eines allgemeinen Enthaftungskonzepts: immer dort, wo die persönliche Haftung eines Gesellschafters bzw.

790 *Ernst*, in: MüKo BGB, Einleitung §§ 241 ff Rn. 11 ff.
791 *Gröschler*, in: Soergel, BGB, § 311 Rn. 2.
792 *Kindl*, in: Erman, BGB, § 311 Rn. 1; *Gröschler*, in: Soergel, BGB, § 311 Rn. 1, 39.
793 BGHZ 36, 224, 228 = NJW 1962, 536, 537.
794 BGHZ 36, 224, 228 = NJW 1962, 536, 537.
795 *Kindl*, in: Erman, BGB, § 311 Rn. 1 ff.
796 *Sommer/Treptow*, NJW 2013, 3269, 3273.

Unternehmensträgers für die Zukunft endet, soll die persönliche Nachhaftung für Altverbindlichkeiten zeitlich beschränkt werden[797]. Kommt es zu einem haftungsrechtlichen Statuswandel eines Gesellschafters, so besteht ein grundsätzlicher Interessenkonflikt zwischen dem Sicherungsinteresse der Gläubiger, ausgedrückt in der Forthaftung des ursprünglichen Schuldners über den Zeitpunkt der Haftungsänderung hinaus, und dem Enthaftungsinteresse des Gesellschafters, ausgedrückt durch eine zeitliche Begrenzung seiner Nachhaftung[798]. Einen angemessenen Ausgleich dieses Zielkonflikts schaffen die zuvor genannten Regelungen, indem die Nachhaftung grundsätzlich zeitlich auf fünf Jahre beschränkt sein soll[799].

Für den Wechsel in eine PartG mbB hat der Gesetzgeber keine ausdrückliche Regelung getroffen, sodass diese Lücke im Wege der Analogie[800] zu schließen ist. Wie erläutert handelt es sich bei der Nachhaftungsbegrenzung um kein Spezialproblem der ausdrücklich geregelten Fälle. Es ist vielmehr ein allgemeines Problem, das sich bei der Veränderung des Haftungsstatus von Gesellschaftern bzw. Unternehmensträgern für die Zukunft und damit auch für den Fall des Wechsels in eine PartG mbB stellt. Da es sich bei der Nachhaftungsbegrenzung um ein allgemeines Problem handelt, darf nicht davon ausgegangen werden, dass der Gesetzgeber bei der PartG mbB bewusst vom bisherigen Regelungskonzept abweichen wollte, sondern dass er die Problematik bei der PartG mbB schlicht übersehen hat[801]. Damit handelt es sich um eine planwidrige Regelungslücke. Da die Haftungssituation der Gesellschafter bei einem Wechsel in eine PartG mbB mit der in den gesetzlich geregelten Konstellationen im Grundsatz übereinstimmt, fügt sich der in Rede stehende Fall in das allgemeine Enthaftungskonzept ein. Für die Gesellschafter besteht sowohl das Bedürfnis, sich nicht einer „Endloshaftung" – nur begrenzt durch die Vorschriften der Verjährung – ausgesetzt zu sehen, als auch nach Gewährung von Rechtssicherheit und Schutz vor weiterer Inanspruchnahme aufgrund von Altverbindlichkeiten. Die Anknüpfung an den Abschluss des Mandatsvertrages und nicht an die Pflichtverletzung bei der Abgrenzung von Altverbindlichkeiten bedeutet ohnehin eine erhebliche Ausweitung des Risikos der persönlichen Inanspruchnahme, weshalb ihr Enthaftungsinteresse besonders ausgeprägt ist. Eine vergleichbare Interessenlage ist damit ebenfalls zu bejahen.

Es erscheint am naheliegendsten, den Analogieschluss zu denjenigen Normen zu ziehen, die der hier in Rede stehenden (Ent-)Haftungssituation am sachnächsten

---

797 *K. Schmidt*, DB 1990, 2357, 2358; K. *Schmidt.*, GesR, § 51 II. 1. b), S. 1497.; *Seibert*, DB 1994, 461; andeutend: *Dauner-Lieb/Tettinger*, KK-UmwG, § 45 Rn. 3.

798 *K. Schmidt*, ZGR 1993, 366, 378; im Ergebnis: *Burgard*, in: GroßKomm HGB, § 26 Rn. 10.

799 *Burgard*, in: GroßKomm HGB, § 26 Rn. 10.

800 Voraussetzungen eines Analogieschlusses sind eine planwidrige Regelungslücke sowie eine vergleichbare Interessenlage, vgl. nur *Sprau*, in: Palandt, BGB, Einleitung Rn. 48.

801 Die Gesetzesbegründung befasst sich an keiner Stelle mit der Problematik einer Begrenzung der Nachhaftung.

stehen. Dies sind zunächst die §§ 160 HGB, 224 UmwG, da es auch dort um die zeitliche Beschränkung der akzessorischen Gesellschafterhaftung geht, wohingegen die Verbindlichkeit gegen die Gesellschaft unangetastet bleibt[802]. Die größten Berührungspunkte weist der gesetzliche Rechtsform(varianten)wechsel von einer Gesellschaft mit unbeschränkter Haftung hin zu einer Gesellschaft mit (partieller) Haftungsbeschränkung mit der in § 224 UmwG geregelten Konstellation (Formwechsel einer Personengesellschaft in eine Kapitalgesellschaft) auf. Daher ist diese Vorschrift analog anzuwenden[803].

Nach § 224 Abs. 2 UmwG analog haften die Gesellschafter für Altverbindlichkeiten nur, wenn diese vor Ablauf von fünf Jahren nach dem Wirksamwerden des Wechsels in die PartG mbB fällig und innerhalb dieser Frist eine der in § 224 Abs. 2 und 4 UmwG genannten enthaftungsverhindernden Maßnahmen erfolgt ist[804]. Mit Ablauf der Ausschlussfrist von fünf Jahren tritt eine Enthaftung der Gesellschafter ein, die als (von Amts wegen zu berücksichtigende) rechtsvernichtende Einwendung zum Erlöschen der gegen den Gesellschafter gerichteten Forderung führt[805]. Die Fünfjahresfrist beginnt, abweichend von § 224 Abs. 2 UmwG[806], mit dem Ende des Tages, an dem die PartG mbB in das Partnerschaftsregister eingetragen wird (§ 160 Abs. 1 S. 2 HGB analog).

II. Haftung des Neu-Gesellschafters bei Eintritt in eine PartG mbB

Tritt ein Gesellschafter einer bereits bestehenden PartG mbB bei, so richtet sich seine Haftung nach den für die PartG mbB geltenden Vorschriften. § 8 Abs. 1 S. 2 PartGG bestimmt durch Verweisung auf § 130 HGB, dass der Neu-Gesellschafter für die vor seinem Eintritt[807] begründeten Verbindlichkeiten (Altverbindlichkeiten) gleichermaßen wie die anderen Gesellschafter nach §§ 128, 129 HGB haftet. Unerheblich ist, worauf der „Eintritt" beruht, sei es auf einem Aufnahmevertrag, Anteilsübertragung oder erbrechtlicher Gesamtrechtsfolge (§ 9 Abs. 4 S. 2

---

802 *K. Schmidt/Schneider*, BB 2003, 1961, 1962.

803 Im Ergebnis ebenso: *Suyr*, S. 142 f.; *Tröger/Pfaffinger*, JZ 2013, 812, 814; Für eine Analogie zu §§ 160 HGB, 224 UmwG: *Henssler*, AnwBl 2014, 96, 99; *Meyer*, S. 179; *Riechert*, AnwBl 2014, 266, 267; *Sommer/Treptow*, NJW 2013, 3269; *Ulmer*, AnwBl 2014, 806, 812 f; *Sommer/Treptow/Dietlmeier*, NJW 2011, 1551, 1554 (bei einem Wechsel von GbR hin zu „normaler" Partnerschaft); für eine Gesamtanalogie: *Fischer*, S. 132; *Schumacher*, S. 144; *Schumacher*, GmbHR 2016, 732, 735; *Wollweber*, DStR 2014, 1926, 1929; ablehnend: *Hoffmann*, in: M/GvW/H/L/W, PartGG, § 10 Rn. 37.

804 Vgl. zu den Einzelheiten: *Joost*, in: Lutter, UmwG, § 224 Rn. 12 ff.

805 Vgl. nur *Dauner-Lieb/Tettinger*, KK-UmwG, § 224 Rn. 16.

806 Die dort vorgesehene Bekanntmachung nach §§ 201 UmwG i.V.m. § 10 HGB kommt für die PartG mbB nicht in Betracht.

807 Zum Zeitpunkt des Eintritts bereits oben Kapitel E. III.2.

PartGG[808])[809]. Hinsichtlich der Haftung des Neugesellschafters für Neuverbindlichkeiten trifft §§ 8 Abs. 1 S. 2 PartGG i.V.m. 130 HGB keine Aussage[810]. Diese ergibt sich vielmehr aus dem Haftungsregime der PartB mbB, also den §§ 8 Abs. 1, 4 PartGG. Die Trennlinie verläuft auch hier zwischen Alt- und Neuverbindlichkeiten, für deren Angrenzung auf das zuvor gewonnene Ergebnis[811] zurückzugreifen ist[812].

Ohne Schwierigkeiten gestaltet sich die Rechtslage bei dem Eintritt in eine im Wege der Neugründung entstandenen PartG mbB: Für Altverbindlichkeiten haftet der Gesellschafter „gleich den anderen Gesellschaftern", also für Schäden wegen fehlerhafter Berufsausübung gemäß § 8 Abs. 4 PartGG nicht und im Übrigen unbeschränkt persönlich.

Problematisch ist hingegen, wenn ein Gesellschafter in eine PartG mbB eintritt, die im Wege der „Umwandlung" aus einer GbR oder Partnerschaft hervorgegangen ist. Hier kann es dazu kommen, dass eine Altverbindlichkeit (im Zusammenhang mit einer fehlerhaften Berufsausübung[813]) noch aus der Zeit stammt, in der sich das Haftungsregime der Gesellschaft nach dem einer GbR bzw. „normalen" Partnerschaft richtete (insbesondere bei Dauermandaten). Die Alt-Gesellschafter haften hierfür weiterhin unbeschränkt persönlich nach §128 HGB analog bzw. § 8 Abs. 1, 2 PartGG[814]. Würde man den Verweis von § 8 Abs. 1 S. 2 PartGG auf § 130 HGB auf den Neugesellschafter wortlautgetreu anwenden, so würde auch dieser – obwohl er einer Gesellschaft mit (partieller) Haftungsbeschränkung beigetreten ist – „gleich den anderen Gesellschaftern", also unbeschränkt persönlich für Altverbindlichkeiten haften. Für den Neu-Gesellschafter bedeutet die Möglichkeit einer persönlichen Inanspruchnahme für Altverbindlichkeiten eine erhebliche Belastung mit unkalkulierbaren finanziellen Risiken, denen er durch Beitritt zu einer PartG mbB gerade entgehen wollte. Für den Gläubiger eines Schadensersatzanspruches wegen eines Berufsfehlers, der schon zu Zeiten einer GbR bzw. herkömmlichen Partnerschaft „begründet" wurde, kommt es hingegen zu einer erheblichen „Vervielfachung" der Haftungsmasse, da neben dem Neugesellschafter als persönlicher Schuldner noch die spezifische Berufshaftpflichtversicherung i.S.v. § 8 Abs. 4 PartGG getreten ist – jedenfalls dann, wenn die Pflichtverletzung in die Zeit nach dem wirksamen

---

808 Dem eintretenden Erbe steht nach § 9 Abs. 4 S. 2 PartGG i.V.m. § 139 Abs. 2 HGB ein Austrittsrecht zu. Macht er hiervon Gebrauch, so haftet er nur mit den erbrechtlichen Haftungsbeschränkungsmöglichkeiten gemäß §§ 9 Abs. 4 PartGG, 1967 ff. BGB, vgl. *Hoffmann*, in: M/GvW/H/L/W, PartGG, § 9 Rn. 46.

809 *Römermann*, in: Michalski/Römermann, PartGG, § 8 Rn. 24; *C. Schäfer*, in: MüKo BGB, § 8 PartGG Rn. 9; *Ulmer/Habersack*, FS Brandner (1996), S. 151, 161.

810 *Habersack*, in: GroßKomm HGB, § 130 Rn. 12.

811 Dazu oben Kapitel F. I.2.

812 Vgl. nur zu § 130 HGB: *Kindler*, in: Koller/Kindler/Roth/Morck, § 130 Rn. 2.

813 Unproblematisch ist widerum der Fall einer Haftung für „sonstige Verbindlichkeiten", da hier die Alt- und Neugesellschafter durchgehend persönlich neben der Gesellschaft haften.

814 Dazu oben Kapitel F. I.1.

Entstehen der PartG mbB gefallen ist. Im Fall einer „normalen" Partnerschaft als Ausgangsgesellschaft wird diese Situation für den Neugesellschafter durch § 8 Abs. 2 PartGG zumindest dahingehend entschärft, dass dieser nur dann persönlich haftet, wenn er nach seinem Eintritt mit dem Mandat auch „befasst" gewesen ist. Es wäre nämlich widersprüchlich, dass sich die Altgesellschafter hinsichtlich ihrer Haftung auf das ursprüngliche Haftungsregime nach § 8 Abs. 2 PartGG berufen könnten, es dem Neugesellschafter im Gegenzug aber verwehrt wäre. Dafür spricht auch der Wortlaut von § 130 Abs. 1 HGB, wonach der Neugesellschafter (nur) „gleich" den anderen Gesellschaftern haftet.

Fraglich ist nun, ob die Gründe, die für eine Haftung des Neu-Gesellschafters für Altverbindlichkeiten der Gesellschaft nach § 130 HGB sprechen, im selben Maße für Altverbindlichkeiten nach einer „Umwandlung" in eine PartG mbB gelten, oder ob eine teleologische Reduktion der Verweisung auf § 130 HGB vorzunehmen ist. Ausgangspunkt der Überlegung ist dabei der Fall, dass sich die Pflichtverletzung nach der „Umwandlung" in die PartG mbB ereignet und damit dem Gläubiger neben dem Neugesellschafter auch die spezifische Berufshaftpflichtversicherung i.S.v. § 8 Abs. 4 PartGG als weitere Haftungsmasse zur Verfügung stünde. Nur in dieser Konstellation kommt es zu einer vom Regelfall der Anwendung von § 130 HGB abweichenden Kumulation der Gläubigersicherung. Der Sinn und Zweck von § 130 HGB wird indes uneinheitlich beurteilt. Die verschiedenen Sichtweisen werden im Folgenden nicht auf ihre Richtigkeit überprüft, sondern darauf, ob sie eine Haftung des in eine PartG mbB eintretenden Gesellschafters für Altverbindlichkeiten hinreichend zu rechtfertigen vermögen:

Teilweise wird die Ansicht vertreten, die Vorschrift folge dem Gedanken der Vereinfachung und Verkehrserleichterung[815]. § 130 HGB sei erforderlich, da es dem Gesellschaftsgläubiger oft weder zumutbar noch möglich sei, die im Zeitpunkt der Begründung seiner Forderung vorhandenen Gesellschafter zu ermitteln[816]. Er solle sich bei der Inanspruchnahme eines Gesellschafters nicht dem Einwand ausgesetzt sehen, dass dieser zum fraglichen Zeitpunkt noch gar nicht Gesellschafter gewesen sei. Hierzu ist zu bedenken, dass dem Gläubiger mit der Versicherungsgesellschaft ein leicht zu ermittelnder und äußerst solventer Schuldner zur Verfügung gestellt wird, sodass es gerechtfertigt erscheint, den Gläubiger mit den Beweisschwierigkeiten bei der Anspruchsdurchsetzung gegen die Gesellschafter, die ohnehin in den Risikobereich eines jeden Gläubigers gehören[817], im Gegenzug zu belasten. Eine solche Sichtweise vom Zweck des § 130 HGB vermag eine Anwendung der Norm im hier in Rede stehenden Fall daher nicht hinreichend zu begründen.

---

815 *Hillmann*, in E/B/J/S, HGB, § 130 Rn. 1; *Habersack*, in: GroßKomm HGB, § 130 Rn. 2; *Honsell/Harrer*, ZIP 1983, 259, 262 f; *Vetter*, Altschuldenhaftung auf fehlerhafter Vertragsgrundlage, S. 252.

816 Dies ist insoweit richtig, als dass sich der Erwerb der Mitgliedschaft außerhalb des Registers vollzieht und dieses also keine letzte Klarheit über den Mitgliederbestand geben kann.

817 So zutreffend *Dauner-Lieb*, FS Ulmer (2003), S. 73, 76.

Nach anderer Ansicht ist § 130 HGB Ausdruck sowohl des Wesens der Personengesellschaft, als auch – damit innerlich zusammenhängend – einer im Verkehrsschutzinteresse zu Ende gedachten Akzessorietät der Haftung[818]. Die Gesellschaft verfüge über kein zugunsten der Gläubiger gebundenes garantiertes Haftkapital und damit stehe ihr Gesellschaftsvermögen dem uneingeschränkten und sanktionslosen Zugriff der Gesellschafter offen. Die persönliche Haftung der Gesellschafter bilde hierzu das notwendige Gegenstück. Dies müsse auch für die Neugesellschafter unterschiedslos gelten, denen mit Eintritt dieselbe Zugriffsmöglichkeit auf das Vermögen eröffnet werde. Gleichfalls partizipieren sie mit Eintritt am Vermögen der Gesellschaft, der Marktstellung sowie Kunden- bzw. Mandatsbeziehungen. Diese Sichtweise mag zutreffend sein, wenn es um den Eintritt eines Gesellschafters in eine Personengesellschaft geht, die einer Akzessorietät der Haftung uneingeschränkt folgt. Sie verliert allerdings an Gewicht, wenn es um den Eintritt eines Gesellschafters in eine PartG mbB geht. Mit Wirksamkeit des Wechsels in die PartG mbB endet die Akzessorietätshaftung der Gesellschafter (im Bereich von Berufsfehlern). Die Gesellschafter sind aus der persönlichen Haftung entlassen, im Gegenzug muss eine entsprechende Versicherung unterhalten werden. Dabei vermag die Berufshaftpflichtversicherung sowohl die persönliche Haftung der Gesellschafter für Neuverbindlichkeiten also auch der Neugesellschafter für Altverbindlichkeiten zu substituieren. Denn der Versicherungsschutz greift unabhängig davon, wann die Verbindlichkeit begründet wurde, sofern die Pflichtverletzung sich innerhalb des Haftzeitraums ereignet. Eine darüber hinausgehende Kompensation der Gläubigerinteressen in Form der persönlichen Haftung des Neugesellschafters lässt sich daher schwerlich rechtfertigen.

Namentlich von *Karsten Schmidt* wird die Auffassung vertreten, § 130 HGB enthalte nur eine Ergänzung der auf dem Akzessorietätsprinzip beruhenden Vorschrift des § 128 HGB[819]. Es solle sichergestellt werden, dass der neu eingetretene Gesellschafter ebenso wie alle anderen Gesellschafter einem einheitlichen Haftungsstatus unterliegt, für Altverbindlichkeiten wie für Neuverbindlichkeiten. Dieser Gedanke gilt natürlich immer nur dann, wenn Alt- und Neuverbindlichkeiten, ebenso wie Alt- und Neugesellschafter einem einheitlichen, dem Akzessorietätsprinzip folgenden Haftungsregime unterfallen. Mit dem Entstehen der PartG mbB hat der Haftungsstatus der Gesellschafter eine Zäsur erfahren. Diese Auffassung ist damit in dem hier in Rede stehenden Fall ihrer gedanklichen Grundlage beraubt. Sie vermag nicht mehr zu erklären, warum den Neugesellschafter einer PartG mbB, für den gerade keine akzessorische Haftung (im Bereich von Berufsfehlern) gilt, wieder eine persönliche Haftung treffen soll. Es würde nur künstlich ein einheitlicher

---

818 BGHZ 154, 370, 373 f. = NJW 2003, 1803, 1804; *Roth*, in: Baumbach/Hopt, HGB, § 130 Rn. 1; *Steitz*, in: Henssler/Strohn, GesR, § 130 HGB Rn. 1.

819 *K. Schmidt*, in: MüKo HGB, § 130 Rn. 1; *K. Schmidt*, in: Schlegelberger, HGB, § 130 Rn. 1; wohl auch *Emmerich*, in: Heymann, HGB, § 130 Rn. 1; kritisch *Vetter*, Altschuldenhaftung auf fehlerhafter Vertragsgrundlage, S. 244.

Haftungsstatus hergestellt, der in Wirklichkeit nicht existiert (aber denklogische Voraussetzung für diese Auffassung ist) und für den auch, wie gezeigt, kein echtes Bedürfnis besteht.

Im Ergebnis vermögen die dargestellten verschiedenen Sichtweisen zum Hintergrund von § 130 HGB die persönliche Haftung des Neugesellschafters in der hier in Rede stehenden Konstellation nicht hinreichend zu begründen.

Vielmehr wird weiter zu berücksichtigen sein, dass im Ausgangspunkt § 130 HGB wohl unstreitig den Schutz der Gesellschaftsgläubiger bezweckt[820], die Norm gleichzeitig aber auch Ausdruck einer Abwägung zwischen den (legitimen) Interessen der Gläubiger und des Eingetretenen ist[821]. Die Anwendung der Norm ist dann nicht mehr gerechtfertigt, wenn die Abwägung in Richtung der Gläubiger über Gebühr erfolgt und sich im Ergebnis eher als „überraschendes Geschenk an die Gläubiger"[822] darstellt, denn als Ausdruck einer ausgewogenen Interessenabwägung. So verhält es sich, wenn dem Gläubiger neben der Berufshaftpflichtversicherung zusätzlich noch das Privatvermögen der Neugesellschafter uneingeschränkt als Haftungsmasse zur Verfügung gestellt wird. Auf der anderen Seite erfolgt die Entlassung aus der persönlichen Haftung für den Neugesellschafter indes nicht kostenlos. Vielmehr muss er den „Preis" dafür in Form höherer Versicherungsprämien wegen der gesteigerten Jahreshöchstleistung der Versicherung (vgl. für eine PartG mbB von Rechtsanwälten etwa § 51a Abs. 2 BRAO) mittelbar über seinen Anteil am Gesellschaftsvermögen selbst aufbringen und dies bedeutet für ihn eine nicht unerhebliche finanzielle Belastung.

Darüber hinaus spricht für eine teleologische Reduktion von § 130 HGB, dass Gläubiger grundsätzlich nicht davor bewahrt werden, dass eine Personengesellschaft sich in eine Kapitalgesellschaft umwandelt, mit der Folge des vollständigen Ausschlusses der persönlichen Haftung der Gesellschafter. In diesem Fall haften lediglich die Altgesellschafter weiterhin persönlich für Altverbindlichkeiten[823], Neugesellschafter hingegen weder für Neu-, noch für Altverbindlichkeiten persönlich (§ 13 Abs. 2 GmbHG)[824]. Auch ein Vergleich mit der Haftungssituation bei Neueintritt eines Gesellschafters in die Stellung als Kommanditist in eine bestehende KG gemäß § 173 HGB stützt die Annahme einer teleologischen Reduktion, denn aus der Vorschrift lässt sich folgende Wertung ableiten: bei Neueintritt in eine (Personen-)

---

820 *Habersack*, in: GroßKomm HGB, § 130 Rn. 2 m.w.N.

821 Darauf ausdrücklich hinweisend BGHZ 154, 370, 374 = NJW 2003, 1803, 1804.

822 Ein solches verneinend im Zusammenhang mit der Anwendung von § 130 HGB (analog) auf die GbR: BGHZ 154, 370, 374 = NJW 2003, 1803, 1804; kritisch: *Dauner-Lieb*, FS Ulmer (2003), S. 73, 76.

823 Vgl. etwa § 224 UmwG bei einem Formwechsel in eine Kapitalgesellschaft.

824 Ausdrücklich: *Heidinger*, GmbHR 1996, 890, 895; *Veith*, Gläubigerschutz beim Formwechsel, S. 173; zutreffend eine analoge Anwendung von § 130 HGB für Neugesellschafter einer Kapitalgesellschafter ausdrücklich ablehnend: *Lenz*, Gesellschafter- und Gläubigerschutz bei dem Formwechsel einer OHG in eine GmbH, S. 271 f.

Gesellschaft in die Position eines in der Haftung beschränkten Gesellschafters (hier: als Kommanditist) haftet der Neugesellschafter grundsätzlich für Altverbindlichkeiten persönlich. Erfüllt der Gesellschafter allerdings alle ihm qua Gesetz auferlegten Voraussetzungen, um seine Haftung im Außenverhältnis vollständig zu beschränken (hier: §§ 171, 172 HGB), dann ist auch eine persönliche Außenhaftung für Altverbindlichkeiten ausgeschlossen. Ähnlich verhält es sich bei dem Neugesellschafter einer PartG mbB, der nur aus der persönlichen Haftung entlassen ist, weil die (mit dem Eintritt gesteigerten) Anforderungen an die im Gegenzug zu unterhaltende Berufshaftpflichtversicherung erfüllt werden. Allerdings rechtfertigt sich ein vollständiger Haftungsausschluss zugunsten des Neugesellschafters einer PartG mbB für Altverbindlichkeiten – anders als in den beiden zuvor beschriebenen Fällen – nicht, da die Besonderheiten der spezifischen Berufshaftpflichtversicherung i.S.v. § 8 Abs. 4 PartGG zu berücksichtigen sind: der Ausschluss der persönlichen Haftung des Kommanditisten einer KG bzw. Gesellschafters einer Kapitalgesellschaft findet seine Legitimation (auch) in der Aufbringung eines gesetzlich gebundenen Haftkapitals[825]. Beim Gesellschaftsvermögen als Zugriffsobjekt der Gläubiger wird allerdings – anders als bei einer Berufshaftpflichtversicherung – nicht danach unterschieden, wann ein Anspruch gegen die Gesellschaft entstanden ist, sondern steht allgemein für alle Verbindlichkeiten (gerichtet auf Geld) zur Verfügung. Der Versicherungsschutz als Korrelat für den Entfall der persönlichen Haftung besteht hingegen nur für schädigende Handlungen während des Haftzeitraums. Diese Eigenart des Versicherungsschutzes macht es erforderlich, im Rahmen der gebotenen teleologischen Reduktion von § 130 HGB danach zu unterscheiden, wann es zu einer Pflichtverletzung gekommen ist.

Im Ergebnis gilt damit aufgrund einer teleologischen Reduktion der Verweisung von § 8 Abs. 1 S. 2 PartGG auf § 130 HGB für die Haftung des Neugesellschafters für Altverbindlichkeiten Folgendes: ereignete sich die Pflichtverletzung nach der Entstehung der PartG mbB, so haftet er nicht persönlich; ereignete sich die Pflichtverletzung vor der Entstehung der PartG mbB, so haftet er persönlich „gleich den anderen Gesellschaftern" gemäß §§ 8 Abs. 1 S. 2 PartGG i.V.m. 130 HGB[826].

III. Haftung des ausgeschiedenen Gesellschafters

Nach § 9 Abs. 1 PartGG sind hinsichtlich des Ausscheidens eines Partners die handelsrechtlichen Vorschriften zur OHG entsprechend anwendbar (§§ 131 ff. HGB). § 131 Abs. 3 HGB bestimmt – vorbehaltlich anderer gesellschaftsvertraglicher Regelungen – die Fälle, die zu einem Ausscheiden eines Partners führen[827].

---

825 Dazu oben Kapitel B. III.2.a.

826 **aA** *Kienzler*, S. 105: uneingeschränkte Anwendung von § 130 HGB (ohne allerdings eine teleologische Reduktion zu diskutieren).

827 Dazu gehören der Tod des Partners (Nr. 1), die Eröffnung des Insolvenzverfahrens über sein Vermögen (Nr. 2), eigene Kündigung (Nr. 3), Kündigung eines

Der Zeitpunkt des Ausscheidens ist der Eintritt des Ausscheidenstatbestandes (§ 131 Abs. 3 S. 2 HGB)[828]. Die Anmeldung des Ausscheidens eines Partners zum Partnerschaftsregister ist nur deklaratorischer Natur[829]. Die PartG mbB wird mit den verbliebenen Gesellschaftern fortgesetzt[830], denen der Anteil des ausgeschiedenen Gesellschafters am Gesellschaftsvermögen zwingend anwächst[831].

Das Ausscheiden eines Gesellschafters führt *ex nunc* zu einer Veränderung seines Haftungsstatus, sodass sich seine Haftung nach den oben dargelegten Grundsätzen[832] bemisst: Die Haftung für Neuverbindlichkeiten ist mangels Gesellschaftszugehörigkeit und damit wegen fehlender Haftungsgrundlage ausgeschlossen. Für Altverbindlichkeiten haftet er in demselben Umfang wie während seiner Zugehörigkeit zu der Gesellschaft. Insbesondere gilt § 8 Abs. 4 PartGG für die Nachhaftung des Partners für Altverbindlichkeiten, da das Ausscheiden eines Gesellschafters nichts an dem Inhalt seiner Haftung ändert[833].

Dies muss richtigerweise unverändert auch dann gelten, wenn sich die PartG mbB nach dem Ausscheiden des Partners in eine Gesellschaft mit unbeschränkter Haftung „umwandelt" und sich die Pflichtverletzung anschließend ereignet[834]. Ebenso wie einem Gläubiger nicht ohne dessen Mitwirkung ein Schuldner entzogen werden darf[835], ist es auch nicht möglich, die Schuld eines anderen ohne dessen Mitwirkung zu begründen. So würde es sich indes verhalten, wenn man die nach § 8 Abs. 4 PartGG ausgeschlossene persönliche Haftung des Alt-Gesellschafters wegen einer „Umwandlungsmaßnahme" der Gesellschaft, an der dieser nicht beteiligt gewesen ist bzw. sein konnte, wieder aufleben lassen würde. Auch ist das Sicherungsinteresse des Gläubigers in geringem Maße schützenswert, da dieser die Mandatsbeziehung nicht im Vertrauen auf den Personalkredit des einzelnen Gesellschafters eingegangen ist, sondern wegen des hinter der Gesellschaft stehenden Versicherungsschutzes. Dessen Wegfall wird indes hinreichend kompensiert durch die fortan mögliche persönliche Inanspruchnahme der verbliebenen Gesellschafter. Außerdem besteht für den Gläubiger nach § 627 BGB die Möglichkeit, sich wegen

---

Privatgläubigers (Nr. 4), Beschluss der Gesellschafter (Nr. 6) sowie (endgültiger) Verlust der Berufszulassung (§ 9 Abs. 3 PartGG), Einzelheiten: *Salger*, in: MüHdB GesR, Bd. 1, § 44 Rn. 16 ff.

828 Vgl. nur *K. Schmidt*, in: MüKo HGB, § 131 Rn. 98.

829 Vgl. nur *Roth*, in: Baumbach/Hopt, HGB, § 143 Rn. 5 f.

830 Vgl. nur *Roth*, in: Baumbach/Hopt, HGB, § 131 Rn. 34.

831 *Roth*, in: Baumbach/Hopt, HGB, § 131 Rn. 39; *Henssler*, PartGG, § 9 Rn. 43.

832 Dazu oben Kapitel F. I.1.

833 *Hoffmann*, in: M/GvW/H/L/W, PartGG, § 10 Rn. 37; zu § 8 Abs. 2 PartGG: BT-Drucks. 12/6152, S. 22 f.; *Römermann*, in: Michalski/Römermann, PartGG, § 10 Rn. 14.

834 Nach oben gewonnener Begriffsbestimmung würde es sich noch um eine Altverbindlichkeit handeln, für die der ausgeschiedene Gesellschafter grundsätzlich nachhaften müsste.

835 Dazu oben Kapitel F. I.1.

der veränderten Haftungsverhältnisse von dem Vertrag zu lösen, sollte er deswegen nicht länger ein Mandatsverhältnis zu der Gesellschaft unterhalten wollen[836]. Der Alt-Gesellschafter hat hingegen ein anerkennenswertes und gesteigertes Bedürfnis, nur nach dem Haftungsstatut haften zu müssen, wie es sich zur Zeit seiner Zugehörigkeit zur Gesellschaft darstellte, denn mit dem Ausscheiden hat er seine gesellschaftsrechtlichen Einfluss- und Kontrollrechte vollständig verloren und ihm fehlt jegliche Einwirkungsmöglichkeit auf die künftige Entwicklung der Gesellschaft. Die Haftungsbeschränkung gilt zu seinen Gunsten fort, gleichfalls darf sie ihm nach seinem Ausscheiden nicht zu seinen Ungunsten entzogen werden. Ebenso, wie ein aus einer Kapitalgesellschaft ausgeschiedener Gesellschafter nach einer Umwandlung in eine Personengesellschaft nicht für während seiner Zugehörigkeit zur Gesellschaft begründete Verbindlichkeiten persönlich nachhaftet, gilt dies für den aus einer PartG mbB ausgeschiedenen Partner. Auch wenn gewichtige Gründe für eine solche Sichtweise sprechen, wäre es aus Gründen der Rechtssicherheit angebracht gewesen, wenn der Gesetzgeber dies zumindest im Rahmen der Gesetzesbegründung klargestellt hätte.

Gemäß der Verweisung von § 10 Abs. 2 PartGG auf § 160 HGB wird auch beim Ausscheiden eines Gesellschafters – als Ausdruck des dargestellten allgemeinen Enthaftungskonzepts – die Nachhaftung im Außenverhältnis auf fünf Jahre begrenzt, beginnend ab Eintragung des Ausscheidens in das Partnerschaftsregister. Im Innenverhältnis hat der Ausscheidende einen Anspruch auf Freistellung von der im Außenverhältnis bestehenden Nachhaftung in den zeitlichen Grenzen von § 160 HGB gegenüber der Gesellschaft[837].

IV. Haftung bei Beendigung der PartG mbB

1. Wechsel in eine herkömmliche Partnerschaft

a. Voraussetzungen

Wird die spezifische Berufshaftpflichtversicherung i.S.v. § 8 Abs. 4 PartGG von der Gesellschaft nicht länger unterhalten, so kommt es *ex lege* kraft identitätswahrendem Rechtsformvariantenwechsel zu einer „Umwandlung" der PartG mbB in eine herkömmliche Partnerschaft[838]. Der Wechsel in eine herkömmliche Partnerschaft verläuft spiegelbildlich zu der Entstehung einer PartG mbB aus einer „normalen" Partnerschaft: Die Wirksamkeit des Rechtsformvariantenwechsels ist unabhängig von einer Eintragung in Partnerschaftsregister oder einer Änderung des Namenszusatzes[839] und tritt mit dem Zeitpunkt des Nichtunterhaltens des

836 Zum umgekehrten Fall eines Wechsels von einer „normalen" Partnerschaft hin zu einer PartG mbB: *Ulmer*, AnwBl 2014, 806, 811 f m.w.N.

837 *Henssler*, PartGG, § 9 Rn. 46; *Salger*, in: MüHdB GesR, Bd. 1, § 44 Rn. 46.

838 Dazu bereits oben Kapitel C. II.1.b.

839 So auch *Lieder/Hoffmann*, NZG 2016, 287, 291.

Versicherungsschutzes ein. Der Fall einer Kündigung des Versicherungsvertrags[840] von Seiten der Gesellschaft ist – wie schon der Abschluss des Versicherungsvertrages – als Grundlagengeschäft einzuordnen[841]. Neben den oben angestellten Erwägungen[842] spricht hierfür schon die besondere Schutzbedürftigkeit der Gesellschafter, da diese fortan persönlich haften und sich ein solches Risiko im Bezug auf Altmandate gleichfalls stellen kann. Ergänzend ist der Rechtsgedanke von § 233 Abs. 1 UmwG heranzuziehen, der den vergleichbaren Fall einer Umwandlung einer Kapitalgesellschaft in eine Personengesellschaft (mit unbeschränkter persönlicher Haftung) regelt und in Ergänzung zu § 193 UmwG einen einstimmigen Beschluss der Anteilsinhaber vorsieht. Anliegen der Vorschrift ist es, dass keinem Gesellschafter die persönliche Haftung in dem Rechtsträger neuer Rechtsform ohne seine Zustimmung aufgedrängt werden soll[843]. Dieselbe Interessenlage stellt sich für die Gesellschafter auch bei einem „Wechsel" von einer PartG mbB hin zu einer herkömmlichen Partnerschaft. Folglich ist ein grundsätzlich einstimmig zu fassender Gesellschafterbeschluss Wirksamkeitsvoraussetzung für die Maßnahme im Außenverhältnis.

b. Haftungsfolgen für die Gesellschafter

Der Übergang von einer PartG mbB zu einer herkömmlichen Partnerschaft bedeutet für die Gesellschafter eine Veränderung ihres Haftungsstatus *ex nunc844* von einer beschränkten Haftung hin zu einer unbeschränkten persönlichen Haftung nach Maßgabe von § 8 Abs. 1, 2 PartGG[845]. Eindeutig ist die Rechtslage für Neuverbindlichkeiten: Die Haftung der Gesellschafter richtet sich nach dem Haftungsregime der neuen Rechtsform(-variante), also der „normalen" Partnerschaft[846]. Fraglich ist demgegenüber, wie es sich bei der Haftung für Altverbindlichkeiten verhält. Für solche hafteten die Gesellschafter der PartG mbB bei der Begründung der Verbindlichkeit nicht, da sie im Gegenzug einen entsprechenden Versicherungsschutz aufrechterhalten mussten.

---

840 Gleiches betrifft die Änderung des Versicherungsvertrages, mit der Folge, dass die Anforderungen an die Berufshaftpflichtversicherung nicht länger erfüllt sind und damit die Haftungsbeschränkung nach § 8 Abs. 4 PartGG entfällt.

841 *Henssler*, AnwBl 2014, 96, 98; *Tröger/Pfaffinger*, JZ 2013, 812, 818.

842 Dazu oben Kapitel C.II.1.a.

843 BT-Drucks. 12/6699, S. 154; *Dirksen/Blasche*, in: Kallmeyer, UmwG, § 233 Rn. 2; *Stratz*, in: Schmitt/Hörtnagel/Stratz, UmwG, § 233 Rn. 2.

844 Die oben in Kapitel F.I.1. getroffenenen Grundüberlegungen zur Veränderung des Haftungstatuts der Gesellschafter gelten hier in gleichem Maße.

845 Allein die Haftung für Berufsfehler soll im Folgenden erörtert werden. Die Haftung für „sonstige Verbindlichkeiten" folgen in Ausgangs- und Zielgesellschaft demselben Haftungsregime (§ 8 Abs. 1 PartGG).

846 Zum Formwechsel einer Kapitalgesellschaft in eine Personengesellschaft: *Dirksen/Blasche*, in: Kallmeyer, UmwG, § 228 Rn. 14; *Dauner-Lieb/Tettinger*, KK-UmwG, § 228 Rn. 33; *Ihrig*, in: Semler/Stengel, UmwG, § 228 Rn. 39 f.

Eine ausdrückliche gesetzliche Regelung hierzu fehlt. Zur Lösung dieses Problems bietet sich eine Anlehnung an die Haftungslage bei einem Formwechsel von einer Kapitalgesellschaft in eine Personengesellschaft an[847]. Trotz Ermangelung einer ausdrücklichen gesetzlichen Regelung wird dort im Ergebnis eine persönliche Haftung der Gesellschafter für Altverbindlichkeiten nicht bestritten. Die Diskussion in diesem Zusammenhang dreht sich vielmehr um die – praktisch nicht relevante – dogmatische Grundlage, nämlich ob es zur Anwendung von § 128 HGB[848] (bzw. § 128 HGB analog oder § 8 Abs. 1 S. 1 PartGG) oder § 130 HGB[849], ggf. analog[850], kommt[851].

Es schließt sich die Frage an, ob dieses Ergebnis im selben Maße auf den hier in Rede stehenden Fall übertragbar ist. Hintergrund einer Haftung der Gesellschafter für Altverbindlichkeiten nach erfolgter Umwandlung von einer Kapital- in eine Personengesellschaft sind Aspekte des Gläubigerschutzes[852]: mit der Umwandlung bleibt den Gläubigern zwar formal das Gesellschaftsvermögen als Haftungsmasse erhalten, gleichwohl fallen die (dem Gläubigerschutz dienenden) Regeln zur Kapitalaufbringung und -erhaltung weg. An deren Stelle tritt die persönliche Haftung der Gesellschafter, die der Gesetzgeber als gleichwertig einschätzt wie ein gesetzlich gebundenes Haftkapital[853]. Da den Gläubigern das Haftkapital als Haftungsmasse sowohl für Neu- als auch für Altverbindlichkeiten weggefallen ist, muss in beiden Fällen die persönliche Haftung an dessen Stelle treten. Bei der PartG mbB ist der Gesetzgeber dem Grundgedanken gefolgt, dass das Unterhalten einer spezifischen Berufshaftpflichtversicherung i.S.v. § 8 Abs. 4 PartGG die persönliche Haftung adäquat zu substituieren vermag. Daher ist zu berücksichtigen, wie weit der Versicherungsschutz der PartG mbB reicht[854]. Dieser greift bei Altverbindlichkeiten, bei denen sich die Pflichtverletzung während des Haftzeitraums ereignet hat, sodass eine Substitution durch die persönliche Haftung der Gesellschafter nicht erforderlich ist. Dies bedeutet, dass die Gesellschafter nach „Umwandlung" einer PartG

847 So auch *Piller*, S. 342.

848 *Mülbert*, AcP 199 (1999), 38, 84.

849 *Vossius*, in: Widmann/Mayer, Umwandlungsrecht, § 228 UmwG Rn. 30.

850 *K. Schmidt*, ZGR 1990, 580, 583 f.; *Ihrig*, in: Semler/Stengel, UmwG, § 228 Rn. 41. *Veith*, Gläubigerschutz beim Formwechsel, S. 208 f.

851 Offen lassend: *Dirksen/Blasche*, in: Kallmeyer, UmwG, § 228 Rn. 14; *Dauner-Lieb/Tettinger*, KK-UmwG, § 228 Rn. 34; *Göthel*, in: Lutter, UmwG, § 228 Rn. 16. *Althoff/Narr*, in: NK-UmwandlungsR, § 228 UmwG Rn. 15.

852 Wenn *K. Schmidt*, ZGR 1990, 580, 583 f., den Grund für die Anwendung von § 130 HGB analog in dem hinter dieser Vorschrift stehenden Prinzip sieht, dass jeder Gesellschafter für Alt- wie für Neuverbindlichkeiten haften solle, so geht es bei der persönlichen Haftung letztlich auch nur um eine Form der Gläuigersicherung, die gilt, soweit die Gesellschafter nicht die gesetzlichen Voraussetzungen einer Rechtsform mit beschränkter Haftung erfüllt haben, vgl. *ders.*, GesR, § 18 IV., S. 538 ff.

853 *Mülbert*, AcP 199 (1999), 38, 83; den Gläubigerschutz gleichfalls herausstellend: *Petersen*, Gläubigerschutz im Umwandlungsrecht, S. 55 ff.

854 Darauf auch hinweisend *Piller*, S. 448 f.

mbB in eine herkömmliche Partnerschaft für Altverbindlichkeiten, bei denen sich die Pflichtverletzung nach dem Wechsel in die andere Rechtsformvariante zutrug, unbeschränkt persönlich haften[855] und sich im Übrigen auf die Haftungsbeschränkung nach § 8 Abs. 4 PartGG berufen können. Anders als das gesetzlich gebundene Haftkapital einer Kapitalgesellschaft bleibt der Versicherungsschutz den Gläubigern nicht nur formal, sondern tatsächlich erhalten[856].

2. Auflösung und Liquidation der PartG mbB[857]

a. Überblick über den Ablauf der Liquidation

§ 10 Abs. 1 PartGG verweist hinsichtlich der für die Liquidation der Gesellschaft geltenden Regelungen auf das Recht der OHG (§§ 145 ff. HGB). § 131 Abs. 1 HGB enthält eine grundsätzlich abschließende Auflistung von Auflösungsgründen[858]. Die Auflösung der Gesellschaft ist nach § 143 Abs. 1 HGB in den dort genannten Fällen durch alle Gesellschafter zum Partnerschaftsregister anzumelden; die Eintragung hat deklaratorische Wirkung[859]. Bedeutung hat die Eintragung allerdings im Hinblick auf eine Enthaftung nach § 159 HGB[860].

Mit der Auflösung erlischt die PartG mbB nicht[861], sondern die Gesellschaft besteht als Rechtssubjekt fort und ist mit der werbenden Gesellschaft identisch (sog. *Abwicklungsgesellschaft*), insbesondere bleibt sie im Verhältnis zu Dritten als Rechtsträger erhalten[862]. Dabei hat sich der Zweck der Gesellschaft geändert. Dieser

---

855 Zur streitigen Frage, ob den Gesellschaftern § 8 Abs. 2 PartGG zugute kommt: *Dauner-Lieb/Tettinger*, in: KK-UmwG, § 228 Rn. 36 ff m.w.N.

856 Aus den dargestellten Gründen ist die Ansicht von *Piller*, S. 342, 447 ff. und *Sommer/Treptow*, NJW 2013, 3269, 3272, die für eine persönliche Haftung der Gesellschafter für Altverbindlichkeiten unabhängig vom Zeitpunkt der Pflichtverletzung plädieren, abzulehnen.

857 Im Folgenden wird nur ein Überblick über die Liquidation der PartG mbB gegeben werden, da eine vollumfängliche inhaltliche Auseinandersetzung den Rahmen dieser Arbeit übersteigen würde.

858 *Henssler*, PartGG, § 9 Rn. 86; *Hoffmann*, in: M/GvW/H/L/W, PartGG, § 9 Rn. 69; Zur OHG: *Roth*, in: Baumbach/Hopt, HGB, § 131 Rn. 6; *Butzer/Knof*, in: MüHdB GesR, Bd. 1, § 83 Rn. 6; kritisch: *K. Schmidt*, ZHR 153 (1989), 271, 278 f.

859 *Grunewald*, GesR, § 2 Rn. 85; *Hoffmann*, in: M/GvW/H/L/W, PartGG, § 9 Rn. 83; *Butzer/Knof*, in: MüHdB GesR, Bd. 1, § 83 Rn. 52 ff.

860 Dazu unten Kapitel F. IV.2.b.

861 Zur streitigen Frage der sofortigen Vollbeendigung der Gesellschaft bei Vermögenslosigkeit der Gesellschaft: *Habersack*, in: GroßKomm HGB, § 145 Rn. 9 m.w.N.

862 *Habersack*, in: GroßKomm HGB, § 145 Rn. 2, 13; *Hillmann*, in: E/B/J/S, HGB, § 145 Rn. 11; *K. Schmidt*, in: MüKo HGB, § 145 Rn. 20.

ist fortan auf die Abwicklung der Gesellschaft gerichtet[863]. Die §§ 145–158 HGB bestimmen, wie die Abwicklung im Einzelnen zu erfolgen hat[864]. Die Abwicklung der Gesellschaft hat, vorbehaltlich anderer gesellschaftsvertraglicher Vereinbarungen oder eines anders lautenden Gesellschafterbeschlusses, durch alle Gesellschafter als Liquidatoren zu erfolgen (§ 146 Abs. 1 HGB). Aufgabe der Liquidatoren ist es, die laufenden Geschäfte zu beenden, Forderungen einzuziehen, das übrige Vermögen in Geld umzusetzen und die Gläubiger zu befriedigen (§ 149 S. 1 HGB). Zur Beendigung schwebender Geschäfte dürfen die Liquidatoren neue Geschäfte eingehen (§ 149 S. 1 HS 2 HGB), was auch für freiberufliche Aktivitäten gilt[865]. Diese müssen allerdings dem Zweck der Abwicklung dienen[866], wozu nicht die Neubegründung eines Mandatsverhältnisses oder sonstige werbende, der Vermögensmehrung dienende freiberufliche Tätigkeiten zählen. Gleichwohl können die Liquidatoren aufgrund ihrer Vertretungsmacht nach § 149 S. 2 HGB die Abwicklungsgesellschaft auch hinsichtlich liquidationsfremder Geschäfte binden, sofern der Geschäftspartner die Liquidationsfremdheit nicht kannte oder hätte kennen müssen[867].

Bleibt nach der Befriedigung der Gläubiger noch Gesellschaftsvermögen übrig, so ist dieses nach dem Verhältnis der Kapitalanteile, wie sie sich aus der von Liquidatoren aufzustellenden Liquidationsschlussbilanz[868] ergeben, unter den Gesellschaftern aufzuteilen (§ 155 Abs. 1 HGB)[869]. Ziel der Schlussverteilung nach § 155 Abs. 1 HGB ist die Vollbeendigung der Gesellschaft. Die Gesellschaft ist nach allgemeiner Meinung vollbeendigt, wenn kein Aktivvermögen mehr existiert[870]. Erst dann ist die

---

863 RGZ 54, 278, 281; BGH NJW 1951, 650 f.; *Lehmann-Richter*, BeckOK HGB, § 145 Rn. 7; *Hillmann*, in: E/B/J/S, HGB, § 145 Rn. 12; *Habersack*, in: GroßKomm HGB, § 145 Rn. 2, 16; *Grunewald*, GesR, § 2 Rn. 86; *Kamanabrou*, in: Oetker, HGB, § 131 Rn. 3; abweichend (Liquidationszweck überlagert Zweck der aufgelösten Gesellschaft, ist aber damit nicht identisch): *K. Schmidt*, in: MüKo HGB, § 145 Rn. 28 f.; *K. Schmidt*, ZHR 153 (1989), 271, 281 f.

864 Nachstehendes gilt vorbehaltlich eine Vereinbarung der Gesellschafter über eine andere Art der Abwicklung (§§ 145 Abs. 1, 158 HGB); Einzelheiten: *Habersack*, in: GroßKomm HGB, § 145 Rn. 22 ff.

865 *C. Schäfer*, in: Ulmer/Schäfer, Syst Komm GbR/PartG, § 10 PartGG Rn. 8.

866 *Roth*, in: Baumbach/Hopt, HGB, § 149 Rn. 6 f.; *Habersack*, in: GroßKomm HGB, § 149 Rn. 16.

867 BGH NJW 1984, 982; *Roth*, in: Baumbach/Hopt, HGB, § 149 Rn. 7; *Grunewald*, GesR, § 2 Rn. 86.

868 Vgl. nur *Hoffmann*, in: M/GvW/H/L/W, PartGG, § 10 Rn. 2.

869 *Habersack*, in: GroßKomm HGB, § 155 Rn. 5; *Butzer/Knof*, in: MüHdB GesR, Bd. 1, § 84 Rn. 51.

870 BGH NJW 1979, 1987; *Lehmann-Richter*, in: BeckOK HGB, § 155 Rn. 14; *Hillmann*, in: E/B/J/S, HGB, § 155 Rn. 21; *Habersack*, in: GroßKomm HGB, § 155 Rn. 34; *Henssler*, in: Henssler/Prütting, BRAO, § 10 PartGG Rn. 8; *K. Schmidt*, in: MüKo HGB, § 155 Rn. 52; *C. Schäfer*, in: Ulmer/Schäfer, Syst Komm GbR/PartG, § 10 Rn. 13.

Liquidation abgeschlossen und die Gesellschaft erloschen[871]. Das Erlöschen der Partnerschaft ist zur Eintragung in das Partnerschaftsregister anzumelden (§ 157 Abs. 1 HGB). Der Eintragung kommt nur deklaratorische Wirkung zu[872].

Stellt sich im Nachhinein heraus, dass noch Aktivvermögen der Gesellschaft vorhanden ist, so hat diese nur scheinbar zu existieren aufgehört[873]. Tatsächlich ist keine Vollbeendigung eingetreten und es ist von den bisherigen Liquidatoren eine Nachtragsliquidation durchzuführen[874]. Der Grund hierfür liegt darin, dass die Vollbeendigung eines Rechtsträgers dann nicht eintreten kann, solange noch Gesellschaftsvermögen als Liquidationsmasse vorhanden ist, denn subjektlose Rechte sind geltendem Recht fremd und eine Gesamtrechtsnachfolge in Ansprüche der Gesellschaft nach unberechtigter Löschung einer Gesellschaft ist von der Rechtsordnung nicht vorgesehen[875]. Außerdem stellt weiterhin vorhandenes Aktivvermögen eine hinreichende Grundlage für die Wiederaufnahme des Liquidationsverfahrens dar, weil dieses entweder zur Befriedigung der Gläubiger oder zur Verteilung unter den Gesellschaftern eingesetzt werden kann.

Offene Verbindlichkeiten der Gesellschaft hingegen, die nach ordnungsgemäßer Durchführung des Liquidationsverfahrens und Beendigung von (Neu-) Gläubigern geltend gemacht werden, verhindern den Eintritt der Vollbeendigung grundsätzlich[876] nicht[877]. Anders als bei Vorhandensein von Aktivvermögen besteht hier kein Anlass zu einer Nachtragsliquidation, da kein Gesellschaftsvermögen vorhanden ist, das unter den Gläubigern oder Gesellschaftern verteilt werden könnte. Die ordnungsgemäße Verteilung ist endgültiger Natur[878]. Soweit die Gesellschafter persönlich haften (§ 8 Abs. 1 S. 1 PartGG), sind die Gläubiger auf diesen Weg der Anspruchsdurchsetzung verwiesen. Die Haftung nach § 8 Abs. 1 S. 1 bleibt von der Vollbeendigung der PartG mbB unberührt[879]. Diese Situation erscheint auf

871 *Hillmann*, in: E/B/J/S, HGB, § 155 Rn. 21.

872 Vgl. nur *Henssler*, in: Henssler/Prütting, BRAO, § 10 PartGG Rn. 9.

873 *K. Schmidt*, in: MüKo HGB, § 155 Rn. 56.

874 AllgM, vgl. nur BGH NJW 1979, 1897; BGH NJW 1990, 1725, 1728; *Habersack*, in: GroßKomm HGB, § 155 Rn. 35; *K. Schmidt*, in: Müko HGB, § 155 Rn. 56.

875 *K. Schmidt*, ZHR 153 (1989), 270, 297.

876 Zur streitigen Frage, ob mit Gesellschaftsschulden korrespondierende Ansprüche der Gesellschaft nach § 735 BGB gegen die Gesellschafter der Vollbeendigung entgegenstehen, *Habersack*, in: GroßKomm HGB, § 155 Rn. 34 m.w.N.. Für die PartG mbB hat dieser Meinungsstreit jedoch kaum praktische Relevanz, da der Anspruch nach § 735 BGB regelmäßig, jedenfalls im Wege ergänzender Vertragsauslegung, ausgeschlossen ist, dazu unten Kapitel I. II.

877 *Lehmann-Richter*, in: BeckOK HGB, § 155 Rn. 14; *Hillmann*, in: E/B/J/S, HGB, § 155 Rn. 21; *Grziwotz*, DStR 1992, 1813, 1815; *Grziwotz*, DStR 1993, 362, 363; *Klöhn*, in: Henssler/Strohn, GesR, § 157 HGB Rn. 5; *K. Schmidt*, GmbHR 1980, 261, 266. *Butzer/Knof*, in: MüHdB GesR, Bd. 1, § 84 Rn. 60.

878 *K. Schmidt*, GmbHR 1980, 261, 266.

879 Vgl. nur zur OHG: *Hillmann*, in: E/B/J/S, HGB, § 155 Rn. 21; *Windbichler*, GesR, § 12 Rn. 35.

den ersten Blick misslich für Gläubiger eines Anspruchs, der von der Haftungsbeschränkung nach § 8 Abs. 4 PartGG erfasst ist. Allerdings korrespondiert mit einem (begründeten) Anspruch aus fehlerhafter Berufsausübung regelmäßig ein entsprechender Freistellungsanspruch der PartG mbB gegen die Versicherungsgesellschaft, der wiederum eine Nachtragsliquidation erforderlich macht, da ein solcher Freistellungsanspruch als Forderung gegen einen Dritten Aktivvermögen der Gesellschaft darstellt[880]. In einem Rechtsstreit auf Durchsetzung solcher Ansprüche wegen fehlerhafter Berufsausübung, indem gleichzeitig die Vermögenslosigkeit der PartG mbB bestritten wird, gilt diese als parteifähig (§ 50 ZPO). Stellt sich im Prozess heraus, dass ein Freistellungsanspruch nicht besteht und die Gesellschaft tatsächlich vollbeendigt ist, so ist die Klage als unzulässig abzuweisen[881].

b. Auswirkungen des Liquidationsverfahrens auf die Haftungsverfassung

Der Übergang der PartG mbB in das Liquidationsstadium ändert nichts an dem für die Gesellschafter geltenden Haftungsregime nach § 8 PartGG[882]. Rechtsbeziehungen zu Dritten werden mit dem Eintritt in das Liquidationsverfahren nicht berührt. Daher wird eine spezifische Berufshaftpflichtversicherung i.S.v. § 8 Abs. 4 PartGG weiterhin unterhalten und die Voraussetzung für eine wirksame Haftungsbeschränkung besteht fort. Die persönliche Haftung der Gesellschafter nach § 8 Abs. 1 S. 1 PartGG gilt für alle sonstigen Verbindlichkeiten der Gesellschaft, unabhängig davon, ob es sich um Altverbindlichkeiten handelt oder ob diese nach der Auflösung begründet wurden[883]. Letzteres gilt insbesondere auch für Verbindlichkeiten aus wirksamen Rechtsgeschäften der Liquidatoren. Werden Mandate während des Liquidationsverfahrens hinweg fortgeführt (§ 149 S. 1 HS 2 HGB), so gilt hierfür auch weiterhin die Haftungsbeschränkung nach § 8 Abs. 4 PartGG, vorausgesetzt, der Versicherungsschutz wird aufrechterhalten. Die Liquidatoren sind gehalten, laufende Geschäfte zu beenden, wozu grundsätzlich auch die spezifische Berufshaftpflichtversicherung i.S.v. § 8 Abs. 4 PartGG gehört. Allerdings erstreckt sich die Geschäftsführungs- und Vertretungsbefugnis der Liquidatoren nicht auf Grundlagengeschäfte[884], weshalb die Beendigung des Versicherungsvertrags weiter in den Zuständigkeitsbereich der

880 BGH NJW 1979, 1987.

881 BGH NJW-RR 1988, 477 f.; *Klöhn*, in: Henssler/Strohn, GesR, § 157 HGB Rn. 6; *Kindler*, in: Kindler/Koller/Roth/Morck, HGB, § 157 Rn. 1.

882 Zu § 8 Abs. 2 PartGG: *Henssler*, PartGG, § 10 Rn. 43; Zur OHG: *Lehmann-Richter*, in: BeckOK HGB, § 145 Rn. 8; *Habersack*, in: GroßKomm HGB, § 157 Rn. 4, 12; *K. Schmidt*, ZHR 152 (1988), 105, 112; *Butzer/Knof*, in: MüHdB GesR, Bd. 1, § 83 Rn. 62; *Kamanabrou*, in: Oetker, HGB, § 145 Rn. 10; *Windbichler*, GesR, § 12 Rn. 32.

883 *Habersack*, in: GroßKomm HGB, § 157 Rn. 12; *K. Schmidt*, ZHR 152 (1988), 105, 112.

884 *Roth*, in: Baumbach/Hopt, HGB, § 149 Rn. 6; *Hillmann*, in: E/B/J/S, HGB, § 149 Rn. 2; *Klöhn*, in: Henssler/Strohn, GesR, § 149 HGB Rn. 3; *K. Schmidt*, in: MüKo HGB, § 149 Rn. 5 ff.; *Kamanabrou*, in: Oetker, HGB, § 149 Rn. 2.

Gesellschafter fällt und diese somit vor eigenmächtigem Handeln der Liquidatoren insoweit geschützt sind. Aus Sicht der Gesellschafter dürfte es angezeigt sein, den Versicherungsschutz jedenfalls solange aufrechtzuerhalten, wie bestehende Mandate fortgeführt werden, um die Haftungsbeschränkung zu erhalten. Solange der Versicherungsschutz während des Liquidationsverfahrens aufrechterhalten wird, besteht also für die Gesellschafter nicht die Gefahr einer persönlichen Inanspruchnahme wegen der Haftung aus Berufsfehlern.

Zugunsten der Gesellschafter einer PartG mbB sieht § 10 Abs. 2 PartGG i.V.m. § 159 HGB eine Sonderverjährung von fünf Jahren für die persönliche (Nach-) Haftung gemäß § 8 Abs. 1 S. 1 PartGG nach der Auflösung der Gesellschaft vor. Von § 159 HGB erfasst sind sowohl Altverbindlichkeiten, als auch Neuverbindlichkeiten aus der Zeit des Abwicklungsstadiums[885]. Die Sonderverjährung beginnt nach § 159 Abs. 2 HGB grundsätzlich mit Eintragung der Auflösung in das Partnerschaftsregister. Sofern es sich um Forderungen handelt, die erst nach Eintragung der Auflösung fällig geworden sind (insbesondere bei Neuverbindlichkeiten aus dem Abwicklungsstadium), beginnt die Sonderverjährungsfrist mit dem Zeitpunkt der Fälligkeit (§ 159 Abs. 3 HGB).

3. Wegfall des vorletzten Gesellschafters

Scheidet aus einer PartG mbB der vorletzte Gesellschafter aus, so führt dies zur liquidationslosen Vollbeendigung der Gesellschaft. Der verbleibende Gesellschafter wird Alleininhaber einer freiberuflichen Einzelpraxis. Das Gesellschaftsvermögen geht im Wege der Gesamtrechtsnachfolge auf den früheren Gesellschafter über. Dieses Ergebnis entspricht hergebrachter Ansicht bei Personengesellschaften[886] und ist auf die PartG mbB, bei der es sich wie gezeigt[887] um eine Personengesellschaft handelt, ohne Weiteres übertragbar[888].

Die Vollbeendigung der Gesellschaft gründet darauf, dass eine Personengesellschaft das Vorhandensein mehrerer Gesellschafter voraussetzt[889]. Eine

885 Vgl. nur *Hillmann*, in: E/B/J/S, HGB, § 159 Rn. 8.

886 BGHZ 48, 203, 206 = NJW 1967, 2203, 2205; BGHZ 113, 132, 133 = NJW 1991, 844; BGH, NJW 2000, 1119; BGH, BB 2004, 1244, 1245; *Roth*, in: Baumbach/Hopt, HGB, § 131 Rn. 35; *Lehmann-Richter*, in: BeckOK-HGB, § 131 Rn. 27 f.; *Lorz*, in: E/B/J/S, HGB, § 140 Rn. 39, 41; *C. Schäfer*, in: GroßKomm HGB, § 140 Rn. 51; *Klöhn*, in: Henssler/Strohn, GesR, § 131 HGB Rn. 63; *Kindler*, in: Koller/Kindler/Roth/Morck, HGB, § 140 Rn. 4 f.

887 Dazu oben Kapitel B.I.

888 So auch *Henssler*, PartGG, § 9 Rn. 44; *Lieder/Hoffmann*, NZG 2016, 287, 292; *Hoffmann*, in: M/GvW/H/L/W, PartGG, § 9 Rn. 68.

889 Ganz hM: BGHZ 65, 79, 83 = NJW 1975, 1774; *Roth*, in: Baumbach/Hopt, HGB, § 105 Rn. 18; *Wertenbruch*, in: E/B/J/S, HGB, § 105 Rn. 46; *Kindler*, in: Kindler/Koller/Roth/Morck, HGB, § 105 Rn. 14; *K. Schmidt*, in: MüKo HGB, § 105 Rn. 24; *Weitemeyer*, in: Oetker, HGB, § 105 Rn. 33.

Einmann-Personengesellschaft ist schon vom Gesetz nicht zugelassen; Personengesellschaften liegt ihrem Typus nach einer Sozietätsstruktur zugrunde, wie bereits das Erfordernis eines Gesellschaftsvertrages verdeutlicht[890].

Die Gesamtrechtsnachfolge bewirkt einen Übergang aller Aktiva und Passiva der Gesellschaft auf den Letztgesellschafter. Sämtliche Rechtsverhältnisse, in denen sich die – nunmehr aufgelöste – PartG mbB befand, bestehen fortan in der Person des Übernehmers fort[891]. Rechtskonstruktiv ist eine solche (gesellschaftsrechtliche) Gesamtrechtsnachfolge notwendig, um zu verhindern, dass zum einen auf der Aktivseite ehemalige Ansprüche bzw. Rechte der Gesellschaft fortan nicht mangels Rechtssubjekt als Anspruchs- bzw. Rechtsinhaber erlöschen, und dass zum anderen selbiges Schicksal auf der Passivseite mit Untergang der PartG mbB nicht die ehemaligen Verbindlichkeiten der Gesellschaft (zu Lasten der Gläubiger) trifft[892]. Das Konstrukt der Gesamtrechtsnachfolge stellt so Haftungskontinuität zwischen vormaliger Gesellschaft und letztem Gesellschafter sicher.

Fraglich ist, welche Haftungsfolgen mit Ausscheiden des vorletzten Gesellschafters verbunden sind. Den ausgeschiedenen Gesellschafter trifft nach den dargelegten Grundsätzen[893] eine Nachhaftung gemäß §§ 8 Abs. 1 PartGG, 160 HGB. Dies ist selbstverständlich und keine Besonderheit dieser Konstellation. Weitreichende Haftungsfolgen hat das Ausscheiden hingegen für den verbliebenen Gesellschafter. Im Ergebnis herrscht dahingehend Einigkeit, dass diesen im Grundsatz eine unbeschränkte persönliche Haftung für alle Verbindlichkeiten der Gesellschaft trifft, unabhängig davon, ob er zuvor persönlich haftender oder in der Haftung beschränkter Gesellschafter (Kommanditist) war. Richtigerweise lässt sich dies dogmatisch damit begründen, dass auf den Übernehmenden im Wege der Gesamtrechtsnachfolge sämtliche Verbindlichkeiten der Gesellschaft übergegangen sind, er also jetzt Schuldner der Gesellschaftsgläubiger ist[894]. Die Gesellschaftsverbindlichkeit ist zu einer persönlichen Schuld „mutiert“[895]. Für den (teilweise in der Haftung beschränkten) Gesellschafter einer PartG mbB gilt dieses Ergebnis im gleichen Maße. Weder seine Stellung als Gesellschafter einer PartG mbB, noch die Besonderheiten des Konzepts der Haftungsbeschränkung rechtfertigen es, ihn anders als andere Gesellschafter einer Personengesellschaft zu behandeln.

---

890 *Bork/Jacoby*, ZGR 2005, 611, 625.

891 BGHZ 48, 203, 206 = NJW 1967, 2203, 2205; BGH NJW 2000, 1119; *Bork/Jacoby*, ZGR 2005, 611, 628.

892 Ähnlich *Bork/Jacoby*, ZGR 2005, 611, 628.

893 Dazu oben Kapitel F. III.

894 BGHZ 48, 203, 206 = NJW 1967, 2203; BGH NJW 2000, 1119; *Roth*, in: Baumbach/Hopt, HGB, § 131 Rn. 35; *Lehmann-Richter*, in: BeckOK HGB, § 131 Rn. 30; *Lorz*, in: E/B/J/S, HGB, § 140 Rn. 40; *C. Schäfer*, in: GroßKomm HGB, § 140 Rn. 51; *Klöhn*, in: Henssler/Strohn, GesR, § 131 HGB Rn. 65; **aA** – Analogie zu § 27 HGB – *Bork/Jacoby*, ZGR 2005, 611, 628 f, 636; *Frank/Müller-Dietz*, JR 1991, 457, 458; *Lieb*, ZGR 1991, 572, 577; wohl auch BGHZ 113, 132, 133 f. = NJW 1991, 844, 845.

895 *Eckardt*, NZG 2000, 449, 451.

Dem schließt sich die Frage an, ob es bei einer unbeschränkten persönlichen Haftung des letzten Gesellschafters bleiben kann. Dies ist immer dann unproblematisch, wenn der Gesellschafter schon bei Bestehen der Gesellschaft unbeschränkt persönlich für Verbindlichkeiten der Gesellschaft einzustehen hatte. Seine Haftungssituation ändert sich also nicht. Problematisch ist es hingegen, wenn es sich um einen in der Haftung beschränkten Gesellschafter als Letztverbliebenden handelt. Dieser ist mit dem Austritt des vorletzten Gesellschafters in die Position eines unbeschränkt Haftenden gedrängt worden.

Für einen Kommanditisten als letzten verbleibenden Gesellschafter ist im Ausgangspunkt anerkannt[896], dass für ihn eine Ausnahme von dem Grundsatz der persönlichen Haftung als Alleininhaber gelten müsse, denn dieser sei besonders schutzbedürftig, da seine Haftung Zeit seiner Stellung als Gesellschafter nach Maßgabe der §§ 171 ff. HGB beschränkt gewesen ist und er nun als Alleininhaber unbeschränkt persönlich für alle Gesellschaftsverbindlichkeiten haften müsste. Dies hat der BGH zunächst in zwei Konstellationen anerkannt, nämlich bei dem durch Erbfall erfolgten Zusammenfallen aller Gesellschaftsanteile beim verbliebenen Kommanditisten[897] sowie für das Ausscheiden des einzigen Komplementärs nach Eröffnung des Insolvenzverfahrens über dessen Vermögen (§ 131 Abs. 3 Nr. 2 HGB)[898], und dies mittlerweile grundsätzlich bejaht[899]. Dem hat sich auch das Schrifttum weitgehend angeschlossen[900]. Dogmatisch beruht eine solche Haftungsbeschränkung auf einer Analogie zu § 27 HGB. Danach haftet der Kommanditist unbeschränkt persönlich, wenn er das Handelsgeschäft über die Dreimonatsfrist nach § 27 Abs. 2 HGB fortführt. Stellt er hingegen die Geschäfte ein, so haftet er lediglich mit dem ihm zugefallenen Gesellschaftsvermögen[901].

Diese Möglichkeit der Haftungsbeschränkung muss auch für den letzten Gesellschafter einer PartG mbB gelten, der im selben Maße schutzbedürftig ist. Auch er rückt – wie der letzte Kommanditist einer KG – im Zuge der Gesamtrechtsnachfolge von einer beschränkten Gesellschafterhaftung in die Position des Alleininhabers mit

---

896 Bislang wurde angenommen, dass dies nur gelte, wenn der Kommanditist ohne sein Zutun („unfreiwillig") zum Alleininhaber des Unternehmens geworden ist, also in den Fällen des § 131 Abs. 3 Nr. 1–4 HGB. Dies hat der BGH (Beschl. v. 5.5.2008 – II ZR 150/07, S. 2) nunmehr auch auf Fälle ausgedehnt, in denen der Kommanditist die Gesamtrechtsnachfolge „willentlich" herbeigeführt hat.

897 BGHZ 113, 132, 134 f. = NJW 1991, 844, 845.

898 BGH, BB 2004, 1244, 1245.

899 BGH, Beschl. v. 5.5.2008 – II ZR 150/07, S. 2.

900 *Roth*, in: Baumbach/Hopt, HGB, § 131 Rn. 35; *Lehmann-Richter*, in: BeckOK HGB, § 131 Rn. 31 f.; *Lorz*, in: E/B/J/S, HGB, § 140 Rn. 42; *Klöhn*, in: Henssler/Strohn, GesR, § 131 Rn. 66 f; *Kindler*, in: Kindler/Koller/Roth/Morck, HGB, § 140 Rn. 5.

901 BGHZ 113, 132, 135 ff. = NJW 1991, 844, 845 f.; *Lehmann-Richter*, in: BeckOK HGB, § 131 Rn. 31 f.; *Lorz*, in: E/B/J/S, HGB, § 140 Rn. 42; *Kindler*, in: Kindler/Koller/Roth/Morck, HGB, § 140 Rn. 5; abweichend hinsichtlich der Normanbindung BGH, BB 2004, 1244, 1245; BGH, Beschl. v. 5.5.2008 – II ZR 150/07, S. 2: § 25 HGB.

unbeschränkter persönlicher Haftung mit seinem gesamten Privatvermögen ein. Die Haftungsbeschränkung des § 8 Abs. 4 PartGG kommt ihm nicht länger zugute, da diese nur den Ausschluss der persönlichen Haftung für Verbindlichkeiten der Gesellschaft bezogen auf seine Stellung als Gesellschafter herbeiführt. Seine nunmehr grundsätzlich unbeschränkte Haftung resultiert hingegen aus der Universalsukzession aller Aktiva und Passiva von der Gesellschaft auf ihn persönlich[902]. Aus der Gesamtrechtsnachfolge ergibt sich allerdings auch, dass die Rechtsverhältnisse und damit auch der Versicherungsvertrag hinsichtlich der spezifischen Berufshaftpflichtversicherung, in denen die – nunmehr aufgelöste – PartG mbB zu Dritten stand, fortan in der Person des Alleininhabers fortbestehen[903]. Damit steht ihm auch ein Freistellungsanspruch gegen die Versicherung als Teil des ehemaligen Gesellschaftsvermögens zu. Der Versicherungsschutz kommt dem letzten Gesellschafter (und somit auch den Gläubigern) weiter zugute, nur bewirkt er nicht länger den Ausschluss der persönlichen Haftung.

Vor dem Hintergrund, dass diese Sichtweise für den Letztgesellschafter einer PartG mbB nicht höchstrichterlich abgesichert ist, besteht die Gefahr der unbeschränkbaren Haftung des letzten Gesellschafters. Daher sollte dieses erhebliche Risiko einer persönlichen Inanspruchnahme von Anfang an kautelarjuristisch vermieden werden[904]. Dies lässt sich dadurch erreichen, dass gesellschaftsvertraglich an Stelle des Ausscheidens die Auflösung der Gesellschaft vorgesehen wird, verbunden mit der Option einer Fortsetzung der PartG mbB[905] mit einem neuen Mitgesellschafter und anschließendem Austritt des anderen Gesellschafters[906]. Möchte der verbliebene Gesellschafter die Gesellschaft fortführen, findet aber (zunächst) keinen geeigneten Neugesellschafter, besteht die Möglichkeit, dass die aufgelöste PartG mbB sich, etwa im Wege des Formwechsels nach den §§ 190 ff. UmwG, in eine Kapitalgesellschaft nach dem UmwG umwandelt[907], anschließend ein Fortsetzungsbeschluss gefasst wird und der andere Gesellschafter erst jetzt aus der Gesellschaft ausscheidet[908]. Eine explizite, gesellschaftsvertragliche Regelung ist in jedem Fall erforderlich, da nach dem Gesetz die Regel „Fortführung der Gesellschaft und Ausscheiden des

902 Daher unzutreffend *Lieder/Hoffmann*, NZG 2016, 287, 292, die für eine Fortgeltung von § 8 Abs. 4 PartGG plädieren.

903 Ausdrücklich BGHZ 48, 203, 206 = NJW 1967, 2203, 2205.

904 Die Vorschriften zur Auflösung der Gesellschaft und dem Ausscheiden von Gesellschaftern sind dispositiv, vgl. nur *C. Schäfer*, in: Ulmer/Schäfer, Syst Komm GbR/PartGG, § 9 PartGG Rn. 2.

905 Eingehend zur Möglichkeit der Fortsetzung einer aufgelösten Gesellschaft: *Butzer/Knof*, in: MüHdB GesR, Bd. 1, § 83 Rn. 71 ff.

906 *Eckardt*, NZG 2000, 449, 458.

907 Ein Formwechsel ist auch bei einem aufgelösten Rechtsträger möglich (§ 191 Abs. 3 UmwG).

908 Einzelheiten zur Umwandlung einer aufgelösten Personengesellschaft, *Habersack*, in: GroßKomm HGB, § 145 Rn. 43 ff.

Gesellschafters“ und nicht umgekehrt „Auflösung der Gesellschaft durch Austritt eines Gesellschafters“ gilt[909].

Für die Gläubiger bedeutet die Möglichkeit der Haftungsbeschränkung des Letztgesellschafters keine Nachteile, da ihnen weiterhin das ehemalige Vermögen der Gesellschaft haftet, zu dem auch ein Freistellungsanspruch gegen die Versicherung gehört. Führt der letzte verbliebene Gesellschafter die Gesellschaft als Einzelpraxis weiter, so erweitert sich die Haftungsmasse zugunsten der Gläubiger sogar noch um dessen Privatvermögen. Daher ist eine solche Möglichkeit der Haftungsbeschränkung zugunsten des verbliebenen Gesellschafters auch unter Gläubigerschutzgesichtspunkten gerechtfertigt.

V. Exkurs: Gesellschafterhaftung für Altverbindlichkeiten bei Umwandlung aus einer Kapitalgesellschaft

Grundsätzlich gilt, dass die Gesellschafter einer PartG mbB für Altverbindlichkeiten nicht persönlich haften, wenn die Ausgangsgesellschaft eine Struktur ohne persönliche Gesellschafterhaftung aufwies. Ausnahmsweise können aber auch die Gesellschafter einer PartG mbB nach erfolgter Umwandlung aus einer GmbH (bzw. AG) persönlich für Altverbindlichkeiten einzustehen haben. Hierzu ist auf die oben dargestellte Argumentation für die Begründung einer Haftung der Gesellschafter für Altverbindlichkeiten nach erfolgter Umwandlung von einer Kapital- in eine Personengesellschaft zurückzugreifen. Mangels Vorschriften zur Kapitalbindung bei der PartG mbB bleibt das Gesellschaftsvermögen der Ausgangsgesellschaft den Gläubigern auch hier nur noch formal erhalten. An die Stelle des gesetzlich gebundenen Haftkapitals tritt der von der Gesellschaft zu unterhaltende Versicherungsschutz. Allerdings ist auch hier zu berücksichtigen, wie weit der Versicherungsschutz der PartG mbB reicht. Ereignet sich ein Berufsfehler vor Wirksamkeit der Umwandlung und ist vom Versicherungsschutz der PartG mbB nicht erfasst (so etwa bei einer Bestimmung des Versicherungsfalls anhand des „Verstoßprinzips“), muss die Gesellschafter eine gesamtschuldnerische, persönliche Haftung treffen. Andernfalls entstünde in diesem Fall eine aus Gläubigerschutzgesichtspunkten nicht hinnehmbare Schutzlücke: bei Anspruchsdurchsetzung der Gläubiger einer Altverbindlichkeit gegenüber der PartG mbB, als Gesellschaft ohne persönliche Gesellschafterhaftung für Berufsfehler, stünde mangels Versicherungsschutz für diese Verbindlichkeit nur das Gesellschaftsvermögen zu Verfügung, für das Kapitalaufbringungs- und Erhaltungsvorschriften fehlen[910].

---

909 *Roth*, in: Baumbach/Hopt, HGB, § 131 Rn. 1; *Henssler*, PartGG, § 9 Rn. 86.

910 Daher unzutreffend *Schumacher*, S. 139 f.; *dies.*, GmbHR 2016, 732, 734, die eine persönliche Haftung für Altverbindlichkeiten bei einer GmbH als Ausgangsgesellschaft ausschließt.

G. Haftung kraft Registerpublizität und nach Rechtsscheingrundsätzen

I. Haftung des Scheingesellschafters

Grundsätzlich ist die Haftung wegen Verbindlichkeiten der Gesellschaft an die tatsächliche Gesellschafterstellung in der PartG mbB geknüpft. Ausnahmsweise kann jedoch auch ein Nicht-Gesellschafter wie ein Gesellschafter zu behandeln sein, wie es sich entweder aus der Publizität des Partnerschaftsregisters (dazu 1.) oder allgemeinen Rechtsscheingrundsätzen (dazu 2.) ergeben kann. Unter welchen Voraussetzungen es zu einer Haftung eines solchen „Scheingesellschafters" kommen kann und was dessen Stellung für die Haftung der übrigen Gesellschafter einer PartG mbB bedeutet, wird nachfolgend untersucht.

1. Gesellschafterstellung kraft Publizität des Partnerschaftsregisters

Eine Rechtsscheinhaftung eines Nicht-Gesellschafters im Zusammenhang mit dem Partnerschaftsregister kann sich aus § 5 Abs. 2 PartGG i.V.m. § 15 HGB ergeben. Das Partnerschaftsregister genießt öffentlichen Glauben und durch den Verweis auf § 15 HGB sind die für das Handelsregister geltenden Publizitätsgrundsätze im selben Maße anwendbar. Bedeutsam sind die Fälle, in denen ein Gesellschafter zunächst richtigerweise ins Partnerschaftsregister eingetragen wurde, sein späteres Ausscheiden[911] jedoch nicht eingetragen und bekannt gemacht wurde (§ 5 Abs. 2 PartGG i.V.m. § 15 Abs. 1 HGB), oder in denen ein Nichtgesellschafter fälschlicherweise als Gesellschafter eingetragen und bekanntgemacht wurde (§ 5 Abs. 2 PartGG i.V.m. § 15 Abs. 2 HGB).

a. Fehlende Eintragung des Ausscheidens eines Gesellschafters

§ 5 Abs. 2 PartGG i.V.m. § 15 Abs. 1 HGB schützt das Vertrauen des Rechtsverkehrs in die Vollständigkeit und Richtigkeit des Partnerschaftsregisters. Dritte müssen einzutragende Tatsachen, von denen sie keine (positive) Kenntnis haben, nur dann gegen sich gelten lassen, wenn diese eingetragen und bekannt gemacht sind (sog. negative Publizität)[912]. Unter „einzutragenden" Tatsachen sind sog. eintragungspflichtige Tatsachen zu verstehen, also solche, für die nach dem Gesetz eine Pflicht

911 Die Wirksamkeit des Ausscheidens ist unabhängig von einer Anmeldung zum Partnerschaftsregister, der daher nur deklaratorische Wirkung zukommt, dazu oben Kapitel F. III.

912 Vgl. nur *Koch*, in: GroßKomm HGB, § 15 Rn. 29.

zur Anmeldung besteht[913]. Um eine solche eintragungspflichtige Tatsache handelt es sich bei dem Ausscheiden eines Gesellschafters aus der PartG mbB gemäß § 9 Abs. 1 PartGG i.V.m. § 143 Abs. 2 HGB[914]. Im Unterschied zu allgemeinen Grundsätzen der Rechtsscheinhaftung gewährt § 15 Abs. 1 HGB dem Dritten dergestalt abstrakten Vertrauensschutz, als dass eine Kausalität des Registerinhalts für das Verhalten des Dritten, also Kenntnis vom Inhalt des Registers als Vertrauenstatbestand und entsprechende Vertrauensdisposition, nicht notwendig ist[915]. Wird das Ausscheiden eines Gesellschafters also nicht im Partnerschaftsregister eingetragen und bekannt gemacht, so kann dieser Umstand einem Dritten nicht entgegengehalten werden, es sei denn, dass diesem das Ausscheiden (positiv) bekannt war (*Einwendungsausschluss*)[916]. Entgegen der wahren Rechtslage muss sich ein ausgeschiedener Gesellschafter entsprechend der Eintragung im Partnerschaftsregister behandeln lassen. Gleiches gilt nach ganz herrschender Meinung, wenn weder Ein-, noch Austritt eines Partners ins Partnerschaftsregister eingetragen worden sind (sog. sekundäre Unrichtigkeit)[917].

Mit dem Einwendungsausschluss belastet sind diejenigen, in deren Angelegenheiten die Tatsache einzutragen war. Dies sind, neben der Gesellschaft selbst, auch die Gesellschafter, sofern die Eintragung gerade sie betrifft und für sie Wirkung entfalten soll[918].

Zu diesen zählt zunächst der ausgeschiedene Gesellschafter selbst. Für ihn bedeutet dies, dass er sich grundsätzlich weiterhin als (Schein-) Gesellschafter einer PartG mbB behandeln lassen muss, insbesondere im Hinblick auf die Haftung im Außenverhältnis. Die Haftungsbeschränkung der PartG mbB kommt ihm allerdings weiterhin zugute, vorausgesetzt, die Anforderungen des § 8 Abs. 4 PartGG sind erfüllt.

Aber auch die verbliebenen Gesellschafter (und mit ihnen auch der ausgeschiedene, als solcher aber nicht wirksam im Partnerschaftsregister deklarierte Gesellschafter selbst) können dann von dem Ausscheiden eines Partners betroffen sein, wenn die von der PartG mbB nach § 8 Abs. 4 PartGG zu unterhaltende spezifische

---

913 *Gehrlein*, in: E/B/J/S, HGB, § 15 Rn. 6.

914 *Brüggemann*, in: Feuerich/Weyland, BRAO, § 4 PartGG Rn. 7.

915 Ganz hM, BGHZ 65, 309, 311 = NJW 1976, 569; *Hopt*, in: Baumbach/Hopt, HGB, § 15 Rn. 9; *Koch*, in: GroßKomm HGB, § 15 Rn. 60; *Gehrlein*, in: E/B/J/S, HGB, § 15 Rn. 12; *Roth*, in: Koller/Kindler/Roth/Morck, HGB, § 15 Rn. 13; *Krebs*, in: MüKo HGB, § 15 Rn. 45.

916 *Gehrlein*, in: E/B/J/S, HGB, § 15 Rn. 13.

917 BGHZ 55, 267, 272 f. = NJW 1971, 1268, 1270; BGHZ 116, 37, 44 f. = NJW 1992, 505, 507; *Hopt*, in: Baumbach/Hopt, HGB, § 15 Rn. 11; *Gehrlein*, in: E/B/J/S, HGB, § 15 Rn. 8; *Koch*, in: GroßKomm HGB, § 15 Rn. 44; *Krebs*, in: MüKo HGB, § 15 Rn. 36.

918 *Müther*, in: BeckOK HGB, § 15 Rn. 10; *Gehrlein*, in: E/B/J/S, HGB, § 15 Rn. 9; *Koch*, in: GroßKomm HGB, § 15 Rn. 50; *K. Schmidt*, Handelsrecht, § 14 III. c), S. 489 f.; *Seibert/Kilian*, in: Kilian, PartGG, § 5 Rn. 4.

Berufshaftpflichtversicherung hinsichtlich der zu erfüllenden Voraussetzungen an die Zahl der Partner anknüpft (vgl. für eine PartG mbB von Rechtsanwälten: § 51a Abs. 2 BRAO). Sinkt die Zahl der Partner, so verringern sich die Anforderungen an die spezifische Berufshaftpflichtversicherung. Gleichwohl ist es den Gesellschaftern in Fällen, in denen die spezifische Berufshaftpflichtversicherung an die tatsächliche Zahl der Partner angepasst wurde, nach § 5 Abs. 2 PartGG i.V.m. § 15 Abs. 1 HGB verwehrt, sich Dritten gegenüber im Hinblick auf § 8 Abs. 4 PartGG auf die tatsächlich gesunkene Anzahl der Partner zu berufen, sofern das Ausscheiden nicht eingetragen und bekannt gemacht worden ist. Genügt die spezifische Berufshaftpflichtversicherung unter Berücksichtigung der im Partnerschaftsregister eingetragenen Partner nicht den Anforderungen des jeweiligen Berufsgesetzes, so ist es den Gesellschaftern Dritten gegenüber verwehrt, sich auf die tatsächliche Einhaltung der Voraussetzungen zu berufen. Die Gesellschafter können nach § 5 Abs. 2 PartGG i.V.m. § 15 Abs. 1 HGB gutgläubigen Dritten die tatsächliche Einhaltung der berufsrechtlichen Vorgaben an die spezifische Berufshaftpflichtversicherung und damit auch § 8 Abs. 4 PartGG nicht entgegenhalten; sie haften bis zur Eintragung und Bekanntmachung des Ausscheidens unbeschränkt persönlich nach § 8 Abs. 1, 2 PartGG. Die Haftungssituation für die Gesellschafter bemisst sich nach den Grundsätzen, die gelten, wenn sich eine PartG mbB in eine herkömmliche Partnerschaft „umwandelt“[919].

Der Rechtsscheinschutz nach § 15 Abs. 1 HGB ändert jedoch nichts daran, dass tatsächlich eine PartG mbB besteht. § 5 Abs. 2 PartGG i.V.m. § 15 Abs. 1 HGB führt nicht zu einer Umgestaltung der tatsächlichen materiellen Rechtslage. Den Anmeldepflichtigen ist nur eine Berufung hierauf im Umfang der einzutragenden Tatsache versperrt. Diese relative Wirkung ergibt sich schon daraus, dass § 15 Abs. 1 HGB nicht absolut gegenüber jedermann wirkt, sondern nur zugunsten gutgläubiger Dritter. Außerdem bindet § 15 Abs. 1 HGB den Dritten nicht. Ihm steht ein Wahlrecht zwischen eingetragener Tatsache und wahrer Rechtslage zu[920].

Im Ergebnis bedeutet dies, dass gutgläubigen Dritten erst nach Eintragung und Bekanntmachung die Tatsache, dass der Gesellschafter aus der PartG mbB ausgeschieden ist, entgegengehalten werden kann. Dies ist sowohl für die Gesellschafterstellung des ausgeschiedenen Gesellschafters, als auch für die Haftungsbeschränkung nach § 8 Abs. 4 PartGG bedeutsam, vorausgesetzt, die berufsrechtlichen Regelungen berücksichtigen die Zahl der Partner. Die Gefahr, dass das Ausscheiden eines Gesellschafters zu einem Verlust der Haftungsbeschränkung wegen § 5 Abs. 2 PartGG i.V.m. § 15 Abs. 1 HGB führt, lässt sich beispielsweise durch eine entsprechende vertragliche Gestaltung des Versicherungsschutzes verhindern. Die Verringerung des Versicherungsschutzes in Bezug auf die Zahl der Partner muss an die aufschiebende Bedingung (§ 158 Abs. 1 BGB) geknüpft sein, dass eine Eintragung und Bekanntmachung des Ausscheidens im Partnerschaftsregister erfolgt ist.

---

919 Dazu oben Kapitel F. IV.1.b.
920 *Koch*, in: GroßKomm HGB, § 15 Rn. 64 m.w.N.

b. *Eintragung eines Nicht-Gesellschafters*

§ 5 Abs. 2 PartGG i.V.m. § 15 Abs. 3 HGB schützen das Vertrauen des Rechtsverkehrs in die Richtigkeit einer bekanntgemachten Tatsache (sog. *positive Publizität*)[921]. Kommt es zu der Eintragung und Bekanntmachung eines Nicht-Gesellschafters, so kann sich ein gutgläubiger Dritter, entgegen der wahren Rechtslage, auf die unrichtig bekannt gemachte Tatsache berufen. Dabei wird § 15 Abs. 3 HGB von der herrschenden Meinung dahingehend einschränkend ausgelegt, dass eine Anwendung der Vorschrift nur dann in Betracht kommt, wenn die Bekanntmachung von dem Betroffenen zurechenbar veranlasst worden ist. Andernfalls drohe einem völlig Unbeteiligten etwa bei einer unbeschränkten persönlichen Haftung die Gefährdung seines gesamten Vermögens.[922] Demnach gilt § 15 Abs. 3 HGB nur zu Lasten desjenigen, der den Eintragungsantrag selbst gestellt hat oder sich einen solchen Antrag zurechnen lassen muss[923].

Liegen die Voraussetzungen von § 5 Abs. 2 PartGG i.V.m. § 15 Abs. 3 HGB vor, so hat der Dritte, ebenso wie bei § 15 Abs. 1 HGB, ein Wahlrecht zwischen tatsächlicher Rechtslage und bekannt gemachter Tatsache[924]. Dieses Wahlrecht steht ihm gegenüber demjenigen zu, „in dessen Angelegenheiten die Tatsache einzutragen war". Dieses Merkmal wird genauso wie bei § 15 Abs. 1 HGB bestimmt[925]. Daher gilt das zu § 5 Abs. 2 PartGG i.V.m. § 15 Abs. 1 HGB Gesagte entsprechend: der Nicht-Gesellschafter muss sich wie ein Gesellschafter behandeln lassen und im Rahmen von § 8 Abs. 4 PartGG i.V.m. dem jeweiligen Berufsgesetz ist der im Partnerschaftsregister eingetragene Nicht-Gesellschafter wie ein echter Gesellschafter zu berücksichtigen.

2. Gesellschafterstellung nach allgemeinen Rechtsscheingrundsätzen

a. *Haftung des Scheingesellschafters*

Anders als durch ein falsches Partnerschaftsregister kann sich die Gesellschafterstellung eines Nicht-Gesellschafters aus allgemeinen Rechtsscheingrundsätzen ergeben. Wird entgegen der tatsächlichen Rechtslage der Rechtsschein der Stellung eines Gesellschafters erweckt, so haftet im Außenverhältnis derjenige, der den Rechtsschein zurechenbar gesetzt hat, demjenigen, der gutgläubig auf den Rechtsschein

---

921 *Gehrlein*, in: E/B/J/S, HGB, § 15 Rn. 24.

922 Vgl. nur OLG Brandenburg, Urt. v. 21.6.2012 – 5 U 66/11, BeckRS 2012, 15003; *Hopt*, in: Baumbach/Hopt, HGB, § 15 Rn. 19.

923 *Koch*, in: GroßKomm HGB, § 15 Rn. 106; *Wolff*, in: M/GvW/H/L/W, PartGG, § 5 Rn. 37.

924 Vgl. nur *Hopt*, in: Baumbach/Hopt, HGB, § 15 Rn. 22; *Koch*, in: GroßKomm HGB, § 15 Rn. 114.

925 Vgl. nur *Koch*, in: GroßKomm HGB, § 15 Rn. 114.

vertraut und in dessen Kenntnis eine Disposition getroffen hat, grundsätzlich nach denselben Regeln wie ein richtiger Gesellschafter (sog. Scheingesellschafter)[926]. Diese allgemeinen Grundsätze gelten für eine PartG mbB entsprechend. Die „klassischen" Rechtsscheinträger im hier in Rede stehenden Zusammenhang sind die Aufführung eines bloß angestellten Berufsträgers auf einem Praxisschild oder Briefbogen ohne klärenden Hinweis, sodass bei Außenstehenden der Eindruck erweckt wird, es handele sich um einen Gesellschafter[927].

Die Grundsätze der allgemeinen Rechtsscheinhaftung kommen neben § 15 HGB in Betracht, haben allerdings dann nur Auffangfunktion[928]. Entgegen vereinzelter Stimmen[929] finden diese Grundsätze bei der herkömmlichen Partnerschaft[930] und damit auch bei der PartG mbB[931] Anwendung. Der Mindermeinung ist schon deshalb nicht zu folgen, da sich der Eintritt als Gesellschafter in eine PartG mbB richtigerweise[932] außerhalb des Partnerschaftsregisters vollzieht, sodass Dritte diesem keine zuverlässige Aussage entnehmen können, wer tatsächlich Partner ist oder nicht. Daher müssen sie darauf vertrauen dürfen, wer sich ihnen gegenüber als Partner geriert. Dieser schutzwürdigen Erwartungshaltung des Rechtsverkehrs steht § 15 HGB nicht entgegen[933]; insbesondere ist im Ausgangspunkt anerkannt, dass § 15 Abs. 2 HGB eine anderslautende Rechtsscheinhaftung nicht ausschließt[934].

Liegen die Voraussetzungen der allgemeinen Rechtsscheinhaftung vor, so ist der Scheingesellschafter wie ein tatsächlicher Gesellschafter einer PartG mbB im Außenverhältnis zu behandeln. Dies gilt konsequenterweise auch für dessen Haftung[935]. Die Rechtsscheinhaftung reicht so weit, wie schutzwürdiges Vertrauen

---

926 Vgl. nur BGH NJW 2011, 66, 68; *Gummert*, in: MAH Personengesellschaftsrecht, § 7 Rn. 30; *Neubauer/Herchen*, in: MüHdB GesR, Bd. 1, § 68 Rn. 70; *K. Schmidt*, in: MüKo HGB, § 105 Rn. 260; *Boesche*, in: Oetker, HGB, § 128 Rn. 15.

927 Dazu eingehend: *Grunewald*, FS Ulmer (2003), S. 141, 143 f.; *Schäfer*, DStR 2003, 1078, 1080 f.

928 *Zimmermann*, in: Michalski/Römermann, PartGG, § 5 Rn. 7; *Neubauer/Herchen*, in: MüHdB GesR, Bd. 1, § 68 Rn. 69.

929 *Hartung*, BRAK-Mitt 2014, 179, 181; *Römermann*, in: Michalski/Römermann, PartGG, § 8 Rn. 44 f.

930 *Brüggemann*, in: Feuerich/Weyland, BRAO, § 8 PartGG Rn. 7; *Grunewald*, FS Ulmer (2003), S. 141, 145; *Henssler*, PartGG, § 8 Rn. 44; *Hirtz*, in: Henssler/Strohn, GesR, § 8 PartGG Rn. 14; *Henssler*, FS Vieregge (1995), S. 361, 367 f.; *Jungk*, AnwBl 2005, 283, 284; *Graf v. Westphalen*, in: M/GvW/H/L/W, PartGG, § 8 Rn. 45; *C. Schäfer*, in: MüKo BGB, § 8 Rn. 11; *Sommer/Treptow/Friemel*, NZG 2012, 1249, 1250; differenzierend: *Langenkamp/Jaeger*, NJW 2005, 3238, 3239.

931 *Graf v. Westphalen*, in: M/GvW/H/L/W, PartGG, § 8 Rn. 109; *Wischemayer/Honisch*, NJW 2014, 881, 884 f.

932 Dazu oben Kapitel E. III.2.

933 *Grunewald*, FS Ulmer (2003), S. 141, 145 m.w.N.

934 Vgl. nur *Hopt*, in: Baumbach/Hopt, § 15 Rn. 15; eingehend unten Kapitel G. II.2.a.iii.

935 *Hartung*, BRAK-Mitt 2014, 179, 182; *Sommer/Treptow/Friemel*, NZG 2012, 1249, 1254; *Wischemeyer/Honisch*, NJW 2014, 881, 885; Zur herkömmlichen Partner-

gesetzt wurde und dieses besteht im Hinblick auf die Stellung als Gesellschafter einer PartG mbB.

Im Bereich der Haftung für Berufsfehler kommt dem Scheingesellschafter demnach die Haftungsbeschränkung nach § 8 Abs. 4 PartGG zugute. Eine persönliche Haftung für Berufsfehler muss ausscheiden, da die Rechtsscheinhaftung dem Dritten nicht mehr Rechte verschaffen kann, als wenn der Rechtsschein der tatsächlichen Rechtslage entspräche[936]. Den Scheingesellschafter trifft auch die persönliche unbeschränkte Haftung für „sonstige Verbindlichkeiten" nach § 8 Abs. 1 S. 1 PartGG. Auch wenn der VII. Zivilsenat des BGH[937] in einer Entscheidung zur Haftung eines Anwalts als Scheinsozius den Eindruck erweckt hat, dessen Haftung käme nur für Forderungen aus anwaltstypischer Tätigkeit in Betracht[938], so ist eine solche Sichtweise abzulehnen[939]. Grundlage der Haftung eines Scheingesellschafters ist der gesetzte Rechtsschein in die Stellung als Gesellschafter. Fortan muss er sich Dritten gegenüber wie ein solcher behandeln lassen. Dabei geht die Haftung des Scheinpartners nicht weiter als diejenige eines echten Partners, umgekehrt bleibt sie allerdings auch nicht dahinter zurück. Ebenso wie ein echter Partner nicht nur für seine berufsspezifische Tätigkeit einzustehen hat, muss dies auch für den Scheinpartner gelten.

b. Berücksichtigung des Schein-Gesellschafters bei der spezifischen Berufshaftpflichtversicherung i.S.v. § 8 Abs. 4 PartGG

Fraglich ist, inwieweit Scheingesellschafter im Rahmen der spezifischen Berufshaftpflichtversicherung i.S.v. § 8 Abs. 4 PartGG einzubeziehen sind, wenn das jeweilige Berufsrecht eine Berücksichtigung der konkreten Zahl der „Partner" bei dem Versicherungsschutz vorsieht. Dies wird am Beispiel einer PartG mbB von Rechtsanwälten gemäß § 51a Abs. 2 BRAO im Folgenden diskutiert. Dazu ist vorab festzuhalten, dass – ebenso wie die Haftung eines Scheingesellschafters keine Besonderheit von Zusammenschlüssen von Rechtsanwälten ist – die Frage der Berücksichtigung von Scheinpartnern im Rahmen der spezifischen Berufshaftpflichtversicherung i.S.v. § 8 Abs. 4 PartGG nicht auf eine PartG mbB von Rechtsanwälten beschränkt ist.

---

schaft: OLG München, NJW-RR 2001, 1358, 1360; *Brüggemann*, in: Feuerich/Weyland, BRAO, § 8 PartGG Rn. 7; *Henssler*, PartGG, § 8 Rn. 49; *Hirtz*, in: Henssler/Strohn, GesR, § 8 PartGG Rn. 14; *Langenkamp/Jaeger*, NJW 2005, 3238, 3239 f; *Graf v. Westphalen*, in: M/GvW/H/L/W, PartGG, § 8 Rn. 45.

936 BGHZ 12, 105, 109 = NJW 1954, 793; *Wischemeyer/Honisch*, NJW 2014, 881, 885.

937 BGH NJW 2008, 2330.

938 Die Entscheidung ist insoweit auf andere Freiberufler verallgemeinerungsfähig, zu denen eine ähnlich stark ausgeprägte Vertrauensbeziehung besteht. Übertragen auf die PartG mbB würde diese Ansicht bedeuten, dass eine Inanspruchnahme des Scheingesellschafters nach § 8 Abs. 1 S. 1 PartGG *per se* nicht in Betracht käme.

939 *Deckenbrock/Meyer*, ZIP 2014, 701, 708 f.; *Hirtz*, AnwBl 2008, 635, 636; *Lux*, NJW 2008, 2309, 2311 f.; *Wischemeyer/Honisch*, NJW 2014, 881, 884.

Es stellt vielmehr ein allgemeines Problem bei der PartG mbB dar, das einheitlich zu beantworten ist. Die nachstehenden Ausführungen zu § 51a Abs. 2 BRAO sind daher verallgemeinerungsfähig, vorausgesetzt, das jeweils einschlägige Berufsrecht trifft keine ausdrückliche (abweichende) Aussage.

Teilweise wird vertreten, Scheingesellschafter seien in die Regelung nach § 51a Abs. 2 BRAO nicht einzubeziehen[940]. Für diese Sichtweise spricht zunächst der Wortlaut von § 51a Abs. 2 BRAO, der auf die Zahl der „Partner" abstellt. Hierbei hilft nicht weiter, dass es sich um einen Schein-"Partner" handelt, denn dieser Begriff dient allein der plakativen Umschreibung einer konkreten, eine Haftung auslösenden Konstellation. Soweit als Argument der Wille des Gesetzgebers aufgeführt wird, dass nur die Zahl der im Partnerschaftsregister eingetragenen Partner maßgeblich sei, so wurde bereits gezeigt, dass diese Sichtweise sich als unrichtig darstellt[941]. Auch ist es zweifelhaft, ob die Aussage des Gesetzgebers abschließend die Zahl der „Partner" i.S.v. § 51a Abs. 2 BRAO festlegen will oder vielmehr nur die tatsächlichen Partner näher konkretisiert werden, wohingegen die Problematik der Berücksichtigung von Schein-Partnern schlicht übersehen oder offengelassen wurde. Daher ist der Wille des Gesetzgebers für die Beantwortung der aufgeworfenen Frage wenig aufschlussreich.

Gegen eine Berücksichtigung von Scheinpartnern im Rahmen von § 51a Abs. 2 BRAO ließe sich einwenden, der Rechtsverkehr wisse nicht, wer genau Partner der Gesellschaft sei, schon weil die Partnerstellung wie gezeigt nicht zwingend mit einer Eintragung im Partnerschaftsregister korrespondieren muss, und mache sich entsprechend keine Vorstellung darüber, mit welcher genauen Partneranzahl eine Maximierung i.S.v. § 51a Abs. 2 BRAO stattfände. Wer keine konkreten Vorstellungen hat, der kann auch kein Vertrauen in einen konkreten Umstand bilden. Dem ist entgegenzuhalten, dass gerade weil der Rechtsverkehr keine hinreichenden Einblicke hat, er besonders schutzwürdig ist. Jedenfalls darf erwartet werden, dass derjenige, der den Rechtsschein einer Gesellschafterstellung erweckt, auch in die Regelung des § 51a Abs. 2 BRAO einbezogen wird. So weit reicht der Vertrauensschutz, der sich nicht in der Annahme der Gesellschafterstellung erschöpft, sondern auch die Rechtsfolgen miteinbezieht, die an eine solche Gesellschafterstellung geknüpft werden. Dies gilt umso mehr, als dass der Scheinpartner haftungsrechtlich einem echten Partner gleichgestellt wird. Es gilt die Regel: wer Gesellschafter einer PartG mbB ist, für den ist die persönliche Haftung im Bereich der Berufsfehler ausgeschlossen, gleichzeitig korrespondiert aber mit dem einzelnen Partner ein erhöhter Versicherungsschutz der Gesellschaft. Derjenige, der den Rechtsschein einer Gesellschafterstellung setzt, erweckt gleichzeitig das Vertrauen, dass diese Regel auch für ihn gelte und er wie ein echter Partner mitversichert sei. Andernfalls würden Scheinpartner gegenüber echten Partnern ohne sachlichen Grund

940 *Hartung*, BRAK-Mitt 2014, 179, 183; Im Ergebnis: *Diller*, in: Henssler/Prütting, BRAO, § 51a Rn. 20.

941 Dazu oben Kapitel E. III.2.

bessergestellt. Daher ist richtigerweise auch der Scheingesellschafter grundsätzlich im Rahmen von § 51a Abs. 2 BRAO zu berücksichtigen[942].

Bei diesem pauschalen Ergebnis kann es indes nicht bleiben, da so die Besonderheiten einer Rechtsscheinhaftung nur unzureichend berücksichtigt werden. Anders als im Falle einer tatsächlichen Gesellschafterstellung wirkt die Scheingesellschafterstellung nicht gegenüber jedermann, sondern lediglich relativ im Verhältnis zu einem konkret geschützten Dritten[943]. Dies liegt darin begründet, dass nur der auf den Rechtsschein Vertrauende zu schützen ist, da auch nur in seiner Person die Voraussetzungen einer Rechtsscheinhaftung vorliegen. Nur gegenüber diesem wird der Scheingesellschafter so behandelt, als ob die vom Dritten angenommene Rechtslage hinsichtlich der Gesellschafterstellung der tatsächlichen Rechtslage entspricht. Es kommt zu einem konkreten und nicht zu einem abstrakten Schutz des Rechtsverkehrs. Gleiches ist für die Lehre zum Scheinkaufmann anerkannt[944], die heute als Ausdruck einer allgemeinen Rechtsscheinlehre, ebenso wie die Lehre vom Scheingesellschafter[945], verstanden wird[946]. Diese relative Wirkung einer Gesellschafterstellung kraft Rechtsscheins muss bei der Frage der Berücksichtigung von Scheinpartnern im Rahmen der jeweiligen spezifischen Berufshaftpflichtversicherung i.S.v. § 8 Abs. 4 PartGG miteinbezogen werden. Nur im Verhältnis zu dem konkret geschützten Dritten ist der Scheinpartner daher wie ein echter Partner zu behandeln. Genügt innerhalb dieser Rechtsbeziehung die Berufshaftpflichtversicherung nicht den Anforderungen an die gesteigerte „Partner“anzahl, so greift ausschließlich in diesem Verhältnis die Haftungsbeschränkung nach § 8 Abs. 4 PartGG nicht. Gegenüber dem nicht vom Rechtsschein betroffenen Gläubigerkreis bleibt es bei der Wirksamkeit der Haftungsbeschränkung nach § 8 Abs. 4 PartGG; eine *inter omnes*-Wirkung des Scheingesellschafters wäre mit den Grundsätzen der Rechtsscheinhaftung unvereinbar.

Darüber hinaus ist zu beachten, dass die Rechtsfolgen einer Rechtsscheinhaftung nur denjenigen treffen, dem der Rechtsschein zurechenbar ist[947]. Auch wenn es hier nicht darum geht, die Gesellschafter aufgrund der nach Rechtsscheingrundsätzen begründeten Gesellschafterstellung des Scheingesellschafters in Anspruch zu nehmen, so kommt doch die Berücksichtigung des Nicht-Gesellschafters zu ihren Lasten im Rahmen von § 51a Abs. 2 BRAO, mit ggf. nachteiligen Folgen für die Haftungsbeschränkung nach § 8 Abs. 4 PartGG, im Ergebnis einer persönlichen

942 So auch *Fischer*, S. 107 f.; *Graf v. Westphalen*, in: M/GvW/H/L/W, PartGG, § 8 Rn. 109; *Riechert*, AnwBl 2014, 266, 267; *Zimmermann*, NJW 2014, 1142, 1143 f.

943 *Roth*, in: Koller/Kindler/Roth/Morck, HGB, § 15 Rn. 60.

944 *Schwartze*, in: BeckOK HGB, § 5 Rn. 57, 62; *Oetker*, in: GroßKomm HGB, § 5 Rn. 40; *K. Schmidt*, in: MüKo HGB, § 5 Anhang Rn. 28 f.; *Röhricht*, in: R7GvW/H, HGB, Anh. § 5 Rn. 47.

945 So stellt *Canaris*, Handelsrecht, § 6 III. 1., S. 77 ausdrücklich heraus, dass beide Lehren „eng verwandt, […] z.T. geradezu identisch sind“.

946 *Kindler*, in: E/B/J/S, HGB, § 5 Rn. 50 m.w.N.

947 Vgl. nur *Canaris*, Handelsrecht, § 6 VII. 2., S. 91.

Haftung gleich, weshalb die Gesellschafterstellung des Scheingesellschafters nur dann zu ihren Ungunsten wirkt, wenn ihnen der Rechtsschein zuzurechnen ist[948]. Dies ist etwa der Fall, wenn die Gesellschafter bewusst Briefbögen im Geschäftsverkehr verwenden, auf denen ein bloß angestellter Berufsträger wie ein tatsächlicher Partner aufgeführt und seine fehlende Gesellschafterstellung nicht hinreichend kenntlich gemacht ist.

II. Haftung bei fehlendem oder fehlerhaftem Namenszusatz nach § 8 Abs. 4 S. 3 PartGG

Nach § 8 Abs. 4 S. 3 PartGG muss die PartG mbB einen auf die Haftungsbeschränkung hinweisenden Namenszusatz enthalten. Ergänzt wird diese Vorschrift durch die Verpflichtung nach § 7 Abs. 5 PartGG, in entsprechender Anwendung von § 125a Abs. 1 S. 2 HGB den Namenszusatz ebenfalls auf Geschäftsbriefen anzugeben. Dabei ist der Namenszusatz nach § 8 Abs. 4 S. 3 PartGG, wie dargestellt, keine konstitutive Voraussetzung für die Haftungsbeschränkung, sondern als „reine Firmenvorschrift" ausgestaltet. Damit reiht sich die PartG mbB in das bereits bekannte System der Unternehmenspublizität im Rechtsverkehr mittels Führung eines Rechtsformzusatzes bei Gesellschaften mit Haftungsbeschränkung ein[949].

An diese Feststellungen schließt sich die Frage an, welche haftungsrechtlichen Folgen es hat, wenn den Anforderungen an eine korrekte Namensführung im Rechtsverkehr nicht Folge geleistet wird. Haftungsrechtlich relevante Konstellationen können zum einen sein, dass der Namenszusatz nicht in das Partnerschaftsregister eingetragen wird (dazu 1.), zum anderen, dass der Namenszusatz nicht bzw. fehlerhaft im Rechtsverkehr geführt wird (dazu 2.).

1. Haftungsfolgen einer unterlassenen Registereintragung

Unterlassen es die Gesellschafter, den geänderten Namen (nebst Namenszusatz gemäß § 8 Abs. 4 S. 3 PartGG) der Gesellschaft zur Eintragung und Bekanntmachung im Partnerschaftsregister anzumelden, so richten sich die Rechtsfolgen nach § 5 Abs. 2 PartGG i.V.m. § 15 Abs. 1 HGB. In der Praxis werden die Fälle, in denen die haftungsrechtlichen Folgen einer unterlassenen Registereintragung des Namenszusatzes mittels der Grundsätze der allgemeinen Registerpublizität nach § 15 HGB bei unterlassener Registereintragung zu lösen sind, weitgehend auf Partnerschaften mit beschränkter Berufshaftung beschränkt bleiben, die aus einer bestehenden Partnerschaft hervorgegangen sind; nur in diesem Fall ist die Eintragung in das Partnerschaftsregister hinsichtlich des Entstehens der Gesellschaft deklaratorischer Natur[950].

---

948 Zu den Voraussetzungen der Zurechenbarkeit bei der Rechtsscheinhaftung, vgl. Unten Kapitel G. II.e.

949 Zum Ganzen bereits oben Kapitel C. I.3.b

950 Dazu oben Kapitel C. II.1.a.ii.

Der Namenszusatz nach § 8 Abs. 4 S. 3 PartGG ist Teil des Namens der PartG mbB und muss daher auch in das Partnerschaftsregister eingetragen werden. Für die Neugründung ergibt sich dies aus §§ 3 Abs. 2 Nr. 1, 5 Abs. 1 PartGG, für den Wechsel aus einer bereits bestehenden Partnerschaft aus § 4 Abs. 1 S. 3 PartGG. Mithin handelt es sich hierbei um eine eintragungspflichtige Tatsache i.S.v. § 15 Abs. 1 HGB[951]. Liegen die Voraussetzungen von § 15 Abs. 1 HGB vor, so kann Dritten nicht entgegengehalten werden, dass es sich bei der Partnerschaft um eine solche mit beschränkter Berufshaftung nach § 8 Abs. 4 PartGG handelt[952]. Damit haften die Partner im praktisch relevanten Fall der „Umwandlung" einer bestehenden Partnerschaft in eine PartG mbB unbeschränkt persönlich nach § 8 Abs. 1, 2 PartGG, sofern ihnen nicht der Beweis gelingt[953], dass der Dritte positive Kenntnis von den tatsächlichen Umständen hat.

Neben § 5 Abs. 2 PartGG i.V.m. § 15 Abs. 1 HGB, der bis zur ordnungsgemäßen Eintragung und Bekanntmachung des Namens der PartG mbB den gutgläubigen Dritten schützt, ist die Vorschrift des § 15 Abs. 2 HGB zu berücksichtigen: nach § 15 Abs. 2 S. 1 HGB lassen ordnungsgemäße Eintragung und Bekanntmachung den Schutz von § 15 Abs. 1 HGB entfallen; Dritte müssen die Tatsache (grundsätzlich) gegen sich gelten lassen. Nur für eine Übergangszeit von 15 Tagen nach Bekanntgabe verlängert sich der Vertrauensschutz nach § 15 Abs. 1 HGB bei unverschuldeter Unkenntnis des Dritten.[954] Anders als bei § 15 Abs. 1 HGB trägt für Letzteres allerdings der Dritte die Beweislast[955]. Somit besteht für die Gesellschafter in der Übergangsphase nach § 15 Abs. 2 S. 2 HGB weiterhin die Gefahr, den abstrakten Vertrauensschutz des § 15 Abs. 1 HGB gegen sich gelten lassen zu müssen, sodass strikt auf das Inkenntnissetzen möglicher Geschäftspartner auf die Haftungsbeschränkung nach § 8 Abs. 4 PartGG zu achten ist.

Namentlich *Sommer* und *Treptow* wollen die Rechtsfolgen der Registerpublizität nach § 15 HGB bei unterlassener Eintragung des Namenszusatzes indes nicht anwenden – gleichwohl sie den Namenszusatz als eintragungspflichtige Tatsache qualifizieren[956]. Diese Ansicht stützen sie auf die Begründung, dass der Gesetzgeber von der (tatbestandlichen) Verknüpfung von Name und Haftungsbeschränkung

---

951 *Leuering*, NZG 2013, 1001, 1003; *Lieder*, NotBZ 2014, 128, 129; *Sommer/Treptow*, NJW 2013, 3269, 3272; *Tröger/Pfaffinger*, JZ 2013, 812, 814; *Ulmer*, AnwBl 2014, 806, 808; **aA** – beschränkt auf den Fall, dass eine Änderung des Gesellschaftsvertrages zwecks Anpassung des Namens unterbleibt – *Henssler*, AnwBl 2014, 96, 100; *Henssler*, in: Henssler/Prütting, BRAO, § 8 PartGG Rn. 71.

952 So auch im Ergebnis: *Henssler*, AnwBl 2014, 96, 100 f.; *Leuering*, NZG 2013, 1001, 1003; *Meyer*, S. 143.

953 Für die Gutgläubigkeit des Dritten spricht eine widerlegbare Vermutung, sodass die Partner die Beweislast hinsichtlich der positiven Kenntnis trifft, vgl. nur *Hopt*, in: Baumbach/Hopt, HGB, § 15 Rn. 7.

954 Vgl. nur *Roth*, in: Koller/Kindler/Roth/Morck, HGB, § 15 Rn. 17.

955 *Hopt*, in: Baumbach/Hopt, HGB, § 15 Rn. 14.

956 *Sommer/Treptow*, NJW 2013, 3269, 3272.

abgesehen hätte und sich deshalb aus der unterlassenen Registereintragung keine „haftungsrelevante Rechtsfolge“ mehr ableiten ließe. Diese Ansicht ist abzulehnen. Eine Erklärung, warum eine aufgegebene tatbestandliche Verknüpfung bedeutet, dass der Gesetzgeber die Publizitätswirkung des Partnerschaftsregisters *in puncto* Haftungsverhältnisse vollständig abschaffen wollte und das Register diesbezüglich nicht länger zuverlässige Informationsquelle für den Rechtsverkehr sein soll, bleiben die Autoren schuldig. Gegen die Ansicht spricht schon ein Vergleich mit dem Eintritt bzw. Austritt eines Partners in eine herkömmliche Partnerschaft bzw. PartG mbB, deren Wirksamkeit richtigerweise nicht von einer Eintragung ins Partnerschaftsregister abhängt, gleichwohl bei unterlassener Eintragung § 5 Abs. 2 PartGG i.V.m. § 15 HGB Anwendung findet. Dass für die Wirksamkeit einer eintragungspflichtigen Tatsache die Eintragung nicht konstitutiv ist, hindert also nicht daran, die Publizitätsvorschrift des § 15 HGB gleichwohl anzuwenden[957].

2. Haftungsfolgen bei unterlassener oder fehlerhafter Führung des Namenszusatzes im Rechtsverkehr

a. Grundüberlegungen

i. Leitlinien einer Haftung wegen eines Verstoßes gegen § 8 Abs. 4 S. 3 PartGG

Die Vorschrift des § 8 Abs. 4 S. 3 PartGG hat wie dargelegt[958] die Funktion, den Rechtsverkehr über die wahren Haftungsverhältnisse der Gesellschaft im Sinne eines „Warnhinweises“ zu informieren und so falsche Erwartungen an eine bestimmte Haftungsstruktur nicht entstehen zu lassen. Wird der Namenszusatz im Geschäftsverkehr nicht ausnahmslos von der für die PartG mbB als Stellvertreter auftretenden Person, gleich, ob es sich bei dieser Person um einen Gesellschafter oder um einen Angestellten der Gesellschaft handelt, geführt, so hat dies haftungsrechtliche Folgen zum Schutz des redlichen Rechtsverkehrs. Der jeweilige Geschäftspartner soll sich darauf verlassen dürfen, dass ihm gegenüber aus einem Rechtsgeschäft mit einer im Namen einer Gesellschaft ohne Nennung eines Rechtsform-/Namenszusatzes auftretenden Person mindestens ein Gesellschafter unbeschränkt persönlich haftet, selbstverständlich vorausgesetzt, das Auftreten des Vertreters begründet ein dahingehendes schutzwürdiges Vertrauen bei ihm. Im Ausgangspunkt geht es also um die haftungsrechtliche Verantwortlichkeit des eigenständig im Geschäftsverkehr Auftretenden (und ggf. der dahinter stehenden Gesellschafter) für die Vortäuschung einer unbeschränkten Haftung des Geschäftsinhabers. Dies ist aus rechtspolitischer Sicht einleuchtend und im Grundsatz unstreitig.

Fraglich ist jedoch, welche konkreten, haftungsrechtlichen Folgen sich daran anschließen, wenn der Namenszusatz i.S.v. § 8 Abs. 4 S. 3 PartGG nicht oder fehlerhaft bei der Begründung einer (vertraglichen) Rechtsbeziehung im Namen der PartG

957 So auch im Ergebnis *Meyer*, S. 143.
958 Dazu oben Kapitel C. I.3. a. und b.

mbB geführt wird. Die Gesetzesbegründung führt hierzu aus, dass diese Situation nach den allgemeinen Regeln zu lösen ist, die gelten, wenn eine haftungsbeschränkte Gesellschaft im Rechtsverkehr über ihre Haftungsbeschränkung täuscht[959]. Damit gibt der Gesetzgeber eine klare Richtung vor, wo die Lösung für die aufgeworfene Fragestellung zu finden ist: bei haftungsbeschränkten Gesellschaften, also bei Kapitalgesellschaften und – erweitert man den Begriff der haftungsbeschränkten Gesellschaft auf solche, bei denen keine natürliche Person ein persönlich haftender Gesellschafter ist – der GmbH § Co. KG. Betrachtet man die bei den genannten haftungsbeschränkten Gesellschaften ergangene Rechtsprechung und Literatur zur Haftung bei unterlassener oder fehlerhafter Führung des Rechtsformzusatzes, so lassen sich folgende Leitlinien erkennen:

- das Auftreten eines Vertreters der Gesellschaft ohne den korrekten Rechtsformzusatz führt grundsätzlich dazu, dass die Gesellschaft gleichwohl wirksam aus der abgegebenen Willenserklärung verpflichtet wird. Dies ergibt sich aus der im Recht der Stellvertretung anerkannten Auslegungsregel gemäß § 164 Abs. 1 S. 2 BGB für Fälle eines unternehmensbezogenen Rechtsgeschäfts[960].
- Hinsichtlich der Haftung des für die Gesellschaft Handelnden sind zwei Fälle zu unterscheiden: ein Vertreter der Gesellschaft, der durch sein Auftreten gegenüber einem Geschäftspartner oder dem Rechtsverkehr im Allgemeinen durch Weglassen des Firmenzusatzes den Eindruck erweckt[961], er sei selber oder zusammen mit anderen Träger des Unternehmens, der dieses als unbeschränkt persönlich haftender Gesellschafter betreibt, muss sich so behandeln lassen, als entspreche der von ihm gesetzte Schein der Wirklichkeit. Tritt hingegen der Handelnde für den Geschäftspartner ersichtlich (nur) als Vertreter der Gesellschaft auf, so ist die Möglichkeit einer persönlichen Inanspruchnahme des Handelnden im Ausgangspunkt gleichfalls anerkannt, wobei die dogmatische Begründung und damit auch Voraussetzungen und Rechtsfolgen variieren. Diese Differenzierung nach den beschriebenen zwei Fallgruppen findet sich so ausdrücklich in einschlägigen Entscheidungen des BGH[962] und wird in der Literatur[963] gleichfalls vorgenommen. Grundlage der Haftung ist in beiden

---

959 BT-Drucks. 17/10487, S. 14 f.

960 Beispielhaft: BGH NJW 1990, 2678; *Emmerich*, in: Scholz, GmbHG, § 4 Rn. 53a; eingehend unten Kapitel G. II.2.b.

961 Gleiches gilt *a maiore ad minus* auch für denjenigen, der tatsächlich Inhaber der Gesellschaft ist.

962 BGH NJW 1981, 2569, 2570; BGH NJW 1990, 2678, 2679.

963 *Binz/Sorg*, GmbH & Co. KG, § 11 Rn. 53 ff.; *Canaris*, Handelsrecht, § 6 IV. 3., S. 86 f.; *Goette*, DStR 1996, 1372, 1373 f.; *Haas*, NJW 1997, 2854, 2855; *Roth*, in: Kindler/Koller/Roth/Morck, HGB, § 15 Rn. 50; *Michalski*, in: Michalski, GmbHG, § 4 Rn. 110 f.; *Schubert*, in: MüKo BGB, § 179 Rn. 16; *Mayer*, in: MüKo GmbHG, § 4 Rn. 146 b f.; *Röhricht*, in: R/GvW/H, HGB, Anh. § 5 Rn. 23; *Roth*, in: Roth/Altmeppen, GmbHG, § 4 Rn. 49; *Emmerich*, in: Scholz, GmbHG, § 4 Rn. 54 f.; eine solche Differenzierung nun auch für die PartG mbB vornehmend: *Meyer*, S. 145 ff.

Fällen, dass beim Geschäftspartner das berechtigte Vertrauen begründet wurde, mindestens eine natürliche Person hafte ihm persönlich[964].

- Inwieweit die persönliche Inanspruchnahme Dritter, insbesondere Gesellschafter, neben der Haftung des Handelnden in Betracht kommt, ist umstritten, wird allerdings von der Rechtsprechung in Fällen des Auftretens eines Vertreters als Nicht-Gesellschafter auf „extreme Ausnahmefälle" beschränkt[965].

Diese Leitlinien sind ohne Weiteres für Gesellschaften verallgemeinerungsfähig, bei denen eine Haftungsbeschränkung sowie die Pflicht zur Führung eines auf die Haftungsbeschränkung hinweisenden Zusatzes im Rechtsverkehr vorgesehen ist; sie beanspruchen in ihrer Allgemeinheit also auch für die PartG mbB Geltung. Relevant wird ein solcher Verstoß gegen die Pflicht zur korrekten Namensführung bei der PartG mbB überhaupt nur im Bereich der Berufshaftung, da nur dort die Haftung auf das Gesellschaftsvermögen beschränkt ist (§ 8 Abs. 4 PartGG) und im Übrigen die Partner persönlich gemäß § 8 Abs. 1 S. 1 PartGG haften. In letzterem Fall bleibt daher schon kein Raum für ein enttäuschtes Vertrauen des Geschäftspartners in die Haftungsstruktur der Gesellschaft, gleich, als was für eine Gesellschaft mit unbeschränkter Haftung diese demjenigen aufgrund der Erklärungen des Handelnden erschien.

Festzuhalten ist als Prämisse einer Haftung bei fehlerhafter Führung eines Namenszusatzes, dass es nicht darum geht, einen bloßen Verstoß gegen die Pflicht zur Führung des Namenszusatzes zu sanktionieren, sondern darum, dass aufgrund des Verstoßes auf der Gegenseite ein besonderes (schutzwürdiges) Vertrauen in eine bestimmte Rechtslage gesetzt wurde, welches tatsächlich enttäuscht worden ist. Es handelt sich also im Ausgangspunkt um eine Haftung unter Vertrauensschutzgesichtspunkten, die den Ausgleich dazu bieten soll, dass dem Geschäftsgegner ein unbekannter Vertragspartner vorgesetzt wurde und ihm Haftungsnachteile drohen[966].

Anhand der dargestellten Leitlinien sind drei Ebenen zu trennen: die Haftung der Gesellschaft, die Haftung des Handelnden sowie die Ausdehnung der Haftung auf andere Personen als den Handelnden, hier konkret die Gesellschafter. Diese Ebenen bilden die Grundlage der auf diesem Abschnitt folgenden Untersuchung.

ii. Relevante Fallgruppen

Weiter ist zu klären, welche Fallgruppen eines Verstoßes gegen § 8 Abs. 4 S. 3 PartGG für eine mögliche Vertrauenshaftung überhaupt in Frage kommen. Unproblematisch ist es, wenn bei einer tatsächlich existierenden PartG mbB der Namenszusatz nach § 8 Abs. 4 S. 3 PartGG vollständig weggelassen wird. Wird keinerlei Hinweis auf

---

964 *Röhricht*, in: R/GvW/H, HGB, Anh. § 5 Rn. 23 m.z.N. aus der Rechtsprechung.

965 Angedeutet in BGH NJW 1996, 2645; ausdrücklich BGH NJW 2007, 1529, 1531.

966 *Canaris*, Handelsrecht, § 6 IV. 2. und 3., S. 82 ff.; *Röhricht*, in: R/GvW/H, HGB, Anh. § 5 Rn. 20; *K. Schmidt*, Handelsrecht, § 4 VII. 2., S. 153 ff.

die Rechtsform der Gesellschaft gegeben, darf der Vertragspartner annehmen, es handele sich um eine freiberufliche GbR, in der die Gesellschafter nach § 128 HGB analog unbeschränkt persönlich haften. Sofern nicht gewichtige entgegenstehende Anhaltspunkte bestehen, gilt die Vermutung, dass bei gemeinschaftlichem Auftreten von Angehörigen freier Berufe ohne Rechtsformzusatz die Organisationsform einer GbR vorliegt[967]. Wird hingegen nur der Hinweis auf die Rechtsform einer herkömmlichen Partnerschaft gegeben, so darf die Gegenseite grundsätzlich auf das Bestehen der Haftungsstruktur einer herkömmlichen Partnerschaft nach § 8 Abs. 1, 2 PartGG vertrauen[968].

Fraglich ist, was gilt, wenn der Namenszusatz nicht weggelassen, sondern inhaltlich nicht den Anforderungen des § 8 Abs. 4 S. 3 PartGG entspricht. Dabei ist die Vorschrift wegen der Informations- und Warnfunktion eng auszulegen. Des Weiteren ist zu berücksichtigen, dass nicht erwartet werden kann, dass jeder Geschäftspartner sich mit den aktuellsten gesellschaftsrechtlichen Entwicklungen auseinandersetzt und eine PartG mbB in jeder namentlich „maskierten" Form zu erkennen vermag[969]. Allerdings kann ein Verstoß gegen § 8 Abs. 4 S. 3 PartGG – neben registerrechtlichen Sanktionen – nicht automatisch eine weitergehende Haftung auslösen. Entscheidend muss sein, dass der Verstoß zu einer Täuschung des Rechtsverkehrs geführt hat, der auf der Gegenseite Vertrauen in die persönliche Inanspruchnahme mindestens eines Gesellschafters begründet hat. Dies ist eine Frage des Einzelfalls, wobei aus den vorgenannten Gründen die Anforderungen nicht zu hoch angesetzt werden dürfen.

Schwieriger zu beurteilen ist der umgekehrte Fall, nämlich dass sich eine herkömmliche Partnerschaft fälschlicherweise im Rechtsverkehr als PartG mbB ausgibt. Betrachtet man diese Fallgruppe lediglich aus der Perspektive der Haftungsstruktur der Gesellschaft, so wird kein Rechtsschein einer weitergehenden Haftung gesetzt, sondern vielmehr der einer geringeren[970]. Eine Berufung auf die vorgegebenen Haftungsverhältnisse der Gesellschaft begründen also keine weitergehende Haftung der Gesellschafter. Bei diesem Ergebnis kann es indes nicht bleiben, da sonst außer Acht gelassen würde, dass mit dem Auftreten als „PartG mbB" suggeriert wird, dass zumindest Versicherungsschutz in Höhe der Mindestversicherungssumme nach Maßgabe des jeweiligen Berufsrechts besteht[971]. Daher kommt eine Haftung wegen enttäuschten Vertrauens in eine entsprechende Versicherung der Gesellschaft dergestalt in Betracht, wie weit der tatsächliche Versicherungsschutz der „normalen" Partnerschaft hinter dem gesetzlichen Mindestversicherungsschutz

---

967 *Zimmermann*, in: Römermann/Michalski, PartGG, § 2 Rn. 11.

968 So auch *Meyer*, S. 147.

969 Zur UG: *Miras*, in: BeckOK GmbHG, § 5a Rn. 59, 63; *Miras*, in: Michalski, GmbHG, § 5a Rn. 60, 64.

970 *Beck*, AnwBl 2015, 380, 391; *Lieder*, NotBZ 2014, 81, 88; *Lieder/Hoffmann*, NJW 2015, 897, 899.

971 *Korch*, GmbHR 2016, 150, 153.

der vorgegebenen PartG mbB zurückbleibt[972]. Das gleiche Ergebnis muss für das Auftreten einer herkömmlichen Partnerschaft als „PartG mbH“ oder GmbH gelten, vorausgesetzt, das jeweilige Berufsgesetz schreibt für den Zusammenschluss von Freiberuflern in der Rechtsform der GmbH einen entsprechenden Versicherungsschutz vor (so etwa bei einer Rechtsanwalts-GmbH gemäß § 51j BRAO).

iii. Bedeutung der korrekten Eintragung des Namenszusatzes in das Partnerschaftsregister

Einer möglichen Vertrauenshaftung wegen Weglassen des Namenszusatzes steht eine richtige Eintragung und Bekanntmachung im Partnerschaftsregister nicht entgegen. § 5 Abs. 2 PartGG i.V.m. § 15 Abs. 2 HGB kommt den Gesellschaftern nicht zugute. Es besteht im Ergebnis in Rechtsprechung[973] und Literatur[974] darüber Einigkeit, dass es demjenigen, der einen falschen Rechtsformzusatz im Rechtsverkehr führt, versagt ist, sich auch bei korrekter Eintragung auf § 15 Abs. 2 S. 1 HGB zu berufen. Bei Vorschriften über die Führung eines Rechtsformzusatzes im Rechtsverkehr handelt es sich um solche mit eigenständiger Publizitätsfunktion, die gerade auch den Zweck haben, Dritten zuverlässig ohne vorherige Einsicht in das Handelsregister Kenntnis über die genaue Haftungsstruktur der Gesellschaft zu verschaffen. Dieser Zweck würde vereitelt, wenn Vorschriften über einen Rechtsformzusatz nicht Vorrang vor § 15 Abs. 2 HGB hätten[975].

b. Haftung der Gesellschaft

Das Auftreten eines Vertreters einer Gesellschaft, gleich ob Gesellschafter oder Nicht-Gesellschafter, ohne oder mit fehlerhaftem auf die Haftungsverhältnisse der PartG mbB hinweisenden Namenszusatz nach § 8 Abs. 4 S. 3 PartGG, ändert nichts daran, dass nach § 164 Abs. 1 BGB die Gesellschaft Vertragspartner wird, vorausgesetzt der Handelnde verfügt über die hierfür erforderliche Vertretungsmacht und der Unternehmensbezug ist hinreichend zum Ausdruck gebracht worden[976]. Bei solchen unternehmensbezogenen Geschäften geht der Wille der Beteiligten im Zweifel dahin, dass das Unternehmen und nicht der für das Unternehmen Handelnde Vertragspartner werden soll. Dies gilt selbst dann, wenn der Inhaber falsch

---

972 *Korch*, GmbHR 2016, 150, 153.

973 BGHZ 62, 216, 223 = NJW 1974, 1191, 1192; BGHZ 71, 354, 357 = NJW 1978, 2030; BGH NJW 1981, 2569; BGH NJW 1990, 2678, 2679.

974 *Hopt*, in: Baumbach/Hopt, HGB, § 15 Rn. 15; *Müther*, in: BeckOK HGB, § 15 Rn. 29; *Gehrlein*, in: E/B/J/S, HGB, § 15 Rn. 22; *Koch*, in: GroßKomm HGB, § 15 Rn. 90 ff; *Roth*, in: Koller/Kindler/Roth/Morck, HGB, § 15 Rn. 24; *Krebs*, in: MüKo HGB, § 15 Rn. 78; *Preuß*, in: Oetker, HGB, § 15 Rn. 47 f.; für § 8 Abs. 4 S. 3 PartGG: *Korch*, GmbHR 2016, 150, 153 f.; *Lieder*, NotBZ 2014, 128, 130; *Meyer*, S. 149.

975 BGH NJW 1981, 2569; BGH NJW 1990, 2678, 2679; *Preuß*, in: Oetker, HGB, § 15 Rn. 47; *Koch*, in: GroßKomm HGB, § 15 Rn. 92.

976 So nun auch *Meyer*, S. 144.

bezeichnet wird oder über ihn sonst Fehlvorstellungen bestehen. Hierbei handelt es sich um keine echte Ausnahme vom im Recht der Stellvertretung geltenden Offenkundigkeitsgrundsatz, sondern um eine Auslegungsregel für den Fall eines unternehmensbezogenen Rechtsgeschäfts. Dies ist in ständiger Praxis anerkannt[977].

c. Haftung des nach außen Handelnden bei Auftreten als Gesellschafter

Wie der Gesetzgeber zum Ausdruck gebracht hat, soll die Situation einer fehlerhaften Namensführung im Rechtsverkehr nach den „allgemeinen Regeln" zu lösen sein. Für den Fall, dass der rechtsgeschäftlich Handelnde den Namenszusatz der PartG mbB entgegen § 8 Abs. 4 S. 3 PartGG nicht ordnungsgemäß geführt hat und dabei als Gesellschafter der Gesellschaft aufgetreten ist, so ist dessen persönliche Inanspruchnahme neben der Gesellschaft nach den Grundsätzen der Rechtsscheinhaftung möglich[978]. Dies ist nahezu unbestritten[979]. Der Rückgriff auf das Institut der Rechtsscheinhaftung bereitet an dieser Stelle keine Schwierigkeiten, da Personenidentität zwischen demjenigen, der den Rechtsschein unmittelbar gesetzt hat, und demjenigen, der von ihm betroffen ist, besteht[980].

Voraussetzung einer Rechtsscheinhaftung ist, dass der in Anspruch Genommene im Rechtsverkehr den Anschein einer entsprechenden Rechtslage gesetzt hat, ein solcher Rechtsscheintatbestand von ihm in zurechenbarer Weise gesetzt worden ist, die Gegenseite im Vertrauen hierauf eine Disposition getroffen hat und gutgläubig ist[981]. Durch das Weglassen eines auf die Haftungsbeschränkung hinweisenden Zusatzes wird der Rechtsschein unbeschränkter Haftung gesetzt[982].

Zur Begründung eines solchen Rechtsscheintatbestandes wird angenommen, dass es grundsätzlich nicht ausreiche, dass der Rechtsformzusatz lediglich im mündlichen Geschäftsverkehr weggelassen werde. Erforderlich sei vielmehr ein schriftliches Auftreten[983]. Eine solche restriktive Sichtweise für die Anerkennung

---

977 st. Rspr.: BGHZ 64, 11, 14 ff. = NJW 1975, 1166 f.; BGHZ 92, 259, 268 = NJW 1985, 136, 138; BGH NJW 1990, 2678; BGH NJW 2008, 1214; beispielhaft aus der Literatur: *Maier-Reimer*, in: Erman, BGB, § 164 Rn. 7; *Mansel*, in: Jauernig, BGB, § 164 Rn. 3; *Schubert*, in: MüKo BGB, § 164 Rn. 117 ff.; *Mayer*, in: MüKo GmbHG, § 4 Rn. 146b ; *Emmerich*, in: Scholz, GmbHG, § 4 Rn. 53a.

978 Vgl. Nachweise bei Fn. 960, 961; zur PartG mbB so nun auch *Meyer*, S. 146 ff.; im Ergebnis auch *Beck*, AnwBl 2015, 380, 391; *Lieder*, NotBZ 2014, 128, 129 f.

979 Unzutreffend *Fischer*, S. 115 ff., *Kienzler*, S. 108 ff., die diese Fallgruppe nach den (umstrittenen) Grundsätzen lösen, die gelten, wenn ein nicht als persönlich haftender Gesellschafter auftretender Stellvertreter für die PartG mbB handelt (dazu unten Kapitel G. II.2.d.).

980 *Canaris*, Handelsrecht, § 6 IV. 3. a), S. 86.

981 Vgl. nur *Roth*, in: Koller/Kindler/Roth/Morck, HGB, § 15 Rn. 43 ff.

982 Zu den relevanten Fallgruppen oben Kapitel G. II.2.a.ii.

983 BGH NJW 1981, 2569, 2570; *Jaeger*, in: BeckOK GmbHG, § 4 Rn. 22; *Canaris*, Handelsrecht, § 6 IV. 4. a), S. 88; *Heinrich*, in: GroßKomm GmbHG § 4 Rn. 39 *Roth*, in: Kindler/Koller/Roth/Morck, HGB, § 15 Rn. 49; *Mayer*, in: MüKo GmbHG,

eines Rechtsscheins beruht auf der zutreffenden Erwägung, dass im mündlichen Geschäftsverkehr großzügiger verfahren und in die Vollständigkeit und Richtigkeit mündlicher Firmenangaben in der Regel kein Vertrauen gesetzt wird[984]. Ausnahmsweise reicht allerdings auch bei Hinzutreten weiterer Umstände eine mündliche Erklärung zur Begründung eines Vertrauenstatbestands aus, etwa bei Vorlage von Visitenkarten ohne Rechtsformzusatz in Vertragsverhandlungen[985] oder wenn auf konkrete Nachfrage hin eine Haftungsbeschränkung verneint wird[986]. Hinsichtlich der Beweisbarkeit der Voraussetzungen einer Rechtsscheinhaftung kommt dem Vertrauenden zugute, dass nach der Rechtsprechung des BGH derjenige, der die Rechtsscheinfolgen nicht gegen sich gelten lassen will, die Darlegungs- und Beweislast dafür trägt, dass der Geschäftsgegner nicht gutgläubig gewesen ist und im konkreten Fall nicht im Vertrauen auf den Rechtsschein gehandelt hat[987].

Rechtsfolge einer Rechtsscheinhaftung ist, dass derjenige, der den Rechtsschein in zurechenbarer Weise gesetzt hat, sich vom Dritten so behandeln lassen muss, als wenn die scheinbare Rechtslage der Wirklichkeit entspricht[988]. Es kommt demnach zur Gleichstellung von Schein und Wirklichkeit, indem der nach außen handelnde Gesellschafter einer PartG mbB (bzw. derjenige, der den Eindruck einer solchen Gesellschafterstellung erweckt hat) so behandelt wird, als wäre er ein persönlich haftender Gesellschafter[989]. Damit geht es hierbei nicht um „negativen Vertrauensschutz" auf Ersatz des Vertrauensschadens, sondern um „positiven Vertrauensschutz" dergestalt, dass der Vertrauende so gestellt wird, als bestünde die von ihm angenommene Rechtslage tatsächlich[990]. Dabei handelt es sich bei der Rechtsscheinhaftung des Handelnden um keine subsidiäre Ausfallhaftung, sondern vielmehr haften der den Rechtsschein setzende Vertreter und die vertretene Gesellschaft nebeneinander als Gesamtschuldner gemäß § 421 BGB[991].

§ 4 Rn. 148; *Röhricht*, in: R/GvW/H, HGB, Anh. § 5 Rn. 25; *Roth*, in: Roth/Altmeppen, GmbHG, § 4 Rn. 49a; *Emmerich*, in: Scholz, GmbHG, § 4 Rn. 56.

984 Mayer, in: MüKo GmbHG, § 4 Rn. 148; ähnlich: *Röhricht*, in: R/GvW/H, HGB, Anh. § 5 Rn. 25; Emmerich, in: Scholz, GmbHG, § 4 Rn. 56.

985 OLG Naumburg, NJW-RR 1997, 1324, 1325; LG Aachen, NJW-RR 1988, 1174, 1175; LG Wuppertal, NZG 2002, 297, 298; *Fastrich*, in: Baumbach/Hueck, GmbHG, § 4 Rn. 15; *Michalski*, in: Michalski, GmbHG, § 4 Rn. 111.

986 *Michalski*, in: Michalski, GmbHG, § 4 Rn. 111; *Mayer*, in: MüKo GmbHG, § 4 Rn. 148; weitergehend OLG Saarbrücken, NJW-RR 2009, 179, 180 f., wonach bereits ein erkennbares Interesse des Geschäftsgegners an der Benennung der vollständigen Firmenbezeichnung ausreichen soll.

987 BGHZ 64, 11, 18 f. = NJW 1975, 1166, 1167 f.; BGH NJW 1981, 2569, 2570; BGH NJW 1990, 2678, 2679; BGH NJW 2012, 2871, 2873.

988 Vgl. nur *Röhricht*, in: R/GvW/H, HGB, Anh. § 5 Rn. 35.

989 *Canaris*, Handelsrecht, § 6 IV. 1. b), S. 81 f.; *Canaris*, Vertrauenshaftung, S. 526 f.

990 *Canaris*, Handelsrecht, § 6 IV. 1. b), S. 82; *Canaris*, Vertrauenshaftung, S. 518.

991 BGH NJW 1990, 2678, 2679; BGH NJW 1991, 2627, 2628; BGH NJW 2012, 2871, 2873; *Roth*, in: Kindler/Koller/Roth/Morck, HGB, § 15 Rn. 50; *Mayer*, in: MüKo

d. Haftung des nach außen Handelnden bei Auftreten als Vertreter

Von der vorgenannten Fallgruppe ist wie eingangs dargelegt die Situation offengelegter (wirksamer) Stellvertretung zu unterscheiden, in der ein bloßer Angestellter der PartG mbB als Stellvertreter durch einen fehlerhaften Namenszusatz i.S.v. § 8 Abs. 4 S. 3 PartGG den Anschein gesetzt hat, er handele für eine Gesellschaft mit unbeschränkter Haftung. Wie sich in einem solchen Fall die persönliche Inanspruchnahme des Handelnden dogmatisch begründen lässt, wird kontrovers diskutiert.

i. Meinungsstand

Anders als beim Auftreten des Handelnden als Gesellschafter der PartG mbB bezieht sich die falsche Firmierung seitens des Handelnden nicht auf ihn selbst, sondern auf die Gesellschafter einer Gesellschaft, die in dieser Form nicht existiert. Es fehlt also im Fall eines Auftretens des Handelnden als Vertreter der Gesellschaft an der Identität zwischen demjenigen, der von dem Vertrauenstatbestand betroffen ist, und demjenigen, der für ihn verantwortlich ist[992]. Aus diesem Grund scheidet eine Rechtsscheinhaftung im oben beschriebenen Sinne für diesen Fall aus[993]. Der Umfang der Rechtsscheinhaftung wird durch den Vertrauenstatbestand bestimmt[994]. Es treten diejenigen Rechtsfolgen ein, die bei Übereinstimmung der Firmierung mit der Wirklichkeit bestünden. Diese Rechtsposition wird dem Dritten indes hier nicht zuerkannt, da der Dritte darauf vertraut, dass ihm die Gesellschaft und die Gesellschafter, nicht aber der Vertreter haftet[995]. Das Vertrauen des Dritten war nie auf eine Haftung des Stellvertreters gerichtet, sodass die für eine Rechtsscheinhaftung im eigentlichen Sinne charakteristische „Gleichstellung von Rechtsschein und Rechtswirklichkeit“[996] ausscheidet.

Nach der ständigen Rechtsprechung des BGH[997] und dem überwiegenden Teil der Literatur[998] wird die Haftung des als Stellvertreter für die Gesellschaft Handelnden

GmbHG, § 4 Rn. 149; *Röhricht*, in: R/GvW/H, HGB, Anh. § 5 Rn. 23; *Roth*, in: Roth/Altmeppen, GmbHG, § 4 Rn. 49; *Emmerich*, in: Scholz, GmbHG, § 4 Rn. 55.

992 *Canaris*, Handelsrecht, § 6 IV. 3. b), S. 86.

993 *Canaris*, NJW 1991, 2627, 2628; *Canaris*, FS Giger (1989), S. 91, 118; *Haas*, NJW 1997, 2854, 2855; *Haas*, Geschäftsführerhaftung und Gläubigerschutz, S. 85; so auch für die PartG mbB: *Meyer*, S. 140; **aA** *Beck*, AnwBl 2015, 380, 391 (für die PartG mbB); *Beck/Schaub*, GmbHR 2012, 1331, 1333 (für die UG).

994 *Canaris*, Vertrauenshaftung, S. 521; zum Scheinkaufmann: *Röhricht*, in: R/GvW/H, HGB, Anh. § 5 Rn. 42.

995 *Canaris*, NJW 1991, 2627, 2628; *Haas*, NJW 1997, 2854, 2855.

996 *Canaris*, Vertrauenshaftung, S. 526 f.

997 BGHZ 64, 11, 17 f. = NJW 1975, 1166, 1167; BGH NJW 1981, 2569, 2570; BGH NJW 1990, 2678, 2679; BGH NJW 1991, 2627 f; BGH NJW 1996, 2645; BGH NJW 2007, 1529, 1530; BGH NJW 2012, 2871.

998 *Binz/Sorg*, GmbH & Co KG, § 11 Rn. 64; *Canaris*, NJW 1991, 2627, 2628; *Canaris*, Handelsrecht, § 6 IV. 3. b), S. 86 f.; *Maier-Reimer*, in: Erman, BGB, § 164 Rn. 24;

bei Fortlassung des Rechtsformzusatzes durch eine Rechtsscheinhaftung in entsprechender Anwendung von § 179 BGB begründet. Wird der Vertragspartner in seiner Erwartung enttäuscht, aus dem Geschäft haften ihm auch die Gesellschafter unbeschränkt, so sei es im Interesse des lauteren Rechtsverkehrs geboten, den Vertreter dafür einstehen zu lassen, dass er die unbeschränkte Haftung des Firmeninhabers vorgetäuscht habe[999]. Durch die unterlassene Offenlegung der tatsächlichen Gesellschaftsverhältnisse würden unzutreffende Vorstellungen erweckt und es bestehe die Gefahr, dass der Geschäftsgegner Dispositionen treffe, die er bei Kenntnis der wahren Sachlage ganz oder zumindest in dieser Form unterlassen hätte. Für den hierfür notwendigen Ausgleich sorge die Haftung desjenigen, der die erforderliche Aufklärung nicht vornimmt[1000]. Hinsichtlich der Rechtsfolgen ist die Haftung – ebenso wie zuvor bei der allgemeinen Rechtsscheinhaftung dargestellt – auf das positive Interesse gerichtet und Vertreter sowie Gesellschaft stehen gesamtschuldnerisch als Anspruchsgegner zur Verfügung[1001].

Namentlich *Altmeppen* ordnet die Haftung des Vertreters wegen falschen Rechtsformzusatzes als eine solche aus *culpa in contrahendo* ein (§§ 280 Abs. 1, 241, 311 Abs. 3 BGB)[1002]. Ein solcher Anspruch ist der Höhe nach unbegrenzt gerichtet auf das negative Interesse (Vertrauensschaden), in Ausnahmefällen kommt auch der Ersatz des positiven Interesses in Betracht[1003]. Danach ist der Dritte so zu stellen, als wäre er vor Vertragsschluss über die tatsächliche Haftungsverfassung ordnungsgemäß aufgeklärt worden und hätte deshalb das fragliche Geschäft nicht abgeschlossen[1004]. An einem für die Anspruchsdurchsetzung notwendigen Schaden fehlt es regelmäßig vor Vertragsdurchführung oder wenn er von der (solventen) Gesellschaft Befriedigung verlangen kann[1005].

Ferner wird vertreten, die Haftung ließe sich auf § 823 Abs. 2 BGB i.V.m. der entsprechenden Vorschrift, die eine Pflicht zur Führung eines Rechtsformzusatzes

---

Goette, DStR 1996, 1372, 1374; *Roth*, in: Kindler/Koller/Roth/Morck, HGB, § 15 Rn. 50; *Michalski*, in: Michalski, GmbHG, § 4 Rn. 111; *Miras*, NZG 2012, 1095, 1096; *Schubert*, in: MüKo BGB, § 179 Rn. 16; *Mayer*, in: MüKo GmbHG, § 4 Rn. 146c; *Röhricht*, in: R/GvW/H, HGB, Anh. § 5 Rn. 23; *Roth*, in: Roth/Altmeppen, § 4 Rn. 49; *Schmidt-Leithoff*, in: Rowedder, GmbHG, § 4 Rn. 56; *Schäfer/Hemberger*, Ad Legendum 2014, 329, 331 ff.; *Emmerich*, in: Scholz, GmbHG, § 4 Rn. 54b; Für die PartG mbB: *Meyer*, S. 155 ff.

999 BGH NJW 1981, 2569, 2570.

1000 BGH NJW 2012, 2871.

1001 Vgl. Nachweise bei Fn. 989.

1002 *Altmeppen*, ZIP 2007, 889, 893 f.; *Altmeppen*, NJW 2012, 2833, 2837; *Altmeppen*, in: Roth/Altmeppen, GmbHG, § 35 Rn. 41; zustimmend: *Schilken*, in: Staudinger, BGB, § 179 Rn. 23; *Paura*, in: GroßKomm GmbHG, § 5a Rn. 30 f.

1003 Vgl. nur *Stadler*, in: Jauernig, BGB, § 311 Rn. 54; *Emmerich*, in: MüKo BGB, § 311 Rn. 186.

1004 *Altmeppen*, ZIP 2007, 889, 894; *Canaris*, Handelsrecht, § 6 IV. 2. b), S. 85.

1005 *Altmeppen*, ZIP 2007, 889, 894; *Canaris*, Handelsrecht, § 6 IV. 2. b), S. 85.

vorschreibt, stützen; bei den einschlägigen Vorschriften handele es sich um ein Schutzgesetz i.S.v. § 823 Abs. 2 BGB[1006]. Die Rechtsfolge wäre bei einer solchen dogmatischen Einordnung gleichfalls wie bei einer Haftung aus *culpa in contrahendo* ein Schadensersatzanspruch, in der Regel gerichtet auf das negative Interesse[1007].

ii. Stellungnahme

Nähert man sich der Problematik der unterschiedlichen dogmatischen Begründungsansätze von deren Rechtsfolgen, so zeigen sich zwischen der Annahme einer Rechtsscheinhaftung entsprechend § 179 BGB auf der einen Seite und einer Haftung aus *culpa in contrahendo* bzw. § 823 Abs. 2 BGB auf der einer anderen Seite, grundlegende Unterschiede[1008]: Während ersteres auf den Ersatz des positiven Interesses zielt und der Vertrauende so gestellt wird, als würde die von ihm angenommene Rechtslage der Wirklichkeit entsprechen, so wird er bei Ersatz des Vertrauensschadens lediglich so gestellt, als hätte er die tatsächliche Rechtslage gekannt und daher nicht auf den Rechtsschein vertraut. Dabei bietet letzterer Ansatz zweifellos eine wesentlich differenziertere und „billigere" Rechtsfolge, denn der Vertrauende wird nur soweit geschützt, wie er aufgrund einer vorgenommenen Vertrauensdisposition tatsächlich einen wirtschaftlich messbaren Nachteil erlitten hat, und umgekehrt wird dem Anspruchsgegner nur insoweit ein Opfer auferlegt, wie es zum Ausgleich des tatsächlich entstandenen (Vertrauens-) Schadens notwendig ist[1009]. Ferner kann über die Anwendung von § 254 BGB eine weiter ausdifferenzierte und flexiblere Lösung erreicht werden[1010]. Damit ist gesagt, dass der Begründungsaufwand für eine Erfüllungshaftung ein weitaus größerer ist als für eine Haftung gerichtet auf das negative Interesse. Eine Begründung für eine Erfüllungshaftung lässt sich im hier in Rede stehenden Fall darin finden, dass es bei der Offenlegung der Haftungsstruktur einer Gesellschaft mit beschränkter Haftung durch Führung eines Rechtsformzusatzes ausschließlich um den Schutz des Rechtsverkehrs geht. Zentrales Anliegen ist es, zugunsten des Geschäftsverkehrs vollständige Publizität über die Haftungsverhältnisse herzustellen. Dieser Verkehrsschutzgedanke rückt noch verstärkt in den Vordergrund, da der Gesetzgeber mit den Vorschriften über die Führung eines Rechtsformzusatzes der Aufklärung der Gegenseite über die tatsächlichen Haftungsverhältnisse besonderes Gewicht verliehen hat. Gerade solche Verkehrsschutzaspekte liefern die Rechtfertigung für die „besondere Härte" einer auf das positive

---

1006 *Haas*, Geschäftsführerhaftung und Gläubigerschutz, S. 94 f.; *Haas*, NJW 1997, 2854, 2857; *Heinrich*, GroßKomm GmbHG, § 4 Rn. 40; *Meckbach*, NZG 2011, 968, 970; *Schreiber*, DZWIR 2009, 492, 494; grundsätzlich zustimmend *Canaris*, Handelsrecht, § 6 IV. 2. b), S. 85.

1007 *Altmeppen*, ZIP 2007, 889, 894; *Haas*, Geschäftsführerhaftung und Gläubigerschutz, S. 94 f.; *Haas*, NJW 1997, 2854, 2857.

1008 *Canaris*, Vertrauenshaftung, S. 5 f.

1009 *Canaris*, Vertrauenshaftung, S. 6, 533.

1010 *Canaris*, Vertrauenshaftung, S. 533.

Interesse gerichteten Haftung im Vergleich zum Ersatz lediglich des Vertrauensschadens[1011]. Damit bestehen im Ausgangspunkt an einer Rechtsfolge, gerichtet auf Ersatz des positiven Interesses, keine Bedenken. Vielmehr erscheint eine solche als die angemessenere Rechtsfolge, zumal es der Vertreter ist, der das Risiko einer inhaltlich falschen Angabe zum Unternehmensträger setzt, dieses aber auch zu beherrschen vermag.

Gegen eine dogmatische Einordnung einer Haftung aus *culpa in contrahendo* spricht, dass der eigentliche Anlass der Haftung, nämlich die Enttäuschung eines bestimmten Vertrauens in die Haftungsstruktur des Vertragspartners, weitgehend entwertet und in den Hintergrund rücken würde, da eine Eigenhaftung des Vertreters nur unter den restriktiven Voraussetzungen nach § 311 Abs. 3 BGB in Frage kommt[1012]. Diese zusätzlichen Voraussetzungen fallen in der Regel allenfalls zufällig mit einer falschen Firmierung zusammen[1013] und der Vertrauensschutz als ein die Haftung konstituierendes Merkmal würde so nur noch eine ergänzende Rolle spielen. Damit ist die Annahme einer Haftung aus *culpa in contrahendo* abzulehnen[1014].

Gegen eine Rechtsscheinhaftung entsprechend § 179 BGB wird eingewandt, dass eine kumulative Haftung von Gesellschaft und Vertreter nicht in das Regelungskonzept von § 179 BGB passe und die Grenzen einer Analogie überschritten seien. Eine solche „doppelte Erfüllungshaftung“ sei mit § 179 BGB nicht vereinbar, da dort eine Haftung statt-, und nicht neben dem Vertretenen vorgesehen ist[1015]. Dieses Argument verliert allerdings an Gewicht, wenn man sich vor Augen führt, dass § 179 BGB entsprechend angewendet wird, wenn für eine nicht existente Person gehandelt wird[1016]. Diese Situation ist mit der hier vorliegenden vergleichbar: die tatsächlich vertretene Gesellschaft und diejenige, wie sie sich der Vertragspartner vorgestellt hat, weichen von ihrer rechtlichen Struktur erheblich voneinander ab und sind daher im Verhältnis zueinander ein *aliud* bzw. ein andersartiges Rechtssubjekt[1017]. Daher verhält es sich hier wertungsmäßig nicht anders, als wenn für eine nicht existente Person gehandelt wurde[1018].

Ein weiterer Gesichtspunkt ist, dass es im Kern bei der Inanspruchnahme des Vertreters bei dessen Auftreten im Namen der Gesellschaft ohne hinreichende

1011 *Canaris*, Vertrauenshaftung, S. 6, 526 f.

1012 *Haas*, Geschäftsführerhaftung und Gläubigerschutz, S. 94; *Haas*, NJW 1997, 2854, 2857.

1013 *Meckbach*, NZG 2011, 968, 969.

1014 So auch *Meyer*, S. 155.

1015 *Altmeppen*, ZIP 2007, 889, 894; *Altmeppen*, NJW 2012, 2833, 2836; *Altmeppen*, in: Roth/Altmeppen, GmbHG, § 35 Rn. 41; *Beck/Schaub*, GmbHR 2012, 1331, 1332.

1016 BGHZ 63, 45, 48 f. = NJW 1974, 1905 f.; BGHZ 91, 148, 152 = NJW 1984, 2164; BGHZ 105, 283, 285 = NJW 1989, 894; BGH NJW 2009, 215; *Schubert*, in: MüKo BGB, § 179 Rn. 10; *Ellenberger*, in: Palandt, BGB, § 179 Rn. 1.

1017 *Canaris*, Handelsrecht, § 6 IV. 3. b), S. 87; *Schäfer/Hemberger*, Ad Legendum 2014, 329, 332.

1018 Ähnlich *Meyer*, S. 157 f.

Offenlegung des Rechtsformzusatzes um eine Haftung wegen Enttäuschung eines bestimmten Haftungsvertrauens geht. Die Inanspruchnahme und Gewährung von Vertrauen ist notwendige Voraussetzung für die Begründung einer Haftung des Vertreters, weshalb es sich daher[1019] jedenfalls um eine Vertrauenshaftung handelt[1020]. Vor diesem Hintergrund überzeugt der gegen die Annahme einer Rechtsscheinhaftung entsprechend § 179 BGB vorgetragene Einwand nicht, es würde künstlich eine dogmatische Begründung geschaffen, die sich jedoch nicht dogmatisch sauber aus beiden Rechtsinstituten herleiten ließe und es würden aus mehreren Rechtsinstituten einzelne Elemente herausgenommen, so wie sie für die Lösung (ergebnisorientiert) stimmig erscheinen[1021]. § 179 BGB[1022] und eine Rechtsscheinhaftung[1023] sind beide gleichen gedanklichen Ursprungs, denn beide sind als Erscheinungsform einer Vertrauenshaftung einzuordnen. Die Einordnung der in Rede stehenden Haftung als Rechtsscheinhaftung hat ihre Berechtigung, da dies die Nähe zu einer Rechtsscheinhaftung im eigentlichen Sinne[1024] betont, die nur deshalb keine Anwendung findet, weil es an der notwendigen Identität zwischen dem vom Vertrauenstatbestand Betroffenen und dem für ihn Verantwortlichen fehlt; gleichwohl müssen sämtliche Voraussetzungen einer Rechtsscheinhaftung im eigentlichen Sinne erfüllt sein. Auch die entsprechende Anwendung von § 179 BGB ist nachvollziehbar. Gleichfalls wie im Fall der direkten Anwendung von § 179 BGB muss der Vertreter für die Behauptungen einstehen, die er bei Abschluss des Vertretungsgeschäfts getätigt hat. Er haftet (als Garant) nicht nur für das Bestehen von Vertretungsmacht für irgendeine Gesellschaft, sondern für eine solche mit derjenigen Haftungsstruktur, wie er sie beim Auftreten im Rahmen seiner Vertreterstellung behauptet hat. Das Risiko der Stellvertretung erschöpft sich nicht nur darin, dass der Vertreter entgegen seiner Erklärung nicht über die notwendige Vertretungsmacht verfügt, sondern besteht auch darin, dass entgegen seiner Erklärung der Vertretene nicht die in Aussicht gestellte Haftungsstruktur hat. Die dogmatische

---

1019 *Canaris*, Vertrauenshaftung, S. 1 ff.; *Canaris*, FS Schimansky (1999), S. 47, 55.

1020 Vgl. Nachweise bei Fn. 964; der Terminus „Vertrauenshaftung" für die in Rede stehende Haftungssituatuon ist auch in den einschlägigen Entscheidungen des BGH zu finden: BGHZ 64, 11, 18 = NJW 1975, 1166, 1167; BGH NJW 2012, 2871.

1021 *Beck/Schaub*, GmbHR 2012, 1331, 1332; in diese Richtung: *Haas*, NJW 1997, 2854, 2855; *Römermann*, GmbHR 2012, 955, 956.

1022 *Schäfer*, in: BeckOK BGB, § 179 Rn. 1; *Ellenberger*, in: Palandt, BGB, § 179 Rn. 1; *Leptien*, in: Soergel, BGB, § 179 Rn. 1; *Schilken*, in: Staudinger, BGB, § 179 Rn. 2.

1023 *Canaris*, Vertrauenshaftung, S. 526 f.; *Canaris*, FS 50 Jahre BGH (2000), S. 129, 165; *Schubert*, in: MüKo BGB, § 242 Rn. 334; wenn die Rechtsscheinhaftung vielfach als spezieller Anwendungsfall des *venire contra factum proprium* angesehen wird (vgl. etwa *Mansel*, in: Jauernig, BGB, § 242 Rn. 48; *Looschelders/Olzen*, in: Staudinger, BGB, § 242 Rn. 318), so steht dies der Einordnung als Vertrauenshaftung keinesfall entgegen, denn auch hier geht es gleichfalls um Vertrauensschutz, vgl. nur *Schubert*, in: MüKo BGB, § 242 Rn. 309.

1024 *Canaris*, Handelsrecht, § 6 IV. 3. b), S. 87.

Begründung der Haftung des Stellvertreters mit einer Rechtsscheinhaftung entsprechend § 179 BGB überzeugt auch deshalb, weil die Lösung dort gesucht wird, wo das Problem herkommt, nämlich aus dem Bereich der Vertrauenshaftung (mit besonderer Nähe zu einer Rechtsscheinhaftung) sowie der Haftung des Stellvertreters wegen unzutreffender Erklärungen im Rahmen seines Vertreterhandelns. Daher ist im Ergebnis der Ansicht, die eine Rechtsscheinhaftung entsprechend § 179 BGB annimmt, zu folgen.

Weiter ist zu klären, ob daneben noch eine Haftung nach § 823 Abs. 2 BGB i.V.m. § 8 Abs. 4 S. 3 PartGG in Frage kommt. Dies bemisst sich danach, ob § 8 Abs. 4 S. 3 PartGG als Schutzgesetz i.S.v. § 823 Abs. 2 BGB einzuordnen ist. Hierzu hat der BGH in ständiger Rechtsprechung die folgende Definition herausgebildet: „Schutzgesetz i.S.v. § 823 Abs. 2 BGB ist eine Rechtsnorm, die nach Zweck und Inhalt zumindest auch dazu dienen soll, den Einzelnen oder einzelne Personenkreise gegen die Verletzung eines bestimmten Rechtsguts zu schützen. Dafür kommt es nicht auf die Wirkung, sondern auf Inhalt und Zweck des Gesetzes sowie darauf an, ob der Gesetzgeber bei Erlass des Gesetzes gerade einen Rechtsschutz, wie er wegen der behaupteten Verletzung in Anspruch genommen wird, zu Gunsten von Einzelpersonen oder bestimmten Personenkreisen gewollt oder doch mit gewollt hat. Es genügt, dass die Norm auch das in Frage stehende Interesse des Einzelnen schützen soll, mag sie auch in erster Linie das Interesse der Allgemeinheit im Auge haben."[1025]

Problematisch ist die Bestimmung des konkreten Rechtsguts, das durch die Vorschrift geschützt werden soll. Bei diesem kann es sich nur um das Vermögen des Geschäftspartners handeln, denn es soll durch den „Warnhinweis" eines Rechtsformzusatzes vermieden werden, dass falsche Haftungserwartungen aufkommen und der Vertragspartner sich einem anderen Haftungsschuldner gegenübersieht als gedacht. Bei dem Schutz von Vermögensschäden ist zu berücksichtigen, dass sich der Gesetzgeber bewusst gegen einen allgemeinen deliktsrechtlichen Vermögensschutz entschieden hat und diese Wertung bei der Einordnung einer Vorschrift als Schutzgesetz i.S.v. § 823 Abs. 2 BGB zu berücksichtigen ist[1026]. Dies spricht gegen eine Einordnung als Schutzgesetz[1027], zumal der Vermögensschutz hier nur ein äußerst abstrakter ist, der nur dann zum Tragen kommt, wenn die Gesellschaft als Schuldner ausfällt oder der Vertragspartner wegen der falschen Haftungserwartung nachteilige Dispositionen getroffen hat. Gegen die Annahme einer deliktischen Haftung spricht zudem – gleichfalls wie gegen die Annahme einer Haftung aus *culpa in contrahendo* -, dass der eigentliche Schwerpunkt der Haftung, nämlich der

---

1025 Vgl. nur zuletzt BGHZ 197, 225, 227 f. = NJW 2014, 64; BGHZ 192, 90, 98 f. = NJW 2012, 1800, 1802.

1026 BGHZ 175, 276, 281 f. = NJW 2008, 1734, 1736; *Förster*, in: BeckOK BGB, § 823 Rn. 275; *Schiemann*, in: Erman, BGB, § 179 Rn. 157; *Lange/Schmidbauer*, in: jurisPK-BGB, § 823 Rn. 181.

1027 So auch *Meyer*, S. 156 f.

Missbrauch von Vertrauen, zwar weiterhin noch eine entscheidende, allerdings neben den übrigen Merkmalen nur noch ergänzende Rolle spielt[1028]. Außerdem ist gegen eine Einordnung als Schutzgesetz anzuführen, dass in die Beurteilung, ob es sich um ein Schutzgesetz handelt oder nicht, einzustellen ist, ob der Betroffene in wirtschaftlicher Hinsicht bereits auf andere Weise ausreichend abgesichert ist[1029]. Dann erscheint ein zusätzlicher deliktischer Schutz als verzichtbar[1030]. Ein solcher Schutz des Vertrauenden wird hier bereits in noch weitreichenderem Umfang über die Rechtsscheinhaftung entsprechend § 179 BGB erreicht[1031]. Damit sprechen im Ergebnis die besseren Gründe gegen die Annahme, dass es sich bei § 8 Abs. 4 S. 3 PartGG um ein Schutzgesetz i.S.v. § 823 Abs. 2 BGB handelt, dementsprechend scheidet eine Haftung hiernach aus[1032].

iii. Anwendung von § 179 Abs. 2 BGB analog?

Unter den Vertretern, die für die Begründung der Haftung des Stellvertreters die Anwendung einer Rechtsscheinhaftung entsprechend § 179 BGB befürworten, wird diskutiert, ob dessen Haftung unter bestimmten Voraussetzungen auf das negative Interesse zu begrenzen sei. Teilweise wird vertreten, § 179 Abs. 2 BGB solle zwar nicht analog angewendet werden, allerdings scheide eine Haftung dann aus, wenn der Stellvertreter den Beweis führen könne, dass er nicht gewusst habe, dass ein Auftreten ohne Rechtsformzusatz den Anschein der unbeschränkten Haftung hervorrufen könne[1033]. Andere lehnen eine Beschränkung der Haftung auf den Vertrauensschaden gänzlich ab[1034]. Namentlich *Canaris* hält eine Anwendung von § 179 Abs. 2 BGB (nur) dann für angemessen, wenn es sich bei dem Stellvertreter um einen Angestellten der Gesellschaft handelt; denn dieser brauche die firmenrechtlichen Besonderheiten nicht zu kennen und sei für die Ordnungsgemäßheit der Firmierung nicht verantwortlich[1035].

Die besseren Gründe sprechen gegen jegliche Begrenzung der Haftung des Stellvertreters[1036]. Dass es sich bei § 8 Abs. 4 S. 3 PartGG um eine Vorschrift handelt, die beim Auftreten im Rechtsverkehr ausschließlich von den Gesellschaftern berücksichtigt werden muss, lässt sich weder dem Wortlaut, noch dem Sinn und Zweck der Vorschrift entnehmen. Außerdem wird man von einer Person, die im Rechtsverkehr

1028 *Canaris*, Vertrauenshaftung, S. 2 f.; *Canaris*, in: FS Schimansky (1999), S. 47, 55.
1029 BGHZ 84, 312, 317 = NJW 1982, 2780, 2871; *Förster*, in: BeckOK BGB, § 823 Rn. 277.
1030 *Förster*, in: BeckOK BGB, § 823 Rn. 277.
1031 So auch *Meyer*, S. 155 ff.
1032 So auch *Meyer*, S. 157.
1033 *Roth*, in: Koller/Kindler/Roth/Morck, HGB, § 15 Rn. 50; *Röhricht*, in: R/GvW/H, HGB, Anh. § 5 Rn. 24.
1034 *Michalski*, in: Michalski, GmbHG, § 4 Rn. 111; *Schmidt-Leithoff*, in: Rowedder, GmbHG, § 4 Rn. 56.
1035 *Canaris*, NJW 1991, 2627, 2628 f.; *Canaris*, Handelsrecht, § 6 IV. 3. b), S. 87.
1036 Im Ergebnis für die PartG mbB ebenso: *Meyer*, S. 158 f.

für einen anderen tätig wird, erwarten dürfen und müssen, dass sie sich, schon aus ihrer kraft Vertretungsmacht hervorgehobenen Stellung heraus, rechtsgeschäftlich für einen anderen handeln zu dürfen, mit den Vorschriften vertraut macht, die für ein Auftreten im Geschäftsverkehr zu beachten sind[1037]. Zudem bringen die Vorschriften nach Artikel 8 WechselG und Artikel 11 ScheckG zum Ausdruck, dass es keinen allgemeinen Rechtsgedanken bei der Haftung eines Stellvertreters gibt, der besagt, dass dessen Haftung bei fehlender Kenntnis auf das negative Interesse zu begrenzen ist[1038]. Schließlich spricht die Gewährleistung eines umfassenden Verkehrsschutzes, der wie dargestellt gerade auch die Begründung für die „scharfe" Rechtsfolge einer Erfüllungshaftung liefert, gegen eine Begrenzung auf den Vertrauensschaden[1039].

e. *Ausdehnung der Haftung auf die (übrigen) Gesellschafter*

Fraglich ist, ob neben der Haftung des Handelnden auch eine Haftung der Gesellschafter in Frage kommt. Dies wird im Recht der Kapitalgesellschaften unterschiedlich beurteilt. In der Literatur wird eine Ausdehnung der Haftung auf Dritte vielfach befürwortet[1040]. Der BGH[1041] hingegen lehnt eine Haftung von im Hintergrund bleibenden „Dritten" neben der Haftung des Vertreters, der selbst weder Gesellschafter, noch als ein solcher aufgetreten ist, grundsätzlich ab und will eine solche nur auf „extreme Ausnahmefälle" beschränken[1042]. Eine solche auf Ausnahmefälle beschränkte Sichtweise, auch wenn sie explizit nur auf den handelnden Nicht-Gesellschafter bezogen ist, ist jedoch abzulehnen. Soweit der BGH ausführt, die Haftung des Handelnden stütze sich auf ein spezielles Vertrauen, das nur der Handelnde, nicht aber eine andere, im Hintergrund bleibende Person für sich in Anspruch nehmen könne, so ist dies mehr Behauptung, denn Begründung[1043]. Vielmehr wird man annehmen müssen, dass der Rechtsverkehr von demjenigen, gegen den ein Vertrauenstatbestand spricht – also auch die (übrigen) Gesellschafter, für die durch die Erklärung des Handelnden gerade der Anschein einer persönlichen Haftung

---

1037 Ähnlich *Michalski*, in: Michalski, GmbHG, § 4 Rn. 111; *Schmidt-Leithoff*, in: Rowedder, GmbHG, § 4 Rn. 56.

1038 *Canaris*, NJW 1991, 2627, 2628 f.; *Canaris*, Handelsrecht, § 6 IV. 3. b), S. 87.

1039 *Canaris*, Handelsrecht, § 6 IV. 3. b), S. 87; *Michalski*, in: Michalski, GmbHG, § 4 Rn. 111.

1040 *Wisskirchen/Kuhn*, in: BeckOK GmbHG, § 35 Rn. 47; *Canaris*, FS Giger (1989), S. 91, 118; *Canaris*, NJW 1991, 2627, 2629; *Canaris*, Handelsrecht, § 6 IV. 3. c), S. 87 f.; *Lenz*, in: Michalski, GmbHG, § 35 Rn. 80 f.; *Schäfer/Hemberger*, Ad Legendum 2014, 329, 335; *Wiedemann*, ZGR 1975, 354, 363.

1041 BGH NJW 2007, 1529, 1531; zustimmend: *Brinkmann*, IPRax 2008, 30, 32 f.; *Schmidt-Leithoff*, in: Rowedder, GmbHG, § 4 Rn. 56; *Emmerich*, in: Scholz, GmbHG, § 4 Rn. 55; *Meyer*, S. 158 (für Gesellschafter einer PartG mbB).

1042 Eine Haftung – allerdings gestützt auf Deliktsrecht – soll etwa im Fall eines planmäßigen Vorschiebens eines indolosen Stellvertreters durch den Vollmachtgeber zwecks Vermeidung einer Eigenhaftung möglich sein.

1043 *Canaris*, Handelsrecht, § 6 IV. 3. c), S. 88 („unhaltbare Scheinbegründung").

gesetzt wurde – geradezu erwarten darf, dass er grundsätzlich alle Maßnahmen unternimmt, um einen solchen Rechtsschein zu beseitigen bzw. gar nicht erst aufkommen zu lassen. Eine solche schützenswerte Erwartung begründet jedenfalls schon Vertrauen gegenüber den Gesellschaftern. Auch geht es hier wie dargelegt im Kern um eine Vertrauenshaftung, für die anerkannt ist, dass neben dem den Vertrauenstatbestand unmittelbar Setzenden auch Dritte in die Haftung mit einbezogen werden können, vorausgesetzt, der Vertrauenstatbestand ist ihnen zurechenbar. Zudem ist es aus Gründen eines umfassenden Verkehrsschutzes geboten, den Anwendungsbereich nicht lediglich auf den Handelnden zu begrenzen.

Dogmatisch lässt sich eine solche Haftung der Gesellschafter auf die allgemeinen Grundsätze der Rechtsscheinhaftung stützen[1044]. Da der von dem nach außen Handelnden gesetzte Rechtsschein einer unbeschränkten Gesellschafterhaftung gerade auch die Gesellschafter selbst berührt, stellt sich nicht das Problem, dass der Rechtsschein der Wirklichkeit auf Rechtsfolgenseite nicht gleichgestellt werden kann. Die zentrale Frage bei dieser Konstellation liegt vielmehr darin, unter welchen Voraussetzungen der von dem Handelnden gesetzte Rechtsschein den (übrigen) Gesellschaftern zugerechnet werden kann. Zurechenbarkeit meint Einstehenmüssen für einen gesetzten Rechtsschein, gleich ob vom unmittelbar Betroffenen selbst oder einem Dritten[1045]. Anders als im Recht der Kapitalgesellschaften, für die das Prinzip der Fremdorganschaft gilt, bereitet eine solche Zurechnung bei der PartG mbB als Personengesellschaft[1046] aufgrund des dort geltenden Grundsatzes der Selbstorganschaft, wonach Geschäftsführungsbefugnis und Vertretungsmacht grundsätzlich an die Gesellschafterstellung gebunden sind, weniger Schwierigkeiten; die Verantwortung (auch im Sinne von Haftung) für ein Handeln im Rechtsverkehr liegt bei den Gesellschaftern selbst. Eine strikte Separierung wie bei Kapitalgesellschaften zwischen Gesellschaftern und Geschäftsleitungsorgan, also einerseits Anteilseignern der Gesellschaft und andererseits Vertretungsorgan nach außen, gibt es bei der PartG mbB nicht; dort gibt es nur Partner.

Ganz überwiegend wird für die Zurechnung des Rechtsscheins das sog. *Veranlassungsprinzip* für ausschlaggebend erachtet[1047]. Eine Zurechenbarkeit ist danach zunächst dann gegeben, wenn der Rechtsschein durch eigenes Verhalten – wenn auch nur mittelbar – positiv veranlasst worden ist, ohne dass es hierfür auf ein

---

1044 Für Gesellschafter einer GmbH bzw. UG: *Wisskirchen/Kuhn*, in: BeckOK GmbHG, § 35 Rn. 47; *Schäfer/Hemberger*, Ad Legendum 2014, 329, 335.

1045 *Hopt*, in: Baumbach/Hopt, HGB, § 5 Rn. 11.

1046 Dazu oben Kapitel B. I.

1047 *Hopt*, in: Baumbach/Hopt, HGB, § 5 Rn. 11; *Kindler*, in: E/B/J/S, HGB, § 5 Rn. 66; *Roth*, in: Koller/Kindler/Roth/Morck, HGB, § 15 Rn. 53; *K. Schmidt*, in: MüKo HGB, § 5 Anhang Rn. 21; *Körber*, in: Oetker, HGB, § 5 Rn. 45 f; *Röhricht*, in: R/GvW/H, HGB, Anh. § 5 Rn. 27; **aA** – Zurechnung über Grundsätze einer angemessenen Risikoverteilung (Risikoprinzip) – *Canaris*, Vertrauenshaftung, S. 479 ff.; *Canaris*, Handelsrecht, § 6 VII. 2., S. 91 f.

Verschulden ankommt[1048]. Hierunter fällt etwa, dass einem Vertreter der Gesellschaft für seine Tätigkeit von Seiten der Gesellschafter alte Briefbögen vor der Zeit einer „Umwandlung“ in einer PartG mbB überlassen oder Visitenkarten mit entsprechend veraltetem Muster erstellt wurden. Der positiven Veranlassung steht es gleich, wenn der vom Rechtsschein Betroffene den von einem anderen erzeugten Rechtsschein kennt und duldet, indem er keine Maßnahmen zu dessen Beseitigung vornimmt[1049]. Ebenfalls gleichgestellt ist der Fall, dass der Betroffene den von einem anderen hervorgerufenen Rechtsschein zwar nicht kannte, aber bei pflichtgemäßer Sorgfalt hätte erkennen und verhindern können; ein Verschulden ist an dieser Stelle also erforderlich[1050]. Liegen diese Voraussetzungen auch auf Seiten der (übrigen) Gesellschafter vor, so kommt eine gesamtschuldnerische Inanspruchnahme neben der Gesellschaft und dem Handelnden in Betracht. Davon betroffen sind allerdings nur diejenigen Gesellschafter, die das Kriterium einer solchen (objektiven) Zurechenbarkeit in ihrer Person erfüllen. Dies entspricht anerkannten Grundsätzen einer Rechtsscheinhaftung und ist zur angemessenen Begrenzung einer solchen erforderlich.

1048 Vgl. nur *Roth*, in: Koller/Kindler/Roth/Morck, HGB, § 15 Rn. 53.
1049 Vgl. nur *Röhricht*, in: R/GvW/H, HGB, Anh. § 5 Rn. 27.
1050 Vgl. nur *Röhricht*, in: R/GvW/H, HGB, Anh. § 5 Rn. 27.

H. Durchgriffshaftung und Haftung wegen Insolvenzverschleppung

I. Durchgriffshaftung bei der PartG mbB

1. Vorüberlegungen

§ 8 Abs. 4 S. 1 PartGG legt fest, dass die Haftung für Schäden aus fehlerhafter Berufsausübung auf das Gesellschaftsvermögen beschränkt ist. Damit ist eine persönliche Haftung der Gesellschafter in diesem Umfang ausgeschlossen[1051]. Eine Haftungsbeschränkung zugunsten von Gesellschaftern kann grundsätzlich nicht uneingeschränkt Geltung beanspruchen. Es gibt Fälle, in denen es sich aufgrund des Verhaltens des Gesellschafters oder besonderer Umstände als nicht gerechtfertigt darstellt, dass wegen des Haftungsprivilegs eine persönliche Haftung ausscheidet[1052]. Einschränkungen und Ausnahmen bei der Geltung der Haftungsbeschränkung wurden bislang klassischerweise im Recht der Kapitalgesellschaften erörtert und unter der Sammelbezeichnung des Haftungsdurchgriffs bzw. der Durchgriffshaftung gefasst. Die Diskussion eines Durchgriffs beschränkt sich indes nicht nur auf diese Gesellschaftsformen, sondern kommt grundsätzlich bei jeder Form der Haftungsbeschränkung im Rechtsverkehr auf[1053], also auch bei der PartG mbB. Mit der Anerkennung der Rechtsfähigkeit der PartG mbB und der Trennung von Gesellschafts- und Gesellschaftervermögen ist eine „rechtlich verselbstständigte Wirkungseinheit" entstanden, für die sich daher in gleichem Maße die Frage stellt, ob und wann es zur Durchbrechung dieser „im Rechtssinne bestehenden Sphärentrennung" kommt[1054] und es gerechtfertigt ist, die rechtliche Selbstständigkeit einer Rechtsperson ausnahmsweise „beiseitezuschieben"[1055]. Mit der rechtlichen Selbstständigkeit einer Gesellschaft ist die Fragestellung verbunden, wo deren „Grenzen" liegen[1056].

Beim Haftungsdurchgriff geht es in der Sache um die Durchbrechung der nach dem Gesetz bestehenden Haftungsbeschränkung mit der Folge einer begrenzten oder unbegrenzten Außenhaftung der Gesellschafter mit ihrem Privatvermögen

---

1051 Davon ausgenommen ist selbstverständlich eine persönliche Haftung der Gesellschafter aufgrund eines selbstsändigen Verpflichtungsgrundes, vgl. nur *Michalski/Funke*, in: Michalski, GmbHG, § 13 Rn. 332 ff.; *Altmeppen*, in: Roth/Altmeppen, GmbHG, § 13 Rn. 69 ff jew. m.w.N. sowie bereits oben Kapitel D. II.1.

1052 *Michalski/Funke*, in: Michalski, GmbHG, § 13 Rn. 339.

1053 *Bitter*, Durchgriffshaftung, S. 83; im Ergebnis: *John*, AcP 185 (1985), 209, 226 f.; *Pentz*, in: Rowedder, GmbHG, § 13 Rn. 136; *K. Schmidt*, GesR, § 9 I. 2., S. 219; *Habermeier*, in: Staudinger, BGB, Vorbem zu §§ 705–740 Rn. 30.

1054 *Habermeier*, in: Staudinger, BGB, Vorbem zu §§ 705–740 Rn. 30.

1055 *K. Schmidt*, GesR, § 9 I. 1. a), S. 217.

1056 *John*, AcP 185 (1985), 209, 226.

gegenüber den Gesellschaftsgläubigern oder einer Verpflichtung, im Innenverhältnis gegenüber der Gesellschaft Verluste der Gesellschaft auszugleichen und so mittelbar den Gläubigern Befriedigung zu verschaffen[1057]. Aus der Perspektive von Gläubigern der Gesellschaft geht es bei einem Haftungsdurchgriff um die Erschließung weiterer Haftungsmassen[1058]. Dabei gibt das Gesetz die Haftungsbeschränkung als die Regel vor, die Durchbrechung stellt sich hingegen als eine der besonderen Begründung bedürftige und restriktiv zu handhabende Ausnahme dar[1059].

Bei der Durchgriffshaftung handelt es sich – trotz über Jahrzehnte intensiv geführter Diskussion – allerdings nicht um ein fest umrissenes Rechtsinstitut mit klaren Tatbestandsmerkmalen und Rechtsfolgen[1060]. Vielmehr haben sich unter diesem Begriff im Laufe der Zeit in Rechtsprechung und Literatur typische Fallgestaltungen herausgebildet, bei denen ein Durchgriff auf das Privatvermögen der Gesellschafter diskutiert wird. Die weitere Darstellung orientiert sich an den im Recht der Kapitalgesellschaften etablierten Fallgruppen und erweitert diese um eine weitere, die die Besonderheiten der versicherungsrechtlichen Lösung bei der PartG mbB aufgreift.

Das Bedürfnis nach einer Durchgriffshaftung als Mittel der persönlichen Inanspruchnahme der Gesellschafter stellt sich aus Sicht von Gläubigern der PartG mbB überhaupt nur, wenn das Gesellschaftsvermögen zur Begleichung der Schuld nicht ausreicht, konkret also insbesondere dann, wenn die Berufshaftpflichtversicherung den entstandenen Schaden aus der fehlerhaften Berufsausübung nicht (vollständig) deckt und weitere Aktiva nicht in ausreichendem Maße vorhanden sind[1061]. Selbstverständlich ist auch, dass das Instrument einer Durchgriffshaftung dann nicht herangezogen werden muss, wenn die Gesellschafter ohnehin persönlich haften (vgl. § 8 Abs. 1 PartGG).

Für den Erkenntniswert dieser Arbeit kann es grundsätzlich dahinstehen, auf welcher dogmatischen Grundlage eine Durchgriffshaftung beruht, und entsprechend wird hier darauf verzichtet, den Stand von Lehre und Rechtsprechung erneut[1062] wiederzugeben. Von Bedeutung ist nur, ob die Grundgedanken für die Herleitung einer Durchgriffshaftung in den im Recht der Kapitalgesellschaften diskutierten Fallgruppen auch bei einer Personengesellschaft mit (partiell) beschränkter Haftung wie der PartG mbB entsprechend zum Tragen kommen.

1057 *Raiser*, in: GroßKomm GmbHG, § 13 Rn. 52.

1058 *Ehricke*, AcP 199 (1999), 257, 258 f.

1059 *Raiser*, FS Priester (2007), S. 619, 620.

1060 Vgl. nur *Michalski*, in: Michalski, GmbHG, Syst Darst 1 Rn. 58; *Boujong*, FS Odersky (1996), S. 739, 741.

1061 So zutreffend im Zusammenhang mit einer Existenzvernichtung bei der PartG mbB: *Lieder*, NotBZ 2014, 81, 85; *Linardatos*, VersR 2013, 1488, 1495; *Römermann/Praß*, NZG 2012, 601, 607; allgemein: *Zöllner*, FS Konzen (2006), S. 999.

1062 Umfassende Darstellungen etwa bei *Michalski/Funke*, in: Michalski, GmbHG, § 13 Rn. 339 ff.; *Bitter*, in: Scholz, GmbHG, § 13 Rn. 112 ff.

2. Existenzvernichtungshaftung

Bei der sog. „Existenzvernichtungshaftung“[1063] geht es – in Abgrenzung zu einer diskutierten Durchgriffshaftung bei Unterkapitalisierung der Gesellschaft[1064] – nicht um eine angemessene Ausstattung des Betriebsvermögens, sondern um das Verbot, das vorhandene, zur Befriedigung der Gläubiger notwendige Vermögen der Gesellschaft, dieser nach Belieben kompensationslos zu entziehen („Selbstbedienung“) und so die Gesellschaft in die Insolvenz zu führen oder eine solche zu vertiefen[1065].

Exemplarisch für eine solche Konstellation bei der PartG mbB ist der Fall, dass sich die Gesellschaft einem in der Sache begründeten Haftungsfall ausgesetzt sieht, für den der Versicherungsschutz nicht ausreicht und die Gesellschafter, nachdem sich ein ungünstiger Ausgang eines Haftpflichtprozesses abzeichnet, das gesamte Vermögen der Gesellschaft auf sich oder Dritte übertragen; dem Gläubiger stünde bei einer späteren Vollstreckung seines prozessual erstrittenen Titels lediglich eine „vermögensentleerte“ Gesellschaft zur Verfügung[1066].

a. Existenzvernichtungshaftung nach der Rechtsprechung des BGH

Ursprünglich wurde die Problematik existenzvernichtender Eingriffe in der Rechtsprechung des BGH als eine Besonderheit von Konzernsachverhalten begriffen und dogmatisch über die Haftungsfigur des sog. qualifizierten faktischen Konzerns gelöst[1067]. In den Entscheidungen „Bremer Vulkan“[1068] und „KBV“[1069] hat sich der BGH von diesem konzernrechtlichen Ansatz abgewendet und existenzvernichtende Eingriffe als eigenes gesellschaftsrechtliches Rechtsinstitut begriffen, wonach die Gesellschafter wegen Rechtsformmissbrauch eine Außenhaftung nach § 128 HGB analog treffe. Mit der Entscheidung „Trihotel“[1070] hat der BGH das Rechtinstitut der Existenzvernichtungshaftung schließlich auf eine neue Grundlage gestellt: statt bisher eine gesellschaftsrechtliche Außenhaftung der Gesellschafter anzunehmen, wird diese nun mit § 826 BGB „ausschließlich“[1071] auf einen deliktischen Schadensersatzanspruch gestützt, der von der Gesellschaft selbst bzw. deren Insolvenzverwalter gegenüber den Gesellschaftern geltend gemacht werden soll. Dabei hält der BGH

1063 Kritisch zu dem Begriff *Zöllner*, FS Konzen (2006), S. 999, 1003.

1064 Dazu unten Kapitel H. I.4.a.

1065 Vgl. nur *Fastrich*, in: Baumbach/Hueck, GmbHG, § 13 Rn. 64; *Weller/Discher*, in: Bork/Schäfer, GmbHG, § 13 Rn. 47 ff.

1066 Beispiel nach *Römermann/Praß*, NZG 2012, 601, 607.

1067 BGHZ 95, 330 = NJW 1986, 188 – Autokran; BGHZ 122, 123 = NJW 1993, 1200 – TBB; eingehend: *Bayer*, in: Lutter/Hommelhoff, GmbHG, § 13 Rn. 27.

1068 BGHZ 149, 10 = NJW 2001, 3622.

1069 BGHZ 151, 181 = NJW 2002, 3024.

1070 BGHZ 173, 246 = NJW 2007, 2689; bestätigt durch BGHZ 176, 204 = NJW 2008, 2437 – Gamma; BGHZ 179, 344 = NJW 2009, 2127 – Sanitary; BGHZ 193, 96 = NZG 2012, 667 – Wirtschaftsakademie.

1071 BGHZ 173, 246, 251 = NJW 2007, 2689, 2690.

an den bislang entwickelten Tatbestandsmerkmalen[1072] ausdrücklich fest[1073], gibt das bisherige Konzept einer eigenständigen, gesellschaftsrechtlichen Durchgriffshaftung allerdings auf und ersetzt es durch eine Innenhaftung wegen vorsätzlicher, sittenwidriger Schädigung des Gesellschaftsvermögens. In der Sache geht es damit nicht mehr um einen Haftungsdurchgriff im eigentlichen Sinne[1074], sondern um eine Verschuldenshaftung gerichtet auf Schadensersatz in das Gesellschaftsvermögen als die den Gesellschaftsgläubigern zur Verfügung stehende Haftungsmasse.

In der Entscheidung bestätigt der Senat die bisherige, weitgehend unbestrittene[1075] Auffassung über Anlass und Notwendigkeit einer Existenzvernichtungshaftung, nämlich dass das Kapitalschutzrechtsystem der GmbH Schutzlücken aufweise[1076]. Die Vorschriften der §§ 30, 31 GmbHG schützen nicht vor einem Verlust des Kapitals im Zuge der Geschäftstätigkeit der Gesellschaft, sondern bewahren das bilanzielle Kapital lediglich vor einem Gesellschafterzugriff[1077]. Nicht sanktioniert werden Vermögensabflüsse an Nicht-Gesellschafter oder bilanziell nicht messbare nachteilige Eingriffe in das Gesellschaftsvermögen. Daneben besteht weiter die Gefahr, dass auch ein an sich bestehender Ersatzanspruch nach § 31 GmbHG die nachteiligen Folgen eines existenzvernichtenden Eingriffs nicht wiederherzustellen vermag und die Gesellschaft insolvent bleibt (sog. *Kollateralschäden*)[1078]. Mit dem Institut der Existenzvernichtungshaftung werden Schutzlücken der §§ 30, 31 GmbHG geschlossen und der existenzvernichtende Eingriff wird als Verstoß gegen die Rücksichtnahmepflicht der Gesellschafter gegenüber dem im Gläubigerinteresse gebundene Gesellschaftsvermögen sanktioniert[1079].

b. Übertragbarkeit des Ansatzes auf die PartG mbB

Für die PartG mbB als Personengesellschaft mit (partieller) Haftungsbeschränkung stellt sich die Frage, ob die vornehmlich für die GmbH entwickelten Grundsätze zur Existenzvernichtungshaftung auch für diese Geltung beanspruchen können. Dies entscheidet sich danach, ob die tragenden Erwägungen, die für eine Existenzvernichtungshaftung bei der GmbH sprechen, auf die PartG mbB übertragbar sind.

Dabei sieht sich der Versuch, eine Haftung der Gesellschafter wegen Existenzvernichtung bei der PartG mbB zu begründen, zwangsläufig mit der Frage konfrontiert, wie eine solche mit der Vorschrift des § 8 Abs. 4 PartGG zu vereinbaren ist, nach der das Unterhalten einer spezifischen Berufshaftpflichtverletzung die Gesellschafter

---

1072 Eingehend zu Tatbestand und Rechtsfolgen *Weller*, ZIP 2007, 1681, 1684 ff.
1073 BGHZ 173, 246, 252 = NJW 2007, 2689, 2690.
1074 Vgl. nur *Altmeppen*, in: Roth/Altmeppen, GmbHG, § 13 Rn. 79.
1075 *Bitter*, in: Scholz, GmbHG, § 13 Rn. 153 m.w.N.
1076 Eingehend dazu *Röhricht*, FS 50 Jahre BGH (2000), S. 83, 92 ff.
1077 Vgl. nur *Weller/Discher*, in: Bork/Schäfer, GmbHG, § 13 Rn. 42; *Goette*, ZInsO 2007, 1177, 1181.
1078 BGHZ 173, 246, 254 = NJW 2007, 2689, 2691.
1079 BGHZ 173, 246, 256 f. = NJW 2007, 2689, 2691 f.

von einer Außenhaftung wegen Berufsausübungsfehlern frei zeichnet, und den Gesellschaftern im Übrigen keine Pflichten im Hinblick auf das Gesellschaftsvermögen auferlegt werden[1080]. Sowohl Art und Umfang der Vermögensbildung, als auch der Vermögenserhaltung sind den Gesellschaftern grundsätzlich freigestellt[1081]. Damit steht das Gesellschaftsvermögen in Ermangelung von Vorschriften zur Kapitalerhaltung und -aufbringung gerade der ungehinderten Aushöhlung von Seiten der Gesellschafter offen[1082]. Diese fehlende Kapitalbindung setzt sich auch im Liquidationsverfahren der Gesellschaft fort, da insbesondere die Nachschusspflicht bei unzureichendem Gesellschaftsvermögen gemäß § 1 Abs. 4 PartGG i.V.m. § 735 BGB der gesellschaftsvertraglichen Disposition unterliegt[1083]. Nicht ganz fernliegend wäre es, daraus den Schluss ziehen zu wollen, dass es den Gesellschaftern schlicht freistünde, Entnahmen in Höhe des gesamten Eigenkapitals vorzunehmen, und dies ein von den Gläubigern zu tragendes Risiko darstellt. Wie der Gesetzgeber zu dieser Problematik steht, lässt sich den Gesetzesmaterialien nicht entnehmen.

Schutzobjekt der Existenzvernichtungshaftung ist das namentlich im Gläubigerinteresse gebundene Gesellschaftsvermögen selbst[1084]. Fehlt es bei der PartG mbB an einer vorrangigen Zweckbindung des Gesellschaftsvermögens zur Gläubigerbefriedigung, so bedarf es auch keines Schutzes vor Vermögensentziehungen seitens der Gesellschafter; oder anders ausgedrückt: spielt das Gesellschaftsvermögen bei der PartG mbB für den Gläubigerschutz keinerlei Rolle, so besteht auch kein Anlass, dieses vor planmäßigen Schädigungen zulasten der Gläubiger zu schützen.

Teilweise wird in der Literatur eine Übertragung der Existenzvernichtungshaftung auf die PartG mbB abgelehnt[1085], zum Teil ausdrücklich unter Hinweis auf die fehlende Zweckbindung des Gesellschaftsvermögens[1086]. Dies wird vornehmlich damit begründet, dass bei der PartG mbB das Gesellschaftsvermögen nicht die einzige Zugriffsmasse zur Gläubigerbefriedigung darstelle, sondern die fehlende persönliche Haftung durch den entsprechenden Versicherungsschutz ersetzt werde. Demnach werde der Haftungsfonds durch eine Haftpflichtversicherung bereitgestellt, das Gesellschaftsvermögen habe daher keine Bedeutung mehr[1087]. Diese Sichtweise lässt allerdings schon den klaren Wortlaut von § 8 Abs. 4 S. 1 PartGG außer Acht, wonach den Gläubigern „nur das Gesellschaftsvermögen" haftet. Damit

1080 Dazu bereits oben Kapitel B. III.2.b.

1081 Allgemein: *Gummert*, in: MAH Personengesellschaftsrecht, § 6 Rn. 1 ff; *Wiedemann*, GesR, Bd. II, § 4 III. 4. und 5., S. 374 ff.

1082 Vgl. nur *Henssler*, AnwBl 2014, 96, 101; *Römermann/Praß*, NZG 2012, 601, 607.

1083 Dazu eingehend unten Kapitel I. II.

1084 BGHZ 173, 246, 257 = NJW 2007, 2689, 2691.

1085 *Korch*, NZG 2015, 1425, 1428 f.; *Schüppen*, WPg 2013, 1193, 1202.

1086 *Meyer*, S. 190; *C. Schäfer*, in: MüKo BGB, § 8 PartGG Rn. 46; *Schumacher*, S. 202; *Suyr*, S. 189 f.; *C. Schäfer*, in: Ulmer/Schäfer, Syst Komm GbR/PartG, § 8 PartGG Rn. 46; *Werner*, StBW 2013, 715, 718.

1087 *Korch*, NZG 2015, 1425, 1428 f; *C. Schäfer*, in: MüKo BGB, § 8 PartGG Rn. 46; *Schumacher*, S. 201.

erklärt das Gesetz das Gesellschaftsvermögen zum einzigen Zugriffsobjekt der Gläubiger[1088]. Dieser Befund wird bekräftigt, bedenkt man, dass Primärschuldnerin aller (vertraglicher) Verbindlichkeiten die Gesellschaft als solche mit ihrem Gesellschaftsvermögen ist[1089]. Einzige Haftungsmasse der Gläubiger ist das Gesellschaftsvermögen, zu dem neben dem zu unterhaltenden Versicherungsschutz in Form eines Freistellungsanspruchs gegen die Versicherung (§ 100 VVG) – sieht man von einem ausnahmsweise bestehenden Direktanspruch gegen die Versicherung nach § 8 Abs. 4 S. 2 PartGG i.V.m. § 115 VVG ab – selbstverständlich auch die sonstigen Vermögensgegenstände der Gesellschaft gehören.

Die vorrangige Zweckbindung des Gesellschaftsvermögens wird durch die Vorschriften über die Liquidation der Gesellschaft, genauer § 10 Abs. 1 PartGG i.V.m. §§ 149 S. 1, 155 Abs. 2 HGB, weiter verdeutlicht. Danach sind zunächst die Gläubiger aus dem Vermögen der Gesellschaft zu befriedigen und anschließend soll nur der verbleibende Überschuss unter den Gesellschaftern aufgeteilt werden. Auch wenn nach mittlerweile ganz herrschender Meinung den vorgenannten Vorschriften keine gläubigerschützende Wirkung zukommt und nur das Innenverhältnis der Liquidatoren zur Gesellschaft und zu den Gesellschaftern betroffen ist[1090], ist nach der Idee des Gesetzes gewollt, dass die Gläubiger der Gesellschaft vorrangig aus dem Gesellschaftsvermögen bedient werden[1091]. Aufgrund dieser Erwägungen ist richtigerweise, wie auch von der überwiegenden Meinung in der Literatur angenommen[1092], eine Zweckbindung des Gesellschaftsvermögens der PartG mbB zur vorrangigen Gläubigerbefriedigung zu bejahen.

Die Zweckbindung des Gesellschaftsvermögens reicht allerdings nicht, um eine Existenzvernichtungshaftung hinreichend zu begründen[1093]. Ansatzpunkt zur Existenzvernichtungshaftung im Recht der GmbH ist, wie dargelegt, vielmehr die Erkenntnis, dass das im Gläubigerinteresse gebundene Gesellschaftsvermögen über die Vorschriften der Kapitalerhaltung nicht hinreichend genug vor Zugriffen jenseits

1088 *Kienzler*, S. 160; *Kienzler*, JR 2016, 221, 225; *Römermann*, in: Michalski/Römermann, PartGG, § 8 Rn. 116; *Römermann/Praß*, NZG 2012, 601, 607.

1089 *Henssler*, FS Wiedemann (2002), S. 906, 916, 932 (im Zusammenhang mit der Forderung nach einer Durchgriffshaftung bei der herkömmlichen Partnerschaft).

1090 Vgl. nur *Hillmann*, in: E/B/J/S, HGB, § 149 Rn. 20; *K. Schmidt*, in: MüKo HGB, § 149 Rn. 39 f.

1091 *Hillers*, Personengesellschaft und Liquidation, S. 108 ff., 146; *K. Schmidt*, in: MüKo HGB, § 149 Rn. 40; *K. Schmidt*, in: Schlegelberger, HGB, § 149 Rn. 40; *K. Schmidt*, ZHR 153 (1989), 270, 293 f.

1092 *Fischer*, S. 141 ff,; *Henssler*, AnwBl 2014, 96, 102; *Kienzler*, S. 157 ff,, *Kienzler*, JR 2016, 221, 225; *Lieder*, NotBZ 2014, 81, 86; *Linardatos*, VersR 2013, 1488, 1495; *Römermann*, in: Michalski/Römermann, PartGG, § 8 Rn. 116; *Römermann/Jähne*, BB 2015, 579, 583; *Römermann/Praß*, NZG 2012, 601, 607; *Tröger/Pfaffinger*, JZ 2013, 812, 819.

1093 Dies zutreffend herausstellend *Linardatos*, VersR 2013, 1488, 1495.

der Stammkapitalziffer geschützt wird[1094]. Insoweit weisen die §§ 30, 31 GmbHG eine Schutzlücke auf, die über das Instrument der Existenzvernichtungshaftung geschlossen werden soll, indem der Gesellschaft so funktionsnotwendige Positionen gesichert werden und insofern ein gegenständlicher Vermögensschutz realisiert wird[1095]. Übertragen auf die PartG mbB bedeutet dies, dass zunächst eine Schutzlücke hinsichtlich des Vermögensschutzes der Gesellschaft erkannt werden muss, für deren Schließung es des Instituts der Existenzvernichtungshaftung bedarf.

Die Feststellung einer solchen Schutzlücke muss zunächst notwendig auf der Ebene der Berufshaftpflichtversicherung ansetzen. Hier zeigt sich, dass verschiedenste Fälle denkbar sind, in denen die Versicherung einen Schaden aus fehlerhafter Berufsausübung nicht bzw. nicht vollständig zu kompensieren vermag, etwa wenn der entstandene Schaden die Deckungssumme der Versicherung übersteigt[1096], die Jahreshöchstleistung der Versicherung bereits erreicht ist oder ein Versicherungsschutz wegen eines zulässigen Risikoausschlusses erst gar nicht besteht (die Haftungsbeschränkung aber gleichwohl wirksam ist[1097]). In solchen Fällen bleibt das (übrige) Gesellschaftsvermögen zwangsläufig als alleinige Zugriffsmasse erhalten[1098], das allerdings, wie zuvor dargestellt, mangels Kapitalschutzvorschriften dem ungehinderten Zugriff der Gesellschafter offen stünde.

Weiter kann als Argumentationsgrundlage dienen, wie sich der fehlende Kapitalschutz bei Personengesellschaften (ohne beschränkte Haftung) legitimieren lässt. Der ungehinderte Zugriff auf das Gesellschaftsvermögen lässt sich damit rechtfertigen, dass mit der akzessorischen Haftung der Gesellschaft ein Instrument besteht, das das Ausbeutungspotential eines dem ungehinderten Zugriff der Gesellschafter eröffneten Gesellschaftsvermögens bekämpft und zu verhindern vermag, und somit eine wichtige Ergänzungsfunktion zur Trennung und Abschirmung der Vermögens- und Haftungssphären zwischen Gesellschaft sowie Gesellschaftern einnimmt[1099]. Des Weiteren wird die persönliche Haftung weitgehend auch als Ausgleich für die fehlende Statuierung eines Mindestkapitals betrachtet[1100]. Damit gleicht die persönliche Haftung das fehlende Garantiekapital aus, wirkt aber gleichzeitig als Korrektiv gegen Ausbeutungspotentiale eines dem ungehinderten Zugriff offenstehenden Gesellschaftsvermögens, das trotz persönlicher Haftung weiterhin primär Haftungsmasse für die Gläubiger[1101] ist. Entfällt dieses Korrektiv einer persönlichen Haftung, dient das Gesellschaftsvermögen allerdings auch weiterhin der

1094 BGHZ 173, 246, 260 = NJW 2007, 2689, 2692 f.

1095 *Weller*, DStR 2007, 1166, 1170.

1096 *Linardatos*, VersR 2013, 1488, 1495.

1097 Dazu oben Kapitel E. I.1.b.

1098 *Fischer*, S. 143; *Linardatos*, VersR 2013, 1488, 1495

1099 *Tröger*, FS Westermann (2008), S. 1533, 1547 f.; in diese Richtung *Röhricht*, ZIP 2005, 505, 513.

1100 Vgl. nur *Habersack*, in: GroßKomm HGB, § 128 Rn. 1; *Haas*, in: R/GvW/H, HGB, § 128 Rn. 2.

1101 *Habermeier*, in: Staudinger, BGB, Vorbem zu §§ 705–740 Rn. 14.

vorrangigen Gläubigerbefriedigung, so bedarf es eines Schutzmechanismus, der dem ungehinderten Entzug des Gesellschaftsvermögens seitens der Gesellschafter Einhalt gebietet. Der in diesem Zusammenhang vorgebrachte Einwand, wegen der persönlichen Haftung für sonstige Verbindlichkeiten sei eine folgenlose Ausplünderung des Gesellschaftsvermögens „kaum möglich“[1102], überzeugt nicht. Für den Fall, dass die Existenz der PartG mbB nach Einschätzung der Gesellschafter wegen eines Haftungsfalls mit an Sicherheit grenzender Wahrscheinlichkeit auf dem Spiel steht, existiert zweifellos der Anreiz, vorhandenes Vermögen aus der Gesellschaft abzuziehen, es auf diese Weise den Gläubigern des Haftungsfalles vollständig vorzuenthalten und das entnommene Vermögen mittelbar über die persönliche Inanspruchnahme aus § 8 Abs. 1 PartGG gegenüber Gläubigern sonstiger Verbindlichkeiten einzusetzen. Dieses Vorgehen bietet aus Sicht der Gesellschafter den Vorteil, das vorhandene Gesellschaftsvermögen nur noch für die Befriedigung von Gläubigern „sonstiger Verbindlichkeiten“ zu verwenden und nicht unter sämtlichen Gläubigern aufteilen zu müssen.

Für die Notwendigkeit einer Existenzvernichtungshaftung zum Schutz des Gesellschaftsvermögens der PartG mbB spricht zudem folgende Erwägung: da das Gesellschaftsvermögen der PartG mbB, wie gezeigt, zweckgebunden der Befriedigung der Gläubiger dient, kann dieser Zweck überhaupt nur hinreichend erfüllt werden, wenn Grenzen existieren, die ihrerseits eine Abgrenzung zwischen zulässigen Entnahmen durch die Gesellschafter und unzulässigem, zulasten der Gläubiger erfolgendem Vermögenstransfer bzw. -abzug auf die Gesellschafter oder Dritte möglich machen. Sind solche Grenzen nicht etabliert, so wird das Gesellschaftsvermögen zwangsläufig zur „leeren Hülle“, da es den Gesellschaftern jederzeit sanktionslos erlaubt wäre, Vermögen in einer Krise abzuziehen und so den Gläubigern vorzuenthalten. Eine solche Trennlinie wird bei der GmbH über die Regeln zur Kapitalerhaltung gezogen[1103], ergänzt durch das Instrument der Existenzvernichtungshaftung als äußerste „Entnahmesperre“[1104]. Da Vorschriften zum Kapitalschutz bei der PartG mbB gänzlich fehlen, ist das Instrument der Existenzvernichtungshaftung als repressive Sanktion[1105] im Fall von Schädigungen des Gesellschaftsvermögens bei der PartG mbB als äußerstes Mittel eines gegenständlichen Kapitalschutzes notwendig.

Abgesehen von einer solchen gesellschaftsrechtlichen Betrachtung und unter Annäherung an die dogmatische Verortung der Existenzvernichtungshaftung als eine deliktische Haftung nach der Generalklausel des § 826 BGB, werden Eingriffe in das Gesellschaftsvermögen, die Gesellschafter ohne rechtlichen Grund und ohne Kompensation mit Eventualvorsatz vornehmen und durch ein solches „ausplünderisches“ Verhalten zum Schaden enttäuschter Gläubiger die Gesellschaft in die

1102 *Korch*, NZG 2015, 1425, 1429.
1103 *Schön*, Der Konzern 2004, 162, 168; *Vetter*, ZGR 2005, 788, 802.
1104 BGHZ 173, 246, 258 = NJW 2007, 2689, 2692.
1105 BGHZ 173, 246, 258 = NJW 2007, 2689, 2692; *Vetter*, ZGR 2005, 788, 797.

Insolvenz treiben, bereits als evident missbräuchlich im Sinne einer sittenwidrigen Schädigung zu begreifen sein[1106]. Die an sich bestehende Dispositionsbefugnis der Gesellschafter muss dort ihre Grenzen haben, wo diese aktiv ihre Gesellschaft auf Kosten der Gläubiger zum eigenen Vorteil in den Ruin treiben. Für derartige Eingriffe bietet die Rechtsordnung keine Rechtfertigung[1107]. Ansatzpunktpunkt ist damit ein opportunistisches, die Vertragspartner und andere Gläubiger der Gesellschaft schädigendes Verhalten der Gesellschafter[1108]. Prämisse einer solchen Begründung ist gleichfalls, dass das Gesellschaftsvermögen primär Gläubigerinteressen dient; ansonsten ließe sich ein Sittenwidrigkeitsvorwurf nicht schlüssig herleiten.

Damit findet die Haftungsfigur der Existenzvernichtungshaftung auf die PartG mbB Anwendung[1109]. Die Gesellschafter trifft eine Pflicht zur Respektierung der Zweckbindung des Gesellschaftsvermögens zur vorrangigen Befriedigung der Gesellschaftsgläubiger[1110]. Die Anwendbarkeit dieses Haftungsinstituts bedeutet für die Gesellschafter indes nicht, dass sie nicht grundsätzlich von der ihnen vom Gesetz eingeräumten Dispositionsbefugnis über das Gesellschaftsvermögen Gebrauch machen dürfen[1111]. Dies ist den Gesellschaftern nach dem Gesetz möglich und ergibt sich außerdem daraus, dass der Gläubigerschutz bei der PartG mbB maßgeblich nicht auf einer Kapitalbindung, sondern auf einem Versicherungsschutz aufbaut. Mit dem Institut der Existenzvernichtungshaftung wird den Gesellschaftern vielmehr eine äußerste Grenze im Umgang mit dem Gesellschaftsvermögen gesetzt[1112]. Dies beinhaltet für sie nur ein Abzugsverbot[1113], nicht hingegen ein Zuführungsgebot dergestalt, dass die Verpflichtung bestünde, die existenzgefährdete Gesellschaft durch Zurverfügungstellung neuer Mittel im Bestand zu erhalten[1114]. Dies stellt bereits die

1106 *Altmeppen*, ZIP 2008, 1201, 1203 f., 1207; ähnlich *Lieder*, NotBZ 2014, 81, 85; dieser Zusammenhang wird auch in BGHZ 173, 246, 258 f. = NJW 2007, 2689, 2692 (Rz. 30) angedeutet.

1107 *Schnauder/Müller-Christmann*, JuS 1998, 980, 984; *K. Schmidt*, ZIP 1988, 1497, 1506 (allerdings unter Herleitung eines Schadensersatzanspruches wegen Schutzpflichtverletzung aus der Sonderrechtsverbindung zwischen Gesellschaft und Gesellschafter).

1108 *Goette*, DStR 2005, 197, 200 (im Zusammenhag mit einer Haftung wegen materieller Unterkapitalisierung).

1109 *Fischer*, S. 141 ff; *Henssler*, AnwBl 2014, 96, 102; *Henssler*, in: Henssler/Prütting, BRAO, § 8 PartGG Rn. 76; *Linardatos*, VersR 2013, 1488, 1495; *Römermann*, in: Michalski/Römermann, PartGG, § 8 Rn. 116; *Römermann/Jähne*, BB 2015, 579, 583; *Römermann/Praß*, NZG 2012, 601, 607; *Tröger/Pfaffinger*, JZ 2013, 812, 819; im Ergebnis ebenso: *Lieder*, NotBZ 2014, 81, 85; im Grundsatz zustimmend, aber differenzierend bei der Ausgestaltung als Innen- oder Außenhaftung: *Kienzler*, S. 157 ff., *Kienzler*, JR 2016, 221, 225.

1110 BGHZ 173, 246, 256 = NJW 2007, 2689, 2691.

1111 *Röhricht*, in: FS 50 Jahre BGH (2000), S. 83, 105 f.

1112 *Röhricht*, in: FS 50 Jahre BGH (2000), S. 83, 106.

1113 *Röhricht*, in: FS 50 Jahre BGH (2000), S. 83, 107.

1114 *Weller*, Europäische Rechtsformwahlfreiheit, S. 149.

nach § 1 Abs. 4 PartGG auf die PartG mbB anwendbare Vorschrift des § 707 BGB heraus, wonach im Binnenverhältnis zur Gesellschaft keine Nachschusspflicht der Gesellschafter besteht[1115].

3. Haftung wegen Vermögensvermischung

Eine persönliche Inanspruchnahme der Gesellschafter kommt ferner unter dem Gesichtspunkt einer sog. Vermögensvermischung in Betracht. Kennzeichnend dabei ist, dass Vermögensgegenstände der Gesellschaft mit dem Privatvermögen derart vermischt werden, dass eine Zuordnung zu der einen oder anderen Vermögenssphäre nicht mehr zuverlässig vorgenommen werden kann[1116]. Ausgangspunkt dieses Haftungsinstituts ist also die Vermischung verschiedener Vermögensmassen[1117]. Eine Durchgriffshaftung der Gesellschafter in einem solchen Fall ist heute für das Recht der Kapitalgesellschaften in Rechtsprechung[1118] und Literatur[1119] weitgehend anerkannt.

Voraussetzung einer persönlichen Haftung der Gesellschafter ist nach der Rechtsprechung des BGH, dass die Abgrenzung von Gesellschafts- und Privatvermögen durch eine undurchsichtige Buchführung oder auf andere Weise verschleiert worden ist und deshalb die Kapitalerhaltungsvorschriften, deren Einhaltung ein unverzichtbarer Ausgleich für die Haftungsbeschränkung auf das Gesellschaftsvermögen (§ 13 Abs. 2 GmbHG) ist, nicht funktionieren können[1120]. Entscheidend ist, dass selbst bei vorhandenen Unterlagen, eine klare rechtliche Zuordnung von Vermögensgegenständen nicht mehr möglich ist[1121]. Hinsichtlich der Rechtsfolge geht die ganz überwiegende Meinung von einer persönlichen Außenhaftung der Gesellschafter[1122]

1115 Eingehend zu einer Nachschussverpflichtung im Innenverhältnis unten Kapitel I. II.

1116 *Boujong*, in: FS Odersky (1996), S. 739, 742; *K. Schmidt*, GesR, § 9 IV. 2. a), S. 234 f.

1117 *K. Schmidt*, BB 1985, 2074, 2075.

1118 BGHZ 95, 330, 332 f. = NJW 1986, 188, 189; BGHZ 125, 366, 368 = NJW 1994, 1801 f; BGHZ 165, 85, 91= NJW 2006, 1344, 1346.

1119 *Fastrich*, in: Baumbach/Hueck, GmbHG, § 13 Rn. 45; *Weller/Discher*, in: Bork/Schäfer, GmbHG, § 13 Rn. 36; *Raiser*, in: GroßKomm GmbHG, § 13 Rn. 130; *Verse*, in: Henssler/Strohn, GesR, § 13 GmbHG Rn. 38; *Bayer*, in: Lutter/Hommelhoff, GmbHG, § 13 Rn. 19; *Michalski/Funke*, in: Michalski, GmbHG, § 13 Rn. 358 ff.; *Bitter*, in: Scholz, GmbHG, § 13 Rn. 131 f.; *Wicke*, GmbHG, § 13 Rn. 14; ablehnend: *Ehricke*, AcP 199 (1999), 257, 289 ff., 299.

1120 BGHZ 95, 330, 334 = NJW 1986, 188, 189; BGHZ 125, 366, 368 = NJW 1994, 1801 f; BGHZ 165, 85, 91 = NJW 2006, 1344, 1346; zustimmend: *Fastricht*, in: Baumbach/Hueck, GmbHG, § 13 Rn. 45; *Weller/Discher*, in: Bork/Schäfer, GmbHG, § 13 Rn. 36, *Boujong*, in: FS Odersky (1996), S. 739, 742; *Raiser*, in: GroßKomm, GmbHG, § 13 Rn. 132; *Bayer*, in: Lutter/Hommelhoff, GmbHG, § 13 Rn. 19; *Bitter*, in: Scholz, GmbHG, § 13 Rn. 132; *Stimpel*, FS Goerdeler (1987), S. 601, 606 f.

1121 *Bitter*, in: Scholz, GmbHG, § 13 Rn. 132.

1122 Eingehend zur Frage der haftenden Gesellschafter: *Michalski/Funke*, in: Michalski, GmbHG, § 13 Rn. 366 f.

nach § 128 HGB analog aus[1123], wobei im Falle der PartG mbB die Anwendung von § 8 Abs. 1 S. 1 PartGG vorzugswürdiger erschiene. Im Hinblick auf den konkreten Haftungsumfang ist nach dem Ausmaß der Vermögensvermischung zu differenzieren: solange die Zuordnung einzelner Gegenstände nicht mehr durchführbar ist, kommt es nur zu einer gegenständlichen Haftungserweiterung[1124] auf den konkreten Gegenstand. Ist hingegen allgemein keine Vermögenstrennung mehr möglich, so kommt es zur Haftung mit dem gesamten Privatvermögen[1125].

Fraglich ist, ob der Ansatz einer Durchgriffshaftung wegen Vermögensvermischung auf die PartG mbB übertragbar ist. Entsprechend des zuvor beschriebenen Ansatzes des BGH zur Begründung einer solchen Durchgriffshaftung, liegt das Ziel darin, die Funktionsfähigkeit der gläubigerschützenden Kapitalerhaltungsvorschriften zu gewährleisten. Da für die PartG mbB keine ausdrücklichen Kapitalschutzvorschriften existieren, scheidet eine Übertragung unter diesem Gesichtspunkt aus[1126].

Eine andere Bewertung ergibt sich jedoch, wenn man berücksichtigt, dass bei der PartG mbB eine hinreichende Trennung der Vermögenssphären von Gesellschaft und Gesellschaftern besteht[1127] und das Gesellschaftsvermögen vorrangig der Gläubigerbefriedigung dient. Weil das gesetzliche System bei der PartG mbB auf einer

---

1123 BGHZ 95, 330, 332 = NJW 1986, 188; BGHZ 165, 85, 90 – NJW 2006, 1344, 1345 f., zustimmend etwa: *Weller/Discher*, in: Bork/Schäfer, GmbHG, § 13 Rn. 36; *Raiser*, in: GroßKomm GmbHG, § 13 Rn. 134; *Bayer*, in: Lutter/Hommelhoff, GmbHG, § 13 Rn. 19.

1124 Wird etwa aus einem Titel gegen die Gesellschaft in das Gesellschaftsvermögen vollstreckt, so setzt eine erfolgreiche Drittwiderspruchsklage (§ 771 ZPO) eines Gesellschafters den Nachweis eines „die Veräußerung hindernden Rechts" an diesem Gegenstand, also der Vermögenstrennung, voraus. Eine gegenständliche Vermögensvermischung ist mithin die Frage einer erfolgreichen Drittwiderspruchsklage und nicht die einer Durchgriffshaftung, so zutreffend erstmals *K. Schmidt*, BB 1985, 2074, 2075 f.

1125 *Bitter*, Durchgriffshaftung, S. 104 ff; *Michalski/Funke*, in: Michalski, GmbHG, § 13 Rn. 370; *K. Schmidt*, BB 1985, 2074, 2075; *K. Schmidt*, GesR, § 9 IV. 2., S. 234 ff.; *Bitter*, in: Scholz, GmbHG, § 13 Rn. 132, 134 f.

1126 *Lieder*, NotBZ 2014, 81, 86.

1127 Die PartG mbB ist eine Gesamthandsgesellschaft (Dazu oben Kapitel B. II.). Die Gesellschafter sind an dem Vermögen nur gesamthänderisch über ihre Mitgliedschaft beteiligt. Auch wenn keine derart strikte Separierung wie bei juristischen Personen erreicht wird („Trennungsprinzip") und weiterhin verschiedene Rechtsbeziehungen zwischen Gesellschaftern und Gesellschaftsvermögen bestehen (Dazu *Wiedemann*, FS Hüffer (2010), S. 1091, 1097 m.w.N.), so findet gleichwohl eine hinreichend klare Trennung zwischen Gesellschafts- und Gesellschaftervermögen statt, vgl. *Roth*, in: Baumbach/Hopt, HGB, § 124 Rn. 3; *Hillmann*, in: E/B/J/S, HGB, § 124 Rn. 2; *Habersack*, in: GroßKomm HGB, § 124 Rn. 7; *Steitz*, in: Henssler/Strohn, § 124 HGB Rn. 4; *Wiedemann*, WM 1975, Sonderbeilage Nr. 4/75, 7, 28; für die PartG mbB: *Piller*, S. 291 im Ergebnis für die PartG mbB: *Römermann/Praß*, NZG 2012, 604, 606; *Schumacher*, S. 32.

Zweckbindung des Gesellschaftsvermögens zur vorrangigen Gläubigerbefriedigung aufbaut, setzt die Erreichung dieses Zwecks denknotwendig voraus, dass überhaupt bestimmbar ist, welche Vermögensgegenstände zu dieser Vermögensmasse gehören. Ist dies nicht möglich, kann das Gesellschaftsvermögen seinen Zweck nicht erreichen und wird funktionsuntauglich. Sorgen die Gesellschafter einer PartG mbB durch Vermögensvermischung dafür, dass das Gesellschaftsvermögen diese primäre Funktion nicht erfüllen kann, so ist deren persönliche Inanspruchnahme gerechtfertigt.

Zum selben Ergebnis gelangt man, wenn man die Vermögensvermischung als eine Verletzung des Trennungsprinzips begreift: Eine Begrenzung der Haftung auf das Gesellschaftsvermögen erfordert die Separierung der beiden Vermögensmassen und wer die Regeln einer Vermögenstrennung missachtet, dem ist eine Berufung auf das Prinzip der Vermögenstrennung gegenüber Gläubigern versagt und haftet persönlich[1128]. Hierbei handelt es sich letztlich um einen Verstoß gegen das Verbot eines *venire contra factum proprium*[1129].

Im Ergebnis ist festzuhalten, dass die Grundsätze einer Durchgriffshaftung wegen Vermögensvermischung auf die PartG mbB Anwendung finden, mit der Folge einer unbeschränkten, gesamtschuldnerischen Außenhaftung aller verantwortlichen Gesellschafter[1130]. Für die Begründung einer solchen Außenhaftung hat der Umstand, dass eine Buchführungspflicht (§ 238 HGB) für die PartG mbB nicht besteht[1131], keine Bedeutung. Weder wird die PartG mbB über das Haftungsinstitut der Vermögensvermischung faktisch zu einer solchen Buchführungspflicht gezwungen, noch scheitert die Anwendung an der fehlenden Verpflichtung hierzu: für den Nachweis der Trennung von Gesellschafts- und Privatvermögen reicht es aus, dass sich diese auf Grund „sonstiger vorhandener Unterlagen" nachvollziehen lässt[1132]. Für die Gesellschafter bedeutet die Wahl einer PartG mbB somit, die Zugehörigkeit von Vermögensgegenständen hinreichend sorgfältig zu dokumentieren, denn andernfalls sehen sie sich mit einer unbeschränkten persönlichen Außenhaftung konfrontiert.

1128 *Boujong*, FS Odersky (1996), S. 739, 742; *Raiser*, FS Priester (2007), S. 619, 622; *Raiser*, in: GroßKomm GmbHG, § 13 Rn. 130; *Lutter*, ZGR 1982, 244, 251; *Bayer*, in: Lutter/Hommelhoff, GmbHG, § 13 Rn. 19; *Vetter*, ZGR 2005, 788, 791 810; wohl auch *K. Schmidt*, GesR, § 9 IV. 2., S. 234; in diese Richtung für die PartG mbB: *Lieder*, NotBZ 2014, 81, 86.

1129 *Raiser*, in: GroßKomm GmbHG, § 13 Rn. 130; *Lutter*, ZGR 1982, 244, 251.

1130 So auch *Lieder*, NotBZ 2014, 81, 86.

1131 Vgl. nur *Grunewald*, GWR 2013, 393, 394; *Leitzen*, DNotZ 2013, 596, 602.

1132 BGHZ 165, 85, 92 = NJW 2006, 1344, 1346; *Raiser*, in: GroßKomm GmbHG, § 13 Rn. 132.

4. Haftung wegen materieller Unterkapitalisierung

a. Durchgriffshaftung wegen materieller Unterkapitalisierung im Recht der GmbH

Vornehmlich im Recht der GmbH wird die Problematik einer Durchgriffshaftung wegen (materieller) Unterkapitalisierung der Gesellschaft diskutiert. Bei der sog. materiellen Unterkapitalisierung geht es in der Sache darum, dass eine Gesellschaft in Anbetracht des Umfangs ihrer Geschäftstätigkeit und der daraus erwachsenden Risiken nicht mit einem angemessenen Eigenkapital ausgestattet ist[1133]. Innerhalb der Literatur zeigt sich hinsichtlich der Behandlung dieser Fallgruppe ein differenziertes Meinungsbild. Teilweise wird eine Durchgriffshaftung im Sinne einer gesellschaftsrechtlichen Außenhaftung – teils beschränkt auf Fälle einer qualifizierten Unterkapitalisierung – befürwortet[1134]. Insbesondere *K. Schmidt* vertritt die Auffassung einer Innenhaftung wegen schuldhafter Pflichtverletzung der Gesellschafter gegenüber der Gesellschaft[1135]. Andere Autoren lehnen eine spezifische gesellschaftsrechtliche Haftung gänzlich ab[1136]. Der BGH[1137] hat sich mittlerweile der letztgenannten Ansicht im Grundsatz angeschlossen und hält eine materielle Unterkapitalisierung allenfalls unter dem Aspekt von § 826 BGB für haftungsbegründend.

b. Übertragbarkeit des Ansatzes auf die PartG mbB

Ungeachtet der Frage, ob eine Durchgriffshaftung wegen materieller Unterkapitalisierung bei Kapitalgesellschaften zu überzeugen vermag, ist der Ansatz einer solchen Haftung bei der PartG mbB rechtsdogmatisch verfehlt. Der Gläubigerschutz bei der PartG mbB baut nicht auf einer Kapitalisierung der Gesellschaft wie im Recht der Kapitalgesellschaften auf, sondern setzt bei einem entsprechendem Versicherungsschutz der Gesellschaft an. Eine Kapitalisierung ist bei der PartG mbB ihrer rechtlichen Struktur nach nicht angelegt; weder existieren Vorschriften hinsichtlich eines Garantiekapitals, noch besteht die gesetzliche Pflicht zu einer angemessenen Kapitalausstattung[1138]. Der Versuch, die Grundsätze einer Haftung wegen Unterkapitalisierung auf die PartG mbB anzuwenden, steht damit im Konflikt mit dem anders ausgestalteten System des Gläubigerschutzes bei dieser Gesellschaftsform. Dieser

1133 Davon abzugrenzen ist der Fall einer sog. nominellen Unterkapitalisierung, bei der das erforderliche Kapital zwar vorhanden, aber nicht als Eigenkapital, sondern in Form von Fremdkapital (insbesondere Gesellschafterdarlehen) gewährt wurde. Während solche Fälle früher unter dem Stichwort „eigenkapitalersetzende Darlehen" diskutiert wurden, finden sich seit dem MoMiG hierzu insolvenzrechtliche Regelungen (§§ 39, 135 InsO), vgl. *Bitter*, in: Scholz, GmbHG, § 13 Rn. 141 m.w.N.

1134 Vgl. *Michalski/Funke*, in: Michalski, GmbHG, § 13 Rn. 385 m.w.N.

1135 *K. Schmidt*, GesR, § 9 IV. 4. b), S. 241 ff.

1136 Vgl. *Michalski/Funke*, in: Michalski, GmbHG, § 13 Rn. 387 m.w.N.

1137 BGHZ 176, 204 = NJW 2008, 2437 – Gamma.

1138 Dazu bereits oben Kapitel B. III.2.b und Kapitel H. I.2.b.

Einwand der Systemwidrigkeit lässt sich auf die schlichte, gleichwohl zutreffende Formel bringen, dass eine (Personen-) Gesellschaft, die nach dem gesetzlichen Leitbild nicht „kapitalisiert" ist, auch nicht „unterkapitalisiert" sein kann[1139].

Gegen eine Haftung wegen Unterkapitalisierung spricht weiter, dass auf diesem Wege faktisch die Gesellschaft zu einem System der Kapitalbindung gezwungen würde, obwohl nach dem gesetzlichen Leitbild nicht der Kapitalschutz, sondern ein entsprechender Versicherungsschutz die Rechtfertigung für die entfallende persönliche Haftung liefert. Über den Umweg des Haftungsinstituts der Unterkapitalisierung würde der PartG mbB also ein Gläubigerschutzkonzept aufgezwungen, für das sich der Gesetzgeber zugunsten der Versicherungslösung ausdrücklich nicht entschieden hat[1140].

Zur Beantwortung der Frage, ob eine Haftung wegen Unterkapitalisierung bei der PartG mbB in Frage käme, ist schließlich zu bedenken, dass die der Unterkapitalisierung zugrunde liegende Problematik, nämlich die Übertragung hoher Risiken auf eine haftungsbeschränkte Gesellschaft bei zu geringer Risikobeteiligung der beschränkt haftenden Gesellschafter und damit einer möglichen Spekulation zu Lasten der Gläubiger[1141], sich auch bei der PartG mbB stellen kann. Man denke nur an den Fall, dass eine wirtschaftsberatende PartG mbB von Rechtsanwälten mit einem millionenschweren Mandat betraut ist, dessen Schadensrisiko um ein Vielfaches über der gewählten Mindestversicherungssumme liegt, gleichwohl nur ein geringes Gesellschaftsvermögen vorhanden ist. Allerdings sollen nach dem Gläubigerschutzkonzept der PartG mbB Risiken der Gläubiger wegen fehlerhafter Berufsausübung durch eine Haftpflichtversicherung berücksichtigt werden[1142], weshalb die Struktur der PartG mbB vorgibt, wo eine Lösung dieser Problematik (einschließlich der Frage, wie der Gesetzgeber hierzu steht) zu suchen ist, nämlich beim Versicherungsschutz und nicht bei der Kapitalausstattung der Gesellschaft.

Aufgrund der wesentlichen Strukturunterschiede im Gläubigerschutz zwischen der PartG mbB und Kapitalgesellschaften scheidet im Ergebnis ein Haftungsdurchgriff auf die Gesellschafter einer PartG mbB wegen materieller Unterkapitalisierung der Gesellschaft aus[1143].

1139 Zu einer Durchgriffshaftung wegen Unterkapitalisierung bei der KG: *Bitter*, Durchgriffshaftung, S. 548; *Elsing*, GmbHR 1978, 103; *Klingberg*, Mitarbeitende Kommanditisten, S. 120 f.; *K. Schmidt*, DB 1973, 2227, 2229; *K. Schmidt*, Einlage und Haftung, S. 31; *H.P. Westermann*, Vertragsfreiheit, S. 284.

1140 Ähnlich *Fischer*, S. 153.

1141 *Bitter*, Durchgriffshaftung, S. 548; *Bitter*, in: Scholz, GmbHG, § 13 Rn. 145.

1142 BT-Drucks. 17/10487, S. 11.

1143 Im Ergebnis ebenso *Fischer*, S. 154; *Piller*, S. 413; anders wohl *Gladys*, DStR 2013, 2416, 2420.

5. Haftung wegen Unterversicherung

Da das Gläubigerschutzkonzept maßgeblich auf der von der Gesellschaft zu unterhaltenden Berufshaftpflichtversicherung aufbaut, ist es naheliegend, in Fällen einer (schuldhaften) Unterversicherung der Gesellschaft eine gesellschaftsrechtliche Durchgriffshaftung zu diskutieren[1144]. Der Umstand, dass eine Gesellschaft „versichert" sein muss, legt nahe, dass diese auch „unterversichert" sein kann. In Anlehnung an die zuvor dargestellte, aus dem Kapitalgesellschaftsrecht bekannte Fallgruppe der Unterkapitalisierung, lässt sich der Begriff einer „Unterversicherung" dahingehend präzisieren, als dass eine Gesellschaft im Verhältnis zu der Größe ihrer freiberuflichen Unternehmung und der sich aus ihren laufenden Mandatsverhältnissen ergebenden individuellen Haftungsrisiken über einen zu geringen Versicherungsschutz verfügt. Schlagwortartig geht es um einen Haftungsdurchgriff wegen eines nicht angemessenen bzw. „risikoinadäquaten"[1145] Versicherungsschutzes. Denkbar ist eine solche Situation der „Unterversicherung" sowohl bereits zum Zeitpunkt der Neugründung bzw. eines Wechsels in eine PartG mbB (anfängliche Unterversicherung), als auch im späteren Verlauf der gesamten Geschäftstätigkeit (nachträgliche Unterversicherung)[1146]. Exemplarisch wird im Folgenden das Problem einer Durchgriffshaftung für eine PartG mbB von Rechtsanwälten diskutiert. Die dabei getroffenen Erwägungen sind grundsätzlich verallgemeinerungsfähig, vorausgesetzt, dem jeweiligen Berufsrecht ist keine gegenteilige Wertung zu entnehmen.

Ausgangspunkt für eine Begründung einer solchen Durchgriffshaftung können Sinn und Zweck der spezifischen Berufshaftpflichtversicherung als vorrangiges Instrument des Gläubigerschutzes sein: durch eine solche Versicherung sollen die Gläubigerinteressen für Schäden aus fehlerhafter Berufsausübung angemessen berücksichtigt und die fehlende persönliche Haftung ausgeglichen werden. Dieser Zweck könnte gefährdet sein, wenn die Gesellschafter die Versicherungsfreiheit jenseits gesetzlich bestimmter Mindestversicherungssumme und Jahreshöchstleistung dergestalt ausnutzen, dass die gewählten Versicherungsbeträge in Anbetracht der individuellen Haftpflichtrisiken der Gesellschaft (deutlich) zu gering sind und dadurch die Gläubigerschutzfunktion nicht mehr gewährleistet werden kann[1147]. Das Ausnutzen der Versicherungsfreiheit jenseits berufsrechtlicher (Mindest-) Vorgaben seitens der Gesellschafter im Sinne einer Unterversicherung der Gesellschaft stellt eine übermäßige Verlagerung der Geschäftsrisiken auf die Gläubiger[1148] und damit eine Spekulation auf deren Kosten dar. Die Sanktion einer persönlichen Haftung

---

1144 So erstmals bereits während des Gesetzgebungsverfahrens *Salger*, DB 2012, 1794, 1796.

1145 *Lieder*, NotBZ 2014, 81, 85.

1146 Vgl. zur Fallgruppe der Unterkapitalisierung *Lutter/Hommelhoff*, ZGR 1979, 31, 61.

1147 In diese Richtung zur Begründung einer Haftung im Fall der Unterkapitalisierung: *Stimpel*, FS Goerdeler (1987), S. 601, 608.

1148 Zur Unterkapitalisierung bei der GmbH: *Klingberg*, Mitarbeitende Kommanditisten, S. 118 f.

im Falle einer Unterversicherung hält die Gesellschafter dazu an, eine angemessene Berufshaftpflichtversicherung zu unterhalten und so zu gewährleisten, dass trotz eines erhöhten Haftungsrisikos die Ersatzansprüche auf jeden Fall erfüllt werden können[1149].

Gegen einen so begründeten Haftungsdurchgriff wegen Unterversicherung spricht zunächst, dass der Gesetzgeber davon abgesehen hat, eine an der jeweiligen Risikostruktur der Gesellschaft orientierte Versicherungspflicht einzuführen, sondern vielmehr feste Mindestversicherungssummen[1150] sowie die Möglichkeit eine nach der Zahl der Partner bemessene Begrenzung der Jahreshöchstleistung vorsieht[1151]. Eine gesetzliche Pflicht zu einer risikoadäquaten Versicherung besteht danach nicht. Wie die gesetzliche Normierung einer solchen Pflicht aussehen würde, zeigt sich an der ursprünglichen Fassung der spezifischen Berufshaftpflichtversicherung i.S.v. § 8 Abs. 4 S. 1 PartGG für steuerberatende Berufe. Dort war nur das Tatbestandsmerkmal einer „angemessenen" Versicherung vorgesehen, durch das dem Risiko einer Unterversicherung begegnet werden sollte (§ 67 Abs. 1 StBerG in der Fassung des Regierungsentwurfs)[1152].

Zu klären ist des Weiteren, ob sich jenseits der berufsrechtlich vorgegebenen Versicherungssummen eine Pflicht der Gesellschafter zu einer risikoadäquaten Versicherung ableiten lässt, deren Verletzung eine Durchgriffshaftung rechtfertigen könnte.

Hierfür ließe sich aufführen, dass die berufsrechtlichen Vorgaben selbst kleinste Formen eines freiberuflichen Zusammenschlusses in der PartG mbB erfassen sollen und daher vorgegebene Zahlenwerte nur als Untergrenze verstanden werden können, die bei Gesellschaften größeren Geschäftsumfangs unzulänglich wären[1153]. Folglich würde die Festlegung von Mindestvorgaben nicht bedeuten, dass im Einzelfall ein höherer Versicherungsschutz geboten sei. Auch würde mit der Durchgriffshaftung wegen Unterversicherung eine oben beschriebene Gläubigergefährdung weitgehend ausgeschlossen.

Dagegen lässt sich zunächst einwenden, dass die spezifische Berufshaftpflichtversicherung i.S.v. § 8 Abs. 4 S. 1 PartGG, vergleichbar dem Garantiekapital von Kapitalgesellschaften[1154], nur einen generellen Mindestschutz für die Gläubiger gewährt, aber nicht in jedem Fall Ersatzansprüche von Gläubigern befriedigen soll. Dies wird

---

1149 So der Gesetzgeber zur ursprünglichen Fassung des Versicherungsschutzes einer PartG mbB von steuerberatenden Berufen, die nur unter einem Angemessenheitsvorbehalt stand, vgl. BT-Drucks. 17/10487, S. 11.

1150 *Fischer*, S. 155; *Lieder*, NotBZ 2014, 81, 85.

1151 Vgl. nur § 51a Abs. 2 BRAO, § 67 Abs. 2 StBerG, § 54 Abs. 1 WPO, § 45a Abs. 2 PAO.

1152 BT-Drucks. 17/10487, S. 11.

1153 Im Zusammenhang mit einer Berufshaftpflichtversicherung für eine Freiberufler-GmbH: *Hirte*, Berufshaftung, S. 441.

1154 Vgl. dazu für die GmbH: BGHZ 176, 204, 215 = NJW 2008, 2437, 2439.

bereits dadurch verdeutlicht, dass die Voraussetzung für die Haftungsbeschränkung bei der PartG mbB das Bestehen der „vorgegebenen“ Versicherung ist und nicht die Deckung des Schadens[1155].

Auch der Wille des Gesetzgebers spricht gegen eine solche Durchgriffshaftung, der die Problematik einer Unterversicherung erkannte, sich gleichwohl für starre Versicherungsvorgaben entschied[1156]. Dies verdeutlicht zum einen die Gesetzesgenese zu § 67 StBerG, für den noch in der Fassung nach dem Regierungsentwurf ein Angemessenheitsvorbehalt vorgesehen war, um einem im Einzelfall erhöhten Haftungsrisiko sachgerecht zu begegnen. Davon hat der Gesetzgeber, auch auf Kritik von Seiten des Schrifttums hin[1157], schließlich bewusst zugunsten fester Versicherungssummen Abstand genommen[1158]. Zum anderen hat der Gesetzgeber erkannt, dass bei Wirtschaftsprüfern eine gesetzliche Mindestversicherungssumme von 1 Mio. Euro (orientiert an der Haftungsbegrenzung des § 323 Abs. 2 S. 1 HGB) bei kapitalmarktorientierten Mandaten mit einer AG mit entsprechend höherer Haftungsgrenze von 4 Mio. Euro (§ 323 Abs. 2 S. 2 HGB) zwangsläufig zu niedrig sein kann. Gleichwohl hielt er an der Mindestversicherungssumme von 1 Mio. Euro fest und wies darauf hin, dass davon auszugehen sei, „dass sich die Gesellschaften – schon aus Gründen des Selbstschutzes[1159] – entsprechend höher versichern“[1160]. Weitere Konsequenzen zog er aus diesem Umstand nicht.

Daneben bezieht der Gesetzgeber zu einer Unterversicherung und den Folgen für die Gesellschafter klar Stellung: selbst für den Fall, dass sich die gesetzliche Mindestversicherungssumme im Nachhinein als nicht „angemessen“ erweist, soll die Haftungsbeschränkung bestehen bleiben[1161]. Einem Haftungsdurchgriff wegen Unterversicherung wird damit eine klare Absage erteilt.

Außerdem bereitet angesichts der Unbestimmtheit des Tatbestands einer „Unterversicherung“ sowohl bei der Gründung, als auch im Laufe der späteren Geschäftstätigkeit die Bestimmung einer risikoadäquaten Versicherung enorme praktische Schwierigkeiten[1162] und führt zu erheblicher Rechtsunsicherheit für die Gesellschafter, ob eine persönliche Haftung ausgeschlossen ist oder nicht[1163]. Eine drohende

1155 BT-Drucks. 17/10487, S. 14.
1156 So auch *Fischer*, S. 155 f.; *Lieder*, NotBZ 2014, 81, 85.
1157 *Posegga*, DStR 2012, 611, 614; *Römermann/Praß*, NZG 2012, 601, 604 f.
1158 BT-Drucks. 17/13944, S. 16.
1159 Da Bezugspunkt der Parenthese eindeutig die „Gesellschaft“ und nicht die Gesellschafter sind, lässt sich aus dem Aspekt des Selbstschutzes einer höhreren Versicherung kein Argument für eine Durchgriffshaftung ableiten. Vielmehr wird der Gesetzgeber die Gefahr einer Insolvenz der Gesellschaft bei einem die Versicherungssumme übersteigenden Haftungsfall im Blick gehabt haben.
1160 BT-Drucks. 17/13944, S. 16.
1161 BT-Drucks. 17/13944, S. 16.
1162 So auch *Fischer*, S. 156; ähnlich im Fall einer Durchgriffshaftung wegen Unterkapitalsierung bei der GmbH etwa *Ehricke*, AcP 199 (1999), 257, 284 f.
1163 BT-Drucks. 17/13944, S. 16; So auch *Lieder*, NotBZ 2014, 81, 85.

persönliche Haftung wegen risikoinadäquaten Versicherungsschutzes – gerade auch im Fall einer nachträglichen Unterversicherung – würde für die Gesellschafter die ständige Verpflichtung und dementsprechend einen außerordentlichen Verwaltungsaufwand bedeuten, den aktuellen Mandatsverhältnissen entsprechend, laufend die Risikostruktur zu überprüfen und die Versicherung den sich verändernden Haftungsrisiken anzupassen. Dies wäre eine praktisch nahezu unmögliche, mit dem Gebot der Rechtssicherheit nicht zu vereinbarende und damit für die Attraktivität der PartG mbB vernichtende Forderung an die Gesellschafter[1164].

Daher ist im Ergebnis eine Durchgriffshaftung wegen Unterversicherung bei der PartG mbB abzulehnen[1165]. Soweit der Gesetzgeber ausdrückliche Vorgaben zum Versicherungsschutz macht, reicht es für die Wirksamkeit der Haftungsbeschränkung gemäß § 8 Abs. 4 PartGG aus, diese einzuhalten – selbst in Fällen eines erhöhten Haftungsrisikos der Gesellschaft. Gibt der Gesetzgeber hingegen das Tatbestandsmerkmal einer „angemessenen" Versicherung vor, so kommt es zu einer persönlichen Haftung der Partner, wenn sich im Nachhinein herausstellt, dass die Versicherung dem Angemessenheitsvorbehalt nicht gerecht geworden ist. Hierbei handelt es sich jedoch nicht um den Fall eines „Durchgriffs", sondern vielmehr richtet sich die Haftung nach §§ 8 Abs. 1, 2 PartGG, da die berufsrechtlichen Vorgaben nach § 8 Abs. 4 PartGG nicht eingehalten wurden und die PartG mbB „automatisch" zur herkömmlichen Partnerschaft wird.

6. Haftung wegen unangemessener Risikoüberwälzung auf die Gläubiger

Der im Rahmen der Durchgriffshaftung wegen Unterkapitalisierung und Unterversicherung angesprochenen Problematik, dass auch die PartG mB als Gesellschaft mit beschränkter Haftung Anreiz und Spielraum dahingehend bietet, eine Spekulation auf Kosten der Gläubiger, also eine Risikoexternalisierung, d.h. eine nicht kompensierte Verlagerung von Verlusten auf die Gläubiger, zu betreiben, kann haftungsrechtlich mit einer Anwendung von § 826 BGB begegnet werden[1166].

1164 ähnlich *Fischer*, S. 156; *Lieder*, NotBZ 2014, 81, 85.

1165 So auch *Fischer*, S. 158; *Lieder*, NotBZ 2014, 81, 85 (für eine Haftung aus § 826 BGB); Richtigerweise kommt es auch nicht über den Umweg einer Innenhaftung wegen Treuepflichtverletzung gegenüber der Gesellschaft zu einer Inanspruchnahme der Gesellschafter wegen Unterversicherung der Gesellschaft, dazu eingehend *Fischer*, S. 157 f; *Tröger/Pfaffinger*, JZ 2013, 812, 818 f.

1166 Ausdrücklich offen für eine solche Anwendung von § 826 BGB im Zusammenhang mit der Unterkapitalisierung unter gesteigerten Voraussetzungen: *Goette*, DStR 2005, 197, 2000; *Goette*, Die GmbH, § 9 Rn. 45; *Raiser*, in: GroßKomm GmbHG, § 13 Rn. 143; *Schiessl/Böhm*, in: MüHdB GesR, Bd. 3, § 35 Rn. 11; *Altmeppen*, in: *Roth/Altmeppen*, GmbHG, § 13 Rn. 149; ausdrücklich offen gelassen: BGHZ 176, 204, 216 = NJW 2008, 2437, 2440; im Ergebnis für die PartG mbB: *Römermann*, in: Michalski/Römermann, PartGG, § 8 Rn. 103.

Haftungsgrund ist dann nicht die unzureichende Ausstattung der Gesellschaft mit Versicherungsschutz und/oder Eigenkapital, sondern das opportunistische, in einem gesteigerten Maße die Gläubigerinteressen verletzende Verhalten der Gesellschafter[1167]. Um allerdings die zuvor gefundenen Ergebnisse zu einer Durchgriffshaftung wegen materieller Unterkapitalisierung und Unterversicherung nicht zu konterkarieren, muss eine Haftung nach § 826 BGB auf Extremfälle beschränkt bleiben[1168]. Beispielhaft sei in diesem Zusammenhang eine wirtschaftsberatende PartG mbB genannt, die ein hochkomplexes, stark risikobehaftetes Mandat mit einem Schadensrisiko im hohen zwei- bis dreistelligen Millionenbereich bearbeitet, gleichzeitig aber nur eine Berufshaftpflichtversicherung in Höhe der Mindestversicherungssumme unterhält und kein (nennenswertes) Gesellschaftsvermögen vorhält. Jede Realisierung des Schadensrisikos ginge letztlich nur auf Kosten der Gläubiger, da die Mindestversicherungssumme lediglich einen verschwindend geringen Teil des Schadens abdecken würde und dem Gesellschaftsvermögen keine Bedeutung bei der Schadenskompensation zukäme.

II. Haftung wegen Insolvenzverschleppung

1. Grundlagen einer Insolvenzverschleppungshaftung

Nach § 11 Abs. 2 Nr. 1 InsO ist die PartG mbB insolvenzfähig und damit kann über ihr Vermögen ein Insolvenzverfahren eröffnet werden. Mit Eröffnung des Insolvenzverfahrens wird die PartG mbB aufgelöst (§ 9 Abs. 1 PartGG i.V.m. § 131 Abs. 1 Nr. 3 HGB), wobei die Liquidation sich nicht nach den gesellschaftsrechtlichen Vorschriften der §§ 145 ff. HGB (vgl. § 10 Abs. 1 PartGG i.V.m. § 145 Abs. 1 HGB), sondern nach den Vorschriften der InsO richtet[1169]. Das Insolvenzverfahren bedeutet für die Gesellschaft eine besondere Art der Liquidation, nämlich eine gesetzlich erzwungene Auflösung des Verbandes sowie eine staatlich überwachte Abwicklung ihrer Vermögensverhältnisse[1170]. Ein solches Verfahren kommt allerdings nicht eigenständig in Gang, sondern bedarf eines Insolvenzantrages (§ 13 Abs. 1 InsO), der seinerseits einen Eröffnungsgrund voraussetzt (§ 16 InsO). Als Eröffnungsgründe kommen generell Zahlungsunfähigkeit (§ 17 InsO), drohende Zahlungsunfähigkeit (§ 18 InsO) sowie Überschuldung (§ 19 InsO)[1171] in Betracht. Antragsberechtigt sind

1167 Im Zusammenhang mit einer Haftung bei Unterkapitalisierung: *Goette*, DStR 2005, 197, 2000; *Altmeppen*, in: *Roth/Altmeppen*, GmbHG, § 13 Rn. 149.

1168 *Schiessl/Böhm*, in: MüHdB GesR, Bd. 3, § 35 Rn. 11; im Ergebnis für die PartG mbB: *Römermann*, in: Michalski/Römermann, PartGG, § 8 Rn. 103.

1169 Vgl. nur zur OHG: *Butzer/Knof*, in: MüHdB GesR, Bd. 1, § 85 Rn. 27.

1170 *Wiedemann*, GesR, Bd. II, § 6 IV. 1., S. 581.

1171 Zur Frage der expliziten Erweiterung des Eröffnungsgrundes der Überschuldung auf die PartG mbB unten Kapitel J. III.2.d.

gemäß § 13 Abs. 1 S. 2 InsO die Gläubiger[1172] der Gesellschaft und die PartG mbB selbst als Schuldnerin.

Das Gegenstück zur Insolvenzantragsberechtigung ist die Insolvenzantragspflicht, die in § 15a InsO statuiert wird. Eine solche gilt bei juristischen Personen (§ 15 Abs. 1 S. 1 InsO) und bei Gesellschaften ohne Rechtspersönlichkeit, bei denen kein persönlich haftender Gesellschafter eine natürliche Person ist (§ 15 Abs. 1 S. 2 InsO). § 15 Abs. 1 InsO bestimmt den Zeitpunkt, ab dem ein Unternehmen nicht ohne insolvenzrechtlichen Gläubigerschutz im Geschäftsverkehr werbend tätig bleiben darf und eine Sanierung oder geordnete Liquidation nach Maßgabe der InsO stattfinden soll[1173]. Durchgesetzt wird § 15a InsO mittels einer auf § 823 Abs. 2 BGB gestützten[1174] persönlichen Haftung der die Antragspflicht verletzenden Vertretungsorgane der Gesellschaft (sog. *Insolvenzverschleppungshaftung*), sowie durch die strafrechtlichen Sanktionen nach § 15a Abs. 4, 5 InsO[1175].

2. Meinungsstand

Eine Insolvenzverschleppungshaftung nach § 823 Abs. 2 BGB i.V.m. § 15a InsO kann begriffsnotwendig nur denjenigen treffen, für den auch eine Insolvenzantragspflicht gilt. Für die PartG mbB stellt sich damit die schon unter Haftungsgesichtspunkten äußerst praxisrelevante Frage, ob eine Insolvenzantragspflicht nach Maßgabe von § 15a Abs. 1 InsO (analog) besteht. Dies wird innerhalb des Schrifttums unterschiedlich beantwortet.

Die ganz überwiegende Ansicht[1176] verneint eine Anwendung von § 15a Abs. 1 InsO auf die PartG mbB und beruft sich dabei weitgehend auf die Gesetzesbegründung,

---

1172 Für Gläubiger besteht zum einen die Besonderheit, dass ein Antrag bei drohender Zahlungsunfäihkeit ausscheidet (§ 18 Abs. 1 InsO) und zum anderen, dass ein rechtliches Interesse an der Eröffnung des Insolvenzverfahrens, nebst Glaubhaftmachung von Forderung und Eröffnungsgrund erforderlich sind (§ 14 Abs. 1 S. 1 InsO), eingehend *Wegener*, in: Uhlenbruck, InsO, § 13 Rn. 18 ff.

1173 *Wolfer*, in: BeckOK InsO, § 15a vor Rn. 1; *Klöhn*, in: MüKo InsO, § 15a Rn. 1; *K. Schmidt*, in: Scholz, GmbHG, § 64 Rn. 131.

1174 § 15a InsO ist nach ganz überwiegender Meinung Schutzgesetz i.S.v. § 823 Abs. 2 BGB, vgl. *Klöhn*, in: MüKo InsO, § 15a Rn. 140; *K. Schmidt/Herchen*, in: K. Schmidt, InsO, § 15a Rn. 33 jew. m.w.N.

1175 *Klöhn*, in: MüKo InsO, § 15a Rn. 1; *Mönning*, in: Nerlich/Römermann, InsO, § 15a Rn. 4.

1176 *Haas/Mock*, in: Gottwald, Insolvenzrechts-HdB, § 94 Rn. 118; *Henssler*, in: Henssler/Prütting, BRAO, § 8 PartGG Rn. 74;*Leuering*, NZG 2013, 1001, 1004; *Graf v. Westphalen*, in: M/GvW/H/L/W, PartGG, § 8 Rn. 148a; *Meyer*, S. 191 f; *Römermann*, in: Michalski/Römermann, PartGG, § 8 Rn. 119; *Posegga*, in: Peres/Senft, SozietätsR, § 19 Rn. 21; *Piller*, S. 378 ff.; *Römermann/Praß*, NZG 2012, 601, 608; *Schüppen*, WPg 2013, 1193, 1201; *Seibert*, DB 2013, 1710, 1711; *Wälzholz*, DStR 2013, 2637, 2638; *Werner*, StBW 2013, 715, 718; Im Ergebnis: *Kienzler*, S. 179 ff.; *Kienzler*, JR 2016, 221, 227; *Hirte*, in: Uhlenbruck, InsO, § 11 Rn. 248.

wonach „wegen der insoweit unbeschränkten persönlichen Haftung der Partner [...] keine Insolvenzantragspflicht nach § 15a Absatz 1 Satz 2 Insolvenzordnung" bestehe[1177].

Teilweise wird vertreten, eine Insolvenzantragspflicht bei der PartG mbB rechtfertige sich aus einer analogen Anwendung von § 15a Abs. 1 S. 2 InsO[1178]. Die Voraussetzung einer planwidrigen Regelungslücke würde sich daraus ergeben, dass es bislang keine Verbandsform gab, bei der sich die Haftungsbeschränkung nach der gegen die Gesellschaft gerichteten Forderung ergebe und deshalb die PartG mbB keine Berücksichtigung in § 15a Abs. 1 InsO finden konnte[1179]. Die für den Analogieschluss erforderliche vergleichbare Interessenlage wird maßgeblich mit dem Sinn und Zweck von § 15a Abs. 1 InsO und einem gleichermaßen für die PartG mbB bestehenden Bedürfnis nach einem insolvenzrechtlichen Gläubigerschutz in Form der Insolvenzantragspflicht begründet[1180].

3. Stellungnahme

Richtigerweise besteht nach geltendem Recht keine Insolvenzantragspflicht bei der PartG mbB. Eine direkte Anwendung von § 15a Abs. 1 S. 1 und 2 InsO scheidet nach dem klaren Wortlaut aus. Bei der PartG mbB handelt es sich wie dargelegt[1181] um keine juristische Person. Auch ist § 15 Abs. 1 S. 2 InsO nicht einschlägig, da aufgrund des zweispurigen Haftungssystems bei der PartG mbB die Gesellschafter außerhalb von § 8 Abs. 4 PartGG weiterhin persönlich haften, mithin sind natürliche Personen persönlich haftende Gesellschafter[1182].

Eine Analogie zu § 15a Abs. 1 S. 2 InsO scheitert bereits an der Planwidrigkeit der Regelungslücke[1183]. Eine solche liegt dann nicht vor, wenn es sich bei der Gesetzeslücke um eine bewusste Entscheidung des Gesetzgebers handelt[1184]. Ohne Zweifel hat der Gesetzgeber bei Einführung von § 15a InsO[1185] die Verbandsform der PartG mbB nicht im Blick gehabt. Daraus die Planwidrigkeit der Regelungslücke abzuleiten, läuft allerdings auf eine bloße Fiktion hinaus, denn wie der damalige Gesetzgeber entschieden hätte, wenn er mit einer Personengesellschaft mit partieller

1177 BT-Drucks. 17/10487, S. 14.

1178 *Fischer*, S. 162 ff.; *Klose*, GmbHR 2013, 1191, 1192 f; *Lieder*, NotBZ 2014, 81, 87; *Linardatos*, VersR 2013, 1488, 1494.

1179 *Fischer*, S. 162; *Klose*, GmbHR 2013, 1191, 1192.

1180 *Klose*, GmbHR 2013, 1191, 1192 m.w.N.; Dazu eingehend sogleich Kapitel H. II.3.

1181 Dazu oben Kapitel B.II.

1182 Vgl. nur *Henssler*, in: Henssler/Prütting, BRAO, § 8 PartGG Rn. 74; *Römermann*, in: Michalski/Römermann, PartGG, § 8 Rn. 119.

1183 So nun auch *Hennen*, S. 155; *Meyer*, S. 192; im Ergebnis: *Henssler*, AnwBl 2014, 96, 104.

1184 Vgl. nur BGHZ 193, 238, 256 = NJW 2012, 2571, 2575.

1185 Die Vorschrift wurde mit dem MoMiG im Jahr 2008 in die Insolvenzordnung eingeführt.

Haftungsbeschränkung gerechnet hätte, vermag niemand belastbar zu sagen. Ein Rückgriff auf den gesetzgeberischen Willen bei Schaffung von § 15a Abs. 1 InsO ist zur Bestimmung der Planwidrigkeit auch entbehrlich. Bei Einführung der PartG mbB hat der Gesetzgeber das Problem einer Insolvenzantragspflicht erkannt und sich bewusst – dies dokumentieren zum einen das Gesetzgebungsverfahren[1186] und zum anderen die Gesetzesbegründung unzweifelhaft – gegen eine solche entschieden[1187]. Die unveränderte, vom Wortlaut nicht auf die PartG mbB anwendbare Fassung von § 15a InsO ist Ausdruck dieser Entscheidung.

Möglicherweise fehlt es darüber hinaus an der für den Analogieschluss erforderlichen vergleichbaren Interessenlage. Dies hängt zunächst maßgeblich davon ab, ob der Schutzzweck von § 15a InsO für die PartG mbB, für die nach § 8 Abs. 4 PartGG eine partielle Haftungsbeschränkung besteht, im gleichen Maße Geltung beansprucht.

Im Ausgangspunkt besteht darüber Einigkeit, dass die in § 15a InsO geregelte Insolvenzantragspflicht dem Gläubigerschutz durch rechtzeitige Einleitung des Insolvenzverfahrens dient. Der Schutzzweck wird ganz überwiegend dahingehend bestimmt, dass § 15a Abs. 1 InsO nicht nur der Erhaltung des Gesellschaftsvermögens dient, sondern auch den Zweck hat, insolvenzreife Gesellschaften mit beschränktem Haftungsfonds vom Geschäftsverkehr fernzuhalten, damit durch das Auftreten solcher Gebilde Gläubiger nicht geschädigt oder gefährdet werden[1188]. Einigkeit herrscht darüber, dass vom Schutzbereich des § 15a Abs. 1 InsO sowohl Alt- als auch Neu-Gläubiger erfasst werden. Dabei sollen die beiden Gläubigergruppen vor jeweils unterschiedlichen Gefahren geschützt werden: Altgläubiger vor weiterer Verringerung der Haftungsmasse, Neugläubiger vor einem Vertragsschluss mit notleidenden Gesellschaften[1189]. Darüber hinaus besteht in Fällen der verspäteten Eröffnung eines Insolvenzverfahrens die Gefahr, dass bei nicht ausreichendem Vermögen zur Befriedigung aller Gläubiger aufgrund der Geltung des Prioritätsprinzips, wie es der Einzelzwangsvollstreckung zugrunde liegt, die Insolvenzmasse (§ 35 InsO) zugunsten einzelner, typischerweise besonders gut informierter Gläubiger ausgehöhlt

---

1186 Insbesondere wurde im Rahmen der öffentlichen Anhörung im Rechtsausschuss auf die Problematik der Insolvenzantragspflicht nachdrücklich hingewiesen, vgl. *Hirte*, Stellungnahme Rechtsausschuss, S. 9.

1187 So nun auch *Hennen*, S. 155; *Meyer*, S. 192.

1188 st. Rspr. BGH GmbHR 1993, 420, 424 (§ 64 GmbHG a.F.); BGHZ 126, 181, 194 = NJW 1994, 2220, 2223 (§ 64 GmbHG a.F.); BGH NJW 2011, 2427, 2428; BGH NJW 2012, 3510, 3511; BGH NJW 2014, 698, 699; BGH NZG 2015, 227, 228; aus der Literatur: *Casper*, in: GroßKomm GmbHG, § 64 Rn. 1 (§ 64 GmbHG a.F.); *Lutter*, GmbHR, 1997, 329, 332 (§ 64 GmbHG a.F.); in diese Richtung: *K. Schmidt*, in: Scholz, GmbHG, § 64 Rn. 131; kritisch etwa *Klöhn*, in: MüKo, InsO, § 15a Rn. 11 ff., 27; *Klöhn*, KTS 2012, 133, 150 ff.

1189 BT-Drucks. 16/6140, S. 55; *Klöhn*, in: MüKo InsO, § 15a Rn. 11 ff. m.w.N.

würde (sog. *Windhundrennen*)[1190]. Dieser Gefahr begegnet das Insolvenzverfahren, dem der Gedanke der gleichmäßigen Gläubigerbefriedigung (*par conditio creditorum*) zugrunde liegt[1191].

Zunächst ist festzuhalten, dass Bezugspunkt für die Begründung eines zusätzlichen, insolvenzrechtlichen Gläubigerschutzes in Form der Insolvenzantragspflicht bei der PartG mbB nicht die von § 8 Abs. 4 PartGG nicht erfassten „sonstigen Verbindlichkeiten" sind[1192]. Für diese haften die Gesellschafter weiterhin unbeschränkt persönlich (§ 8 Abs. 1 S. 1 PartGG) und der bestehende Versicherungsschutz als Legitimation für die Haftungsbeschränkung wird von einer Insolvenzreife der Gesellschaft nicht berührt.

Fraglich ist, ob es des Schutzes von Alt-Gläubigern eines Schadensanspruchs wegen fehlerhafter Berufsausübung vor einer weiteren Schmälerung der Haftungsmasse bedarf. Gegenstand der Haftungsmasse ist der Freistellungsanspruch gegen die Versicherung und das sonstige Gesellschaftsvermögen. Der Versicherungsschutz als solcher ist zunächst dem negativen Einfluss der Gesellschafter entzogen, da sowohl die Beendigung des Versicherungsvertrages, als auch eine Zahlungseinstellung hinsichtlich der Versicherungsprämien nicht zu Lasten der Gläubiger gehen (§ 8 Abs. 4 S. 2 i.V.m. § 117 VVG)[1193]. Hingegen spielt der Aspekt der Masseerhaltung des Gesellschaftsvermögens für Fälle, in denen gar kein (Jahreshöchstleitung bereits erschöpft, zulässiger Haftungsausschluss) oder ein nicht ausreichender Versicherungsschutz (Schadensfälle oberhalb der Versicherungssumme) besteht, aus Sicht der Alt-Gläubiger eine bedeutende Rolle[1194]. Insbesondere durch Begleichung von laufenden Verbindlichkeiten aus dem Geschäftsbetrieb wird die Masse fortwährend verringert[1195]. Kompensationslosen Eingriffen der Gesellschafter, die die Insolvenz auslösen oder vertiefen, wird hingegen mit der „faktischen Entnahmesperre" einer drohenden Existenzvernichtungshaftung begegnet[1196]. Der Gefahr einer (vollständigen) kompensationslosen Entnahme des Gesellschaftsvermögens seitens der Gesellschafter wird so haftungsrechtlich begegnet[1197].

Weiter ist zu klären, ob auch Neu-Gläubiger vor der Begründung einer Mandatsbeziehung mit einer insolvenzreifen PartG mbB[1198] zu schützen sind. Dies ist für

1190 *Linardatos*, VersR 2013, 1488, 1494; *Römermann/Praß*, NZG 2012, 601, 608; *Hirte*, in: Uhlenbruck, InsO, § 15a Rn. 1.
1191 Vgl. nur *Ganter/Lohmann*, in: MüKo InsO, § 1 Rn. 52.
1192 *Klose*, GmbHR 2013, 1191, 1195.
1193 Dazu oben Kapitel E. I.2.c und d.
1194 *Klose*, GmbHR 2013, 1191, 1192; *Linardatos*, VersR 2013, 1488, 1494; im Ergebnis *Lieder*, NotBZ 2014, 81, 87.
1195 *Klose*, GmbHR 2013, 1191, 1192.
1196 Dazu oben Kapitel H. I.2.b.
1197 Dies verkennt *Klose*, GmbHR 2013, 1191, 1192 f., der die Gefahr sieht, dass die vollständige Entnahme des Gesellschaftsvermögens möglich ist.
1198 Eingehend zum Zeitpunkt der Insolvenzreife bei der PartG mbB *Klose*, GmbHR 2013, 1191, 1193 f.

solche Fälle unproblematisch, in denen die Jahreshöchstleistung der Versicherung noch nicht erreicht ist. In einem solchen Fall steht die (Mindest-) Versicherungssumme dem Mandaten für einen etwaigen Schaden aus einem Berufsfehler als eigenständiger Versicherungsfall zur Verfügung. Kritisch wird es erst dann, wenn die Jahreshöchstleistung erreicht ist oder ein Schaden entsteht, der über der Mindestversicherungssumme liegt[1199]. Zudem stellt die Mandatsbegründung mit einer insolvenzreifen PartG mbB an sich noch kein Risiko dar. Der Rückzahlungsanspruch hinsichtlich eines ggf. vorab gezahlten Honorars unterliegt nicht der Haftungsbeschränkung nach § 8 Abs. 4 PartGG[1200]. Auch bedeutet nicht jede Mandatsbegründung zwangsläufig, dass ein Berufsfehler begangen wird. Demnach müssen Neu-Gläubiger nur vor solchen Vertragsabschlüssen bewahrt werden, bei denen kein ausreichender Versicherungsschutz besteht und es dann tatsächlich zu einem Schaden wegen fehlerhafter Berufsausübung kommt. In einem solchen, wenn auch praktisch seltenen Fall, stellt es sich aus Sicht eines Neu-Gläubigers als besonders kritisch dar, eine Mandatsbeziehung mit einer insolvenzreifen Gesellschaft begründet zu haben, da er zur Befriedigung seines Anspruchs auf die Verteilung der Insolvenzmasse angewiesen ist. Für diese Gläubigergruppe, auch wenn sie in der Praxis die Ausnahme bilden wird, besteht das Bedürfnis, derartige Vertragsbeziehungen erst gar nicht entstehen zu lassen[1201].

Schließlich ist zu klären, ob bei der PartG mbB auch das oben beschriebene Problem eines sog. Windhundrennens eintreten könnte. Bei der PartG mbB bestehen diesbezüglich die gleichen Gefahren wie bei allen übrigen Gesellschaften mit beschränktem Haftungsfonds. Besonders gut informierte Gläubiger werden versuchen, die bis zur Eröffnung des Insolvenzverfahrens mögliche Einzelzwangsvollstreckung[1202] zu Gunsten der Befriedigung ihrer Ansprüche auszunutzen[1203], insbesondere in Bezug auf den Freistellungsanspruch gegen die Versicherungsgesellschaft als Teil des Gesellschaftsvermögens. Die nach § 8 Abs. 4 S. 2 PartGG anwendbare Vorschrift des § 109 VVG[1204], die ein solches Vorgehen in Bezug auf den Freistellungsanspruch ihrem Grundgedanken nach verhindern könnte, gilt nicht. Diese Norm betrifft nur Konstellationen, in denen durch einen Versicherungsfall

1199 So auch *Piller*, S. 384.
1200 Dazu oben Kapitel D. II.2.b.i.
1201 Ähnlich *Piller*, S. 384.
1202 Nach § 89 InsO gilt das Verbot, während der Dauer des Insolvenzverfahrens Einzelzwangsvollstreckungsmaßnahmen vorzunehmen, vgl. nur *Leithaus*, in: Andres/Leithaus, InsO, § 89 Rn. 1 ff.
1203 *Römermann/Praß*, NZG 2012, 601, 608; *Werner*, StBW 2013, 715, 718.
1204 Nach der Vorschrift soll nicht das Prioritätsprinzip wie in der Einzelvollstreckung gelten und damit eine gleichmäßige Befriedigung mehrerer Geschädigter bei zur Erfüllung aller Ansprüche nicht ausreichenden Deckungssumme erreicht werden, vgl. nur *Lücke*, in: Prölss/Martin, VVG, § 109 Rn. 2 ff.

mehrere Personen geschädigt werden[1205], nicht aber, wenn mehrere Versicherungsfälle entstanden sind, für deren Deckung die Jahreshöchstleistung nicht ausreicht. In letzterem Fall gilt auch weiterhin das Prinzip der Einzelvollstreckung[1206]. Dieser Gefahrenlage kann allerdings auch nicht die Eröffnung des Insolvenzverfahrens Abhilfe schaffen. Das Verbot der Einzelzwangsvollstreckung gilt nur im Hinblick auf das übrige Vermögen der PartG mbB. Mit Eröffnung des Insolvenzverfahrens über das Vermögen der PartG mbB als Versicherungsnehmerin steht dem Gläubiger allerdings nach § 8 Abs. 4 S. 2 PartGG i.V.m. § 115 Abs. 1 Nr. 1 VVG ein Direktanspruch gegen die Versicherung zu. Mit einem Direktanspruch bei Eröffnung des Insolvenzfahrens über das Vermögen des Versicherungsnehmers soll verhindert werden, dass der Freistellungsanspruch Teil der Insolvenzmasse wird und dem Geschädigten nur noch im Rahmen der Insolvenzquote zugute kommt[1207]. Diese dem Gläubigerschutz dienende Vorschrift sorgt in der Insolvenz der Gesellschaft somit für einen Wettlauf der Gläubiger um den schnellstmöglichen Zugriff auf den Versicherungsschutz, wenn dieser nicht zur Befriedigung aller Gläubiger ausreicht. Aufgrund dieses klaren Defizits im Versicherungsschutz bei der PartG mbB ist es schon geboten, im Gegenzug zumindest im Hinblick auf das übrige Gesellschaftsvermögen ein „Windhundrennen" frühestmöglich zu unterbinden und so schlecht informierten Gläubigern zumindest die Möglichkeit zu geben, Befriedigung aus dem noch vorhandenen Gesellschaftsvermögen zu erlangen.

Diese Schutzzwecküberlegungen können dahingehend ergänzt werden, welche tragende Erwägung hinter einer Insolvenzantragspflicht bei den in § 15a Abs. 1 InsO genannten Gesellschaften steht. Ganz überwiegend wird die Insolvenzantragspflicht bei Kapitalgesellschaften damit erklärt, dass eine Gesellschaft mit beschränktem Haftungsfonds die Rechtfertigung für die Haftungsprivilegierung dann verloren habe, wenn sie ihr Vermögen vollständig verwirtschaftet hat und ihre Verbindlichkeiten nicht mehr erfüllen kann. Die Konsequenz daraus sei, dass den Leitungsorganen die Pflicht auferlegt wird, durch rechtzeitige Insolvenzantragsstellung die Gesellschaft aus dem Geschäftsverkehr zu ziehen[1208]. Weitere Verluste gingen fortan ausschließlich zu Lasten der Gläubiger; die Leitungsorgane würden auf deren

1205 Entgegen des offenen Wortlauts von § 109 S. 1 VVG besteht Einigkeit, dass es für die Anwendung der Norm – ebenso wie nach der Vorgängervorschrift des § 156 Abs. 3 VVG a.F. – auf denselben Versicherungsfall ankommt, vgl. *R. Koch*, in: Bruck/Möller, VVG, § 109 Rn. 2; *Schulze Schwienhorst*, in: Looschelders/Pohlmann, VVG, § 109 Rn. 2; *Schimikowski*, in: Rüffer/Halbach/Schimikowski, VVG, § 109 Rn. 1.

1206 *Langheid*, in: Römer/Langheid, VVG, § 109 Rn. 1.

1207 BGH WM 2014, 2057; *Schneider*, in: Beckmann/Matuschke-Beckmann, § 24 Rn. 157.

1208 BGHZ 126, 181, 196 f. = NJW 1994, 2220, 2223; *Goette*, in: FS Kreft (2004), S. 53, 54 f.; *Casper*, in: GroßKomm GmbHG, § 64 Rn. 8; *Mayer*, Insolvenzantragspflicht und Scheinauslandsgesellschaften, S. 29 f.; *H.F. Müller*, in: MüKo GmbHG, § 64 Rn. 57; *Klöhn*, in: MüKo InsO, § 15a Rn. 29; **aA** – § 15a InsO als Konsequenz der Fremdorganschaft – *Poertzgen*, Organhaftung, S. 181 f.; *Poertzgen*, ZInsO 2014, 165, 168.

Kosten weiterwirtschaften[1209]. Gerade im Zusammenhang mit der Insolvenzreife der Gesellschaft besteht der Anreiz, den optimalen Liquidations- bzw. Reorganisationszeitpunkt – in der Hoffnung auf eine zwischenzeitliche Besserung der Situation – hinauszuzögern und unter Inkaufnahme höherer Risiken, die die Anteilseigner wegen der Haftungsbeschränkung nicht mehr treffen, auf Kosten der Gläubiger zu spekulieren[1210]. Dem wirkt die Insolvenzantragspflicht präventiv entgegen und will auch eine solche Spekulation zu Lasten der Gläubiger vermeiden.

Diese Erwägungen lassen sich zumindest in weiten Teilen auf die PartG mbB übertragen. Gläubigern steht hinsichtlich Schadensersatzansprüchen aus fehlerhafter Berufshaftung ebenfalls nur ein beschränkter Haftungsfonds zur Verfügung. Als Rechtfertigung für eine Haftungsbeschränkung dient dabei ein entsprechender Versicherungsschutz und nicht ein gesetzlich gebundenes Haftkapital. Gleichwohl ist die Insolvenzreife der Gesellschaft wegen eines Haftungsfalls Ausdruck eines nicht ausreichenden bzw. aufgebrauchten Versicherungsschutzes, da Letzterer sich unmittelbar in der Vermögensbilanz der Gesellschaft niederschlägt. Die Legitimität einer haftungsbeschränkten freiberuflichen Tätigkeit entfällt entsprechend dem Vorgesagtem spätestens dann, wenn der Versicherungsschutz vollständig aufgebraucht und die Gesellschaft durch einen Haftungsfall insolvent ist. Hierzu ließe sich einwenden, dass die finanziellen Schwierigkeiten der Gesellschaft aus einem Versicherungsfall nicht bedeuten müssen, dass der Versicherungsschutz aufgezehrt, also die Rechtfertigung der Haftungsbeschränkung entfallen ist. Dieser Umstand kann jedoch im Rahmen der Beurteilung, ob ein Eröffnungsgrund besteht, hinreichend berücksichtigt werden. Es obliegt dann den Gesellschaftern festzustellen, inwieweit noch ausreichender Versicherungsschutz für eine weitere freiberufliche Tätigkeit zur Verfügung steht oder ob fortan drohende Haftungsfälle ausschließlich auf Kosten der Gläubiger gehen. Zu einem gegenteiligen Ergebnis führt auch nicht zwingend der Umstand, dass die Gesellschafter für „sonstige Verbindlichkeiten“ weiterhin persönlich haften und deshalb eine Insolvenzantragspflicht entbehrlich sein könnte[1211]. Eine Entbindung von der Pflicht zur Antragsstellung ausschließlich aufgrund der weiterhin teilweise verbleibenden persönlichen Haftung verkennt, dass es sich bei der freiberuflichen Tätigkeit um den „Geschäftsbereich“ handelt, der die maßgebliche Geschäftstätigkeit bildet und aus dem die wesentlichen Einnahmen erzielt werden. Gleichzeitig stellt die freiberufliche Betätigung und die damit einhergehende Gefahr einer Haftung wegen eines Berufsfehlers das maßgebliche Risiko des Zusammenbruchs der Gesellschaft und eines Gläubigerausfalls dar[1212]. Dies verdeutlicht auch die besondere Risikostruktur einer freiberuflichen Betätigung, bei der

---

1209 *H.F. Müller*, in: MüKo GmbHG, § 64 Rn. 57; ähnlich: *Huber*, in: Lutter, Europäische Auslandsgesellschaften, S. 358

1210 *Goette*, in: FS Kreft (2004), S. 53, 55; *Casper*, in: GroßKomm GmbHG, § 64 Rn. 9; *Haas*, Gutachten 66. DJT (2006), E23 f.; *Huber*, in: Lutter, Europäische Auslandsgesellschaften, S. 358; *Klöhn*, in: MüKo InsO, § 15a Rn. 29, 35.

1211 So die Argumentation des Gesetzgebers, BT-Drucks. 17/10487, S. 14.

1212 *Linardatos*, VersR 2013, 1488, 1494.

regelmäßig das mit der Tätigkeit verbundene Schadensrisiko das erhaltene Honorar bei Weitem übersteigt[1213]. Da mit der freiberuflichen Leistungserbringung die Einnahmen der Gesellschaft erzielt werden, besteht auch für diesen Bereich, bei dem gerade die persönliche Haftung ausgeschlossen ist, das oben beschriebene Anreizproblem, in der Hoffnung auf eine Sanierung der Gesellschaft eine Spekulation zu Lasten der Gläubiger zu betreiben. Beispielsweise könnten die Partner versuchen, die Gesellschaft durch Mehreinnahmen zu retten, indem sie die Zahl der Mandate deutlich erhöhen, wobei eine aufgrund der höheren Arbeitsbelastung abnehmende oder nur noch begrenzt mögliche Bearbeitungsqualität mit der erhöhten Gefahr von Berufsfehlern billigend in Kauf genommen wird. Fortan wären es dann die Gläubiger, die das Risiko eines Fehlschlags zu tragen hätten.

Im Ergebnis stützen eine Vielzahl von Argumenten die Befürwortung einer vergleichbaren Interessenlage im Hinblick auf eine Insolvenzantragspflicht bei der PartG mbB[1214]. Da es allerdings an einer planwidrigen Regelungslücke fehlt, besteht nach geltendem Recht keine Insolvenzantragspflicht gemäß § 15a Abs. 1 InsO für die PartG mbB und eine Insolvenzverschleppungshaftung scheidet somit aus. Aufgrund der zuvor angestellten Erwägungen sprechen indes gewichtige Gründe dafür, *de lege ferenda* die Insolvenzantragspflicht auf die PartG mbB zu erweitern[1215].

1213 Dazu bereits oben Kapitel B. III.2.b.

1214 Eine vergleichbare Interessenlage bejahend: *Hennen*, S. 154 f.

1215 Dazu unten Kapitel J. III.2.d.

I. Innenhaftung bei der PartG mbB

I. Problemlage

Von der bislang diskutierten Außenhaftung ist die Frage nach den Haftungsbeziehungen im Innenverhältnis des Verbandes zu trennen (Innenhaftung). Hinsichtlich der Innenbeziehungen der PartG mbB gelten die allgemeinen Grundsätze des Personengesellschaftsrechts[1216]. Hierbei unterscheidet man zwischen dem Verhältnis der Gesellschafter untereinander (sog. *Individualsphäre*) und dem Verhältnis zwischen Gesellschaft und Gesellschaftern (sog. *Sozialsphäre*)[1217]. Im Bereich der Sozialsphäre kann die Gesellschaft Ansprüche gegen einzelne Gesellschafter haben (sog. *Sozialansprüche*), umgekehrt aber auch die Gesellschafter gegen die Gesellschaft (sog. *Sozialverpflichtungen*)[1218].

In Fällen, in denen der von der PartG mbB zu unterhaltende Versicherungsschutz nicht für die Kompensation der aus einem Haftungsfall resultierenden Schäden ausreicht oder (nicht mehr) zur Verfügung steht, erlangen Ansprüche der Gesellschaft gegen die Gesellschafter aus Sicht der Gläubiger zwecks Erfüllung ihrer Schadensersatzansprüche an Bedeutung. Sozialansprüche sind Teil des Gesellschaftsvermögens[1219] und gehören damit zu dem den Gläubigern zugänglichen Haftungsfonds. Gläubiger können aus Sozialansprüchen zwar unmittelbar keine Rechte herleiten[1220]. Sie können jedoch auf dem Vollstreckungswege auf diese zugreifen und sie sich nach §§ 829, 835 ZPO zur Einziehung überweisen lassen. Auf diese Weise besteht für die Gläubiger eines Haftungsanspruchs also die Möglichkeit, die ihnen zugängliche Haftungsmasse um das Privatvermögen der Gesellschafter zu erweitern[1221]. Für die Gesellschafter besteht damit das Risiko, im Wege der Innenhaftung – § 8 Abs. 4 PartGG betrifft nur das Außenverhältnis – mittelbar für Schadensersatzansprüche wegen fehlerhafter Berufsausübung haftbar gemacht zu werden.

1216 *Lieder*, NotBZ 2014, 81, 83.

1217 Vgl. nur *Schöne*, in: BeckOK BGB, § 705 Rn. 97; *C. Schäfer*, in: MüKo BGB, § 705 Rn. 186.

1218 Vgl. nur *Schöne*, in: BeckOK BGB, § 705 Rn. 113, 124; *Sprau*, in: Palandt, BGB, § 705 Rn. 29 f.

1219 *Schöne*, in: BeckOK BGB, § 705 Rn. 113; *H. P. Westermann*, in: Erman, BGB, § 705 Rn. 53 f.; *C. Schäfer*, in: MüKo BGB, § 705 Rn. 201.

1220 Beispielhaft zu § 735 BGB: *Hanke*, in: NK-BGB, § 735 Rn. 2; *Sprau*, in: Palandt, BGB, § 735 Rn. 1.

1221 *Römermann/Praß*, NZG 2012, 601, 604.

II. Nachschussansprüche der Gesellschaft

Eine Innenhaftung der Gesellschafter kann unter dem Gesichtspunkt bedeutsam sein, dass bei Eintritt eines Haftungsfalls die Schadenssumme die Versicherungssumme übersteigt bzw. die Versicherung von der Leistung befreit ist und das Gesellschaftsvermögen ein Negativsaldo aufweist[1222]. Träfe die Gesellschafter in einem solchen Fall eine Verpflichtung zur Leistung anteiliger (Liquidations-) Fehlbeträge in das Gesellschaftsvermögen, so könnten Gläubiger – eine erfolgreiche Titulierung ihres Schadensersatzanspruches vorausgesetzt – im Wege der Zwangsvollstreckung gegen die PartG mbB vorgehen und sich einen Nachschussanspruch der Gesellschaft pfänden und zur Einziehung überweisen lassen (§§ 829, 835 ZPO).

Eine Nachschusspflicht trifft die Gesellschafter für die Dauer der Gesellschaft jedoch nicht (§ 1 Abs. 4 PartGG i.V.m. § 707 BGB). § 707 BGB bewahrt die Gesellschafter allgemein vor einer unfreiwilligen Vermehrung ihrer Beitragspflichten[1223]. Die Regelung dient dem Individualschutz der Gesellschafter vor unwägbaren Mehrbelastungen für die Dauer des Geschäftsbetriebs[1224]. Abweichendes gilt nur bei einer ausdrücklichen[1225] Regelung im Gesellschaftsvertrag oder bei einem nachträglichen, grundsätzlich einstimmig[1226] zu fassenden Gesellschafterbeschluss[1227].

§ 707 BGB schließt eine Pflicht der Gesellschafter zur Verlustdeckung allerdings nur aus, während die Gesellschaft besteht. Hiervon unberührt bleibt eine Nachschusspflicht im Zuge der Liquidation der Gesellschaft (§ 1 Abs. 4 PartGG i.V.m. § 735 BGB)[1228]. Ergibt die Schlussabrechnung im Rahmen des Liquidationsverfahrens, dass das Gesellschaftsvermögen einen Negativsaldo aufweist, sind die Gesellschafter entsprechend dem Verteilungsschlüssel für Gewinn und Verlust (§§ 734, 722 BGB) zu Nachschüssen in das Gesellschaftsvermögen verpflichtet[1229]. Bei § 735 BGB

1222 *Wertenbruch*, NZG 2013, 1006.

1223 *C. Schäfer*, in: MüKo BGB, § 707 Rn. 1 m.w.N.

1224 Vgl. nur *C. Schäfer*, in: MüKo BGB, § 707 Rn. 1; *Habermeier*, in: Staudinger, BGB, § 707 Rn. 1 jew. m. w. N.

1225 Zu den Anforderungen an eine gesellschaftsvertragliche Regelung: *Habermeier*, in: Staudinger, BGB, § 707 Rn. 3 m.w.N.

1226 Eingehend zu den Anforderungen an einen Gesellschafterbeschluss und der Zulässigkeit eines Mehrheitsbeschlusses in Ausnahmefällen: *Heidel*, in: NK-BGB, § 707 Rn. 6 ff.

1227 Vgl. nur *Sprau*, in: Palandt, BGB, § 707 Rn. 1, 2; *Hadding/Kießling*, in: Soergel, BGB, § 707 Rn. 3.

1228 Vgl. nur *C. Schäfer*, in: MüKo BGB, § 707 Rn. 6; *Sprau*, in: Palandt, BGB, § 707 Rn. 1; für die PartG mbB: *Henssler*, AnwBl 2014, 96, 101; *Wertenbruch*, NZG 2013, 1006; *Wertenbruch*, in: Westermann/Wertenbruch, HdB Personengesellschaften, Bd. 1, Rz. 1009.

1229 *Gummert*, in: MüHdB GesR, Bd. 1, § 21 Rn. 116.

handelt es sich um einen Sozialanspruch im oben beschrieben Sinne[1230], der damit auch dem vollstreckungsrechtlichen Zugriff durch die Gläubiger offensteht[1231].

Nach dem Gesetz besteht damit grundsätzlich ein Nachschussanspruch der Gesellschaft. § 735 BGB hat jedoch dispositiven Charakter[1232]. Haben die Gesellschafter § 735 BGB ausdrücklich im Gesellschaftsvertrag abbedungen, scheidet eine Nachschusspflicht aus. Allerdings auch für den Fall, dass keine ausdrückliche Regelung getroffen wurde, wird richtigerweise von der ganz herrschenden Meinung in der Literatur[1233] angenommen, dass § 735 BGB keine Anwendung findet und die Gesellschafter, soweit der Fehlbetrag aus einem Schadensersatzanspruch wegen fehlerhafter Berufsausübung herrührt, keine Nachschusspflicht trifft. Hierfür spricht zunächst, dass § 735 BGB den Zweck verfolgt, eine vollständige Gläubigerbefriedigung aus dem Gesellschaftsvermögen zu erreichen. Dies liegt im Interesse der einzelnen Gesellschafter, da so weitgehend verhindert werden kann, dass diese wegen der akzessorischen Mithaftung über ihren Verlustanteil hinaus die Gläubiger befriedigen und sich anschließend dem Aufwand und Ausfallrisiko beim Rückgriff gegen die Mitgesellschafter ausgesetzt sehen[1234]. Diese Intention von § 735 BGB entspricht allerdings nicht der Interessenlage der Gesellschafter einer PartG mbB, da diese für berufliches Fehlverhalten gerade keine unmittelbare Außenhaftung trifft[1235]. Der konkrete Typus der PartG mbB als Personengesellschaft mit (partieller) Haftungsbeschränkung ist nicht mit dem generalisierenden und typisierenden Regelungsgehalt von § 735 BGB, zugeschnitten auf Personengesellschaften mit unbeschränkter Gesellschafterhaftung, vereinbar. Die Anwendung von § 735 BGB bei der PartG mbB würde vielmehr die beabsichtigte Befreiung der Gesellschafter für berufshaftungsbezogene Verbindlichkeiten nach § 8 Abs. 4 PartGG durch die dann

1230 Vgl. nur *Heidel*, in: NK-BGB, § 705 Rn. 185; *Hadding/Kießling*, in: Soergel, BGB, § 705 Rn. 47.

1231 Vgl. nur *Sprau*, in: Palandt, BGB, § 735 Rn. 1; *H. P. Westermann*, in: Erman, BGB, § 735 Rn. 1; für die PartG mbB: *Henssler*, AnwBl 2014, 96, 101; *Wertenbruch*, NZG 2013, 1006; *Wertenbruch*, in: Westermann/Wertenbruch, HdB Personengesellschaften, Bd. 1, Rz. 1009.

1232 BGH NZG 2012, 398, 399; *Sprau*, in: Palandt, BGB, § 735 Rn. 1; für die PartG mbB: *Henssler*, AnwBl 2014, 96, 101; *Wertenbruch*, NZG 2013, 1001, 1007; *Wertenbruch*, in: Westermann/Wertenbruch, HdB Personengesellschaften, Bd. 1, Rz. 1009a.

1233 *Ludwig*, in: BeckRA-HdB, § 60 Rn. 97; *Fischer*, S. 169 f.; *Henssler*, AnwBl 2014, 96, 101; *Kienzler*, S. 155; *Kienzler*, JR 2016, 221, 224; *Lieder*, NotBZ 2014, 81, 84; *Salger*, in: MüHdB GesR, Bd. 1, § 45a Rn. 15; *Römermann/Jähne*, BB 2015, 579, 582; *Wertenbruch*, NZG 2013, 1006 f.; *Wertenbruch*, in: Westermann/Wertenbruch, HdB Personengesellschaften, Bd. 1, Rz. 1009a f.; zweifelnd: *Posegga*, in: Peres/Senft, SozietätsR, § 19 Rn. 30; *Schüppen*, WPg 2013, 1193, 1202.

1234 *Hadding/Kießling*, in: Soergel, BGB, § 733 Rn. 1; *Habermeier*, in: Staudinger, BGB, § 735 Rn. 1; *Wertenbruch*, NZG 2013, 1006 f; *Wertenbruch*, in: Westermann/Wertenbruch, HdB Personengesellschafte, Bd. 1, Rz. 400.

1235 *Wertenbruch*, NZG 2013, 1006, 1007; *Wertenbruch*, in: Westermann/Wertenbruch, HdB Personengesellschafte, Bd. 1, Rz. 1009b.

drohende Innenhaftung im Rahmen des Liquidationsverfahrens konterkarieren[1236]. Der Ausschluss von § 735 BGB abseits einer ausdrücklichen Regelung entspricht dabei dem Regelungsanliegen der Partner, das schon mit der Rechtsformwahl einer PartG mbB artikuliert wird. Hierdurch bringen die Partner hinreichend ihren Willen zum Ausdruck, dass sie eine persönliche Inanspruchnahme im Bereich der Berufshaftung vollständig ausschließen möchten. Ein so verstandener Wille der Gesellschafter muss notwendig auch den Ausschluss von § 735 BGB erfassen, da andernfalls über den „Umweg" eines Binnenregresses die persönliche Inanspruchnahme droht[1237].

Dieses Ergebnis wird indes auf unterschiedlichem Wege hergeleitet. Ganz überwiegend wird von einer im Wege der Auslegung des Gesellschaftsvertrages (§§ 133, 157 BGB) ermittelten, konkludenten Abrede der Gesellschafter über den Ausschluss von § 735 BGB gesprochen[1238]. Eine so begründete Herleitung ist abzulehnen. Bedenken hiergegen betreffen nicht die Möglichkeit einer konkludenten Abrede an sich, sondern die Wirksamkeit einer solchen gesellschaftsvertraglichen Regelung bei der PartG mbB. Nach § 3 Abs. 1 PartGG bedarf der Gesellschaftsvertrag der PartG mbB der Schriftform (§ 126 BGB). Eine gesetzliche Formvorschrift umfasst dabei das gesamte Rechtsgeschäft, also sämtliche gesellschaftsvertraglichen Regelungen[1239]. Ungeachtet des unklaren Normzwecks von § 3 Abs. 1 PartGG[1240] besteht weitgehend Einigkeit, dass ein Verstoß gegen die Vorschrift die Nichtigkeitsfolge des § 125 S. 1 BGB auslöst[1241]. Einer wirksamen konkludenten Abgabe einer Willenserklärung steht damit der (gesetzliche) Formzwang entgegen[1242] und diese ist nach § 125 S. 1 BGB *ex tunc* nichtig. Damit weist der Gesellschaftsvertrag, angenommen, es wurde eine konkludente Abrede getroffen, einen Wirksamkeitsmangel auf, der allerdings nur einen Teil des Vertragsverhältnisses betrifft. Gemäß der Auslegungsregel des § 139 BGB wäre bei einer solchen Teilnichtigkeit im Zweifel der gesamte Gesellschaftsvertrag nichtig. Da eine solche Rechtsfolge bei gesellschaftsvertraglichen Regelungen dem gemeinsamen Interesse am Bestand der Gesellschaft regelmäßig

1236 *Wertenbruch*, NZG 2013, 1006, 1007.

1237 *Henssler*, AnwBl 2014, 96, 101; *Wertenbruch*, NZG 2013, 1006, 1007; *Wertenbruch*, in: Westermann/Wertenbruch, HdB Personengesellschafte, Bd. 1, Rz. 1009b.

1238 *Fischer*, S. 169 f.; *Henssler*, AnwBl 2014, 96, 101; *Lieder*, NotBZ 2014, 81, 84; *Römermann/Jähne*, BB 2015, 579, 582; *Wertenbruch*, NZG 2013, 1006, 1007; *Wertenbruch*, in: Westermann/Wertenbruch, HdB Personengesellschaften, Bd. 1, Rz. 1009b.

1239 Vgl. nur *Ellenberger*, in: Palandt, BGB, § 125 Rn. 9; *Hertel*, in: Staudinger, BGB, § 125 Rn. 58 f.

1240 Eingehend *Römermann*, in: Michalski/Römermann, PartGG, § 3 Rn. 5 ff.

1241 *Brüggemann*, in: Feuerich/Weyland, BRAO, § 3 PartGG Rn. 2; *Hirtz*, in: Henssler/Strohn, GesR, § 3 PartGG Rn. 5; *Meilicke*, in: M/GvW/H/L/W, PartGG, § 3 Rn. 10; *Römermann*, in: Michalski/Römermann, PartGG, § 3 Rn. 20; *C. Schäfer*, in: MüKo BGB, § 3 PartGG Rn. 7 ff.; **aA** *K. Schmidt*, NJW 1995, 1, 3.

1242 *Ellenberger*, in: Palandt, BGB, Einf v § 116 Rn. 6; *Armbrüster*, in: MüKo, BGB, Vor § 116 Rn. 7.

nicht gerecht wird, ist anerkannt, dass es grundsätzlich[1243] bei der Teilnichtigkeit der einzelnen Abrede bleibt und der Gesellschaftsvertrag im Übrigen hiervon nicht betroffen ist[1244]. Eine bloß konkludente Abrede über den Ausschluss scheitert damit an dem Formerfordernis nach § 3 Abs. 1 PartGG und ist gemäß § 125 S. 1 BGB von Anfang an nichtig. Über die Nichtigkeit kann auch nicht die für Verbände anerkannte, sog. Lehre von der fehlerhaften Gesellschaft hinweghelfen. Voraussetzung hierfür ist, dass der „verbandskonstituierende Akt als solcher", also der Gesellschaftsvertrag insgesamt, unwirksam ist; nur dann kann von einer fehlerhaften Gesellschaft gesprochen werden[1245]. Die Nichtigkeit einzelner Vertragsbestandteile reicht hierfür nicht aus[1246].

Daher ist es vorzugswürdig, einen Ausschluss von § 735 BGB bei fehlender bzw. unwirksamer konkludenter Regelung im Wege der ergänzenden Vertragsauslegung zu begründen[1247]. Selbst wenn man eine konkludent getroffene Abrede annehmen würde, so steht dies einer ergänzenden Vertragsauslegung nicht im Wege. Eine solche kommt insbesondere auch dann in Betracht, wenn sich der Vertragsschluss durch einen Rechtsmangel (Teilnichtigkeit) als unvollständig erwiesen hat[1248]. Die Formbedürftigkeit des Gesellschaftsvertrags schließt eine ergänzende Vertragsauslegung ebenfalls nicht aus, sofern das Rechtsgeschäft im Übrigen formgültig ist[1249]. Ferner ist es unstreitig, dass eine solche Vertragsergänzung auf Grundlage des hypothetischen Parteiwillens der Vertragsergänzung anhand von dispositiven Vorschriften wie § 735 BGB vorgeht[1250]. Das wird damit begründet, dass das Gesetz

1243 Zu möglichen Ausnahmen *Ulmer/Schäfer*, in: MüKo BGB, § 705 Rn. 53 m.w.N.

1244 BGHZ 49, 364, 365 f. = NJW 1968, 1378 f; BGH WM 1976, 1027, 1029; *Arnold*, in: Erman, BGB, § 139 Rn. 7; *Mansel*, in: Jauernig, BGB, § 139 Rn. 15; *Ulmer/Schäfer*, in: MüKo BGB, § 705 Rn. 53; *K. Schmidt*, in: MüKo HGB, § 105 Rn. 156; *Ulmer*, NJW 1979, 81, 85.

1245 *K. Schmidt*, GesR, § 6 I. 1. b), S. 137.

1246 *H. P. Westermann*, in: Erman, BGB, § 705 Rn. 73 f.; *Ulmer/Schäfer*, in: MüKo BGB, § 705 Rn. 330; *K. Schmidt*, GesR, § 6 I. 1. b), S. 137 f.; *Habermeier*, in: Staudinger, BGB, § 705 Rn. 65.

1247 So allgemein im Fall der Teilnichtigkeit einer Vertragsklausel: *Ulmer/Schäfer*, in: MüKo BGB, § 705 Rn. 330; *K. Schmidt*, GesR, § 6 I. 1. b), S. 137; *Habermeier*, in: Staudinger, BGB, § 705 Rn. 65; für die PartG mbB so auch im Ergebnis: *Kienzler*, S. 155; *Kienzler*, JR 2016, 221, 224.

1248 *Ulmer/Schäfer*, in: MüKo BGB, § 705 Rn. 174; allgemein: BGHZ 90, 69, 74 = NJW 1984, 1177, 1178; *Wendtland*, in: BeckOK BGB, § 157 Rn. 36; *Armbrüster*, in: Erman, BGB, § 157 Rn. 18; *Busche*, in: MüKo BGB, § 157 Rn. 41; *Roth*, in: Staudinger, BGB, § 157 Rn. 18.

1249 OLG Karlsruhe, JZ 1982, 860, 861; *Busche*, in: MüKo BGB, § 157 Rn. 30; *Roth*, in: Staudinger, BGB, § 157 Rn. 12.

1250 BGH NJW 1979, 1705, 1706; BGH NJW 1982, 2816, 2817; BGH NJW 1985, 192, 193; BGH NJW 1993, 3193, 3194; *H. P. Westermann*, in: Erman, BGB, § 705 Rn. 36; *Grunewald*, ZGR 1995, 68, 70 f.; *Servatius*, in: Henssler/Strohn, GesR, § 705 BGB

vielfach veraltet sei oder von Wertungen ausgehe, die für die jeweilige konkrete Gesellschaftsstruktur nicht sachgerecht erscheinen[1251].

Im Ergebnis ist bei der PartG mbB damit ein Ausschluss von § 735 BGB anzunehmen, sei es aufgrund einer ausdrücklichen gesellschaftsvertraglichen Regelung oder (vorzugswürdig) im Wege ergänzender Vertragsauslegung. Aufgrund des systematischen Gleichlaufs von § 735 BGB und der Fehlbetragshaftung eines ausgeschiedenen Gesellschafters (§ 1 Abs. 4 PartGG i.V.m. § 739 BGB)[1252], gilt dieses Ergebnis für die (dispositive) Vorschrift des § 739 BGB in gleichem Maße[1253].

III. Regress gegen den einen Haftungsfall verursachenden Gesellschafter

Ein Partner, dem schuldhaft ein Berufsfehler unterläuft und der dadurch eine Schadensersatzverpflichtung der Gesellschaft auslöst, kann im Innenverhältnis der Gesellschaft gegenüber zum Schadensersatz verpflichtet sein. Einen solchen Regressanspruch könnten Gesellschaftsgläubiger gleichfalls pfänden und sich zur Einziehung überweisen lassen. Damit besteht für die Partner die Gefahr, dass sie letztlich mittelbar wieder persönlich für den wegen fehlerhafter Berufsausübung entstandenen Schaden einzustehen hätten. Eine uneingeschränkte Geltung der Regressmöglichkeit der Gesellschaft gegen den den Schaden verursachenden Partner liefe darauf hinaus, dass die intendierte Haftungsbeschränkung für Berufsfehler weitgehend entwertet und letztlich im Wege der Innenhaftung wieder das Haftungsmodell der Handelndenhaftung nach § 8 Abs. 2 PartGG gelten würde[1254].

Die Ausübung der freiberuflichen Tätigkeit in der PartG mbB stellt neben ihrer Beitragsqualität (§ 1 Abs. 4 PartGG i.V.m. § 705 BGB) zugleich eine Maßnahme der Geschäftsführung dar[1255]. Die Geschäftsführung ist im Interesse der Gesellschaft in strikter Bindung an den Gesellschaftszweck unter Berücksichtigung der auch in diesen Bereich hineinwirkenden, allgemeinen Treuepflicht auszuüben[1256]. Die Verursachung eines berufsbedingten Haftungsfalls im Außenverhältnis stellt eine Verletzung der Pflicht zur ordnungsgemäßen Geschäftsführung im Innenverhältnis dar. Gegenüber der Gesellschaft trifft die Partner die Verpflichtung, ihre

---

Rn. 29; *Ulmer/Schäfer*, in: MüKo BGB, § 705 Rn. 174; *Habermeier*, in: Staudinger, BGB, § 705 Rn. 13.

1251 *Grunewald*, ZGR 1995, 68, 70 f.

1252 Vgl. nur *Sprau*, in: Palandt, BGB, § 739 Rn. 1; *Hadding/Kießling*, in; Soergel, BGB, § 739 Rn. 1.

1253 Im Ergebnis auch *Henssler*, AnwBl 2014, 96, 101.

1254 *Schüppen*, WPg 2013, 1193, 1201.

1255 BT-Drucks. 16/6152, S. 18; *Brüggemann*, in: Feuerich/Weyland, BRAO, § 6 PartGG Rn. 4; *Meilicke*, in: M/GvW/H/L/W, PartGG, § 6 Rn. 38; *C. Schäfer*, in: MüKo BGB, § 6 PartGG Rn. 13; *Tröger/Pfaffinger*, JZ 2013, 812, 821.

1256 Vgl. nur *C. Schäfer*, in: GroßKomm HGB, § 114 Rn. 37, 45: *Weitemeyer*, in: Oetker, HGB, § 114 Rn. 26

Berufsausübung in der Weise vorzunehmen, dass die Gesellschaft nicht mit einem Schadensersatzanspruch belastet wird[1257]. Für die Verletzung der Geschäftsführungspflicht haften die Gesellschafter nach allgemeinen Grundsätzen (§ 280 Abs. 1 BGB)[1258]. Das Gesellschaftsverhältnis bildet die Grundlage der Haftung[1259]. Ersetzt wird der Schaden, der durch die Pflichtverletzung verursacht wurde. Dabei richtet sich der Umfang des Schadens nach den §§ 249 ff. BGB[1260]. Erlangt die Gesellschaft durch das pflichtwidrige Verhalten jedoch Vorteile, sind diese nach allgemeinen Grundsätzen auszugleichen[1261].

Ausgehend von der für die Bestimmung des Schadens maßgeblichen Differenzhypothese stellt bereits die Belastung des Vermögens der PartG mbB mit einem Schadensersatzanspruch einen ersatzfähigen Schaden dar[1262]. Auch die Belastung der Gesellschaft mit künftig aufgrund des Haftungsfalls erhöhten Versicherungsprämien[1263] oder ein Regressanspruch der Versicherungsgesellschaft gegen die PartG mbB im Fall eines vereinbarten Selbstbehalts[1264] können als Schaden eingestuft werden. Im Wege der Vorteilsausgleichung[1265] ist von dem zu ersetzenden Schaden jedoch eine Zahlung des Versicherers zwecks Erfüllung der Verpflichtung aus dem Versicherungsvertrag an den Mandanten abzugsfähig[1266].

Die Haftung des den Haftungsfall verursachenden Partners setzt ferner ein Verschulden voraus (vgl. § 280 Abs. 1 BGB). Der Haftungsmaßstab richtet sich grundsätzlich nach § 1 Abs. 4 PartGG i.V.m. §§ 708, 277 BGB. In diesem Zusammenhang wird kontrovers diskutiert, ob die Gesellschafter einen konkludenten Ausschluss von § 708 BGB getroffen haben (dazu 1.). Darüber hinaus wird unterschiedlich beurteilt, ob und wenn ja, inwieweit ein konkludenter Haftungsausschluss für den Fall einer fehlenden ausdrücklichen Regelung im Gesellschaftsvertrag zugunsten des haftbaren Gesellschafters anzunehmen ist (dazu 2.).

1257 *Wertenbruch*, NZG 2013, 1001, 1007; ähnlich: *Römermann*, in: Michalski/Römermann, PartGG, § 8 Rn. 113; *Römermann/Jähne*, BB 2015, 579, 582; *Römermann/Praß*, NZG 2012, 601, 604.

1258 Vgl. nur *Roth*, in: Baumbach/Hopt, HGB, § 114 Rn. 15; *C. Schäfer*, in: GroßKomm HGB, § 114 Rn. 50.

1259 *Rawert*, in: MüKo HGB, § 114 Rn. 56.

1260 Vgl. nur *Drescher*, in: E/B/J/S, HGB, § 114 Rn. 40; *Rawert*, in: MüKo HGB, § 114 Rn. 65.

1261 BGH NJW-RR 1988, 995, 996; *Finckh*, in: Henssler/Strohn, GesR, § 114 HGB Rn. 35; *Rawert*, in: MüKo HGB, § 114 Rn. 65.

1262 *Oetker*, in: MüKo BGB, § 249 Rn. 29 m.w.N.

1263 *Meyer*, S. 117; *von Klitzing/Seiffert*, ZIP 2015, 2401, 2405 (für die RA-GmbH).

1264 *Meyer*, S. 116.

1265 Eingehend *Oetker*, in: MüKo BGB, § 249 Rn. 228 ff.

1266 *Seibert*, DB 2013, 1710, 1713; *Meyer*, S. 109 ff. m.w.N.; im Ergebnis: *Lieder*, NotBZ 2014, 81, 83; *von Klitzing/Seiffert*, ZIP 2015, 2401, 2405 (für die RA-GmbH).

1. Geltung des Haftungsmaßstabs nach § 708 BGB

§ 708 BGB bestimmt, dass ein Gesellschafter bei Verletzung einer gesellschaftsbezogenen Pflicht im Innenverhältnis einem milderen Haftungsmaßstab unterliegt[1267]. Danach hat ein solcher bei der Erfüllung der ihm aus dem Gesellschaftsverhältnis obliegenden Verpflichtungen nur für diejenige Sorgfalt einzustehen, welche er in eigenen Angelegenheiten anzuwenden pflegt (*diligentia quam in suis rebus*). Soweit nicht grobe Fahrlässigkeit vorliegt (vgl. § 277 BGB), gilt nicht wie sonst ein objektiver Fahrlässigkeitsmaßstab, sondern ein subjektiver, die individuelle Veranlagung und das übliche Verhalten des Handelnden berücksichtigender Maßstab[1268].

Teilweise wird vertreten, bei der PartG mbB sei die Haftungserleichterung des § 708 BGB, sofern keine ausdrückliche Regelung im Gesellschaftsvertrag getroffen wurde[1269], jedenfalls durch eine konkludente Abrede[1270] ausgeschlossen[1271]. Dies wird namentlich für eine Ärzte-PartG mbB damit begründet, dort bestünde – aufbauend auf der Rechtsprechung des BGH und Teilen der Literatur[1272] – wegen der bei Verletzung der objektiven Sorgfalt regelmäßig einhergehender Körperverletzungen zu Lasten der Patienten eine vergleichbare Interessenlage mit der Teilnahme am Straßenverkehr, bei der angesichts der Gefährdung anderer Verkehrsteilnehmer kein Raum für „individuelle Sorglosigkeit" bliebe[1273]. Ferner sei nur durch eine Übereinstimmung des nach außen geschuldeten und durch berufsrechtliche Vorgaben sowie einschlägige Rechtsprechung gesteigerten objektiven Sorgfaltsmaßstabs, sowie den Sorgfaltsanforderungen nach innen der Gesellschaftszweck zu erreichen. Andernfalls seien fortlaufend Haftungsfälle zu erwarten[1274].

1267 Vgl. nur *C. Schäfer*, in: MüKo BGB, § 708 Rn. 1; *Sprau*, in: Palandt, BGB, § 708 Rn. 2.

1268 *Grüneberg*, in: Palandt, BGB, § 277 Rn. 3; *Caspers*, in: Staudinger, BGB, § 277 Rn. 1.

1269 § 708 ist dispositiver Natur. Insbesondere ist eine Haftungsverschärfung durch Abbedingung der Vorschrift möglich, vgl. nur *Heidel*, in: NK-BGB, § 708 Rn. 17; *Sprau*, in: Palandt, BGB, § 708 Rn. 1.

1270 Die oben vorgebrachten grundsätzlichen Einwände gegen die Möglichkeit einer wirksamen konkludenten Abrede bei der PartG mbB gelten selbstverständlich auch hier.

1271 *Graf v. Westphalen*, in: M/GvW/H/L/W, PartGG, § 8 Rn. 150; *Wertenbruch*, NZG 2013, 1001, 1007 f; *Wertenbruch*, in: Westermann/Wertenbruch, HdB Personengesellschaften, Bd. 1, Rz. 1011a; im Ergebnis: *Schüppen*, WPg 2013, 1193, 1201.

1272 BGHZ 46, 313, 317 f. = NJW 1967, 558, 559; *Habermeier*, in: Staudinger, BGB, § 708 Rn. 16 m.w.N. (auch zu den Gegenstimmen): teleolgische Reduktion von § 708 BGB.

1273 *Wertenbruch*, in: Westermann/Wertenbruch, HdB Personengesellschaften, Bd. 1, Rz. 1011a.

1274 *Wertenbruch*, NZG 2013, 1001, 1007 f; *Wertenbruch*, in: Westermann/Wertenbruch, HdB Personengesellschaften, Bd. 1, Rz. 1011a.

Die ganz überwiegende Meinung belässt es, vorbehaltlich einer ausdrücklichen Vereinbarung im Gesellschaftsvertrag, richtigerweise bei der regelgerechten Anwendung von § 1 Abs. 4 PartGG i.V.m. § 708 BGB[1275]. Hierfür sprechen folgende Erwägungen:

Gegen das Vorbringen der Vertreter der Mindermeinung im Zusammenhang mit einer Ärzte-PartG mbB spricht, dass die Behandlung eines einzelnen Patienten schon quantitativ deutlich hinter dem mit der Teilnahme am Straßenverkehr verbundenen Gefahrenpotential einer Vielzahl von Verkehrsteilnehmern zurückbleibt. Bei Ersterem geht es um Individualschutz, bei Letzterem ist außerdem ein Allgemeininteresse berührt. Überdies soll mit der Nichtanwendbarkeit von § 708 BGB auch eine unterschiedliche Behandlung von Verkehrsopfern außerhalb der Anwendung von § 254 BGB vermieden werden (Mitglieder einer Fahrgemeinschafts-GbR einerseits, übrige Geschädigte andererseits)[1276]. Eine solche Sachlage stellt sich bei einem Berufsfehler eines Gesellschafters einer Ärzte-PartG mbB gar nicht; von der schädigenden Handlung ist unmittelbar nur der Patient betroffen (in Form der Körperverletzung). Ein gleichgelagertes Bedürfnis nach einer Egalisierung des Haftungsmaßstabs im Innen- und Außenverhältnis ist hieraus nicht ableitbar.

Gegen die Annahme eines konkludenten Ausschlusses sprechen des Weiteren systematische Erwägungen. Der objektive Fahrlässigkeitsmaßstab betrifft das Außenverhältnis, während § 708 BGB im Innenverhältnis der Gesellschaft gilt. Dabei handelt es sich jedoch um gegensätzliche Rechtsbeziehungen[1277]. Das Innenverhältnis bestimmt die Beziehungen der Gesellschafter untereinander, das Außenverhältnis die Beziehungen des Verbandes zu Dritten[1278]. Aus den gesteigerten Sorgfaltsanforderungen im Außenverhältnis Rückschlüsse auf den Sorgfaltsmaßstab im Innenverhältnis zu ziehen, würde eine unzulässige Vermengung dieser unterschiedlichen Rechtssphären bedeuten[1279]. Auch liegen den beiden Haftungsmaßstäben im Innen- und Außenverhältnis gänzlich verschiedene Wertungen zugrunde: der objektive Sorgfaltsmaßstab trägt dem berechtigten Vertrauens- sowie Verkehrsschutz Rechnung und enthält außerdem ein Garantieelement, nämlich, dass der Schuldner einer bestimmten Leistung für eine erwartete Qualität einzustehen habe[1280]. Demgegenüber folgt § 708 BGB dem Gedanken, dass wegen des engen persönlichen Vertrauensverhältnisses der Gesellschafter einer Personengesellschaft

---

1275 *Fischer*, S. 174; *Henssler*, AnwBl 2014, 96, 102; *Kienzler*, JR 2016, 221, 223; *von Klitzing/Seiffert*, ZIP 2015, 2401, 2407; *Lieder*, NotBZ 2014, 81, 84; *Römermann*, in: Michalski/Römermann, PartGG, § 8 Rn. 114; *Römermann/Jähne*, NZG 2012, 601, 604; *Seibert*, DB 2013, 1710, 1713; *Tröger/Pfaffinger*, JZ 2013, 812, 821.

1276 *H. P. Westermann*, in: Erman, BGB, § 708 Rn. 6 m.w.N.

1277 *K. Schmidt*, GesR, § 7 I. 3. a), S. 171.

1278 *K. Schmidt*, GesR, § 7 I. 3. a), S. 171.

1279 *Lieder*, NotBZ 2014, 81, 84; allgemein: *C. Schäfer*, in: MüKo BGB, § 708 Rn. 2; für die Fallgruppe der Teilnahme am Straßenverkehr: *Müller-Graf*, AcP 191 (1991), 475, 490.

1280 *Vollkommer/Greger/Heinemann*, Anwaltshaftungsrecht, § 17 Rn. 3.

anzunehmen sei, dass diese sich so nehmen, wie sie sind[1281]. Wenn die Gesellschafter sich gegenseitig so akzeptieren wie sie sind, dann kann davon ausgegangen werden, dass dies auch für das Pflichtprogramm gegenüber der Gesellschaft gelten soll[1282].

Zudem spricht auch noch folgende Überlegung gegen einen konkludenten Ausschluss von § 708 BGB: nicht nur bei einer Freiberufler-Gesellschaft ist die Einhaltung des objektiv gesteigerten Sorgfaltsmaßstabs grundlegend für das Erreichen des Gesellschaftszwecks. Vielmehr gilt dies grundsätzlich für alle Gesellschaften, deren Gesellschafter erhöhten Anforderungen im Außenverhältnis unterworfen sind. Die Vorschrift des § 347 HGB verdeutlicht allerdings, dass erhöhte objektive Sorgfaltsanforderungen keine Auswirkungen auf das Innenverhältnis haben und ein Gleichlauf keinesfalls zwingend ist. Schließen sich Kaufleute in einer Gesellschaft zusammen, so gilt für sie im Außenverhältnis weiterhin die gesteigerte „Sorgfalt eines ordentlichen Kaufmanns" (§ 347 Abs. 1 HGB), während im Innenverhältnis dieser Maßstab von § 708 BGB verdrängt wird (§ 347 Abs. 2 HGB)[1283].

2. Haftungsausschluss zugunsten der Gesellschafter

Aufgrund der auch im Gesellschaftsrecht geltenden Vertragsautonomie ist es grundsätzlich möglich, die Haftung für Schädigungen durch eine Regelung im Gesellschaftsvertrag im Voraus, also noch vor Eintritt des Schadensfalls, auszuschließen oder einzuschränken. Eine absolute Grenze setzt hier § 276 Abs. 3 BGB, wonach ein Ausschluss der Haftung wegen Vorsatzes nicht möglich ist[1284]. Enthält der Gesellschaftsvertrag eine ausdrückliche Regelung, so ist die Haftung der Gesellschafter im Innenverhältnis im Umfang der getroffenen Vereinbarung ausgeschlossen.

Fraglich ist, wie sich die Haftungssituation darstellt, wenn keine ausdrückliche gesellschaftsvertragliche Regelung getroffen wurde. In diesem Kontext wird diskutiert, ob ein konkludenter Haftungsverzicht in Frage kommt. Wie oben dargestellt, scheitert eine konkludente Abrede an dem Formerfordernis des Gesellschaftsvertrags nach § 3 Abs. 1 PartGG. Daher kommt die Annahme eines Haftungsausschlusses bei fehlender ausdrücklicher Regelung nur im Wege der ergänzenden Vertragsauslegung in Betracht. Die Möglichkeit einer solchen ist in diesem Zusammenhang anerkannt[1285]. Gleichfalls wie für die Annahme eines konkludenten Haftungsverzichts sind im Einzelfall konkrete Anhaltspunkte für einen

1281 *C. Schäfer*, in: MüKo BGB, § 708 Rn. 1; *Schöne*, in: BeckOK BGB, § 708 Rn. 2 jew. m. w. N.

1282 *Grunewald*, GesR, § 1 Rn. 127.

1283 Vgl. zu den erhöhten Sorgfaltsanforderungen und dem Verhältnis zu § 708 BGB: *Hopt*, in: Baumbach/Hopt, HGB, § 347 Rn. 1 ff.; *Joost*, in: E/B/J/S, HGB, § 347 Rn. 12 ff., 35 f.

1284 Vgl. nur *Pfeiffer*, in: Soergel, BGB, § 276 Rn. 217 f.; *Caspers*, in: Staudinger, BGB, § 276 Rn. 114 ff.

1285 BGH NJW 1979, 414; BGH NJW 1980, 1681,1682; BGH NJW 2003, 578, 579; *Stadler*, in: Jauernig, BGB, § 276 Rn. 55; *Grüneberg*, in: Palandt, BGB, § 276 Rn. 37.

dahingehenden (hypothetischen) Willen der Parteien erforderlich. Daher ist die im Zusammenhang mit einem konkludenten Haftungsausschluss geführte Diskussion im Kern übertragbar. Dafür spricht auch, dass in der Praxis vielfach nicht streng zwischen beiden Lösungswegen unterschieden wird[1286].

Teilweise wird ein konkludenter Haftungsausschluss vollständig abgelehnt[1287]. Dies wird damit begründet, dass allein aus dem Umstand der Wahl einer PartG mbB noch nicht abgeleitet werden könne, dass man im Innenverhältnis keinen Regress gegen den schuldhaft handelnden Partner nehmen möchte[1288]. Ein konkludenter Ausschluss ginge auch zu weit, da er einem Verzicht jeglicher Binnenhaftung gleichkomme und ein solcher das Recht der Gesellschafter beseitige, interne Ansprüche zum Wohle der Gesellschaft zu verfolgen[1289].

Nach überwiegender Ansicht in der Literatur ist zumindest ein Haftungsausschluss für einfache Fahrlässigkeit anzunehmen[1290]. Es wird angeführt, mit der Entscheidung für die Rechtsform der PartG mbB würden die Gesellschafter hinreichend zum Ausdruck bringen, dass sie für Berufsausübungsfehler nicht haften wollen. Ein solches Anliegen wäre aber weitgehend verfehlt, wenn ein pflichtwidrig handelnder Partner sich im Innenverhältnis uneingeschränkt mit seinem gesamten Privatvermögen Regressansprüchen ausgesetzt sieht[1291]. Teilweise wird noch weitergehend ein konkludenter Haftungsausschluss für grobe Fahrlässigkeit angenommen, denn nur so könne dem Bedürfnis nach einer umfassenden Haftungsbeschränkung hinreichend Rechnung getragen werden[1292].

Im Ergebnis sprechen die besseren Gründe für die Ansicht, die bei fehlender ausdrücklicher Regelung im Gesellschaftsvertrag zumindest den Ausschluss einfacher Fahrlässigkeit annimmt, richtigerweise aus oben genannten Gründen im Wege ergänzender Vertragsauslegung. Gegen die erstgenannte Ansicht spricht bereits, dass eine solche dem mit der Rechtsformwahl deutlich artikulierten Bedürfnis der Gesellschafter nach einer Haftungsbeschränkung nicht gerecht wird. Über den Umweg eines Innenregresses würde letztlich wie oben beschrieben das Modell der herkömmlichen Partnerschaft mit der Haftungskonzentration nach § 8 Abs. 2 PartGG erreicht, was von den Gesellschaftern so nicht gewollt gewesen ist. Die

1286 Beispielhaft BGH NJW 1993, 3067, 3068; OLG Hamm NJW-RR 2007, 1517, 1518.

1287 *Von Klitzing/Seiffert*, ZIP 2015, 2401, 2407; *Graf v. Westphalen*, in: M/GvW/H/L/W, PartGG, § 8 Rn. 151; *Schüppen*, WPg 2013, 1193, 1201; zweifelnd: *Posegga*, in: Peres/Senft, SozietätsR, § 19 Rn. 30.

1288 *Graf v. Westphalen*, in: M/GvW/H/L/W, PartGG, § 8 Rn. 151; ähnlich: *Schüppen*, WPg 2013, 1193, 1201.

1289 *Von Klitzing/Seiffert*, ZIP 2015, 2401, 2407.

1290 *Ludwig*, in: BeckRA-HdB, § 60 Rn. 97; *Fischer*, S. 175; *Henssler*, AnwBl 2014, 96, 103; *Lieder*, NotBZ 2014, 81, 84; *Wertenbruch*, NZG 2013, 1001, 1008; *Wertenbruch*, in: Westermann/Wertenbruch, HdB Personengesellschaften, Bd. 1, Rz. 1012a.

1291 *Henssler*, AnwBl 2014, 96, 103; *Wertenbruch*, NZG 2013, 1001, 1008.

1292 *Kienzler*, JR 2016, 221, 223; *Korch*, NZG 2015, 1425; *Römermann/Jähne*, BB 2015, 579, 583.

Annahme eines Ausschlusses auch bei grober Fahrlässigkeit ist allerdings zu weitgehend und steht schon im Widerspruch zur einhelligen Meinung in Rechtsprechung und Literatur, dass ein konkludenter Haftungsausschluss für grobe Fahrlässigkeit nicht möglich sei[1293]. Der Vorwurf der groben Fahrlässigkeit bringt eine besonders große Schwere des Versagens eines Partners bei der Berufsausübung zum Ausdruck. Es ist nicht auszuschließen, dass die Mitgesellschafter sich in einem solchen Fall die Möglichkeit eines Innenregresses offen lassen wollen. Um nicht die Grenze hin zu einer unzulässigen Willensfiktion zu überschreiten, reicht allein die Rechtsformwahl einer PartG mbB als Anhaltspunkt nicht aus, um die Annahme eines Haftungsausschlusses bei grober Fahrlässigkeit bei fehlender ausdrücklicher Regelung anzunehmen.

3. Einfluss der persönlichen Berufshaftpflichtverletzung des berufsfehlerhaft handelnden Partners

Aufgrund der zuvor dargestellten Erwägungen ist im Grundsatz § 708 BGB anwendbar und ein Haftungsausschluss für einfache Fahrlässigkeit im Wege ergänzender Vertragsauslegung anzunehmen. Fraglich ist, ob in diesem Zusammenhang ein etwaiger Versicherungsschutz des berufsfehlerhaft handelnden Partners im Hinblick auf die Haftung im Innenverhältnis gegenüber der Gesellschaft zu einem anderen Ergebnis führen kann. Dies soll am Beispiel einer PartG mbB von Rechtsanwälten untersucht werden.

Die Partnerstellung in einer PartG mbB lässt die persönliche Versicherungspflicht des einzelnen Berufsträgers nach § 51 BRAO unberührt[1294]. Der Versicherungsschutz einer solchen Berufshaftpflichtversicherung umfasst grundsätzlich Rückgriffsansprüche einer Rechtsanwalts-GmbH bzw. -AG gemäß §§ 43 GmbHG, 93 AktG gegen denjenigen Gesellschafter, der als Geschäftsführer bzw. Vorstand die Geschäfte der Gesellschaft leitet, bei der Mandatsbearbeitung berufsfehlerhaft handelt und dadurch die Gesellschaft schädigt[1295]. Gleiches muss für den Regressanspruch einer PartG mbB gegen den berufsfehlerhaft handelnden Gesellschafter gelten, da die Mandatsbearbeitung wie oben dargelegt als Maßnahme der Geschäftsführung zu qualifizieren ist.

Dem schließt sich die Frage an, ob ein solcher im Hinblick auf den Regressanspruch der Gesellschaft grundsätzlich bestehender Versicherungsschutz zugunsten des jeweiligen Partners bei der hier in Rede stehenden Konstellation einer Haftungsbeschränkung Berücksichtigung findet. Im Zusammenhang mit einer im Wege ergänzender Vertragsauslegung hergeleiteten Haftungsbeschränkung zugunsten des

---

1293 OLG Frankfurt a.M., NJW 1998, 1232, 1233; OLG Köln, Urt. v. 19.9.2001–26 U 24/01, BeckRS 2008, 17386; OLG Hamm, NJW-RR 2006, 104; OLG Stuttgart, NJOZ 2008, 2798, 2804; *Grundmann*, in: MüKo BGB, § 276 Rn. 88; *Grüneberg*, in: Palandt, BGB, § 276 Rn. 37; *Caspers*, in: Staudinger, BGB, § 276 Rn. 118.

1294 Dazu oben Kapitel E. I.1.a.

1295 *Diller*, AVB-RSW, § 1 Rn. 64; *Diller*, in: Henssler/Prütting, BRAO, § 51 Rn. 97.

Schädigers im Rahmen von reinen Gefälligkeitsverhältnissen[1296] nimmt der BGH in ständiger Rechtsprechung an, dass ein Haftungsausschluss dann ausscheide, wenn der Schädiger Haftpflichtversicherungsschutz genieße[1297]. Maßgeblich für dieses Ergebnis ist die überzeugende Überlegung, ein Haftungsverzicht entspreche regelmäßig nicht dem Willen der Beteiligten, da ein solcher nicht den Schädiger, sondern den Haftpflichtversicherer entlaste[1298]. Trotz aller Unterschiede in der haftungsrechtlichen Ausgangslage zwischen einem Haftungsverzicht bei der Haftung im Rahmen von Gefälligkeitsverhältnissen und der hier in Rede stehenden Haftungskonstellation, ist beiden Fällen gemeinsam, inwieweit bei einer Haftungsbegrenzung (kraft ergänzender Vertragsauslegung) eine Haftpflichtdeckung von Bedeutung ist. Der Begründungsansatz des BGH gilt hier umso mehr, da sich Gesellschafter und Gesellschaft nicht im „klassischen" Sinne als Schädiger und Geschädigte gegenüberstehen, sondern der Schädiger zugleich Anteilseigner der Geschädigten ist. Die Entlastungswirkung eines Haftungsverzichts (bzw. der regelgerechten Anwendung von § 708 BGB) bedeutet also nicht nur eine Entlastung des Versicherers, sondern zugleich eine Belastung der Gesellschaft, der der Schädiger als Gesellschafter angehört.

Daher ist bei der Annahme einer Haftungsbeschränkung im Wege einer ergänzenden Vertragsauslegung bei der PartG mbB der Versicherungsschutz des berufsfehlerhaft handelnden Partners für den Rückgriffsanspruch zu berücksichtigen. Soweit die Versicherung im konkreten Fall Deckung gewährt, bleibt es bei der Haftung des Partners im Innenverhältnis. Soweit allerdings im konkreten Fall kein Deckungsschutz besteht, etwa weil der Rückgriffsanspruch die Höhe der Versicherungssumme übersteigt und den Partner also das Risiko einer persönlichen Einstandspflicht trifft, ist eine Haftungsbeschränkung wieder anzunehmen. Entsprechendes muss für die Anwendbarkeit von § 708 BGB gelten[1299], der im Wege ergänzender Vertragsauslegung ausgeschlossen ist, soweit im konkreten Fall hinsichtlich des Innenregressanspruchs Versicherungsschutz aus der persönlichen Berufshaftpflichtversicherung besteht.

Im Ergebnis ist zu konstatieren, dass bei fehlender gesellschaftsvertraglicher Regelung im Wege ergänzender Vertragsauslegung eine Haftungsbeschränkung für einfache Fahrlässigkeit bzw. eine regelgerechte Anwendung von § 1 Abs. 4 PartGG i.V.m. § 708 BGB zu bejahen ist, allerdings nur in dem Umfang, wie tatsächlich kein Versicherungsschutz aufgrund der persönlichen Berufshaftpflichtversicherung des berufsfehlerhaft handelnden Partners besteht.

1296 Dazu eingehend etwa *Mansel*, in: Jauernig, BGB, § 241 Rn. 23 ff.

1297 Vgl. nur BGH r+s 2016, 424, 425; BGH NJW 2009, 1482, 1483; BGH NJW 1993, 3067, 3068; BGH NJW 1992, 2474, 2475.

1298 BGH r+s 2016, 424, 425; BGH NJW 2009, 1482, 1483; BGH NJW 1993, 3067, 3068.

1299 Auch die regelgerechte Anwendung von § 708 BGB und die damit verbundene Haftungsprivilegierung würde letzlich nur den Haftpflichtversicherer des berufsfehlerhaft handelnden Partners entlasten.

IV. Ausgleich im Innenverhältnis bei deliktischer Haftung eines Partners

1. Regress gegenüber der Gesellschaft

Für den Fall, dass die fehlerhafte Berufsausübung eines Partners im Außenverhältnis zugleich eine deliktische Haftung nach § 823 Abs. 1 BGB auslöst[1300], stellt sich die Frage, wie sich der interne Schadensausgleich zwischen dem schadensverursachenden Partner und der Gesellschaft darstellt. Praktisch relevant wird ein solcher Innenausgleich überhaupt nur bei Gesellschaften, bei denen die fehlerhafte Berufsausübung regelmäßig die Verletzung eines von § 823 Abs. 1 BGB geschützten, absoluten Rechtsguts zur Folge hat, also insbesondere bei Angehörigen von Heilberufen[1301]. Dies ist mittlerweile nicht nur ein theoretisches Problem, denn die PartG mbB steht nunmehr – jedenfalls in Bayern – Angehörigen dieses Berufsstandes weitestgehend zur Verfügung[1302].

Der Ausgleich im Innenverhältnis richtet sich in erster Linie nach den jeweiligen Vereinbarungen im Gesellschaftsvertrag[1303]. Für die herkömmliche Partnerschaft hat der Gesetzgeber bewusst auf eigenständige Regelungen verzichtet[1304]. Hinweise, dass der Gesetzgeber von diesem Konzept bei der PartG mbB abrücken wollte, bestehen nicht. Haben die Gesellschafter also von der ihnen eröffneten Gestaltungsfreiheit im Gesellschaftsvertrag Gebrauch gemacht, geht diese Vereinbarung den gesetzlichen Vorschriften vor.

Fehlt es an einer Vereinbarung, richtet sich der Innenausgleich hingegen nach den gesetzlichen Vorschriften. In der eingangs beschriebenen Konstellation besteht für die PartG mbB die Besonderheit, dass die Gesellschafter nicht akzessorisch für Ansprüche wegen fehlerhafter Berufsausübung haften und sich die Möglichkeit der persönlichen Inanspruchnahme eines Partners nur aus einer deliktischen Haftung ergibt. Zwischen der Verbindlichkeit der Gesellschaft (aus Vertrag und Delikt i.V.m. § 31 BGB analog) und derjenigen des den Haftungsfall auslösenden Gesellschafters aus § 823 Abs. 1 BGB besteht eine echte Gesamtschuld i.S.v. § 421 BGB[1305]. Eine

---

1300 Die Haftungsbeschränkung nach § 8 Abs. 4 PartGG erfasst auch deliktische Ansprüche, sodass eine Haftung der übrigen Partner ausgeschlossen ist. Unberührt bleibt die Eigenhaftung des den Haftungsfall auslösenden Partners. Eingehend zum Ganzen oben Kapitel D. II.1 und D. II.2.b.ii.

1301 *Henssler*, AnwBl 2014, 96, 103.

1302 Nachweise bei *Korch*, GmbHR 2016, 150, 151.

1303 *Henssler*, PartGG, § 8 Rn. 86; *Graf v. Westphalen*, in: M/GvW/H/L/W, PartGG, § 8 Rn. 20; *Römermann*, in: Michalski/Römermann, PartGG, § 8 Rn. 60; *C. Schäfer*, in: MüKo BGB, § 8 PartGG Rn. 12.

1304 BT-Drucks. 16/6152, S. 17 f.; *Henssler*, PartGG, § 8 Rn. 86.

1305 *Fischer*, S. 176; *Henssler*, AnwBl 2014, 96, 103; *Römermann*, in: Michalski/Römermann, PartGG, § 8 Rn. 109; *Schumacher*, GmbHR 2016, 732, 736; *Wertenbruch*, NZG 2013, 1001, 1008; *Wertenbruch*, in: Westermann/Wertenbruch, HdB Personengesellschaften, Bd. 1, Rz. 1013.

solche besteht für die Gesellschafts- und die Gesellschafterschuld bei den übrigen Personengesellschaften (mit unbeschränkter Haftung) nicht. Bei diesen fehlt es wegen der Akzessorietät der Gesellschafterhaftung an der – für das Vorliegen einer Gesamtschuld erforderlichen[1306] – Gleichstufigkeit der Verpflichtungen[1307].

Im Innenverhältnis zwischen Gesellschaft und dem schadensverursachenden Gesellschafter richten sich dementsprechend die Regressansprüche grundsätzlich nach § 426 Abs. 1 und 2 BGB (Gesamtschuldner-Innenausgleich). Daneben kommt seitens der Gesellschaft ein Anspruch aus § 280 Abs. 1 BGB nach oben dargelegten Grundsätzen in Betracht, aus Sicht des Gesellschafters ein Regressanspruch nach § 6 Abs. 3 S. 2 PartGG i.V.m. § 110 HGB.

Im Rahmen dieses Innenausgleichs sind die zuvor zum Regress gegen den schadensverursachenden Partner gefundenen Ergebnisse zu berücksichtigen. Mit der Wahl der Rechtsform eines PartG mbB bringen die Gesellschafter zum Ausdruck, dass sie nicht persönlich für Berufsfehler einstehen wollen und auch den handelnden Partner im Innenverhältnis – zumindest für Fälle der einfachen Fahrlässigkeit im Fall fehlender vertraglicher Regelungen – im Regresswege nicht zur Verantwortung ziehen wollen[1308]. Hierfür ist es ohne Belang, dass neben die Vertragshaftung ausnahmsweise eine Haftung aus Delikt tritt[1309]. Daher richten sich die möglichen Regressansprüche im Ergebnis danach, bis zu welchem Grad von Verschulden der Partner im Innenverhältnis haftbar gemacht werden soll und ob ihm im Einzelfall ein solcher Verschuldensgrad vorzuwerfen ist: Ist der Partner im Innenverhältnis haftbar, kann die Gesellschaft vollen Regress nehmen bzw. stehen dem deliktisch handelnden Gesellschafter – bei Inanspruchnahme durch den Gläubiger – keine Ausgleichsansprüche zu[1310]. Ist der Partner nicht haftbar, hat er einen Ausgleichsanspruch in voller Höhe, die Gesellschaft hingegen keinerlei Innenansprüche gegen ihn. Im Rahmen von § 426 BGB ist dies über das Merkmal „soweit nicht ein anderes bestimmt ist" (vgl. § 426 Abs. 1 BGB) zu berücksichtigen[1311]. Ein Anspruch der Gesellschaft aus § 280 Abs. 1 BGB scheitert an § 708 BGB bzw. einem Haftungsausschluss. Ein denkbarer Ausgleichsanspruch des deliktisch handelnden Partners nach § 110 HGB ist für den Fall der Verantwortlichkeit im Innenverhältnis ausgeschlossen, da Aufwendungen im Sinne der Vorschrift dann nicht „erforderlich" sind[1312].

1306 Eingehend *Bydlinski*, in: MüKo BGB, § 421 Rn. 9 ff.

1307 BGHZ 39, 319, 323 f. = NJW 1963, 1873, 1874 f.; *Roth*, in: Baumbach/Hopt, HGB, § 128 Rn. 19; *Hillmann*, in: E/B/J/S, HGB, § 128 Rn. 21; *Habersack*, in: GroßKomm HGB, § 128 Rn. 20; *K. Schmidt*, in: MüKo HGB, § 128 Rn. 19.

1308 *Henssler*, AnwBl 2014, 96, 103 f.; *Wertenbruch*, NZG 2013, 1001, 1008 f.

1309 *Henssler*, AnwBl 2014, 96, 103 f.; *Wertenbruch*, NZG 2013, 1001, 1008 f.

1310 Im Ergebnis: *Fischer*, S. 176 f.; *Henssler*, AnwBl 2014, 96, 103 f.; *Wertenbruch*, NZG 2013, 1001, 1008 f.; *Wertenbruch*, in: HdB Personengesellschaften, Bd. 1, Rz. 999h.

1311 *Wertenbruch*, NZG 2013, 1001, 1008.

1312 Vgl. zu § 8 Abs. 2 PartGG: *Henssler*, PartGG, § 8 Rn. 88; *Henssler*, in: Henssler/Prütting, BRAO, § 8 PartGG Rn. 47; *Römermann*, in: Michalski/Römermann, PartGG, § 8 Rn. 61; *C. Schäfer*, in: MüKo BGB, § 8 PartGG Rn. 12.

Im Hinblick auf die konkrete Ausgestaltung des Innenregresses bei deliktischer Haftung eines Partners sind die zuvor zur Berücksichtigung des persönlichen Versicherungsschutzes des berufsfehlerhaft handelnden Partners getroffenen Aussagen entsprechend zu übertragen, da die deliktische Außenhaftung des den Berufsfehler verursachenden Partners vom Deckungsschutz seiner persönlichen Berufshaftpflichtversicherung grundsätzlich eingeschlossen ist.

Für den deliktisch haftenden Partner, dem die Möglichkeit des Innenregresses offen steht, hat das Vorliegen eines Gesamtschuldverhältnisses den entscheidenden Vorteil, dass nach § 426 Abs. 2 BGB die Forderung des Gläubigers, einschließlich akzessorischer Sicherheiten (§§ 412, 401 BGB), auf ihn übergeht[1313]. Außerdem hat er die Möglichkeit, einen von dem Gläubiger erwirkten Titel gegen die Gesellschaft auf sich umschreiben zu lassen (§ 727 ZPO) und auf dessen Grundlage in das Gesellschaftsvermögen zu vollstrecken[1314]. Bei Personengesellschaften mit (vollumfänglicher) akzessorischer Haftung der Gesellschafter ist die Frage einer *cessio legis* mit den zuvor beschriebenen Vorteilen zugunsten des Regress nehmenden Gesellschafters umstritten, wird allerdings von der Rechtsprechung[1315] und weiten Teilen der Literatur[1316] unter Hinweis auf eine (zutreffend) nicht bestehende Gesamtschuld im Verhältnis Gesellschafts- und Gesellschafterschuld sowie einer fehlenden planwidrigen Regelungslücke für eine analoge Anwendung von § 774 Abs. 1 BGB abgelehnt. Da in der hier in Rede stehenden Konstellation jedoch unzweifelhaft die Voraussetzungen einer Gesamtschuld vorliegen, bestehen keine Bedenken gegen die konsequente Anwendung von § 426 Abs. 2 BGB. Eine Gesamtschuld zieht die Anwendung von § 426 BGB zwingend nach sich und es wäre widersinnig, aufgrund der freien Wahlmöglichkeit des Gesellschaftsgläubigers hinsichtlich der Inanspruchnahme von Gesellschaft oder deliktisch handelndem Gesellschafter eine Gesamtschuld i.S.v. § 421 BGB anzunehmen, gleichzeitig § 426 BGB ausnahmsweise für nicht anwendbar zu erklären.

2. Regress gegenüber den übrigen Gesellschaftern

Sofern es um einen Innenregress anlässlich der deliktischen Haftung eines Partners wegen eines Berufsfehlers geht, bestehen zwischen den Gesellschaftern keine Regressansprüche. Im Verhältnis der Gesellschafter untereinander liegt im

---

1313 Vgl. nur *Habersack*, in: GroßKomm HGB, § 128 Rn. 43; *K. Schmidt*, in: MüKo HGB, § 128 Rn. 31.

1314 Vgl. nur *Habersack*, in: GroßKomm HGB, § 128 Rn. 43; *K. Schmidt*, in: MüKo HGB, § 128 Rn. 31.

1315 BGHZ 39, 319, 323 f. = NJW 1963, 1873, 1874 f.; BGH NZG 2011, 1023, 1028.

1316 *Hillmann*, in: E/B/J/S, HGB, § 128 Rn. 30; *A. Hueck*, OHG, § 21 II. 7., S. 321; *Haas*, in: R/GvW/H, HGB, § 128 Rn. 10; **aA** – § 774 Abs. 1 analog – *Habersack*, in: GroßKomm HGB, § 128 Rn. 43; *Kindler*, in: Koller/Kindler/Roth/Morck, HGB, § 129 Rn. 9; *Herchen*, in: MüHdB GesR, Bd. 1, § 69 Rn. 6, *K. Schmidt*, in: MüKo HGB, § 128 Rn. 31; *Boesche*, in: Oetker, HGB, § 128 Rn. 36; *K. Schmidt*, in: Schlegelberger, HGB, § 128 Rn. 31; *K. Schmidt*, GesR, § 49 V. 1., S. 1436.

Anwendungsbereich von § 8 Abs. 4 PartGG keine Gesamtschuld vor, sodass ein Ausgleichsanspruch nach § 426 BGB ausscheidet. Zudem haften die übrigen Gesellschafter für mögliche Regressansprüche eines Gesellschafters gegen die Gesellschaft nicht persönlich nach § 8 Abs. 1 S. 1 PartGG; solche Sozialverpflichtungen sind vom Anwendungsbereich der Norm nicht erfasst[1317]. Die nicht bestehende Möglichkeit eines Innenregresses zwischen den Gesellschaftern in diesem Fall ist auch innerlich gerechtfertigt, da ansonsten durch eine solche Haftung der übrigen Gesellschafter die Vorschrift nach § 707 BGB (keine Nachschusspflicht für die Dauer des Bestands der Gesellschaft)[1318] sowie nach § 8 Abs. 4 PartGG (keine persönliche Haftung für Berufsfehler) konterkariert würden. Eine Ausnahme von dem Grundsatz des § 707 BGB, wie bei den übrigen Personengesellschaften anerkannt[1319], ist auch nicht erforderlich, da bei der PartG mbB im Bereich der Berufshaftung die persönliche Haftung der Gesellschafter gerade ausgeschlossen ist und damit die gesetzlichen Vorgaben nicht erfüllt sind.

1317 Vgl. nur zu § 128 HGB: *Roth*, in: Baumbach/Hopt, HGB, § 128 Rn. 22; *Steitz*, in: Henssler/Strohn, GesR, § 128 HGB Rn. 11; *Boesche*, in: Oetker, HGB, § 128 Rn. 20.

1318 Vgl. nur *Roth*, in: Baumbach/Hopt, HGB, § 128 Rn. 22.

1319 Ein Gesellschafter, der eine Gesellschaftsschuld ausgleicht, hat gegen die übrigen Gesellschafter einen (subsidiären) Ausgleichsanspruch gemäß § 426 BGB, vgl. BGHZ 37, 299, 302 f. = NJW 1962, 1863, 1864; *Roth*, in: Baumbach/Hopt, HGB, § 128 Rn. 27; *K. Schmidt*, in: MüKo HGB, § 128 Rn. 34.

J. Gesamtbetrachtung der Haftungsverfassung der PartG mbB

Nachfolgend wird die Haftungsverfassung der PartG mbB, maßgeblich aufbauend auf den oben gewonnenen Erkenntnissen, einer umfassenden Gesamtschau unterzogen, wobei eine Systematisierung unter den Gesichtspunkten der Haftungsrisiken für die Gesellschafter (I.) und den (haftungsrechtlichen) Vorteilen einer PartG mbB für die Gesellschafter (II.), sowie des Gläubigerschutzes (III.) vorgenommen wird.

I. Haftungsrisiken für die Gesellschafter

1. Inhalt und Umfang der Haftungsbeschränkung

Anders als bei Kapitalgesellschaften (vgl. § 13 Abs. 2 GmbHG, § 1 Abs. 1 S. 2 AktG) weist die PartG mbB keine vollständige, sondern eine partielle Haftungsbeschränkung auf. Das Haftungsprivileg nach § 8 Abs. 4 PartGG bezieht sich lediglich auf „Verbindlichkeiten der Partnerschaft aus Schäden wegen fehlerhafter Berufsausübung"; im Übrigen haften die Gesellschafter unbeschränkt persönlich (§ 8 Abs. 1 PartGG). Aufgrund dieser Ausgestaltung der Haftungsbeschränkung besteht für die Gesellschafter weiterhin das Risiko, für Verbindlichkeiten der Gesellschaft außerhalb von § 8 Abs. 4 PartGG persönlich einstehen zu müssen.

Von der Haftungsbeschränkung erfasst sind zunächst nur (Schadensersatz-) Ansprüche wegen fehlerhafter Berufsausübung[1320]. Es muss ein sachlicher Zusammenhang mit der jeweiligen freiberuflichen Tätigkeit bestehen. Aufgrund der Vielzahl der freien Berufe und der damit einhergehenden vielfältigen Tätigkeitsbereiche ist eine allgemeingültige Begriffsbestimmung, losgelöst von der jeweiligen Profession, nicht möglich und Abgrenzungsschwierigkeiten ergeben sich daher zwangsläufig[1321]. Aus Sicht der Gesellschafter führt dies zu der unbefriedigenden Situation, dass die Ausfüllung eines unbestimmten Rechtsbegriffs, für den es an trennscharfen Abgrenzungskriterien mangelt, darüber entscheidet, ob eine Haftungsbeschränkung zu ihren Gunsten besteht oder nicht. In der Mehrzahl der Fälle wird eine Zuordnung ohne Weiteres möglich sein. Damit ist jedoch nicht den Gesellschaftern geholfen, für die eine Abgrenzung im Einzelfall nicht zweifelsfrei möglich ist und die sich daher einer persönlichen Inanspruchnahme ausgesetzt sehen. Für die Gesellschafter kann der von der zu unterhaltenden Versicherung gebotene Deckungsschutz zwar Orientierungspunkt, aber keine Gewähr für den tatsächlichen Umfang der Haftungsbeschränkung sein. Dies liegt darin begründet, dass Haftungsbeschränkung und Versicherungsschutz nicht deckungsgleich sein müssen und die sachliche

1320 Zur näheren Konkretisierung oben Kapitel D. II.2.a.

1321 Auf diese Problematik hinweisend: MdB *Geis*, BT Pl.Prot. 17/246, S. 31648 re.Sp.

Reichweite von § 8 Abs. 4 PartGG richtigerweise losgelöst von der zu unterhaltenden Berufshaftpflichtversicherung zu bestimmen ist[1322].

Die Reichweite von § 8 Abs. 4 PartGG wird des Weiteren durch das Merkmal des „Schadens" eingeschränkt. Nicht zu den erfassten Anspruchsarten[1323] gehören Erfüllungs- sowie Nacherfüllungsansprüche, Gewährleistungsrechte wie Minderung und Rücktritt sowie sämtliche bereicherungsrechtliche Ansprüche (§§ 812 ff. BGB). Dies bedeutet beispielsweise für eine Rechtsanwalts-PartG mbB, dass bei Veruntreuung von Mandantengeldern durch einen Partner, sich auch alle anderen Partner hinsichtlich des Rückzahlungsanspruchs einer persönlichen Inanspruchnahme nach § 8 Abs. 1 PartGG und damit – je nach Höhe des veruntreuten Geldes – erheblichen Haftungsgefahren ausgesetzt sehen[1324].

Die Haftungsbeschränkung nach § 8 Abs. 4 PartGG befreit den berufsfehlerhaft handelnden Partner nicht von einer deliktischen Eigenhaftung[1325]. Dies ist für solche Freiberuflergruppen bedeutungslos, bei denen durch Berufsfehler vorwiegend nur Vermögensschäden entstehen, also insbesondere für rechts- und wirtschaftsberatende Berufe[1326], aber auch für Ingenieure oder Architekten[1327]. Demgegenüber ist der PartG mbB für Freiberufler, bei denen die Berufspflichtverletzung regelmäßig zu einer Verletzung deliktisch geschützter Rechtsgüter i.S.v. § 823 Abs. 1 BGB führt (insbesondere bei Heilberufen), in weiten Teilen ihre Attraktivität genommen[1328]. Hierbei handelt es sich allerdings um kein spezielles Problem der PartG mbB, sondern stellt sich *de lege lata* bei allen Gesellschaften mit Haftungsbeschränkung. Gleichwohl kann auch für diese letztgenannten Berufsgruppen die Wahl einer PartG mbB unter Haftungsgesichtspunkten Vorteile bedeuten. So ergeben sich beispielsweise bei Ärzten Haftungsrisiken gegenüber Dritten, die in den Schutzbereich des Behandlungsvertrages einbezogen und deren Vermögensinteressen durch den Berufsfehler berührt sind, oder der Behandlungsfehler zieht auch einen Vermögensschaden bei Dritten nach sich[1329]. Diese Haftungsrisiken sind von der Haftungsbeschränkung des § 8 Abs. 4 PartGG erfasst, da sie aus einem vertraglichen

---

1322 Dazu oben Kapitel D. II.3.

1323 Dazu oben Kapitel D. II.2.b.

1324 *Henssler*, AnwBl 2014, 96, 104; *Henssler*, in: Henssler/Prütting, BRAO, § 8 PartGG Rn. 62.

1325 Dazu oben Kapitel D. II.2.b.ii.

1326 *Henssler*, AnwBl 2014, 96, 104; *Seibert*, DB 2013, 1710; *Vossius*, GmbHR 2012, R213.

1327 Ein Planungsfehler muss etwa nicht gleich zu einem Einsturz des Gebäudes (verbunden mit Verletzungen des Eigentums und/oder der körperlichen Integrität) führen, sondern Vermögensschäden (bspw. durch Bauverzögerung und Mietausfall) sind ebenso denkbar, vgl. *Vossius* GmbHR 2012, R213.

1328 *DNotV*, Stellungnahme v. 14.3.2012, S. 2; *Vossius*, GmbHR 2012, R213; ähnlich: *Seibert*, DB 2013, 1710; weitergehend: *Henssler*, AnwBl 2014, 96, 104 („faktisches Aus").

1329 Bspw. der Vermögensschaden der Eltern für vermehrten Unterhalts- und Betreuungsaufwand in der Pflege sowie Versorgung des geschädigten Kindes, vgl. *Greiner*, in: Geiß/Greiner, Arzthaftpflichtrecht, A Rn. 92 ff. mit weiteren Beispielen.

Schadensersatzanspruch resultieren. Damit ist eine PartG mbB zwar nicht für alle Berufsgruppen im selben Maße ein geeignetes Mittel zur Haftungsbeschränkung bei Berufsfehlern, wohl aber zur Haftungsbegrenzung.

Zu den Schwachpunkten der Haftungsverfassung der PartG mbB gehört zweifellos die außerhalb des Anwendungsbereichs von § 8 Abs. 4 PartGG weiterhin bestehende persönliche Haftung nach § 8 Abs. 1 PartGG[1330]. Wie gravierend dieser Nachteil tatsächlich ist, wird unterschiedlich eingeschätzt. Der Gesetzgeber stuft das „Restrisiko" der persönlichen Inanspruchnahme als gering ein: es bestehe letztlich nur, wenn die Gesellschafter in der Insolvenz eine Fortsetzung der Gesellschaft beschließen, der Insolvenzverwalter bspw. eine Kündigung von Mietverträgen nicht vornimmt und fortan nur noch mit Verlust gewirtschaftet wird[1331]. Dennoch können bis zu dem Zeitpunkt der tatsächlichen Beendigung der Vertragsverhältnisse erhebliche Rückstände bei den von § 8 Abs. 1 PartGG erfassten, in der Höhe nicht zwingend geringen Verbindlichkeiten aufgelaufen sein[1332]. Im Ergebnis kann die Frage, wie groß das Haftungsrisiko für die Partner im Zusammenhang mit „sonstigen Verbindlichkeiten" i.S.v. § 8 Abs. 1 PartGG tatsächlich ist, pauschal nicht beantwortet werden. Letztlich ist der individuelle Zuschnitt der Gesellschaft entscheidend[1333], insbesondere der Umfang von Arbeitnehmern, Büroausstattung, angemieteter Bürofläche und in Anspruch genommener Bankdarlehen[1334], sowie die Möglichkeit, individualvertraglich Haftungsbegrenzungen durchzusetzen. Anders als bei einer Haftung für berufliche Fehler werden die Risiken, die aus sonstigen Verbindlichkeiten erwachsen, allerdings als weitgehend kalkulierbar eingeschätzt[1335]. Zu einer Risikoverringerung kann auch eine ordnungsgemäße Geschäftsführung beitragen[1336]. Die Bedeutung „sonstiger Verbindlichkeiten" relativiert sich weiter, da in der Praxis vielfach bei Vertragsschlüssen mit einer vollumfänglich beschränkt haftenden Gesellschaft persönliche Sicherheiten zur Absicherung von Forderungen verlangt werden, z.B. von Banken bei der Kreditvergabe[1337]. Es bleibt aber festzuhalten, dass die verbleibende persönliche Haftung Risiken für die Gesellschafter darstellen, vor denen die Rechtsform der PartG mbB nicht zu schützen vermag und die daher ein individuelles Risikomanagement der Partner erfordert.

1330 *Grunewald*, ZIP 2012, 1115, 1117; *Grunewald*, GWR 2013, 393, 394; *Henssler*, AnwBl 2014, 96, 104; *Henssler*, in: Henssler/Prütting, BRAO, § 8 PartGG Rn. 82; *Kreße*, NJ 2013, 45, 49; *Schüppen*, BB 2012, 783, 784.

1331 BT-Drucks. 17/10487, S. 14.

1332 *Bachmann/Schaloske*, PHi 2013, 202, 207; *Henssler*, AnwBl 2014, 96, 104; *Kreße*, NJ 2013, 45, 49; *Schüppen*, BB 2012, 783, 784.

1333 *Schüppen*, WPg 2013, 1193, 1200; *Wertenbruch*, in: Westermann/Wertenbruch, HdB Personengesellschaften, Bd. 1, Rz. 994.

1334 *Schüppen*, WPg 2013, 1193, 1200.

1335 *Kienzler*, S. 93; *Lohbeck*, JSE 2013, 5, 18.

1336 *Kienzler*, S. 93 f.

1337 *Gehling*, ZIP 2012, 1118; *Hirte*, Stellungnahme Rechtssausschuss, S. 16; *Fleischer*, in: MüKo GmbHG, Einleitung Rn. 20; *Salger*, DB 2012, 1794, 1796.

2. Haftungsrisiken im Zusammenhang mit dem zu unterhaltenden Versicherungsschutz

Die Implikation einer Haftungsbeschränkung geknüpft an das Unterhalten eines berufsrechtlich vorgegebenen Versicherungsschutzes birgt aus Sicht der Gesellschafter zahlreiche Risiken, die sich nicht zuletzt aus versicherungsrechtlichen Detailfragen ergeben. Diese Risiken werden nachfolgend skizziert:

Aus Sicht der Gesellschafter bedeutet die tatbestandliche Verknüpfung von Unterhalten der Versicherung und Bestehen der Haftungsbeschränkung, dass bereits die geringste Abweichung von den berufsrechtlichen Vorgaben an den Versicherungsschutz zu einem Verlust der Haftungsbeschränkung führt[1338]. Diese „schneidige" Rechtsfolge wird zugunsten der Gesellschafter nicht durch eine Regelung nach dem Muster des § 59j Abs. 4 BRAO entschärft, nach der bei einer Rechtsanwalts-GmbH ein Versicherungsmangel zu einer persönlichen Ausfallhaftung der Gesellschafter nur in Höhe des fehlenden Versicherungsschutzes führt. Damit schwebt über der Haftungsbeschränkung der PartG mbB das „Damoklesschwert" eines unwirksamen bzw. den berufsrechtlichen Anforderungen nicht vollständig entsprechenden Versicherungsvertrages[1339]. Hinsichtlich der Rechtsfolge eines Versicherungsmangels hat sich der Gesetzgeber für die denkbar schärfste Sanktion entschieden, nämlich die einer unbeschränkten persönlichen Haftung (§ 8 Abs. 1, 2 PartGG)[1340].

Die nähere Untersuchung des Merkmals des „Unterhaltens" der spezifischen Berufshaftpflichtversicherung i.S.v. § 8 Abs. 4 PartGG, definiert als Abschluss der Versicherung und Bestehen von Versicherungsschutz im Moment der schädigenden Handlung, hat gezeigt, dass sich hieraus konkrete Anforderungen an die Bestimmung des Versicherungsfalls ergeben[1341]. Gänzlich unproblematisch ist eine Festlegung des Versicherungsfalls anhand des „Verstoßprinzips", das traditionell in den Bedingungswerken der Haftpflichtversicherungen für Rechtsanwälte, Steuerberater, Wirtschaftsprüfer und Architekten vorgesehen ist. Wird der Versicherungsfall allerdings anhand des „claims-made-Prinzips" oder des Schadensereignisprinzips bestimmt und fehlt es dementsprechend an einem Nachhaftungseffekt für während der Versicherungsdauer begangene Berufsfehler über den Zeitpunkt der Beendigung des Versicherungsvertrages hinaus, so ist den Gesellschaftern bei Eintritt eines Versicherungsfalls nach Beendigung der PartG mbB – obwohl sich der Berufsfehler während der Dauer des Bestehens der Gesellschaft ereignete – eine Berufung auf § 8 Abs. 4 PartGG verwehrt. Dieses enorme Haftungsrisiko bei Versicherungsverträgen, die dem „claims-made-Prinzips" oder Schadensereignisprinzip folgen, lässt sich nur durch eine zusätzliche uneingeschränkte Nachdeckung ausschalten.

1338 Dazu oben Kapitel B. III.1.a. und Kapitel E. V.

1339 Dazu oben Kapitel B. III.1.a.

1340 *Hirte*, Stellungnahme Rechtsausschuss, S. 11.

1341 Dazu oben Kapitel E. I.1.b. und c.

Der Verweis von § 8 Abs. 4 S. 2 PartGG auf § 117 Abs. 1 und 2 VVG und die damit zugunsten des Geschädigten verbundene Fiktion eines Deckungsanspruchs ändert aus Sicht der Gesellschafter richtigerweise nichts daran, dass in Fällen der Leistungsfreiheit des Versicherers im Innenverhältnis (insbesondere Prämienverzug gemäß §§ 37, 38 VVG oder Unwirksamkeit des Versicherungsvertrages) das Merkmal des „Unterhaltens" nach § 8 Abs. 4 PartGG nicht erfüllt und eine persönliche Inanspruchnahme möglich ist[1342].

Bei der Maximierung der Jahreshöchstleistung der Versicherung bei einer PartG mbB von Rechtsanwälten (§ 51a Abs. 2 S. 2 BRAO) können zahlreiche Fallstricke auftreten: Zunächst ist für die Bemessung der maßgeblichen Partnerzahl – entgegen den Angaben in der Gesetzesbegründung und teilweise vertretener Ansicht – nicht die Eintragung in das Partnerschaftsregister maßgeblich, sondern die Erfüllung des Eintritts- bzw. Ausscheidenstatbestandes[1343]. Gleichwohl erlangt die Eintragung eines Partners aufgrund der Publizitätswirkung des Partnerschaftsregisters Bedeutung: ein tatsächlich ausgeschiedener Partner muss bis zur Eintragung und Bekanntmachung seines Ausscheidens im Partnerschaftsregister Dritten gegenüber unter den Voraussetzungen von § 5 Abs. 2 PartGG i.V.m. § 15 Abs. 1 HGB (negative Publizität) weiterhin im Rahmen von § 51 Abs. 2 S. 2 BRAO berücksichtigt werden[1344]. Gleiches gilt für den fälschlicherweise ins Partnerschaftsregister eingetragenen Nicht-Gesellschafter unter den Voraussetzungen von § 5 Abs. 2 PartGG i.V.m. § 15 Abs. 3 HGB (positive Publizität)[1345] oder einen Gesellschafter kraft allgemeiner Rechtsscheingrundsätze (sog. Scheingesellschafter)[1346]. Allerdings ist bei einer Partnerstellung kraft Registerpublizität oder Rechtsschein zu berücksichtigen, dass eine solche nur relativ im Verhältnis zum konkret geschützten Dritten im Rahmen von § 51a Abs. 2 S. 2 BRAO Berücksichtigung findet; die Haftungsbeschränkung nach § 8 Abs. 4 PartGG bleibt im Übrigen wirksam. Diese Grundsätze zur Bemessung der Partnerzahl bei einer berufsrechtlich vorgesehenen Jahreshöchstleistung sind für jede PartG mbB verallgemeinerungsfähig, sofern das jeweilige Berufsgesetz keine gegenteilige Aussage trifft. Dem Risiko einer unterlassenen Maximierung des Versicherungsschutzes (und damit dem Entfallen der Haftungsbeschränkung) lässt sich wirksam mit der Vereinbarung von sog. Gleitklauseln im Versicherungsvertrag begegnen, indem der Versicherer abstrakt „eine Maximierung pro Zahl der Partner" bereitstellt und die Gesellschaft zwecks Prämienberechnung jeweils die aktuelle Zahl der Partner der Versicherung mitteilt[1347]. Eine entsprechende versicherungsvertragliche Regelung kann auch in Bezug auf Partner kraft Registerpublizität oder Rechtsschein Abhilfe schaffen. Eine weitere Möglichkeit ist, im Fall des Beitritts

1342 Dazu oben Kapitel E. I.2.c. und d.
1343 Dazu oben Kapitel E. III.2. und Kapitel F. III.
1344 Dazu oben Kapitel G. I.1.a.
1345 Dazu oben Kapitel G. I.1.b.
1346 Dazu oben Kapitel G. I.2.b.
1347 *Diller*, in: Henssler/Prütting, BRAO, § 51a Rn. 21.

eines Neupartners dessen Eintritt von der aufschiebenden Bedingung (§ 158 Abs. 1 BGB) einer Versicherungsmaximierung abhängig zu machen.

Vielfach kritisiert wurden die fehlende Harmonisierung der einzelnen Berufsrechte im Bezug auf die Vorgaben an eine spezifische Berufshaftpflichtversicherung i.S.v. § 8 Abs. 4 PartGG und die damit verbundenen Rechtsunsicherheiten bei der Ausgestaltung des Versicherungsschutzes bei einer interprofessionellen PartG mbB zum Nachteil der Attraktivität der Gesellschaft[1348]. Das in diesem Zusammenhang maßgebliche Prinzip der Meistbelastung[1349] zur Lösung des Konflikts divergierender Berufsrechte stellt jedoch ein handhabbares Instrument dar, mit dem sich ein gesetzeskonformer Versicherungsschutz rechtssicher erzielen lässt[1350]. Erforderlich ist lediglich eine konsequente Anwendung dieses Prinzips unter der Prämisse, dass Divergenzen einheitlich zugunsten desjenigen Versicherungsschutzes gelöst werden, der aus Gläubigersicht am weitreichendsten ist. Das heißt konkret: die höchste Mindestversicherungssumme (einschließlich einer hieran bemessenen Jahreshöchstleistung) sowie zulässige Versicherungsbedingungen mit den geringsten Einschränkungen zu Lasten der Gläubiger.

Für Regressansprüche der Versicherung bei einem im Versicherungsvertrag vereinbarten Selbstbehalt oder in Fällen nach § 117 Abs. 1 und 2 VVG haften die Gesellschafter persönlich[1351]. Ein gesetzlicher Forderungsübergang von Regressansprüchen der Gesellschaft gegen einzelne Gesellschafter auf die Versicherung nach § 86 Abs. 1 VVG scheidet aus, da die Partner regelmäßig nicht „Dritte“ im Sinne der Vorschrift sind[1352].

3. Haftungsrisiken im Zusammenhang mit der Entstehung der PartG mbB

Neben wenigen, aber handhabbaren Rechtsrisiken bereitet die Entstehung einer PartG mbB keine Schwierigkeiten. Normative Voraussetzung ist stets das Unterhalten einer spezifischen Berufshaftpflichtversicherung i.S.v. § 8 Abs. 4 PartGG, mit deren Bestand die Haftungsbeschränkung steht und fällt. Bei einem Wechsel von einer herkömmlichen Partnerschaft zu einer PartG mbB ist insbesondere darauf zu achten, dass ein Gesellschafterbeschluss über den Abschluss des Versicherungsvertrages gefasst wird, da ein Beschlussmangel die Unwirksamkeit des Vertrages im Außenverhältnis nach sich zieht[1353]. Neue Normen hinsichtlich der Umwandlung aus einer bestehenden Gesellschaft waren aufgrund der Ausgestaltung der PartG

1348 *DAV*, Stellungnahme v. 15.3.2012, S. 4; *GDV*, Stellungnahme v. 3.2.2012, S. 10 f.; *Heckschen/Bretschneider*, NotBZ 2013, 81, 93; *C. Schäfer*, in: Ulmer/Schäfer, Syst Komm GbR/PartG, § 8 PartGG Rn. 42.

1349 Dazu oben Kapitel E. IV.

1350 So auch *Meyer*, S. 195.

1351 Dazu oben Kapitel E. VI.2.

1352 Dazu oben Kapitel E. VI.3.

1353 Dazu oben Kapitel C. II.1.a.i.

mbB als Rechtsformvariante nicht erforderlich. Der Übergang vollzieht sich problemlos, entweder nach allgemeinen personengesellschaftsrechtlichen Grundsätzen oder anhand des Umwandlungsgesetzes. Die Rückführung einer LLP in eine PartG mbB ist ebenfalls ein gangbarer Schritt, der sich indes als kosten- und zeitintensiv erweist, sofern ein hinreichendes Maß an Transaktionssicherheit gewährleistet sein soll[1354].

4. Haftungsrisiken bei Veränderung der Gesellschaftsstruktur

Unter Haftungsgesichtspunkten besonders bedeutsam ist die „Umwandlung" einer Gesellschaft mit persönlicher Gesellschafterhaftung (GbR bzw. herkömmliche Partnerschaft) in eine PartG mbB. Mit einer solchen Strukturmaßnahme ist eine Veränderung des Haftungsstatus der Gesellschafter *ex nunc* verbunden, denn fortan fehlt es im Bezug auf Berufsfehler an einer persönlichen Haftung der Gesellschafter[1355]. Dies erfordert eine Abgrenzung von Alt- und Neuverbindlichkeiten[1356]. Für Erstere haften die Gesellschafter weiterhin persönlich, für Letztere gilt § 8 Abs. 4 PartGG. Die Trennlinie zwischen Alt- und Neuverbindlichkeiten stellt in zeitlicher Hinsicht die Wirksamkeit der Umwandlungsmaßnahme dar. Um eine Altverbindlichkeit handelt es sich, wenn diese vor dem vorgenannten Zeitpunkt „begründet" worden ist. Für die Begründung einer Verbindlichkeit ist zutreffenderweise entscheidend, wann der Rechtsgrund gelegt worden ist. Bei vertraglichen Ansprüchen richtet sich dies nach dem Vertragsschluss[1357]. Dies bedeutet für Ansprüche aus einem Mandatsverhältnis, das bereits bei Bestehen der Ausgangsgesellschaft eingegangen wurde und über den Strukturwechsel hinaus von der PartG mbB fortgeführt wird (sog. Dauermandat), eine weiterhin bestehende persönliche Haftung der Gesellschafter. Dieser Haftung für Altverbindlichkeiten können sich die Gesellschafter nicht mit der Wahl einer PartG mbB entledigen. Allerdings wird diese Problematik zugunsten der Gesellschafter durch eine Begrenzung der (persönlichen) Nachhaftung für Altverbindlichkeiten gemäß § 224 Abs. 2 UmwG analog als Ausdruck eines allgemeinen Enthaftungskonzepts entschärft[1358]. Rechtssicherheit in Bezug auf eine Begrenzung der Nachhaftung besteht hier für die Gesellschafter indes nicht, schon weil der Gesetzgeber es versäumt hat, durch eine entsprechende Regelung oder einen Hinweis in der Gesetzesbegründung für Klarheit zu sorgen. Das nicht unerhebliche Risiko einer Nachhaftung für Altverbindlichkeiten lässt sich für die Gesellschafter letztlich vollständig nur vermeiden, wenn mit dem Mandanten eine individualvertragliche Absprache getroffen wird oder ein völlig neues Mandatsverhältnis nach

1354 Dazu oben Kapitel C. II.4.
1355 Dazu oben Kapitel F. I.1.
1356 Dazu oben Kapitel F. I.2.
1357 Dazu oben Kapitel F. I.2.
1358 Dazu oben Kapitel F. I.3.

dem Wechsel begründet wird[1359]. Beide Fälle hängen selbstverständlich von einer im Einzelfall ungewissen Zustimmung des Vertragspartners ab.

Kommt es mit Beendigung des Versicherungsvertrages oder Absenken des Versicherungsschutzes unter die berufsrechtlichen Vorgaben zu einem automatischen Wechsel einer PartG mbB hin zu einer herkömmlichen Partnerschaft, so handelt es sich auch in diesem Fall um eine Veränderung des Haftungsstatus der Gesellschafter *ex nunc*[1360]: Für Neuverbindlichkeiten gilt das Haftungsregime der „normalen" Partnerschaft. Für Altverbindlichkeiten ergibt sich – in Anlehnung an die Haftungslage bei einem Formwechsel von einer Kapitalgesellschaft in eine Personengesellschaft – aufgrund der Besonderheiten des Versicherungskonzepts der PartG mbB ein differenziertes Bild: soweit es sich um eine Haftung für einen Berufsfehler handelt, der vom (weiterhin bestehenden) Versicherungsschutz der PartG mbB abgedeckt ist, können sich die Gesellschafter auf § 8 Abs. 4 PartGG berufen; im Übrigen haften sie für Altverbindlichkeiten persönlich.

Ausnahmsweise kann die Gesellschafter einer PartG mbB aus Gründen des Gläubigerschutzes richtigerweise auch eine persönliche Haftung für Altverbindlichkeiten nach Umwandlung aus einer Kapitalgesellschaft treffen[1361]. Dies ist der Fall, wenn sich in Bezug auf eine Altverbindlichkeit ein Berufsfehler vor Wirksamkeit der Umwandlung ereignete, der vom Versicherungsschutz der PartG mbB nicht erfasst ist.

Haftungsrechtliche Nachteile ergeben sich aus der Liquidation der Gesellschaft gemäß § 10 Abs. 1 PartGG i.V.m. §§ 145 ff. HGB für die Gesellschafter nicht[1362]. Die Abwicklungsgesellschaft ist mit der werbenden Gesellschaft identisch und bleibt insbesondere Dritten gegenüber als Rechtsträger erhalten. Solange also der Versicherungsvertrag aufrechterhalten wird, besteht zugunsten der Gesellschafter die Haftungsbeschränkung nach § 8 Abs. 4 PartGG fort. Vor einer eigenmächtigen Beendigung des Versicherungsvertrages durch die Liquidatoren sind die Gesellschafter geschützt, da es sich hierbei richtigerweise um ein Grundlagengeschäft handelt, das dem Zuständigkeitsbereich der Liquidatoren entzogen ist und einen einstimmigen Beschluss der Gesellschafter erfordert. Haftungsrisiken aus „sonstigen Verbindlichkeiten" i.S.v. § 8 Abs. 1 PartGG werden durch eine fünfjährige Sonderverjährung gemäß § 10 Abs. 2 PartGG i.V.m. § 159 HGB verringert.

Einen vollständigen Verlust der Haftungsbeschränkung nach § 8 Abs. 4 PartGG bedeutet der Austritt des vorletzten Gesellschafters für den Letztverbliebenen[1363]. Da es sich bei der PartG mbB als Personengesellschaft ihrer rechtlichen Struktur nach nicht um eine juristische Person handelt, scheidet eine Einpersonengesellschaft

---

1359 *Bauer*, BRAK-Mitt 2013, 202, 205; *Salger*, in: MüHdB GesR, Bd. 1, § 45a Rn. 11; *Riechert*, AnwBl 2014, 268.

1360 Dazu oben Kapitel F. IV.1.b.

1361 Dazu oben Kapitel F. V.

1362 Dazu oben Kapitel F. IV.2.a. und b.

1363 Dazu oben Kapitel F. IV.3.

aus und der Austritt des vorletzten Gesellschafters bedeutet die Vollbeendigung der Gesellschaft nebst Übergang des gesamten Gesellschaftsvermögens kraft Universalsukzession auf den verbliebenen Gesellschafter. Sämtliche Verbindlichkeiten (einschließlich Schadensersatzansprüchen wegen fehlerhafter Berufsausübung) der Gesellschaft bestehen fortan in der Person des Letztgesellschafters fort. § 8 Abs. 4 PartGG kommt ihm nicht länger zugute. Gegen diese gravierenden Haftungsfolgen kann sich der Letztverbliebene – in Anlehnung an die Rechtsprechung bezüglich eines Kommanditisten als letzten verbliebenen Gesellschafter – nur durch eine Einstellung der Geschäfte innerhalb von drei Monaten ab Kenntnis von dem Ausscheiden des vorletzten Partners schützen (§ 27 HGB analog). In Anbetracht dessen, dass die Möglichkeit einer solchen Haftungsbeschränkung nicht höchstrichterlich abgesichert ist, sollte dieser eklatanten Schutzlücke im Regelungskonzept der PartG mbB im Vorhinein kautelarjuristisch begegnet werden.

5. Haftungsrisiken für den ein- und austretenden Gesellschafter

Für den Neugesellschafter gilt in Bezug auf die Haftung für Altverbindlichkeiten nach § 8 Abs. 1 S. 2 PartGG die allgemeine Regel des § 130 HGB, nach der dieser für Altverbindlichkeiten „gleich den anderen Gesellschaftern" haftet. Damit hat er für Alt- wie für Neuverbindlichkeiten, die nicht der Haftungsbeschränkung nach § 8 Abs. 4 PartGG unterliegen, persönlich einzustehen. In Bezug auf die Berufshaftung für Altverbindlichkeiten ergibt sich ein differenziertes Bild: Als grundsätzlich unproblematisch erweist sich der Eintritt in eine PartG mbB, die im Wege der Neugründung entstanden ist. Für den Fall, dass eine PartG mbB aus einer GbR bzw. herkömmlichen Partnerschaft oder Kapitalgesellschaft hervorgegangen ist und eine Altverbindlichkeit existiert, die dem Haftungsregime einer persönlichen Einstandspflicht unterfällt, kommt allerdings eine persönliche Haftung des Neugesellschafters in Betracht. Dies bedeutet für diesen eine erhebliche Belastung mit unkalkulierbaren finanziellen Risiken aus dem Bereich der Berufshaftung, denen er gerade durch den Beitritt zu einer PartG mbB entgehen wollte. Allerdings ist zutreffenderweise § 130 HGB aufgrund der Besonderheiten des Versicherungskonzepts der PartG mbB teleologisch dahingehend zu reduzieren, dass eine persönliche Haftung des Neu-Gesellschafters nur für solche Verbindlichkeiten in Betracht kommt, bei denen sich die Pflichtverletzung vor der Entstehung der PartG mbB ereignete[1364]. Dieser Befund stellt für den Neupartner indes eine doppelte Haftungsfalle dar: er haftet nicht nur persönlich für vergangene Berufsfehler, sondern zugleich bietet ihm hierfür seine eigene Berufshaftpflichtversicherung, jedenfalls wenn sie dem „Verstoßprinzip" folgt, keinen Versicherungsschutz. Kritisch wird die Situation zwar erst dann, wenn ausgerechnet der Neupartner persönlich in Anspruch genommen wird und ein

1364 Zum Ganzen oben Kapitel F. II.

Innenausgleich mit den übrigen Partnern scheitert. Dies wird nicht den Regelfall darstellen, eine solche Situation ist jedoch nicht ausgeschlossen[1365].

Der Austritt aus einer PartG mbB bedeutet keine weitergehenden Risiken, als wie sie bereits zur Zeit der Mitgliedschaft bestanden[1366]. Insbesondere begründet richtigerweise eine nach dem Ausscheiden erfolgende Veränderung der Haftungstruktur der PartG mbB hin zu einer solchen mit persönlicher Gesellschafterhaftung keine persönliche Haftung des ausgeschiedenen Gesellschafters für Altverbindlichkeiten. Des Weiteren kommt ihm gemäß § 10 Abs. 2 PartGG i.V.m. § 160 HGB die Begrenzung der Nachhaftung zugute.

6. Haftungsrisiken bei nicht ordnungsgemäßer Führung des Namenszusatzes

§ 8 Abs. 4 S. 3 PartGG schreibt zwingend voraus, dass der Name der PartG mbB einen auf die Haftungsbeschränkung hinweisenden Namenszusatz enthalten muss. Hierbei handelt es sich um eine „reine Firmenvorschrift", keine konstitutive Voraussetzung der PartG mbB[1367]. Verstöße hiergegen führen zu scharfen persönlichen Haftungsfolgen.

Unterlassen es die Gesellschafter, den geänderten Namen der Gesellschaft (nebst Namenszusatz) in das Partnerschaftsregister einzutragen, richten sich die Rechtsfolgen zutreffenderweise nach § 5 Abs. 2 PartGG i.V.m. § 15 Abs. 1 HGB und die Haftungsbeschränkung nach § 8 Abs. 4 PartGG kann (gutgläubigen) Dritten nicht entgegengesetzt werden[1368].

Außerdem ist der Namenszusatz ausnahmslos im Rechtsverkehr zu führen. Wird dieser Vorgabe nicht Genüge getan und ein schutzwürdiges Vertrauen in eine unbeschränkte Gesellschafterhaftung beim Geschäftspartner geweckt, so sind hinsichtlich der haftungsrechtlichen Konsequenzen drei Ebenen zu trennen:

Trotz Auftreten eines Vertreters ohne konkreten Namenszusatz wird die PartG mbB grundsätzlich rechtsgeschäftlich gemäß § 164 Abs. 1 BGB nach den Grundsätzen eines unternehmensbezogenen Geschäfts gebunden[1369].

Hinsichtlich der Haftung des nach außen für die PartG mbB Handelnden ist zu unterscheiden: Bei einem Auftreten des Handelnden als Gesellschafter der PartG mbB gelten für ihn die allgemeinen Grundsätze einer Rechtsscheinhaftung und ihn trifft eine persönliche Außenhaftung, gesamtschuldnerisch neben der Gesellschaft[1370]. Bei einem Auftreten des Handelnden als bloßer Vertreter der Gesellschaft trifft diesen richtigerweise eine Rechtsscheinhaftung entsprechend § 179 BGB, gerichtet auf

1365 Eingehend *Diller*, AnwBl 2014, 2, 4.
1366 Dazu oben Kapitel F. III.
1367 Dazu oben Kapitel C. I.3.b.
1368 Dazu oben Kapitel G. II.1.
1369 Dazu oben Kapitel G.II.2.b.
1370 Dazu oben Kapitel G.II.2.c.

das positive Interesse und gesamtschuldnerisch neben der Gesellschaft[1371]. Eine Begrenzung der Haftung nach § 179 Abs. 2 analog scheidet zutreffenderweise aus[1372].

Eine Ausdehnung der Haftung auf die (übrigen) Gesellschafter kommt nach allgemeinen Grundsätzen der Rechtsscheinhaftung in Betracht, vorausgesetzt, der von dem nach außen Handelnden gesetzte Rechtsschein einer persönlichen Gesellschafterhaftung ist ihnen zurechenbar[1373].

Diese gefährlichen, gleichfalls vermeidbaren Haftungsfolgen bei Fehlern im Umgang mit dem Namenszusatz lassen sich jedoch durch umgehende Anmeldung des geänderten Namens zum Partnerschaftsregister, sowie eine sorgfältige Führung des korrekten Namenszusatzes in jeder Form der Außendarstellung bzw. -kommunikation ohne Weiteres verhindern.

7. Durchgriffshaftung

Für die PartG mbB als Verbandsform mit zumindest partieller Haftungsbeschränkung stellt sich im gleichen Maße die bislang fast ausschließlich bei Kapitalgesellschaften diskutierte Frage, in welchen Fällen eine Durchbrechung des gesellschaftsrechtlichen „Haftungsschirms“ angezeigt ist. Von den im Recht der Kapitalgesellschaften etablierten Fallgruppen eines Haftungsdurchgriffs sind die sog. Existenzvernichtungshaftung[1374] und eine Haftung wegen Vermögensvermischung[1375], nicht hingegen eine Durchgriffshaftung wegen materieller Unterkapitalisierung[1376] auf die PartG mbB anwendbar. Eine denkbare, die versicherungsrechtlichen Besonderheiten der PartG mbB aufgreifende Durchgriffshaftung wegen Unterversicherung ist abzulehnen[1377]. Tiefgreifende Haftungsgefahren ergeben sich daraus nicht, solange die Gesellschafter die Gesellschaft nicht durch opportunistische Vermögensentnahme in die materielle Insolvenz treiben und die Achtung der eigenständigen Vermögenssphäre der Gesellschaft durch eine adäquate Dokumentation in Bezug auf die Vermögensgegenstände belegt werden kann.

8. Innenhaftung

Die Gefahr, dass die Haftungsbeschränkung durch eine Pfändung und Überweisung (§§ 829, 835 ZPO) von Innenansprüchen der Gesellschaft gegen die Gesellschafter seitens der Gläubiger entwertet wird, ist weitgehend ausgeschlossen. Eine Nachschussverpflichtung der Gesellschafter in einem Liquidationsverfahren (§ 1 Abs. 4 PartGG i.V.m. § 735 BGB) ist entweder ausdrücklich im Gesellschaftsvertrag oder

1371 Dazu oben Kapitel G.II.2.d.
1372 Dazu oben Kapitel G. II.2.d.iii.
1373 Dazu oben Kapitel G. II.2.e.
1374 Dazu oben Kapitel H. I.2.b.
1375 Dazu oben Kapitel H. I.3.
1376 Dazu oben Kapitel H. I.4.b.
1377 Dazu oben Kapitel H. I.5.

im Wege ergänzender Vertragsauslegung ausgeschlossen[1378]. Ein Regressanspruch der Gesellschaft gegen den schadensverursachenden Partner (§ 280 Abs. 1 BGB) ist an einen hohen Verschuldensmaßstab gebunden[1379]: bei fehlender gesellschaftsvertraglicher Regelung ist richtigerweise durch ergänzende Vertragsauslegung – jedenfalls für einfache Fahrlässigkeit – ein Haftungsausschluss im Innenverhältnis zugunsten der Gesellschafter anzunehmen, allerdings nur in dem Umfang, wie für den Regressanspruch der Gesellschaft tatsächlich kein Versicherungsschutz aus der persönlichen Berufshaftpflichtversicherung des berufsfehlerhaft handelnden Partners besteht. Eine weitergehende Haftungsbeschränkung ist bis zur Grenze des § 276 Abs. 3 BGB möglich, muss allerdings ausdrücklich im Gesellschaftsvertrag vereinbart werden. In Anbetracht dessen, dass es sich bei den genannten Grundsätzen zu einer ergänzenden Vertragsauslegung um kein gesichertes Rechtsterrain handelt[1380], sind ausdrückliche gesellschaftsvertragliche Regelungen angezeigt.

II. Vorteile einer PartG mbB für die Gesellschafter

1. Partielle Haftungsbeschränkung

Die Beurteilung der Attraktivität der Haftungsbeschränkung hängt letztlich davon ab, welchen Maßstab man ansetzt: bezogen auf die bislang Freiberuflern offen stehenden Personengesellschaften bedeutet die PartG mbB einen deutlichen Fortschritt, da erstmals die Möglichkeit besteht, für Berufsfehler vollumfänglich die Haftung auf das Gesellschaftsvermögen zu beschränken. Hinter Gesellschaftsformen mit vollständiger Haftungsbeschränkung bleibt die PartG mbB zwangsläufig zurück. Die Haftungsbeschränkung der PartG mbB setzt allerdings dort an, wo die praktisch relevantesten und wirtschaftlich gesehen höchsten Haftungsrisiken liegen, nämlich in Fällen fehlerhafter Berufsausübung[1381]. Dies ergibt bereits die asymmetrische Risikostruktur von freiberuflicher Leistungserbringung, bei der die erhaltene Gegenleistung in keinem Verhältnis zu den mit einem möglichen Berufsfehler verbundenen Haftungsgefahren steht. Es besteht ein besonders großes Ungleichgewicht zwischen Leistungserbringung und Berufsfehler einerseits, sowie haftungsrechtlichen Konsequenzen andererseits[1382]. Diese Bewertung deckt sich auch mit Einschätzungen aus der Praxis der Freiberufler: Rückfragen des DAV bei Kanzleien, die die Rechtsform der LLP gewählt haben, ergaben, dass die Beschränkung der Haftung für Berufs fehler in erster Linie ausschlaggebend für deren Rechtsformwechsel war[1383]. Auch eine Beratung des Bundesjustizministeriums mit Vertretern der Freien Berufe im

1378 Dazu oben Kapitel I. II.
1379 Dazu oben Kapitel I. III.1. und 2.
1380 *Römermann*, GmbHR 2016, R 209 spricht gar von einem „rechtlichen Minenfeld“.
1381 *Henssler*, in: Henssler/Prütting, BRAO, § 8 PartGG Rn. 82; *Leitzen*, DNotZ 2013, 596, 602; *Salger*, DB 2012, 1794, 1796; *Seibert*, DB 2013, 1710, 1711.
1382 *Hirte*, Stellungnahme Rechtsausschuss, S. 3 und oben Kapitel B. III.2.b.
1383 *Heckschen/Bretschneider*, NotBZ 2013, 81, 91; *Hellwig*, AnwBl 2012, 345, 346.

Vorfeld der Gesetzesnovelle ergab mehrheitlich, dass die Beschränkung der Berufshaftung klar im Vordergrund stünde[1384]. Die positive Aufnahme der PartG mbB in der Praxis[1385] dürfte auch als Beleg dafür zu werten sein, dass der Gesetzgeber den richtigen Nerv getroffen hat.

Die zuvor dargestellten Haftungsrisiken im Bereich der Berufshaftung sind weitgehend durch eine regelgerechte Beachtung der gesellschaftsrechtlichen und versicherungsrechtlichen Vorgaben sowie durch eine entsprechende Gestaltung des Gesellschaftsvertrags vermeidbar[1386]. Verbleibende Haftungsrisiken ergeben sich insbesondere aus der lediglich partiellen Haftungsbeschränkung. Ob solche Risiken hinnehmbar sind, muss letztlich im Einzelfall unter Berücksichtigung einer Reihe anderer Gesichtspunkte bei der Wahl der geeigneten Rechtsform entschieden werden[1387].

Im Ergebnis steht fest, dass Freiberuflern mit der PartG mbB nunmehr eine Personengesellschaft zur Verfügung steht, die es ermöglicht, die Haftungsgefahren aus der gemeinschaftlichen Berufsausübung erheblich zu reduzieren, wenn auch nicht vollständig auszuschließen.

2. Weitere Vorteile

Die PartG mbB ist als Rechtsformvariante der Partnerschaftsgesellschaft eine Personengesellschaft und kann dementsprechend insbesondere[1388] die folgenden Vorteile für sich beanspruchen:

Da die PartG mbB nach § 1 Abs. 1 S. 2 PartGG kein Handelsgewerbe ausübt und damit auch kein Kaufmann i.S.d. §§ 1–6 HGB ist, unterliegt sie nicht den kaufmännischen Rechnungslegungs- und Publizitätspflichten (§§ 238 ff., 325 ff. HGB)[1389]. Für eine steuerliche Gewinnansetzung ist gemäß § 4 Abs. 3 EStG eine Ermittlung des Überschusses der Betriebseinnahmen über die Betriebsausgaben („Einnahmen-Überschuss-Rechnung") ausreichend[1390].

1384 *Seibert*, DB 2013, 1710, 1711.

1385 Dazu bereits oben Kapitel A. II.; eingehend zur Annahme der PartG mbB von Seiten der Anwaltschaft: *Kilian*, AnwBl 2015, 772 ff.

1386 Im Ergebnis: *Henssler*, AnwBl 2014, 96, 106.

1387 Zu den verschiedenen Entscheidungsgesichtspunkten vgl. Nachweise bei Fn. 13.

1388 Umfassender Rechtsformvergleich bzgl. anwaltlicher Organisationsformen: *Henssler*, in: Henssler/Streck, HdB SozietätsR, A Rn. 41 ff.

1389 *Baumann*, GmbHR 2014, 953, 954; *Grunewald*, GWR 2013, 393, 394; *Heckschen/Bretschneider*, DNotZ 2013, 81, 92; *Korch*, GmbHR 2016, 150, 151; *Lerch/Lerch/Junkov*, GmbHR 2012, R329, R330.

1390 *Korch*, GmbHR 2016, 150, 151; *Leuering*, NZG 2013, 1001, 1002; Für die herkömmliche Partnerschaft: *Henssler*, PartGG, Einführung Rn. 27; *Wehrheim/Wirtz*, Die Partnerschaftsgesellschaft, S. 102 f.

Die steuerliche Behandlung der PartG mbB entspricht der einer herkömmlichen Partnerschaft[1391]. Sie ist nicht kraft Rechtsform gewerbesteuer- und körperschaftssteuerpflichtig[1392]. Umsatzsteuerlich ist die PartG mbB als Unternehmer einzustufen (§ 2 Abs. 1 UStG)[1393]. Einkommenssteuerrechtlich handelt es sich bei der PartG mbB um eine freiberufliche Mitunternehmerschaft, wobei der erzielte Gewinn der Gesellschaft den Partnern nach dem sogenannten Transparenzprinzip als originäre Einkünfte anteilig zugerechnet wird[1394]. Diese steuerliche Behandlung der PartG mbB wie sonstige Personengesellschaften wird verbreitet als Vorteil gegenüber Kapitalgesellschaften angesehen[1395].

Abgesehen von dem mit dem Unterhalten des Versicherungsschutzes verbundenen Mehraufwand[1396], bringt die PartG mbB – gerade im Verhältnis zu Kapitalgesellschaften – auch Kostenvorteile mit sich: es besteht keine Beitragspflicht zur Industrie- und Handelskammer, Notarkosten bei einer Anteilsübertragung entfallen und die Gründungskosten sind geringer[1397].

III. Gläubigerschutz bei der PartG mbB

Die Untersuchung des Gläubigerschutzkonzepts bei der PartG mbB erfordert es wegen der lediglich partiellen Haftungsbeschränkung vorweg eine Klassifizierung der Gläubiger vorzunehmen: einerseits Gläubiger, denen ein (Schadens-)Anspruch wegen fehlerhafter Berufsausübung gegen die Gesellschaft zusteht (§ 8 Abs. 4 PartGG), und andererseits Gläubiger sonstiger Verbindlichkeiten i.S.v. § 8 Abs. 1 PartGG. Dem Sicherungsbedürfnis der Gläubiger sonstiger Verbindlichkeiten trägt die persönliche Haftung der Gesellschafter hinreichend Rechnung. Sie gleicht das

---

1391 *Bachmann/Schaloske*, PHi 2013, 202, 206; *Salger*, in: MüHdB GesR, Bd. 1, § 45a Rn. 18; *Posegga*, in: Peres/Senft, SozietätsR, § 19 Rn. 52.

1392 *Bachmann/Schaloske*, PHi 2013, 202, 206; *Heckschen/Bretschneider*, NotBZ 2013, 81, 92; *Hellwig*, AnwBl 2012, 345, 346; *Korch*, GmbHR 2016, 150, 151; *Kubata/Riegler/Straßen*, DStR 2014, 1949, 1954; *Römermann/Jähne*, BB 2015, 579, 584.

1393 *Bachmann/Schaloske*, PHi 2013, 202, 206; *Posegga*, in: Peres/Senft, SozietätsR, § 19 Rn. 52.

1394 *Kubata/Riegler/Straßen*, DStR 2014, 1949, 1954 f.; *Posegga*, in: Peres/Senft, SozietätsR, § 19 Rn. 52.

1395 *Gehling*, ZIP 2012, 1118; *Grunewald*, GWR 2013, 393, 394; *Heckschen/Bretschneider*, NotBZ 2013, 81, 92; *Korch*, GmbHR 2016, 150, 151; *Kubata/Riegler/Straßen*, DStR 2014, 1949, 1955; *Leitzen*, DNotZ 2013, 596, 602; *Neufang/Bartschat*, StB 2012, 430, 432; *Salger*, in: MüHdB GesR, Bd. 1, § 45a Rn. 18; *Werner*, StBW 2013, 715; **aA** – Frage des Einzelfalls – *C. Schäfer*, in: MüKo BGB, Vorbemerkungen PartGG Rn. 24; *Roth*, in: Roth/Altmeppen, GmbHG, Einleitung Rn. 45.

1396 Für Rechts- und Patentanwälte werden vom Gesetzgeber beispielsweise die Mehrkosten pro Jahr und Partner auf 1750,- Euro taxiert, vgl. BT-Drucks. 17/10487, S. 12.

1397 *Bachmann/Schaloske*, PHi 2013, 202, 206 f; *Grunewald*, GWR 2013, 393, 394; *Henssler*, in: Henssler/Streck, HdB SozietätsR, A Rn. 60; *Korch*, GmbHR 2016, 150, 151; *Salger*, in: MüHdB GesR, Bd. 1, § 45a Rn. 18.

Fehlen sonstiger gläubigerschützender Vorschriften, insbesondere eines fehlenden garantierten Haftkapitals, aus[1398]. Daher ist in diesem Kontext nur der Gläubigerschutz im Bereich der Haftungsbeschränkung gemäß § 8 Abs. 4 PartGG von Interesse.

1. Notwendigkeit von Gläubigerschutz

Die Möglichkeit, die persönliche Haftung für unternehmerisches Handeln durch Wahl einer Verbandsform mit Ausschluss der Gesellschafterhaftung zu begrenzen, und der damit verbundene ökonomische Nutzen werden im Grundsatz nicht in Frage gestellt[1399]. Im Gegenzug bedeutet die Risikobegrenzung zugunsten der Gesellschafter eine Risikoexternalisierung zu Lasten der Gläubiger, d.h. die Gefahr einer nicht kompensierten Verlagerung von Kosten auf selbige[1400]. Die Gewinne aus der wirtschaftlichen Betätigung verbleiben bei den Gesellschaftern; Einflussmöglichkeiten auf die wirtschaftlichen Geschicke der Gesellschaft haben die Gläubiger nicht[1401]. Daher besteht Einigkeit darüber, dass das Privileg des Wirtschaftens mit beschränkter Haftung an die Einhaltung bestimmter „Spielregeln" gebunden ist[1402]. Die Etablierung eines (gesetzlichen) Gläubigerschutzkonzepts bildet das Korrelat zur beschränkten Haftung[1403]. Gläubigerschutz bedeutet dabei nicht, dass Gläubigern das Ausfallrisiko ihrer Forderungen vollständig genommen werden soll[1404]. Das „normale" Insolvenzrisiko haben sie auch bei einer haftungsbeschränkten Gesellschaft als Schuldnerin zu tragen, genauso wie sie es tragen müssten, wenn sie mit einer natürlichen Person oder einer Gesellschaft mit persönlicher Gesellschafterhaftung kontrahieren würden[1405]. Gläubigerschutz verlangt vielmehr eine angemessene Verteilung des Unternehmens- und Ausfallrisikos zwischen den

1398 BGHZ 154, 370, 373 = NJW 2003, 1803, 1804; BGH NZG 2012, 701, 704; *Klimke*, in: BeckOK HGB, § 128 Rn. 1; *Hillmann*, in: E/B/J/S, HGB, § 128 Rn. 1; *Neubaucher/Herchen*, MüHdB GesR, Bd. 1, § 68 Rn. 3; *Boesche*, in: Oetker, HGB, § 128 Rn. 2; *Haas*, in: R/GvW/H, HGB, § 128 Rn. 2.

1399 *Eidenmüller/Engert*, GmbHR 2005, 433, 434 f.; *Hölzle*, DZWiR 2007, 397, 400 f.; *Lehmann*, ZGR 1986, 345, 349 ff.; *Emmerich/Bitter*, in: Scholz, GmbHG, Einleitung Rn. 60 ff.; *Spindler*, JZ 2006, 839, 840 jew. m. w. N.

1400 *Emmerich/Bitter*, in: Scholz, GmbHG, § 13 Rn. 66; *Vetter*, ZGR 2005, 788, 789; ähnlich: *Pellens/Kemper/Schmidt*, ZGR 2008, 381, 382.

1401 *Wiedemann*, GesR, Bd. I, § 10 I 1. a), S. 514.

1402 *Haas*, Gutachten 66. DJT (2006), E14; *Kleindiek*, ZGR 2006, 335, 342; *Vetter*, ZGR 2005, 788, 789.

1403 *Blaurock*, FS Raiser (2005), S. 3, 7 f.; *Kuhner*, ZGR 2005, 753, 759; ähnlich: *Roth*, in: Roth/Altmeppen, GmbHG, Einleitung Rn. 22; *Teichmann*, NJW 2006, 2444, 24445.

1404 *Vetter*, ZGR 2005, 788, 790; im Ergebnis: *Jungmann*, ZGR 2006, 638, 642 f.; *Wiedemann*, GesR, Bd. I, § 10 I 1. a), S. 516.

1405 *Haas*, Gutachten 66. DJT (2006), E13; *Jungmann*, ZGR 2006, 638, 643 f.

Gesellschaftern und den Gläubigern[1406]. Der Umfang der Risikoverlagerung auf die Gesellschaftsgläubiger soll begrenzt werden, ohne dabei die Brauchbarkeit der Gesellschaft für die Gesellschafter (und die damit verbundenen Vorteile eines Wirtschaftens in einer haftungsbeschränkten Verbandsform) zu gefährden[1407]. Letzteres ist allein schon deshalb sinnvoll, weil Gesellschafter sonst in Gesellschaftsformen (anderer Rechtsordnungen) mit geringerem Gläubigerschutz „flüchten"; für Gläubiger wäre damit nichts gewonnen[1408]. Die konkrete Ausgestaltung der Verteilung des Unternehmensrisikos zwischen Gesellschaftern und Gläubigern bleibt dabei dem Gesetzgeber als rechtspolitische Entscheidung überlassen[1409].

Aufgrund der vorstehenden Erwägungen, ist auch die Determinante der folgenden Darstellung vorgezeichnet, nämlich ob das Regelungskonzept der PartG mbB ein angemessenes Gläubigerschutzniveau bereitstellt.

2. Gläubigerschutzkonzept der PartG mbB

a. Versicherungsschutz

Zentrales Element des Gläubigerschutzes bei der PartG mbB ist das Unterhalten einer spezifischen Berufshaftpflichtversicherung i.S.v. § 8 Abs. 4 PartGG[1410]. Daher muss sich das Gläubigerschutzkonzept maßgeblich daran messen lassen, inwieweit die Berufshaftpflichtversicherung geeignet ist, ein angemessenes Schutzniveau zugunsten der Gläubiger zu gewährleisten.

i. Ausgestaltung der Berufshaftpflichtversicherung als „faktische Pflichtversicherung"

Eine der aus Gläubigersicht entscheidendsten Änderungen, die das Regelungskonzept der PartG mbB im Zuge des Gesetzgebungsverfahren erfahren hat, ist die Verweisung von § 8 Abs. 4 S. 2 PartGG auf die §§ 113 Abs. 3, 114–124 VVG[1411]. Die spezifische Berufshaftpflichtversicherung erhielt damit den Charakter einer „faktischen Pflichtversicherung"[1412]. Dies bringt für die Gläubiger im Schadensfall

1406 *Blaurock*, FS Raiser (2006), S. 3, 8; *Haas*, Gutachten 66. DJT (2006), E13 f.; *Jungmann*, ZGR 2006, 638, 642 f.; *Wiedemann*, GesR, Bd. I, § 10 I 1. a), S. 516; im Ergebnis: *Pellens/Kemper/Schmidt*, ZGR 2008, 381, 384; *Teichmann*, NJW 2006, 2444, 2445.

1407 *Fastrich*, DStR 2006, 656 und 663.

1408 *Vetter*, ZGR 2005, 788, 793.

1409 *Baumann*, GmbHR 2014, 953, 958; *Blaurock*, FS Raiser (2006), S. 3, 7; *Haas*, Gutachten 66. DJT (2006), E14.

1410 Dies bringt bereits der Gesetzgeber zum Ausdruck, vgl. BT-Drucks. 17/10487, S. 1, 11; Dazu bereits oben B.III.2.b.

1411 Ähnlich *Baumann*, GmbHR 2014, 953, 956; *Henssler*, in: Henssler/Prütting, BRAO, § 8 PartGG Rn. 68; *Offermann-Burckart*, AnwBl 2014, 474, 483; *Schumacher*, S. 210.

1412 Dazu oben Kapitel E. II.1.

eine Vielzahl von Vorteilen bei der Schadenskompensation mit sich, zu denen insbesondere die Folgenden zählen:

Nach § 114 Abs. 2 S. 2 VVG ist es dem Versicherer verwehrt, einen vereinbarten Selbstbehalt dem Geschädigten gegenüber geltend zu machen[1413]. Außerdem verhindert § 121 VVG, dass die Versicherungsgesellschaft mit Forderungen aus dem Versicherungsvertrag (bspw. rückständige Zahlungen der Versicherungsprämie) gegenüber dem Leistungsanspruch der PartG mbB aufrechnen kann[1414].

Die Verweisung auf § 115 VVG eröffnet Gläubigern einen Direktanspruch gegen die Versicherungsgesellschaft. Dafür müssen allerdings die zusätzlichen Voraussetzungen der Norm erfüllt sein (bspw. die Insolvenz der Gesellschaft, § 115 Abs. 1 Nr. 1 VVG), da es sich bei § 8 Abs. 4 S. 2 PartGG zutreffenderweise um eine Rechtsfolgenverweisung begrenzt auf das Merkmal „Pflichtversicherung" handelt[1415].

Die Geltung des § 117 Abs. 1, 2 VVG bringt den entscheidenden Vorteil mit sich, dass die Verpflichtung der Versicherungsgesellschaft gegenüber dem Geschädigten auch im Fall der Leistungsfreiheit gegenüber dem Versicherten, insbesondere wegen Verzugs mit der Prämienzahlung oder einer Obliegenheitsverletzung, erhalten bleibt. So wird den Geschädigten nicht länger das (unbillige) Risiko aufgebürdet, dass die Versicherung leistungsfrei ist, gleichzeitig die Gesellschafter sich aber auf das Haftungsprivileg nach § 8 Abs. 4 PartGG berufen können. Für Gläubiger besteht vielmehr nun die günstige Situation, dass der Deckungsanspruch unter den Voraussetzungen von § 117 Abs. 1, 2 VVG zu ihren Gunsten fingiert wird, gleichfalls die Anwendung der Norm richtigerweise nicht zu einer Wirksamkeit der Haftungsbeschränkung führt und damit zusätzlich die persönliche Inanspruchnahme der Partner möglich ist[1416].

ii. Keine Schutzlücken bei Veränderungen der Gesellschaftsstruktur

Schutzlücken zu Lasten der Gläubiger bestehen bei einer Veränderung der Gesellschaftsstruktur der PartG mbB ausnahmslos nicht[1417]. Entweder steht Gesellschaftsgläubigern der zu unterhaltende Versicherungsschutz zur Verfügung oder ein fehlender Versicherungsschutz wird jedenfalls durch eine mögliche persönliche Inanspruchnahme der Gesellschafter substituiert. Dies gilt sowohl für Umwandlungsvorgänge hin zu einer PartG mbB, als auch zurück in eine herkömmliche Partnerschaft[1418]. Die Liquidation der Gesellschaft bedeutet ebenfalls keine haftungsrechtlichen Nachteile[1419]. Zwischen werbender Gesellschaft und

1413 Dazu oben Kapitel E. III.4.

1414 *Henssler*, in: Henssler/Prütting, BRAO, § 8 PartGG Rn. 68; *Offermann-Burckart*, AnwBl 2014, 474, 483.

1415 Dazu oben Kapitel E. VII.

1416 Zum Ganzen oben Kapitel E. I.2.c. und d.

1417 Im Ergebnis: *Schumacher*, VersR 2016, 964, 967.

1418 Dazu oben Kapitel F. I. und IV.1.

1419 Dazu oben Kapitel F. IV.2.

Abwicklungsgesellschaft herrscht Haftungskontinuität, der Versicherungsschutz bleibt bestehen. Insbesondere korrespondiert mit einem begründeten Schadensersatzanspruch wegen fehlerhafter Berufsausübung regelmäßig ein Freistellungsanspruch der Gesellschaft (als Teil des Gesellschaftsvermögens), sodass die PartG mbB selbst bei zwischenzeitlich beendeter Liquidation nur scheinbar zu existieren aufgehört und eine Nachtragsliquidation zu erfolgen hat. Bedeutet aus Sicht des letztverbliebenen Gesellschafters der Austritt des vorletzten Gesellschafters ein enormes Haftungsrisiko, hat dieser Vorgang keine nachteiligen Auswirkungen auf die Gläubiger. Vielmehr kann sich die Haftungsmasse zugunsten der Gläubiger um das Privatvermögen des Letztverbliebenen erweitern, wenn dieser von der Möglichkeit zur Haftungsbeschränkung nach § 27 HGB analog keinen Gebrauch macht[1420].

iii. Ausfallrisiken der Gläubiger

Voraussetzung für die Wirksamkeit der Haftungsbeschränkung ist das Unterhalten einer Berufshaftpflichtversicherung, die den jeweiligen berufsrechtlichen Anforderungen entspricht. Das Haftungsprivileg gilt auch dann, wenn die Versicherung im Einzelfall nicht zu leisten braucht[1421]. Daraus können sich notwendig Ausfallrisiken für die Gläubiger ergeben.

Schutzlücken können dadurch entstehen, dass der Umfang der Haftungsbeschränkung gemäß § 8 Abs. 4 PartGG nicht zwingend deckungsgleich mit dem zu unterhaltenden Versicherungsschutz sein muss[1422]. Ist die berufsrechtliche Vorgabe hinsichtlich des versicherten Risikos enger als die sachliche Reichweite von § 8 Abs. 4 PartGG, so stünde Gläubigern trotz Wirksamkeit der Haftungsbeschränkung kein Versicherungsschutz, sondern lediglich das sonstige Gesellschaftsvermögen als Haftungsmasse zur Verfügung. Ob es sich hierbei nur um ein theoretisches oder auch ein praktisches Problem handelt, kann nur im Rahmen einer umfassenden Analyse jeder einzelnen Freiberuflergruppe ermittelt werden. Für eine PartG mbB von Rechtsanwälten sind beispielsweise keine relevanten Deckungslücken feststellbar[1423].

Ferner ergeben sich zwangsläufig Ausfallrisiken für die Gläubiger, wenn der jeweilige Berufsgesetzgeber bei der Ausgestaltung der spezifischen Berufshaftpflichtversicherung i.S.v. § 8 Abs. 4 PartGG die Möglichkeit eröffnet, den Versicherungsschutz zu begrenzen, namentlich eine Mindestversicherungssumme pro Schadensfall, eine Begrenzung der Jahreshöchstleistung pro Versicherungsjahr oder Risikoausschlüsse vorsieht, und die Gesellschafter sich mit diesen Mindestanforderungen an die Versicherung begnügen[1424]. Übersteigt die Schadenssumme die (Mindest-) Versicherungssumme, ist die Jahreshöchstleistung bereits vollständig

---

1420 Dazu oben Kapitel F. IV.3.
1421 Dazu oben Kapitel E. I.1.b.
1422 Dazu oben Kapitel D. II.3.
1423 Eingehend: *Schumacher*, S. 51 ff., 97 ff.; *Schumacher*, NZG 2015, 379 ff.
1424 *Henssler*, in: Henssler/Prütting, BRAO, § 8 PartGG Rn. 64.

ausgeschöpft oder besteht für den konkreten Anspruch kein Versicherungsschutz wegen eines zulässigen Risikoausschlusses[1425], und ist das Gesellschaftsvermögen zur Schadenskompensation zu gering, fallen Gläubiger mit ihrer Forderung aus.

Schutzlücken im Versicherungskonzept der PartG mbB können sich schließlich auch dann ergeben, wenn gesetzliche Ausnahmen von der Leistungspflicht des Versicherers existieren. Wird ein solcher Ausnahmetatbestand erfüllt und wird die Versicherung ordnungsgemäß „unterhalten" i.S.v. § 8 Abs. 4 PartGG, so greift die Haftungsbeschränkung trotz fehlendem Versicherungsschutz im konkreten Fall. In diesem Zusammenhang ist § 103 VVG zu nennen, der die Leistungsfreiheit der Versicherung bei vorsätzlicher Herbeiführung eines Versicherungsfalls regelt. Eine Schutzlücke besteht hier indes grundsätzlich nicht, da gegen den berufsfehlerhaft handelnden Partner regelmäßig ein deliktischer Anspruch besteht[1426]. Dies läuft im Ergebnis auf eine Handelndenhaftung i.S.v. § 8 Abs. 2 PartGG hinaus[1427]. Darüber hinaus besteht die Möglichkeit des vollstreckungsrechtlichen Zugriffs auf vertraglich nicht ausschließbare (§ 276 Abs. 3 BGB) Regressansprüche der Gesellschaft[1428].

iv. Angemessenes Gläubigerschutzniveau durch Versicherungsschutz

Trotz der dargestellten Ausfallrisiken für Gläubiger bietet das Versicherungskonzept der PartG mbB ein angemessen hohes Gläubigerschutzniveau[1429]. Die dargelegten Schutzlücken hinsichtlich des Umfangs des Versicherungsschutzes beruhen auf bewussten gesetzgeberischen Entscheidungen und nicht auf einer defizitären Ausgestaltung des Regelungskonzepts. Zu der konkreten Ausgestaltung ist festzuhalten, dass diese als objektive Wertentscheidung des Gesetzgebers zu akzeptieren ist[1430]. Es handelt sich um eine rechtspolitische Entscheidung, die als Ausdruck einer antizipierten Interessenabwägung zwischen Gesellschafter- und Gläubigerschutz zu begreifen ist[1431]. Konkrete Nachweise dafür, dass insbesondere die gewählten Versicherungssummen unangemessen niedrig sind, gibt es nicht. Vielmehr werden die gesetzlich vorgeschriebenen Mindestversicherungssummen, die sich alle im Bereich ab 1 Mio. Euro bewegen, regelmäßig das bessere Mittel der Schadenskompensation sein als eine persönliche Haftung eines Gesellschafters[1432] oder das Haftkapital einer

---

1425 *Lieder*, NotBZ 2014, 81, 87; *Römermann/Praß*, NZG 2012, 601, 603; *Schumacher*, VersR 2016, 964, 967 f.; *Seibert*, DB 2013, 1710, 1712.

1426 Dazu oben Kapitel E. III.3.

1427 *Baumann*, GmbHR 2014, 953, 956.

1428 Dazu oben Kapitel I. III.2.

1429 So auch *Baumann*, GmbHR 2014, 953, 957; *Henssler*, in: Henssler/Prütting, BRAO, § 8 PartGG Rn. 81.

1430 Eingehend zur Diskussion über die Angemessenheit der Versicherungssummen bei Rechtsanwälten: *Fischer*, S. 102 ff.; *Suyr*, S. 157 ff.

1431 So *C. Schäfer*, in: MüKo BGB, § 8 PartGG Rn. 43; *ders.*, in: Ulmer/Schäfer, Syst Komm GbR/PartGG, § 8 PartGG Rn. 43 zu der Höhe der Versicherungssummen.

1432 *Hellwig*, NJW 2011, 1557, 1558; *Kubata/Riegler/Straßen*, DStR 2014, 1949, 1954; *Pestke/Michel*, Stbg 2013, 366, 372; *Seibert*, DB 2013, 1710, 1711; *Seibert*, WPg 2013, I.

Kapitalgesellschaft[1433]. Selbstverständlich wird es Fälle geben, bei denen der Versicherungsschutz zur vollständigen Schadenskompensation nicht ausreichen wird. Dies wäre nur mit deutlich höheren Versicherungssummen zu erreichen, die aber ab einem bestimmten Umfang nicht mehr erhältlich oder finanzierbar sind, was wiederum die „Brauchbarkeit" der PartG mbB insgesamt in Frage stellen würde. Zudem ist es auch nicht Aufgabe eines Gläubigerschutzkonzeptes, Gläubiger von allen Ausfallrisiken freizuzeichnen; denn solche sind bei jeder Verbandsform mit Haftungsbeschränkung angelegt.

Darüber hinaus bietet der zu unterhaltende Versicherungsschutz (als Legitimation für den Entfall der persönlichen Haftung) für den Geschädigten den klaren Vorteil, dass mit der Versicherungsgesellschaft ein überaus „sicherer" und solventer Schuldner bereitsteht und er davon ausgehen kann, dass ein ihm zustehender materieller Anspruch auch tatsächlich realisierbar ist[1434] – anders als dies vielfach bei dem Privatvermögen eines Gesellschafters oder dem Haftkapital einer Kapitalgesellschaft der Fall wäre. Zudem bietet der Versicherungsschutz gegenüber einem gesetzlichen Haftkapital den Vorteil, dass dieser zwar genauso (durch Ausschöpfung der Jahreshöchstleistung) „aufgezehrt" sein kann, er sich aber nach Ende eines Versicherungsjahres wieder vollständig „erneuert"[1435].

b. Finanzverfassung der PartG mbB

Das Recht der PartG mbB sieht keine Vorschriften hinsichtlich eines Kapitalschutzsystems vor. Es existieren keine Vorgaben für ein Mindestkapital, dementsprechend gibt es auch keine Regelungen zu Kapitalaufbringung und -erhaltung. Bei der PartG mbB ist keine Verpflichtung zu einer angemessenen Kapitalisierung der Gesellschaft vorgegeben, die mittels des repressiven Instruments einer Durchgriffshaftung bei materieller Unterkapitalisierung durchgesetzt werden könnte[1436]. Dem Gesellschaftsvermögen kommt im Ergebnis allenfalls eine begrenzte Gläubigersicherung zu[1437]. Dieses Fehlen eines gesetzlichen Kapitalschutzsystems bei der PartG mbB ist unter Gläubigerschutzgesichtspunkten allerdings unproblematisch, da der Gesetzgeber die Legitimation für die Haftungsbeschränkung zuallererst auf das Unterhalten einer Berufshaftpflichtversicherung setzt und sich damit bewusst von einem gesetzlichen Garantiekapital abgewandt hat[1438]. Da das Versicherungskonzept wie dargelegt

1433 *Kubata/Riegler/Straßen*, DStR 2014, 1949, 1954; *Pestke/Michel*, Stbg 2013, 366, 372; *Seibert*, WPg 2013, I.

1434 So allgemein für Versicherungsschutz *v. Bar*, AcP 181 (1981), 289, 303; in diese Richtung: *Mülbert/Birke*, EBOR 3 (2002), 695, 725.

1435 Dazu oben Kapitel B. III.2.b.

1436 Zum Ganzen oben Kapitel H. I.4.b.

1437 Dazu oben Kapitel B. III.2.b.

1438 Dazu oben Kapitel B. III.2.b.

auch hinreichend in der Lage ist, ein angemessenes Gläubigerschutzniveau zu gewährleisten, besteht für ein gesetzliches Kapitalschutzsystem auch kein zwingender Bedarf[1439].

Gleichwohl wird mit der Geltung des Instituts der Existenzvernichtungshaftung bei der PartG mbB ein gegenständlicher Schutz des Gesellschaftsvermögens bewirkt[1440]. Die gläubigerschützende Wirkung der Existenzvernichtungshaftung ist dadurch gegeben, dass den Gesellschaftern *ex ante* der Anreiz für opportunistische Vermögensverschiebungen zu Lasten der Gläubiger durch eine *ex post* drohende Haftungssanktion genommen wird[1441]. Damit wird der Gläubigerschutz bei der PartG mbB über den situativen Ansatz der Berufshaftpflichtversicherung hinaus um einen gegenständlichen Vermögensschutz erweitert. Dabei nimmt die Existenzvernichtungshaftung bei der PartG mbB – anders als im Kapitalgesellschaftsrecht[1442] – nicht nur eine Ergänzungsfunktion ein, sondern stellt die einzige echte „Entnahmesperre" hinsichtlich des Gesellschaftsvermögens dar. Daneben hat das auf die PartG mbB anwendbare Haftungsinstitut wegen Vermögensvermischung gleichfalls gläubigerschützende Wirkung, indem eine Achtung der verschiedenen Vermögenssphären von Gesellschaft und Gesellschaftern sichergestellt wird.

c. Publizität

Die Bedeutungen von Publizitätspflichten als Mittel des Gläubigerschutzes sind allgemein anerkannt[1443]. Zeitlich knüpfen solche gläubigerschützenden Vorschriften in der Phase der Aufnahme einer Geschäftsbeziehung mit dem Vertragspartner an, in der ein (potentieller) Gläubiger über die tatsächliche Eingehung der Rechtsbeziehung entscheidet[1444]. Zu diesem Zeitpunkt besteht für den Vertragspartner das Risiko, dass er aufgrund unvollständiger oder unrichtiger Information die Gefahr einer Nichterfüllung künftiger Forderungen durch den Schuldner falsch einschätzt[1445]. Hier setzen Publizitätspflichten an und helfen, ein Informationsdefizit bezüglich der tatsächlichen Verhältnisse des Vertragspartners abzubauen[1446]. Durch

---

1439 Im Ergebnis: *Kubata/Riegler/Straßen*, DStR 2014, 1949, 1954; *Suyr*, S. 150 ff.

1440 Allgemein zu einer solchen Wirkung der Existenzvernichtungshaftung *Weller*, DStR 2007, 116, 120 und 122; *Weller*, DStR 2007, 1166.

1441 So generell für Instrumente des Gläubigerschutzes in Rechtsordnungen, die auf ein Garantiekapital verzichten: *Tröger*, FS Westermann (2008), S. 1533, 1549.

1442 *Kleindiek*, ZGR 2006, 335, 336; *Weller*, DStR 2007, 1166.

1443 Vgl. nur *Mülbert*, EBOR 7 (2006), 357, 379 f.; *Roth*, in: Roth/Altmeppen, GmbHG, Einleitung Rn. 33; *Vetter*, ZGR 2005, 788, 798; *Wiedemann*, GesR, Bd. I, § 10 V, S. 573 ff.

1444 *Haas*, in: Hommelhoff/Helms, Neue Wege in die Europäische Privatgesellschaft, S. 155, 158.

1445 *Haas*, in: Hommelhoff/Helms, Neue Wege in die Europäische Privatgesellschaft, S. 155, 158 und 167; *Mülbert*, Der Konzern 2004, 151, 154.

1446 *Haas*, in: Hommelhoff/Helms, Neue Wege in die Europäische Privatgesellschaft, S. 155, 158 und 167 f.

Publizitätsvorschriften werden Gläubiger nicht unmittelbar entlastet, sie schaffen vielmehr die Voraussetzung für einen Selbstschutz durch privatautonome Gestaltungen[1447] (sog. „*caveat-creditor*-Prinzip")[1448]. Privatautonomer Selbstschutz stößt da zwangsläufig an seine Grenzen, wenn es um deliktische Gläubiger geht oder Gläubiger nicht über die Marktstellung oder Fähigkeiten verfügen, Instrumente der Eigenvorsorge durchzusetzen[1449]. Aus diesem Grund nehmen Publizitätspflichten in einem Gläubigerschutzkonzept nur eine ergänzende Funktion ein, können aber einen institutionellen Gläubigerschutz nicht ersetzen[1450].

Anknüpfungspunkte für Publizitätsvorschriften können die Offenlegung der rechtlichen Struktur, die wirtschaftliche Lage der Gesellschaft[1451] und – bei der PartG mbB naheliegend – der bestehende Versicherungsschutz sein. Grundsätzlich gilt, dass eine Information für den Empfänger nur von Wert ist, wenn sie der Wahrheit entspricht. Daher bedarf es Regelungen, die Publizität anordnen sowie flankierender Regelungen, die das Ergebnis (ggf. haftungsrechtlich) absichern[1452]. Ansonsten verkommt jede Publizitätspflicht zum „zahnlosen Tiger". Die folgende Darstellung zeigt auf, inwieweit eine Anordnung der Offenlegung der Information und deren Durchsetzbarkeit sichergestellt sind.

Die Pflicht zur Offenlegung der rechtlichen Struktur der PartG mbB ergibt sich aus § 8 Abs. 4 S. 3 PartGG. Der Rechtsformzusatz muss ins Partnerschaftsregister eingetragen werden, sowie ausnahmslos im Geschäftsverkehr geführt werden. Letzteres ist in Bezug auf Angaben auf Geschäftsbriefen gesondert vorgegeben (§ 7 Abs. 5 PartGG i.V.m. § 125a HGB). Effektiv sichergestellt wird die Einhaltung der Publizitätspflichten über die scharfen Rechtsfolgen der Registerpublizität (§ 5 Abs. 2 PartGG i.V.m. 15 Abs. 1 HGB)[1453], sonstigen registerrechtlichen Sanktionen, sowie die Grundsätze zur Haftung bei fehlerhafter Führung des Namenszusatzes im Rechtsverkehr (Rechtsscheinhaftung bzw. Rechtsscheinhaftung § 179 BGB analog)[1454].

Hinsichtlich der wirtschaftlichen Lage der PartG mbB fehlen Publizitätsvorschriften. Eine Anwendung der Vorschriften zur Rechnungslegungspublizität gemäß §§ 325 ff. HGB ist nicht vorgesehen. Im Zuge des Gesetzgebungsverfahrens wurde kritisiert, dass das Fehlen diesbezüglicher Regelungen eine Schutzlücke im

---

1447 Bspw. durch Abgeltung des erhöhten Risikos durch eine entsprechende Entgeldkondition oder Vereinbarung von dinglichen bzw. persönlichen Sicherheiten, vgl. *Roth*, in: Roth/Altmeppen, GmbHG, Einleitung Rn. 23 m.w.N.

1448 *Michalski*, in: Michalski, GmbHG, Syst Darst 1 Rn. 50.

1449 *Goette*, DStR 2005, 197, 198; *Haas*, Gutachten 66. DJT (2006), E95 f.; *Ekkenga*, in: MüKo GmbHG, § 30 Rn. 39; *Spindler*, JZ 2006, 839, 841.

1450 *Haas*, Gutachten 66. DJT (2006), E95 f.; *Merkt*, ZGR 2004, 305, 313; *Spindler*, JZ 2006, 839, 841.

1451 Eine solche Unterteilung implizierend *Wiedemann*, GesR, Bd. I, § 10 V 2., S. 578 ff.

1452 So allgemein zu einem „Informationsmodell" im Gesellschaftsrecht: *Grundmann*, FS Lutter (2000), S. 61, 67.

1453 Dazu oben Kapitel G. II.1.

1454 Dazu oben Kapitel G. II.2.

Gläubigerschutz bedeute[1455]. Dieser Einwand überzeugt nicht[1456]. Richtig ist, dass solche Vorschriften (auch) gläubigerschützende Wirkung haben können, indem sie Aufschluss über die wirtschaftliche Lage bei einer Gesellschaft mit beschränkter Gesellschafterhaftung geben[1457]. Zwischen Rechnungslegung (§§ 238 ff. HGB) und Publizität (§§ 325 ff. HGB) besteht ein (mittelbarer) Zusammenhang, da die Ergebnisse der Rechnungslegung den Gegenstand der Offenlegung bilden[1458]. Jedoch ist zu berücksichtigen, dass die Rechnungslegungs(-publizität) in einem engen Sachzusammenhang mit dem Kapitalschutzsystem der Kapitalgesellschaften steht[1459]. Der Gläubigerschutz bei der PartG mbB setzt aber nicht auf ein gesetzliches Garantiekapital, sondern auf einen entsprechenden Versicherungsschutz. Damit fehlt bei der PartG mbB die sachgedanklich notwendige Grundlage für die Anwendung zuvor genannten Vorschriften[1460] und diese würden zu einem überschießenden, so vom Gesetzgeber nicht intendierten Gläubigerschutzkonzept führen. Es ist also nur konsequent, dass solche Vorschriften für die PartG mbB nicht vorgesehen sind.

Publizitätsvorschriften in Bezug auf den Versicherungsschutz fehlen bei der PartG mbB. Insbesondere ist eine Eintragung der Versicherungssumme oder sonstiger Tatsachen im Zusammenhang mit der Versicherung in das Partnerschaftsregister nicht vorgesehen[1461]. Im Zuge des Gesetzgebungsverfahrens wurde kritisiert, dass eine Pflicht zur Offenlegung der Ausschöpfung der Jahreshöchstleistung gegenüber dem Vertragspartner nicht vorgesehen sei[1462]. Ein dahingehender Änderungsantrag[1463] ist nicht Gesetz geworden. Eine derartige Verpflichtung zur Offenlegung ist abzulehnen[1464]. Dies gilt schon, weil einer solchen Offenlegungspflicht abschreckende Wirkung in Bezug auf die Gesellschaft zukommt und die PartG mbB in erheblichem Maße an Attraktivität eingebüßt hätte. Die Offenlegung der Inanspruchnahme der Jahreshöchstleistung erlaubt Rückschlüsse auf bereits begangene Berufsfehler und

---

1455 *DRB*, Stellungnahme Rechtsausschuss, S. 3; DRB, Stellungnahme März 2012; MdB *Petermann*, BT Pl.Prot. 17/246, S. 31652 li. Sp.

1456 So auch MdB *Buschmann*, BT Pl.Prot. 17/246, S. 31651 re. Sp.; *Suyr*, S. 153 f.

1457 Vgl. nur *Stork*, in: Heidel/Schall, HGB, § 325 Rn. 1; *Fehrenbacher*, in: MüKo HGB, § 325 Rn. 6 f.

1458 *Pöschke*, in: GroßKomm HGB, Vor § 238 Rn. 2.

1459 *Fastrich*, DStR 2006, 656, 662; *Goette*, ZGR 2006, 261, 277; *Merkt*, ZGR 2004, 305, 312; *Teichmann*, NJW 2006, 2444; ähnlich MdB *Buschmann*, BT Pl.Prot. 17/246, S. 31651 re.Sp.; *Suyr*, S. 153.

1460 So auch *Suyr*, S. 153 f.

1461 *Zimmermann*, in: Michalski/Römermann, PartGG, § 4 Rn. 36; *Suyr*, S. 172.

1462 MdB *Strässer*, BT Pl.Prot. 17/246, S. 31650 li. Sp.; andeutend: MdB *Petermann*, BT Pl.Prot. 17/246, S. 31652 li. Sp.

1463 BT-Drucks. 17/13944, S. 13 f.; MdB *Strässer*, BT Pl.Prot. 17/246, S. 31650 re.Sp.

1464 So auch *Schumacher*, S. 192; *Syur*, S. 170 f.

damit mittelbar auf die Bearbeitungsqualität der Partner. Die Preisgabe dieser Information hätte erhebliche nachteilige Auswirkungen auf die Außendarstellung einer PartG mbB[1465].

Das Gläubigerschutzkonzept der PartG mbB weist allerdings insoweit eine erhebliche Schutzlücke auf, weil abgesehen davon keine Publizitätspflichten im Bezug auf den Versicherungsschutz eingeführt wurden[1466]. Sinnvolle Publizitätsgegenstände wären die Mindestversicherungssumme sowie eine etwaige Begrenzung der Jahreshöchstleistung. Aus einer Offenlegung der Mindestversicherungssumme wäre ablesbar, bis zu welcher Summe grundsätzlich ein etwaiger Schaden im Zusammenhang mit der Berufsausübung durch die Versicherung abgedeckt ist. Zwar können potentielle Gläubiger schon anhand der berufsrechtlichen Vorschriften die *gesetzliche* Mindestversicherungssumme ablesen. Damit wäre allerdings solchen Gläubigern nicht geholfen, die im Einzelfall ihr Schadensrisiko höher einschätzen[1467]. Die Offenlegung einer Begrenzung der Jahreshöchstleistung würde es Gläubigern erlauben, das Risiko besser einzuschätzen, ob ihnen der Versicherungsschutz auch tatsächlich zur Verfügung stehen würde. Zwar ist hieraus nicht abzulesen, ob die Jahreshöchstleistung bereits ausgeschöpft wurde. Der Informationswert der Begrenzung der Jahreshöchstleistung ließe sich indes verbessern, wenn zudem der Beginn des Versicherungsjahres publik gemacht werden müsste. So wäre etwa für Gläubiger, die zu Beginn eines Versicherungsjahres mit der PartG mbB kontrahieren, das tatsächliche Bestehen von Versicherungsschutz weitaus wahrscheinlicher, als für Gläubiger, die gegen Mitte oder Ende des Versicherungsjahres mit der Gesellschaft eine Vertragsbeziehung eingehen. Nachteilige Wirkungen in der Außendarstellung wären mit solchen Publizitätsvorschriften im Bezug auf den Versicherungsschutz nicht zu befürchten[1468]. Insbesondere gibt die Höhe des Versicherungsschutzes nur maßgeblich darüber Auskunft, wie die Gesellschafter den Risikozuschnitt ihrer Gesellschaft einschätzen. Ein praktikables, hinsichtlich des Verwaltungsaufwandes für die Gesellschafter überschaubares Publizitätsmittel würde die entsprechende Eintragung in das Partnerschaftsregister darstellen[1469] – gleichfalls, wie Kapitalgesellschaften zur Eintragung des Garantiekapitals in das Handelsregister verpflichtet sind. Im Ergebnis ist zur Schließung der dargelegten Lücke im Gläubigerschutzkonzept der PartG mbB *de lege ferenda* nachdrücklich zu fordern, dass das PartGG dahingehend ergänzt wird, dass die Eintragung (einschließlich Anpassung an Veränderungen des Versicherungsschutzes) der Versicherungssumme pro Schadensfall, die Begrenzung der Jahreshöchstleistung sowie

1465 Ähnlich *Schumacher*, S. 192; *Suyr*, S. 170 f.

1466 So auch *Suyr*, S. 172 f. in Bezug auf die Veröffentlichung der (Mindest-) Versicherungssumme.

1467 Ähnlich *Suyr*, S. 173 f.

1468 Eingehend: *Suyr*, S. 172 ff.

1469 So auch *Suyr*, S. 174.

der Beginn des Versicherungsjahres für die Gesellschafter verpflichtend ist[1470]. Die Durchsetzbarkeit solcher Publizitätspflichten gewährleisten die Publizitätsgrundsätze des Partnerschaftsregisters, sowie – insoweit zu ergänzende – Vorschriften in Bezug auf registerrechtliche Sanktionen.

d. Insolvenzrecht

Insolvenzrechtliche Vorschriften betreffen das letzte Stadium der Rechtsbeziehung der Gesellschaft zu den Gläubigern[1471]. Mit Eintritt der Insolvenz geht es aus Sicht von Gläubigern insbesondere um die optimale Sicherung und Verteilung des noch vorhandenen Gesellschaftsvermögens. Es besteht für sie das Risiko, dass die Gesellschaft nicht mehr im Stande ist, offene Verbindlichkeiten zu begleichen und ihre Forderungen ausfallen (Ausfallrisiko). Regelungen, die in der Lage sind, dieses Ausfallrisiko zu verringern, leisten einen wesentlichen Beitrag zum Gläubigerschutz[1472]. Hierzu zählt insbesondere die Insolvenzantragspflicht gemäß § 15a InsO[1473], die mitunter als „Eckpfeiler des Gläubigerschutzes" bezeichnet wird[1474]. Nach geltendem Recht ist eine Insolvenzantragspflicht für die PartG mbB nicht vorgesehen. Dafür, das Gläubigerschutzkonzept *de lege ferenda* um das insolvenzrechtliche Gläubigerschutzinstrument einer Insolvenzantragspflicht zu erweitern, sprechen – neben den bereits dargelegten Gründen[1475] – noch folgende Erwägungen:

Gläubiger einer Gesellschaft mit (zumindest partiell) beschränktem Haftungsfonds wie der PartG mbB sind verglichen mit solchen, denen ein persönlich haftender Gesellschafter zur Verfügung steht, besonders schutzwürdig[1476]. Während am Ende eines Insolvenzverfahrens bei einer PartG mbB grundsätzlich deren Vollbeendigung steht[1477], verbunden mit einem endgültigen Forderungsausfall der Gläubiger, bleibt der persönlich haftende Gesellschafter über die Dauer des Bestands der Gesellschaft hinaus grundsätzlich mit seinem gesamten gegenwärtigen, sowie künftigem Vermögen den Gläubigern als Schuldner erhalten[1478]. Schon aus diesem Grund besteht bei Gesellschaften mit beschränktem Haftungsfonds aus Gläubigersicht

1470 So auch hinsichtlich der Offenlegung der (Mindest-) Versichungssumme: *Suyr*, S. 174 f.

1471 *Haas*, in: Hommelhoff/Helms, Neue Wege in die Europäische Privatgesellschaft, S. 155, 158.

1472 So weitgehend *Haas*,Gutachten 66. DJT (2006), E15; *Haas*, in: Hommelhoff/Helms, Neue Wege in die Europäische Privatgesellschaft, S. 155, 158.

1473 Die gläubigerschützende Wirkung von § 15a InsO ist allgemein anerkannt, vgl. nur *K.Schmidt/Herchen*, in: K. Schmidt, InsO, § 15a Rn. 1; *K. Schmidt*, ZIP 2013, 485, 489; *Hirte*, in: Uhlenbruck, InsO, § 15a Rn. 1.

1474 *Klöhn*, in: MüKo, InsO, § 15a Rn. 34; *Mönning*, in: Nerlich/Römermann, InsO, § 15a Rn. 8b.

1475 Dazu oben Kapitel H. II.3.

1476 *Elsing*, GmbHR 1978, 103, 105 f. (zu § 64 GmbH a.F.).

1477 Vgl. nur *K. Schmidt*, in: MüKo HGB, § 158 Anhang Rn. 56.

1478 *Elsing*, GmbHR 1978, 103, 106 (zu § 64 GmbH a.F.).

das Interesse an einer möglichst frühzeitigen Einleitung des Insolvenzverfahrens, dem die Insolvenzantragspflicht Rechnung trägt.

Ohne Bedeutung ist es, dass das Gläubigerschutzkonzept der PartG mbB nicht auf einem Kapitalschutzsystem aufbaut, ein insolvenzrechtlicher Gläubigerschutz aber gerade das Gesellschaftsvermögen als Ganzes im Blick hat. Der Versicherungsschutz führt idealiter dazu, dass die Forderungen der Gläubiger erfüllt werden können und ein Abrutschen der Gesellschaft in die Insolvenz aufgrund der Berufshaftung überhaupt nicht eintritt. Hat das Versicherungskonzept indes versagt und gerät die Gesellschaft in die Nähe der Insolvenz, so bedarf es gläubigerschützender Regelungen, die den spezifischen Risiken der Insolvenz zu begegnen vermögen. Die Gesellschafter müssen dazu veranlasst werden, die Gesellschaft entweder zu sanieren oder vom Markt zu nehmen (bzw. den Regelungen der InsO zu unterstellen). Versicherungsschutz und insolvenzrechtliche Gläubigerschutzregeln verfolgen insoweit unterschiedliche Zielrichtungen[1479]. Im Hinblick auf eine Insolvenz der Gesellschaft ist das Versicherungskonzept der PartG mbB allerdings lückenhaft. Dies haben die Untersuchungen in Bezug auf Alt- und Neugläubiger sowie hinsichtlich der Problematik eines „Windhundrennens" gezeigt[1480]. Diese Lücke im Gläubigerschutz[1481] ist im Ergebnis *de lege ferenda* über eine Erweiterung der Insolvenzantragspflicht gemäß § 15a InsO auf die PartG mbB zu schließen[1482]. Diese Forderung deckt sich mit dem Befund von *Huber*, der die Insolvenzantragspflicht bei einer Gesellschaft mit beschränktem Haftungsfonds als ein „Grundprinzip des deutschen Rechts" bezeichnet[1483].

Neben der Erweiterung von § 15a InsO ist es dann konsequent, den Eröffnungsgrund der Überschuldung, der dem (präventiven) Gläubigerschutz dient[1484], *de lege ferenda* ausdrücklich auf die PartG mbB zu erweitern[1485].

1479 So *Mülbert*, Der Konzern, 2004, 151, 155 zum Verhältnis von Vorschriften über ein Garantiekapital und insolvenzrechlichen Gläubigerschutzregelungen.

1480 Dazu oben Kapitel H. II.3.

1481 *Haas/Mock*, in: Gottwald, Insolvenzrechts-HdB, § 94 Rn. 118 („nicht unerhebliche Schutzlücken").

1482 Im Ergebnis: *Hennen*, S. 155 f.; *Henssler*, in: Henssler/Prütting, BRAO, § 8 PartGG Rn. 74; *Hirte*, Stellungnahme Rechtsausschuss, S. 9; *Römermann/Praß*, NZG 2012, 601, 608; *Hirte*, in: Uhlenbruck, InsO, § 11 Rn. 248; wohl auch *Werner*, StBW 2013, 715, 718 („nicht fernliegend"); ablehnend: *Piller*, S. 392 ff.

1483 *Huber*, in: Lutter, Europäische Auslandsgesellschaften, S. 358.

1484 Vgl. nur *Bremen*, in: Graf-Schlicker, InsO, § 19 Rn. 4; *K. Schmidt*, in: K. Schmidt, InsO, § 19 Rn. 2.

1485 Für eine Anwendung *de lege lata* : *Piller*, S. 397 f.

K. Schlussbetrachtung

Das „Gesetz zur Einführung einer Partnerschaftsgesellschaft mit beschränkter Berufshaftung und zur Änderung des Berufsrechts der Rechtsanwälte, Patentanwälte, Steuerberater und Wirtschaftsprüfer“ bildet den (vorläufigen) Schlusspunkt eines über Jahrzehnte dauernden gesetzgeberischen Bemühens, Freiberuflern eine geeignete Verbandsform für die gemeinsame Berufsausübung zur Verfügung zu stellen. Der Gesetzgeber reagierte damit, international angestoßen durch eine zunehmend zu beobachtende Präferenz von Freiberuflern für eine LLP englischen Rechts, auf ein zunehmendes Bedürfnis nach einer Haftungsbegrenzung kraft Rechtsform. Mit der Einführung der PartG mbB stieß der Gesetzgeber in die Lücke, die Freiberufler im deutschen Verbandsrecht bislang vorfanden, nämlich einem fehlenden gesellschaftsrechtlichen Pendant zu einer ihnen nach traditionellem Verständnis verschlossenen GmbH & Co. KG.

Durch gesetzgeberischen Minimalismus wurde das Arsenal der den freien Berufen offen stehenden Verbandsformen mit der PartG mbB um eine Gesellschaft erweitert, die für Berufsfehler eine Beschränkung der Haftung auf das Gesellschaftsvermögen vorsieht und gleichzeitig die Vorzüge einer Personengesellschaft für sich beanspruchen kann. Diese Kombination bedeutet eine wesentliche Bereicherung für das Gesellschaftsrecht der freien Berufe.

Innerhalb des deutschen Verbandsrechts nimmt die PartG mbB die Stellung einer Rechtsformvariante der Partnerschaftsgesellschaft ein und weist dieselben rechtlichen Merkmale wie eine solche auf. Der Gesetzgeber beschreitet ansonsten mit dem Regelungskonzept der PartG mbB gesellschaftsrechtliches Neuland: als erste Verbandsform weist die PartG mbB lediglich eine partielle, in ihrem Anwendungsbereich aber vollständige Haftungsbeschränkung auf. Außerdem bedeutet die PartG mbB eine deutliche Abkehr von dem bislang verfolgten Konzept zur Legitimation einer Haftungsbeschränkung, bei dem stets (auch) die Kapitalsicherung im Vordergrund stand. Bei der PartG mbB hat sich der Gesetzgeber hingegen für das Konzept „Haftungsersetzung durch Versicherungsschutz“ entschieden. Aus rechtsdogmatischer Sicht bestehen an diesem Regelungskonzept keine Bedenken. Insbesondere weist das Versicherungskonzept zahlreiche Parallelen mit dem System eines Garantiekapitals auf, geht aber in seiner Effektivität teilweise darüber hinaus. Ob der Ansatz eines Versicherungskonzepts generell ein Zukunftsmodell im deutschen Gesellschaftsrecht (oder auch darüber hinaus, etwa im allgemeinen Schadensrecht) sein kann, wird die gelebte Rechtspraxis zeigen müssen. An tatsächliche Grenzen stößt ein solches Konzept allerdings schon deshalb, weil die konkrete Geschäftstätigkeit der Gesellschaft ein klar umrissenes, versicherbares Risiko aufweisen muss, für das der Versicherungsschutz den Ausgleich für den Entfall der persönlichen Haftung gewährleisten kann.

Das Gläubigerschutzkonzept der PartG mbB baut maßgeblich auf dem von der Gesellschaft zu unterhaltenden Versicherungsschutz auf. Dessen Mindestumfang bemisst sich nach den jeweiligen berufsrechtlichen Vorgaben, die als antizipierte Interessenabwägung zwischen den Belangen der Gesellschafter und denen der Gläubiger zu verstehen sind. Die Haftungsbeschränkung gilt auch, wenn die Versicherung im Einzelfall nicht zur Leistung verpflichtet ist, allerdings vorausgesetzt, der unterhaltene Versicherungsschutz entspricht den berufsrechtlichen Anforderungen. Damit ergeben sich Schutzlücken für die Gläubiger, die allerdings als bewusste gesetzgeberische Entscheidung bei der Ausgestaltung des Versicherungsschutzes zu akzeptieren sind. Insgesamt ist jedoch zu konstatieren, dass der gesetzlich vorgegebene (Mindest-) Versicherungsschutz ein angemessen hohes Gläubigerschutzniveau bietet, der das Fehlen von Vorschriften bei der PartG mbB zu einem gesetzlichen Garantiekapital adäquat auszugleichen vermag.

Die Untersuchungen haben jedoch deutlich gemacht, dass der Gläubigerschutz bei der PartG mbB in Bezug auf Publizitäts- und insolvenzrechtliche Vorschriften defizitär ausgestaltet ist. Diese Lücken im Regelungskonzept sollten durch d*e lege ferenda* zu schaffende Publizitätsvorschriften hinsichtlich Eintragung der Versicherungssumme pro Schadensfall, der Begrenzung der Jahreshöchstleistung sowie des Beginns des Versicherungsjahres in das Partnerschaftsregister (einschließlich Anpassung an Veränderungen des Versicherungsschutzes), und durch eine ausdrückliche Erweiterung der Insolvenzantragspflicht (§ 15a InsO) sowie des Insolvenzgrundes der Überschuldung (§ 19 InsO) auf die PartG mbB geschlossen werden.

Aus haftungsrechtlicher Sicht haben die Untersuchungen gezeigt, dass Freiberuflern mit der PartG mbB nunmehr eine Personengesellschaft zur Verfügung steht, die es ermöglicht, die Haftungsgefahren aus der gemeinschaftlichen Berufsausübung erheblich zu reduzieren, wenn auch nicht vollständig auszuschließen. Hinter einer Gesellschaft mit vollständiger Haftungsbeschränkung bleibt die PartG mbB zwangsläufig zurück. Die verbleibenden Haftungsrisiken, sofern sie sich nicht aus der Ausgestaltung als Gesellschaft mit lediglich partieller Haftungsbeschränkung ergeben, sind überwiegend beherrschbar, erfordern aber ein über die bloße Rechtsformwahl hinausgehendes individuelles Risikomanagement der Gesellschafter. Gleichwohl ist deutlich geworden, dass eine Vielzahl rechtlicher Zweifelsfragen in Bezug auf Inhalt und Reichweite der Haftungsbeschränkung sowie eine mögliche persönliche Inanspruchnahme der Gesellschafter im Außen-, wie im Innenverhältnis bestehen. Die Feuerprobe der Rechtsprechung hierzu steht noch aus und wird entscheidenden Einfluss darauf haben, ob sich der bis dato aus rechtstatsächlicher Sicht abzeichnende Erfolg der PartG mbB auch in Zukunft fortschreiben wird.

Literaturverzeichnis

Altmeppen, Holger: Haftung der Gesellschafter einer Personengesellschaft für Delikte, in: NJW 1996, 1017

Altmeppen, Holger: Geschäftsleiterhaftung für Weglassen des Rechtsformzusatzes aus deutsch-europäischer Sicht, Zugleich Besprechung BGH v. 5.2.2007 – II ZR 84/05, ZIP 2007, 908, in: ZIP 2007, 889

Altmeppen, Holger: Zur vorsätzlichen Gläubigerschädigung, Existenzvernichtung und materiellen Unterkapitalisierung in der GmbH, Zugleich Besprechung BGH v. 28.4.2008 – II ZR 264/06, ZIP 2008, 1332 „Gamma", in: ZIP 2008, 1201

Altmeppen, Holger: Irrungen und Wirrungen um den täuschenden Rechtsformzusatz und seine Haftungsfolgen, in: NJW 2012, 2833

Ammon, Ludwig: Die Sachfirma der Kapitalgesellschaft, in: DStR 1994, 325

Andres, Dirk / Leithaus, Rolf / Dahl, Michael: Kommentar zur Insolvenzordnung, 3. Aufl., München 2014 (zitiert: *Bearbeiter*, in: Andres/Leithaus, InsO)

Bachmann, Peter / Schaloske, Henning: Die neue Partnerschaftsgesellschaft mit beschränkter Berufshaftung, in: PHi 2013, 202

Bank, Stephan: Die LLP – Eine attraktive Alternative für deutsche Anwaltssozietäten?, in: BB-Special 3/2010, 4

Bar, Christian von: Das „Trennungsprinzip" und die Geschichte des Wandels der Haftpflichtversicherung, in: AcP 181 (1981), 289

Bauer, Eva Melina: Partnerschaftsgesellschaft mit beschränkter Berufshaftung – Auf die Plätze, fertig, los!, in: BRAK-Mitt 2013, 202

Baumann, Horst: Haftungsersetzung und Haftungsfondsersetzung durch Versicherungsschutz im Gesellschaftsrecht – Eine rechtliche Analyse zur Partnerschaftsgesellschaft mbB nebst rechtspolitischer Folgerungen zur Unternehmergesellschaft und zur Europa-GmbH -, in: GmbHR 2014, 953

Baumbach, Adolf (Begr.) / Hopt, Klaus J.: Kommentar zum Handelsgesetzbuch, mit GmbHG & Co. KG, Handelsklauseln, Bank- und Börsenrecht, Transportrecht (ohne Seerecht), 37. Aufl., München 2016 (zitiert: *Bearbeiter*, in: Baumbach/Hopt, HGB)

Baumbach, Adolf (Begr.) / Hueck, Alfred: Kommentar zum GmbHG, 21. Aufl., München 2017 (zitiert: *Bearbeiter*, in: Baumbach/Hueck, GmbHG)

Beck, Lukas: Der Referentenentwurf und der Regierungsentwurf zur Einführung einer Partnerschaftsgesellschaft mit beschränkter Berufshaftung, in: DZWIR 2012, 447

Beck, Lukas: Zwei Jahre PartG mbB: Offene Fragen des Gesetzgebungsverfahrens, Besonderheiten der PartG mbB – erste Bilanz und Diskussionsbedarf, in: AnwBl. 2015, 380

Beck, Lukas / Schaub, Peter: Haftung des Geschäftsführers einer UG bei falscher Firmierung – Anmerkung zu BGH vom 12.6.2012 – II ZR 256/11 -, in: GmbHR 2012, 1331

Beckmann, Roland Michael / Matuschke-Beckmann, Annemarie (Hrsg.): Versicherungsrechts-Handbuch, 3. Aufl., München 2015 (zitiert: *Bearbeiter*, in: Beckmann/ Matuschke-Beckmann)

Beck'scher Online-Kommentar BGB, hrsg. v. Bamberger, Heinz Georg / Roth, Herbert (online, Stand: 41. Edition 1.11.2016) (zitiert: *Bearbeiter*, in: BeckOK BGB)

Beck'scher Online Kommentar BORA, hrsg. v. Römermann, Volker (online, Stand: 14. Edition 1.12.2016) (zitiert: *Bearbeiter*, in: BeckOK BORA)

Beck'scher Online-Kommentar GmbHG, hrsg. v. Ziemons, Hildegard / Jaeger, Carsten (online, Stand: 29. Edition 11.11.2016) (zitiert: *Bearbeiter*, in: BeckOK GmbHG)

Beck'scher Online-Kommentar HGB, hrsg. v. Häublein, Martin / Hoffmann-Theinert, Roland (online, Stand: 14. Edition 1.8.2016) (zitiert: *Bearbeiter*, in: BeckOK HGB)

Beck'scher Online-Kommentar InsO, hrsg. v. Fridgen, Alexander / Geiwitz, Arndt / Göpfert, Burkard (online, Stand: 4. Edition 15.10.2016) (zitiert: *Bearbeiter*, in: BeckOK InsO)

Beck'sches Rechtsanwalts-Handbuch, hrsg. v. Heussen, Benno / Hamm, Christoph, 11. Aufl., München 2016 (zitiert: *Bearbeiter*, in: BeckRA-HdB)

Beuthien, Volker: Pro & Contra, Rechtsanwälte mit beschränkter Haftung?, in: ZRP 2012, 127

Binnewies, Burkhard / Wollweber, Markus: Der Rechtsformwechsel von der Sozietät (GbR) in die PartG mbB, Zivil- wie steuerrechtlich kein Problem – Tipps aus der Praxis für die Praxis, in: AnwBl. 2014, 9

Binz, Mark K. / Sorg, Martin H.: Die GmbH & Co. KG im Gesellschafts- und Steuerrecht, Handbuch für Familienunternehmen, 11 Aufl., München 2010 (zitiert: *Binz/ Sorg*, GmbH & Co. KG)

Bitter, Georg: Konzernrechtliche Durchgriffshaftung bei Personengesellschaften, Univ., Diss., Köln u.a. 2000 (zitiert: *Bitter*, Durchgriffshaftung)

Bitter, Georg / Rauhut, Tilman: Grundzüge zivilrechtlicher Methodik – Schlüssel zu einer gelungenen Fallbearbeitung, in: JuS 2009, 289

Blaurock, Uwe: Mindestkapital und Haftung bei der GmbH, in: Festschrift für Thomas Raiser zum 70. Geburtstag am 20. Februar 2005, hrsg. v. Damm, Reinhard / Heermann, Peter W. / Veil, Rüdiger, Berlin 2005 (zitiert: *Blaurock*, FS Raiser (2005))

Bode, Christoph / Bron, Jan: Brexit als Risiko für die Anerkennung von Limited und LLP?, in: GmbHR 2016, R129

Bösert, Bernd: Das Gesetz über Partnerschaftsgesellschaften Angehöriger Freier Berufe (Partnerschaftsgesellschaftsgesetz – PartGG), in: ZAP Fach 15, S. 137

Bork, Reinhard / Schäfer, Carsten (Hrsg.): Kommentar zum GmbH-Gesetz, 3. Aufl., Köln 2015 (zitiert: *Bearbeiter*, in: Bork/Schäfer, GmbHG)

Bork, Reinhard / Jacoby, Florian: Das Ausscheiden des einzigen Komplementärs nach § 131 Abs. 3 HGB, in: ZGR 2005, 611

Boujong, Karlheinz: Das Trennungsprinzip des § 13 Abs. 2 GmbHG und seine Grenzen in der neueren Judikatur des Bundesgerichtshofes, in: Festschrift für Walter Odersky zum 65. Geburtstag am 17. Juli 1996, hrsg. v. Böttcher, Reinhard / Hueck, Götz / Jähnke, Burkhard, Berlin u.a. 1996, S. 739 ff. (zitiert: *Boujong*, FS Odersky (1996))

Brinkmann, Moritz: Zur Haftung von Geschäftsführer und sonstigen Vertretern ausländischer Gesellschaften wegen Fehlens des Rechtsformzusatzes, in: IPRax 2008, 30

Bruck, Ernst / Möller, Hans (Begr.): Großkommentar zum Versicherungsvertragsgesetz, Band 4, Haftpflichtversicherung, §§ 100–124 VVG, 9. Aufl., Berlin u.a. 2013 (zitiert: *Bearbeiter*, in: Bruck/Möller, VVG)

Bungert, Hartwin / Schneider, Christof Alexander: „Grenzüberschreitende Verschmelzung unter Beteiligung von Personengesellschaften", in: Gedächtnisschrift für Michael Gruson, hrsg. v. Hutter, Stephan / Baums, Theodor, Berlin 2009, S. 37 ff. (zitiert: *Bungert/Schneider*, GS Gruson (2009))

Busse, Alexander / Goez, Christoph / Kleemann, Roland / Kuhls, Clemens / Maxl, Peter / Riddermann, Thomas / Ruppert, Stefan / Willerscheid, Katharina: Kommentar zum Steuerberatergesetz, Praktikerkommentar mit Schwerpunkten zum Berufsrecht der Steuerberater, 3. Aufl., Herne u.a. 2012 (zitiert: *Bearbeiter*, in: Busse/Goez/Kleemann/Kuhls/Maxl, StBerG)

Canaris, Claus-Wilhelm: Die Vertrauenshaftung im deutschen Privatrecht, Univ., Habil., München 1971 (zitiert: *Canaris*, Vertrauenshaftung)

Canaris, Claus Wilhelm: Täterschaft und Teilnahme bei culpa in contrahendo, in: Freiheit und Zwang, Rechtliche, wirtschaftliche und gesellschaftliche Aspekte, Festschrift zum 60. Geburtstag von Prof. Dr. iur. Dr. phil. Hans Giger, hrsg. v. Habscheid, Walter J. / Hoffmann-Nowotny, Hans-Joachim / Linder, Willy / Meier-Hayoz, Arthur, Bern 1989, S. 91 ff. (zitiert: *Canaris*, FS Giger (1989))

Canaris, Claus-Wilhelm: Anmerkung zu BGH, Urteil vom 24.6.1991 – II ZR 293/90, in: NJW 1991, 2627

Canaris, Claus-Wilhelm: Die Schadensersatzpflicht der Kreditinstitute für eine unrichtige Finanzierungsbestätigung als Fall der Vertrauenshaftung, in: Bankrecht – Schwerpunkte und Perspektiven, Festschrift für Herbert Schimansky, hrsg. v. Horn, Norbert / Lwowski, Hans-Jürgen / Nobbe, Gerd, Köln 1999, S. 47 ff. (zitiert: *Canaris*, in: FS Schimansky (1999))

Canaris, Claus-Wilhelm: Die Vertrauenshaftung im Lichte der Rechtsprechung des Bundesgerichtshofs, in: 50 Jahre Bundesgerichtshof, Festgabe aus der Wissenschaft, hrsg. v. Canairs, Claus-Wilhelm / Heldrich, Andreas / Hopt, Klaus J. / Roxin, Claus / Schmidt, Karsten / Widmaier, Gunter, München 2000, S. 129 ff. (zitiert: *Canaris*, FS 50 Jahre BGH (2000))

Canaris, Claus-Wilhelm: Handelsrecht, 24. Aufl., München 2006

Cramer, Carsten: PartG mbB ist Rechtsformvariante der Partnerschaft, Kommentar zu OLG Nürnberg, Beschl. v. 5.2.2014–12 W 351/14 (AG Weiden i.d. Opf.), BeckRS 2014, 03712, in: GWR 2014, 197

Dahns, Christian: Partnerschaftsgesellschaft mit beschränkter Berufshaftung, in: NJW-Spezial 2012, 190

Dallwig, Florian: Versicherungsrechtliche Konsequenzen des Gesetzes zur Einführung einer Partnerschaftsgesellschaft mit beschränkter Berufshaftung für die Vermögensschadenhaftpflichtversicherung für Rechtsanwälte, in: VersR 2014, 19

Damm, Reinhard: Neues Gesellschaftsrecht der Freien Berufe, – Richterrechtliche Wende zur BGB-Gesellschaft und Sozietätsrecht –, in: Festschrift für Thomas Raiser zum 70. Geburtstag am 20. Februar 2005, hrsg. v. Damm, Reinhard / Heermann, Peter W. / Veil, Rüdiger, Berlin 2005, S. 23 ff. (zitiert: *Damm*, FS Raiser (2005))

Dauner-Lieb, Barbara: § 130 HGB. Weitere Rechtsfortbildung im Recht der BGB Gesellschaft, in: Festschrift für Peter Ulmer zum 70. Geburtstag am 2. Januar 2003, hrsg. v. Habersack, Mathias / Hommelhoff, Peter / Hüffer, Uwe / Schmidt, Karsten, Berlin 2003, S. 73 ff. (zitiert: *Dauner-Lieb*, FS Ulmer (2003))

Dauner-Lieb, Barbara (Hrsg.): Kölner Kommentar zum Umwandlungsgesetz, Köln 2009 (zitiert: *Bearbeiter*, in: KölnerKomm-UmwG)

Deckenbrock, Christian / Meyer, Thomas: Die Haftung des Scheinsozius, in: ZIP 2014, 701

Deutscher Anwaltsverein: Stellungnahme zum Referentenentwurf des Bundesministeriums der Justiz für ein Gesetz zur Einführung einer Partnerschaftsgesellschaft mit beschränkter Berufshaftung und zur Änderung des Berufsrechts der Rechtsanwälte, Patentanwälte, Steuerberater und Wirtschaftsprüfer (online abrufbar: https://anwaltverein.de/de/newsroom/id-2012-21, letzter Abruf: 22.10.2016) (zitiert: *DAV*, Stellungnahme v. 15.3.2012)

Deutscher Notarverein: Stellungnahme zum Referentenentwurf zur Einführung einer Partnerschaftsgesellschaft mit beschränkter Berufshaftung (PartG mbB) und zur Änderung des Berufsrechts der Rechtsanwälte, Patentanwälte, Steuerberater und Wirtschaftsprüfer (online abrufbar: http://www.dnotv.de/dokumente/stellung nahmen/; letzter Abruf: 22.10.2016) (zitiert: *DNotV*, Stellungnahme v. 14.3.2012)

Deutscher Richterbund: Stellungnahme zum Referentenentwurf zur Einführung einer Partnerschaftsgesellschaft mit beschränkter Berufshaftung und zur Änderung des Berufsrechts der Rechtsanwälte, Patentanwälte, Steuerberater und Wirtschaftsprüfer (online abrufbar: http://www.bundesgerichtshof.de/SharedDocs/Downloads/DE/Bibliothek/Gesetzesmaterialien/17_wp/Partnerschaftsges/stellung_drb_refe.pdf?__blob=publicationFile; letzter Abruf: 22.10.2016) (zitiert: *DRB*, Stellungnahme März 2012)

Deutscher Richterbund: Stellungnahme zur Vorbereitung der Anhörung des Rechtsausschusses des Deutschen Bundestages zum Entwurf eines Gesetzes zur Einführung einer Partnerschaftsgesellschaft mit beschränkter Berufshaftung und zur Änderung des Berufsrechts der Rechtsanwälte, Patentanwälte, Steuerberater und Wirtschaftsprüfer (online abrufbar: http://webarchiv.bundestag.de/cgi/show.php?fileToLoad=2516&id=1204, letzter Abruf: 22.10.2016) (zitiert: *DRB*, Stellungnahme Rechtsausschuss)

Diller, Martin: Fallstricke in der Berufshaftpflichtversicherung der Anwälte, Hinweise aus der Praxis und Tips zu den Versicherungsbedingungen, in: AnwBl 2014, 2

Diller, Martin: Die Berufshaftpflichtversicherung für Rechtsanwälte, AVB-RSW-Kommentar, München 2009 (zitiert: *Diller*, AVB-RSW)

Donath, Roland: Rechtsberatungsgesellschaften, in: ZHR 156 (1992), 134

Ebenroth, Carsten Thomas / Boujong, Karlheinz / Joost, Detlev / Strohn, Lutz: Kommentar zum Handelsgesetzbuch, Bd. 1., §§ 1–342e, 3. Aufl., München 2014 (zitiert: *Bearbeiter*, in: E/B/J/S, HGB)

– Bd. 2, §§ 343–475h, Transportrecht, Bank- und Börsenrecht, 3. Aufl., München 2015

Eckardt, Diederich: Das Ausscheiden des Komplementärs aus der zweiteiligen KG – Zugleich eine Besprechung der Entscheidung BGH, NZG 2000, 474 –, in: NZG 2000, 449

Ehricke, Ulrich: Zur Begründbarkeit der Durchgriffshaftung in der GmbH, insbesondere aus methodischer Sicht, in: AcP 199 (1999), 257

Eidenmüller, Horst: Die GmbH im Wettbewerb der Rechtsformen, in: ZGR 2007, 168

Eidenmüller, Horst / Engert, Andreas: Rechtsökonomik des Mindestkapitals im GmbH-Recht, in: GmbHR 2005, 433

Eilers, Stephan: Der Weg in die LLP, in: IStR 2008, 22

Elsing, Siegfried: Kommanditistenhaftung und Gläubigergefährdung bei der unterkapitalisierten Kommanditgesellschaft, in: GmbHR 1978, 103

Erfurter Kommentar zum Arbeitsrecht, hrsg. v. Müller-Glöge, Rudi / Preis, Ulrich / Schmidt, Ingrid, 17. Aufl., München 2017 (zitiert: *Bearbeiter*, in: ErfK ArbeitsR)

Erman, Walter (Begr.): Kommentar zum Bürgerlichen Gesetzbuch, Handkommentar mit AGG, EGBGB (Auszug), ErbbauRG, HausratsVO, LPartG, ProdHaftG, UklaG, VAHRG und WEG, Bd. 1, §§ 1–758, AGG, 14. Aufl., Köln 2014 (zitiert: *Bearbeiter*, in: Erman, BGB)

– Bd. 2, §§ 759–2385, ProdHaftG; ErbbauRG, VersAusglG, VBVG, LPartG, WEG, EGBGB, 14. Aufl., Köln 2014

Esser, Josef / Weyers, Hans-Leo: Schuldrecht, Band II, Besoderer Teil, 6. Aufl., Heidelberg 1984 (zitiert: *Esser/Weyers*, Schuldrecht BT)

Ewer, Wolfgang: Die Antwort auf die Flucht in die Anwalts-LLP: Passen wir unser Recht an, in: AnwBl 2010, 857

Falkenhausen, Joachim Frhr. von: Brauchen die Rechtsanwälte ein Partnerschaftsgesetz, in: AnwBl. 1993, 479

Fastrich, Lorenz: Optimierung des Gläubigerschutzes bei der GmbH – Praktikabilität und Effizienz, in: DStR 2006, 656

Feuerich, Wilhelm E. (Berg.) / Weyland, Dag: Kommentar zur Bundesrechtanwaltsordnung, Berufsordnung, Fachanwaltsordnung, Partnerschaftsgesellschaftsgesetz, Recht für Anwälte aus dem Gebiet der Europäischen Union, Patentanwaltsordnung, 9. Aufl., München 2016 (zitiert: *Bearbeiter*, in: Feuerich/Weyland, BRAO)

Fischer, Isabel Kristin: Die Partnerschaftsgesellschaft mit beschränkter Berufshaftung, Rechtliche Einordnung und Haftungsverfassung unter Berücksichtigung der englischen LLP, Univ., Diss., Frankfurt a.M. 2015 (zitiert: *Fischer*)

Fleischer, Holger: Legal Capital: A Navigation System for Corporate Law Scholarship, in: EBOR 7 (2006), 29

Frank, Rainer / Müller-Dietz, Meike: Urteilsanmerkung zu BGH, Urt. v. 10.12.1990 – II ZR 256/89, in: JR 1991, 457

Freitag, Robert / Korch, Stefan: Gedanken zum Brexit – Mögliche Auswirkungen im Internationalen Gesellschaftsrecht, in: ZIP 2016, 1361

Gehling, Christian: Diskussionsbericht: Zur Partnerschaftsgesellschaft mit beschränkter Berufshaftung, in: ZIP 2012, 1118

Geiß, Karlmann / Greiner, Hans-Peter: Arzthaftpflichtrecht, 7. Aufl., München 2014

Gesamtverband der Deutschen Versicherungswirtschaft: Stellungnahme zum Referentenentwurf zur Einführung einer Partnerschaftsgesellschaft mit beschränkter Berufshaftung (PartG mbB) und zur Änderung des Berufsrechts der Rechtsanwälte, Patentanwälte, Steuerberater und Wirtschaftsprüfer (online abrufbar: http://www.gdv.de/2012/03/gdv-stellungnahme-zur-aenderung-des-partnerschafts gesellschaftsgesetzes/, letzter Abruf: 22.10.2016) (zitiert: *GDV*, Stellungnahme v. 3.2.2012)

Gladys, Paul-Franz: Die Partnerschaftsgesellschaft mit beschränkter Berufshaftung, Offene Fragen und Widersprüche aus Sicht der Berufshaftpflichtversicherung, in: DStR 2013, 2416

Gladys, Paul-Franz: Die Berufshaftpflichtversicherung zu dem Zweck, die Haftung auf das Gesellschaftsvermögen zu begrenzen, in: DStR 2014, 2596

Goette, Wulf: Anmerkung zu BGH, Urteil vom 08.07.1996 – II ZR 258/95, in: DStR 1996, 1372

Goette, Wulf: Die GmbH, Darstellung anhand der Rechtsprechung des BGH, 2. Aufl., München 2002 (zitiert: *Goette*, Die GmbH)

Goette, Wulf: Zur systematischen Einordnung des § 64 Abs. 2 GmbHG, in: Verschuldung, Haftung, Vollstreckung, Insolvenz, Festschrift für Gerhart Kreft zum 65. Geburtstag, hrsg. v. Haarmeyer, Hans / Hirte, Heribert / Kirchhof, Hans-Peter / Westphalen, Friedrich Graf von, Recklinghausen 2004, S. 53 ff. (zitiert: *Goette*, FS Kreft (2004))

Goette, Wulf: Wo steht der BGH nach „Centros" und „Inspire Art"?, in: DStR 2005, 197

Goette, Wulf: Krisenvermeidung und Krisenbewältigung in der GmbH – Überblick, in: ZGR 2006, 261

Goette, Wulf: Aktuelle Rechtsprechung des II. Zivilsenats zum Gesellschafts- und Insolvenzrecht, in: ZInsO 2007, 1177

Gottwald, Peter (Hrsg.): Insolvenzrechts-Handbuch, 5. Aufl., München 2015 (zitiert: *Bearbeiter*, in: Gottwald, Insolvenzrechts-HdB)

Gräfe, Jürgen / Brügge, Michael: Vermögensschadenhaftpflichtversicherung, Die Berufshaftpflichtversicherung für Rechtsanwälte, Steuerberater, Wirtschaftsprüfer und Notare, 2. Aufl., München 2013 (zitiert: *Bearbeiter*, in: Gräfe/Brügge, Vermögensschadenhaftpflichtversicherung)

Graf-Schlicker, Marie Luise (Hrsg.): Kommentar zur Insolvenzordnung, 4. Aufl., Köln 2014 (zitiert: *Bearbeiter*, in: Graf-Schlicker, InsO)

Großkommentar zum Aktiengesetz, hrsg. v. Hopt, Klaus J. / Wiedemann, Herbert, Bd. 1, Einleitung, §§ 1–53, 4. Aufl., Berlin 2004 (zitiert: *Bearbeiter*, in: GroßKomm AktG)

Großkommentar zum Gesetz betreffend die Gesellschaften mit beschränkter Haftung, hrsg. v. Ulmer, Peter / Habersack, Mathias / Löbbe, Marc, Bd. 1, Einleitung, §§ 1–28, 2. Aufl., Tübingen 2013 (zitiert: *Bearbeiter*, in: GroßKomm GmbHG)

Grunewald, Barbara: Die Auslegung von Gesellschaftsverträgen und Satzungen, in: ZGR 1995, 68

Grunewald, Barbara: Die Haftung des Rechtsanwalts gegenüber Nichtvertragspartnern, in: AnwBl. 2000, 209

Grunewald, Barbara: Scheinsozietäten als besondere Form der Scheingesellschaft, in: Festschrift für Peter Ulmer zum 70. Geburtstag am 2. Januar 2003, hrsg. v. Habersack, Mathias / Hommelhoff, Peter / Hüffer, Uwe / Schmidt, Karsten, Berlin 2003, S. 141 (zitiert: *Grunewald*, FS Ulmer (2003))

Grunewald, Barbara: PartGmbH, Wenn dann richtig! – Beschränkte Haftung in Personengesellschaften für Freiberufler, in: BB 2011, I

Grunewald, Barbara: Anmerkung zu BGH, Urt. v. 10.05.2012 – IX ZR 125/10, in: NJW 2012, 2443.

Grunewald, Barbara: Die Partnerschaftsgesellschaft mit beschränkter Berufshaftung – sinnvolle Ergänzung des PartGG oder systemwidrige Privilegierung einiger Weniger? in: ZIP 2012, 1115

Grunewald, Barbara: Die Partnerschaftsgesellschaft mit beschränkter Berufshaftung, in: GWR 2013, 393

Grunewald, Barbara: Gesellschaftsrecht, 9. Aufl, Tübingen 2014 (zitiert: *Grunewald*, GesR)

Grziwotz, Herbert: Sonderfälle der Liquidation von Gesellschaften, in: DStR 1992, 1813

Grziwotz, Herbert: Probleme der Liquidation und Nachtragsliquidation bei der Publikums-KG, in: DStR 1993, 362

Haarmann, Wilhelm: Rechtsformen interdisziplinärer Kanzleien in Deutschland, in: Der Fachanwalt für Steuerrecht im Rechtswesen, Gleichzeitig ein Beitrag zur Gestaltungs- und Durchsetzungsberatung, Festschrift 50 Jahre Arbeitsgemeinschaft der Fachanwälte für Steuerrecht e.V., 50 Jahre Steuerrechtliche Jahresarbeitstagung, hrsg. v. Arbeitsgemeinschaft der Fachanwälte für Steuerrecht e.V., Herne u.a. 1999, S. 515 ff.(zitiert: *Haarmann*, FS 50 Jahre Fachanwälte für Steuerrecht (1999))

Haas, Ulrich: Die Vertreterhaftung bei Weglassen des Rechtsformzusatzes nach § 4 II GmbHG, in: NJW 1997, 2854

Haas, Ulrich: Mindestkapital und Gläubigerschutz, in: DStR 2006, 993

Haas, Ulrich: Geschäftsführerhaftung und Gläubigerschutz, Unternehmerische Verhaltenspflichten des GmbH-Geschäftsführers zum Schutz Dritter, Univ., Habil., München 1997 (zitiert: *Haas*, Geschäftsführerhaftung und Gläubigerschutz)

Haas, Ulrich: Gläubigerschutz in der Europäischen Privatrechtsgesellschaft – Ein Überblick, in: Hommelhoff, Peter / Helms, Dietmar (Hrsg.), Neue Wege in die Europäische Privatgesellschaft, Rechts- und Steuerfragen in der Heidelberger Diskussion, Köln 2001, S. 155 ff. (zitiert: *Haas*, in: Hommelhoff/Helms, Neue Wege in die Europäische Privatgesellschaft)

Haas, Ulrich: Reform des gesellschaftsrechtlichen Gläubigerschutzes, Gutachten E für den 66. Deutschen Juristentag, hrsg. v. der ständigen Deputation des Deutschen Juristentages, Bd. 1, Gutachten, München 2006 (zitiert: *Haas*, Gutachten 66. DJT (2006))

Hadding, Walther: Systematik von Strukturelementen deutscher Gesellschaftsformen, in: Festgabe Zivilrechtslehrer 1934/1935, hrsg. von Walther Hadding, Berlin u.a. 1999, S. 147 ff. (zitiert: *Hadding*, FG Zivilrechtslehrer (1999))

Hagen, Horst: Funktionale und dogmatische Zusammenhänge zwischen Schadens- und Bereicherungsrecht, Festschrift für Karl Larenz zum 70. Geburtstag, hrsg. v. Paulus, Gotthard / Diederichsen, Uwe / Canaris, Claus-Wilhelm, München 1973, S. 867 ff. (zitiert: *Hagen*, FS Larenz (1973))

Hartung, Markus: Die Aussichten sind gut für eine PartG mbH, in: Anwbl. 2011, 449

Hartung, Markus: Stellungnahme zum Entwurf eines Gesetzes zur Einführung einer Partnerschaftsgesellschaft mit beschränkter Berufshaftung und zur Änderung des

Berufsrechts der Rechtsanwälte, Patentanwälte, Steuerberater und Wirtschaftsprüfer (BT-Drucks. 17/10487) (online abrufbar: http://webarchiv.bundestag.de/cgi/show.php?fileToLoad=2516&id=1204, letzter Abruf: 22.10.2016) (*Hartung*, Stellungnahme Rechtsausschuss)

Hartung, Markus: Scheinpartnerhaftung in PartG und PartG mbB, in: BRAK-Mitt. 2014, 179

Hartung, Wolfgang / Scharmer, Hartmut: Kommentar zur Berufs- und Fachanwaltsordnung, BORA/FAO, 6. Aufl., München 2016 (zitiert: *Bearbeiter*, in: Hartung/Scharmer, BORA/FAO)

Heckschen, Heribert / Bretschneider, Christiane: Freiberufler – die richtige Wahl der Rechtsform, in: NotBZ 2013, 81

Heidel, Thomas / Schall, Alexander: Nomoskommentar zum Handelsgesetzbuch, 2. Aufl., Baden-Baden 2015 (zitiert: *Bearbeiter*, in: Heidel/Schall, HGB)

Heidinger, Andreas: Haftung der BGB-Gesellschafter bei Formwechsel aus einer GmbH, in: GmbHR 1996, 890

Heinrich, Irmgard: Anmerkung zu BGH, Urt. v. 3.2.1975 – II ZR 128/73, in: BB 1975, 760

Hellwig, Hans-Jürgen: Haftpflichtversicherung statt Handelndenhaftung bei der Partnerschaftsgesellschaft, in: NJW 2011, 1557

Hellwig, Hans-Jürgen: PartG mbB: Sinnvolle Modernisierung, Endlich eine Alternative zur englischen Limitel Liability Partnership (LLP), in: AnwBl 2012, 345

Helten, Barbara: Wann Anwälte haften, Versicherer verzeichnen Zunahme von Regressfällen, in: Frankfurter Allgemeine Zeitung v. 19.12.2015, S. 16 (zitiert: *Helten*, F.A.Z. v. 16.12.2015)

Hennen, Eva: Die Partnerschaftsgesellschaft mit beschränkter Berufshaftung als Alternative zur britischen Limited Liability Partnership, Univ., Diss., Frankfurt a.M. u.a. 2016 (zitiert: *Hennen*)

Henssler, Martin: Die Haftung der Partnerschaft und ihrer Gesellschafter, Ein haftungsrechtlicher Vergleich mit der Kooperationsform der Gesellschaft Bürgerlichen Rechts, in: Festschrift für Ralf Vieregge zum 70. Geburtstag am 6. November 1995, hrsg. v. Baur, Jürgen F. / Jacobs, Rainer / Lieb, Manfred / Müller-Graff, Peter-Christian, Berlin u.a. 1995 (zitiert: *Henssler*, FS Vieregge (1995))

Henssler, Martin: Die interprofessionelle Zusammenarbeit in der Sozietät, in: WPK-Mitt. 1999, 2

Henssler, Martin: Die „Limited Liability Partnership“ des US-amerikanischen Rechts – Denkanstöße zur Fortentwicklung des Rechts der Partnerschaftsgesellschaft und OHG, in: Festschrift für Herbert Wiedemann zum 70. Geburtstag, hrsg. v. Wank, Rolf / Hirte, Heribert / Frey, Kaspar / Fleischer, Holger / Thüsing, Holger, München 2002, S. 906 (zitiert: *Henssler*, FS Wiedemann (2002))

Henssler, Martin: Partnerschaftsgesellschaftsgesetz, 2. Aufl., München 2008 (zitiert: *Henssler*, PartGG)

Henssler, Martin: Die interprofessionelle Zusammenarbeit des Anwalts mit anderen Berufen, Praxisprobleme und Reformbedarf, in: AnwBl 2009, 670

Henssler, Martin: Die Personengesellschaft – das Stiefkind des deutschen Gesellschaftsrechts, in: BB-Special 3/2010, 2

Henssler, Martin: Keine Organisationsfreiheit für Rechtsanwälte – Das Verbot der Rechtsanwalts-GmbH & Co. KG, in: NZG 2011, 1121

Henssler, Martin, Die PartG mbB – großer Wurf oder zu kleine Lösung? Die Antwort „made in Germany" auf die angelsächsische LLP – eine erste Bilanz, in: AnwBl. 2014, 96

Henssler, Martin: Die LLP die bessere Alternative zur LLP?, in: NJW 2014, 1761

Henssler, Martin: Neue und alte Haftungsrisiken für die Anwaltschaft: Ermittlungen und Haftungsklagen gegen Großkanzleien, in: Recht im Wandel deutscher und europäischer Rechtspolitik, Festschrift 200 Jahre Carl Heymanns Verlag, hrsg. v. Limperg, Bettina / Bormann, Jens / Filges, Axel C. / Graf-Schlicker, Marie Luise / Prütting, Hanns, Köln 2015, S. 195 ff. (zitiert: *Henssler*, FS 200 Jahre Carl Heymanns Verlag (2015))

Henssler, Martin / Mansel, Heinz-Peter: Internationalrechtliche Haftungsfragen beim Auftreten einer anwaltlich tätigen Limited Liability Partnership (LLP) englischen Rechts in Deutschland, in: Zivil- und Wirtschaftsrecht im Europäischen und Globalen Kontext, Privat and Commercial Law in a European and Global Context, Festschrift für Norbert Horn zum 70. Geburtstag, hrsg. v. Berger, Klaus Peter / Borges, Georg / Herrmann, Harald / Schlüter, Andreas / Wackerbarth, Ulrich, Berlin 2006, S. 403 ff. (zitiert: *Henssler/Mansel*, FS Horn (2006))

Henssler, Martin / Mansel, Heinz-Peter: Die Limited Liability Partnership als Organisationsform anwaltlicher Berufsausübung, in: NJW 2007, 1393

Henssler, Martin / Prütting, Hanns (Hrsg.): Kommentar zur Bundesrechtsanwaltsordnung, mit EuRAG, Eignungsprüfungsverordnung, Berufs- und Fachanwaltsordnung, Rechtsdienstleistungsgesetz, Partnerschaftsgesellschaftsgesetz und CCBE-Berufsregeln, 4. Aufl., München 2014 (zitiert: *Bearbeiter*, in: Henssler/Prütting, BRAO)

Henssler, Martin / Streck, Michael (Hrsg.): Handbuch Sozietätsrecht, 2. Aufl., Köln 2011 (zitiert: *Bearbeiter*, in: Henssler/Streck, HdB SozietätsR)

Henssler, Martin / Strohn, Lutz (Hrsg.): Gesellschaftsrecht, BGB, HGB, PartGG, GmbHG, AktG, GenG, UmwG, InsO, AnfG, IntGesR, 3. Aufl., München 2016 (zitiert: *Bearbeiter*, in: Henssler/Strohn, GesR)

Herrler, Sebastian: Gewährleistung des Wegzugs von Gesellschaften durch Art. 43, 48 EG nur in Form der Herausumwandlung – Anmerkungen zum Urt. des EuGH v. 16.12.2008, Rs. C-210/06 (Cartesio), in: DNotZ 2009, 484

Heymann, Ernst (Begr.): Kommentar zum Handelsgesetzbuch, Band 2, Zweites Buch, §§ 105–237, 2. Aufl., Berlin u.a. 1996 (zitiert: *Bearbeiter*, in: Heymann, HGB)

Hillers, Klaus: Personengesellschaft und Liquidation, Die Auswirkungen der Liquidation auf die vermögensrechtliche Stellung der Gesellschafter, Univ., Diss., München 1989 (zitiert: *Hillers*, Personengesellschaft und Liquidation)

Hirte, Heribert: Berufshaftung, Ein Beitrag zur Entwicklung eines einheitlichen Haftungsmodells für Dienstleistungen, Univ., Habil., München 1996 (zitiert: *Hirte*, Berufshaftung)

Hirte, Heribert: Stellungnahme zum Regierunsentwurf eines Gesetzes zur Einführung einer Partnerschaftsgesellschaft mit beschränkter Berufshaftung und zur Änderung des Berufsrechts der Rechtsanwälte, Patentanwälte, Steuerberater und Wirtschaftsprüfer (online abrufbar: http://webarchiv.bundestag.de/cgi/show.php?fileToLoad=2516&id=1204, letzter Abruf: 22.10..2016) (zitiert: *Hirte*, Stellungnahme Rechtsausschuss)

Hirtz, Bernd: Anmerkung zu BGH, Urt. v. 16.04.2008 – VIII ZR 230/07, in: AnwBl 2008, 635

Hölters, Wolfgang: Kommentar zum Aktiengesetz, 2. Aufl., München 2014 (zitiert: *Bearbeiter*, in: Hölters, AktG)

Hölzle, Gerrit: Existenzvernichtungshaftung als Fallgruppe des § 826 BGB – Alte Haftung im neuen Gewand?, Eine juristische und rechtsökonomische Analyse; zugleich Besprechung von BGH, Urteil vom 16.7.2007 – II ZR 3/04, in: DZWiR 2007, 397

Honsell, Heinrich / Harrer, Friedrich: Die Haftung für Altschulden nach §§ 28, 130 HGB bei arglistiger Täuschung, in: ZIP 1983, 259

Hopt, Klaus J.: Nichtvertragliche Haftung außerhalb von Schadens- und Bereicherungsausgleich – Zur Theorie und Dogmatik des Berufsrechts und der Berufshaftung -, in: AcP 183 (1983), 608

Huber, Ulrich: Die Insolvenzantragspflicht der Geschäftsführer von Auslandsgesellschaften, in: Lutter, Marcus (Hrsg.), Europäische Auslandsgesellschaften in Deutschland, Mit Rechts- und Steuerfragen des Wegzugs deutscher Gesellschaften, Köln 2005, S. 307 ff (zitiert: *Huber*, in: Lutter, Europäische Auslandsgesellschaften)

Hueck, Alfred: Das Recht der offenen Handelsgesellschaft, 4. Aufl., Berlin. u.a. 1971 (zitiert: *A. Hueck*, OHG)

Hüffer, Uwe (Begr.) / Koch, Jens: Kommentar zum Aktiengesetz, 12. Aufl., München 2016 (zitiert: *Bearbeiter*, in: Hüffer/Koch, AktG)

Immenga, Ulrich: Die personalistische Kapitalgesellschaft, Eine rechtsvergleichende Untersuchung nach deutschem GmbH-Recht und dem Recht der Corporations in den Vereinigten Staaten, Univ., Habil., Bad Homburg v.d.H. 1970 (zitiert: *Immenga*, Die personalistische Kapitalgesellschaft)

Jaensch, Michael: Der grenzüberschreitende Formwechsel vor dem Hintergrund der Rechtsprechung des EuGH, in: EWS 2007, 97

Jatzkowski, Astrid: Im Blindflug, in: JUVE Rechtsmarkt 06/12, S. 53 ff.

Jauernig, Othmar (Begr.): Kommentar zum Bürgerlichen Gesetzbuch, mit Rom-I-, Rom-II-, Rom-III-VO, EG-UntVO/HUntProt und EuErbVO, 16. Aufl., München 2015 (zitiert: *Bearbeiter*, in: Jauernig, BGB)

Jawansky, Martin: Haftung und Haftungskonzentration bei der Partnerschaftsgesellschaft, Univ., Diss., Aachen 1997 (zitiert: *Jawansky*, Haftung und Haftungskonzentration)

John, Uwe: Personenrecht und Verbandsrecht im Allgemeinen Teil des Bürgerlichen Rechts – Werner Flumes Buch über „Die juristische Person", in: AcP 185 (1985), 209

Jungk, Antje: Der Anwalt im Grenzbereich anwaltlicher Tätigkeit, in: AnwBl. 2004, 117

Jungk, Antje: Die Haftung des Rechtsanwalts in der Partnerschaftsgesellschaft, in: AnwBl 2005, 283

Jungmann, Carsten: Sovenztest versus Kapitalschutzregeln, Zwei Systeme im Spannungsfeld von Gläubigerschutz und Finanzierungsfreiheit der Kapitalgesellschaft, in: ZGR 2006, 638

Juris Praxiskommentar BGB, hrsg. v. Herberger, Maximilian / Martinek, Michael / Rüßmann, Helmut / Weth, Stephan, Band 2.3 – Schuldrecht (Teil 3: §§ 631–853), 7. Aufl., Saarbrücken 2015 (zitiert: *Bearbeiter*, in: jurisPK-BGB)

Kämmerer, Jörn Axel: Die Zukunft der Freien Berufe zwischen Deregulierung und Neuordnung, Gutachten H zum 68. Deutschen Juristentag, hrsg. v. der Ständigen Deputation des Deutschen Jursitentages, München 2010 (zitiert: *Kämmerer*, Gutachten 68. DJT (2010))

Kallmeyer, Harald: Kommentar zum Umwandlungsgesetz, Verschmelzung, Spaltung, und Formwechsel bei Handelsgesellschaften, 5. Aufl., Köln 2013 (zitiert: *Beabeiter*, in: Kallmeyer, UmwG)

Keilbach, Heinz: Fragen des Partnerschaftsregisters, in: RNotZ 2001, 159

Kienzler, Martin: Die Partnerschaftsgesellschaft mit beschränkter Berufshaftung (PartG mbB) als gesetzgeberische Zwischenstation der Liberalisierung des Gesellschaftsrechts Freier Berufe, Univ., Diss., Frankfurt a.M. u.a. 2015 (zitiert: *Kienzler*)

Kienzler, Martin: Die PartG mbB – Ziel erreicht?, in: JR 2016, 221

Kilian, Matthias: Die limited liability partnership, Eine neue Gesellschaftsform im britischen Recht, in: NZG 2000, 1008

Kilian, Matthias: Kommentar zum Partnerschaftsgesellschaftsgesetz, München 2012 (zitiert: *Bearbeiter*, in: Kilian, PartGG)

Kilian, Matthias: Risikomanagement durch Rechtsformwahl: Die Partnerschaftsgesellschaft, Empirische Ergebnisse: Warum Anwälte an der Gesellschaft bürgerliches Rechts festhalten, in: AnwBl 2012, 895

Kilian, Matthias: Überwiegend Akzeptanz in der Anwaltschaft für eine PartG mbB, Zuspruch für Beschränkung der Berufshaftung – Kritik von Einzelanwälten in Umfrage, in: AnwBl 2012, 957

Kilian, Matthias: Die Partnerschaftsgesellschaft mit beschränkter Berufshaftung, in: MDR 2013, 1137

Kilian, Matthias: Brennpunkte des anwaltlichen Berufsrechts, Das Berufsrechtsbarometer 2013 des Soldan Instituts, in: NJW 2014, 1499

Kilian, Matthias: Zwei Jahre Partnerschaftsgesellschaft mit beschränkter Berufshaftung, Eine rechtstatsächliche Bestandsaufnahme – Reform hat Wirkung nicht verfehlt, in: AnwBl 2015, 772

Kirsch, Andreas: Einlageleistung und Einlagerückgewähr im System der Kommanditistenhaftung, Univ., Diss., Berlin 1995 (zitiert: *Kirsch*, Einlageleistung)

Klein, Stefan: Grenzüberschreitende Verschmelzung von Kapitalgesellschaften, in: RNotZ 2007, 565

Kleindiek, Detlef: Krisenvermeidung in der GmbH: Gesetzliches Mindestkapital, Kapitalschutz und Eigenkapitalersatz, in: ZGR 2006, 335

Kleine-Cosack, Michael: Kommentar zur Bundesrechtsanwaltsordnung, mit Berufs- und Fachanwaltsordnung, 7. Aufl., München 2015 (zitiert: *Kleine-Cosack*, BRAO)

Klingberg, Dietgard: Mitarbeitende Kommanditisten im Gesellschaftsrecht, Univ., Diss., Köln 1990 (zitiert: *Klingberg*, Mitarbeitende Kommanditisten)

Klitzing, Christoph von / Seiffert, Marc: GmBH und PartG mbB im Lichte des Berufsrechts – Organinnenhaftung in der haftungsbeschränkten Berufsträgergesellschaft, in: ZIP 2015, 2401

Klöhn, Lars: Der individuelle Insolvenzverschleppungsschaden Schadensermittlung und sachlicher Schutzbereich der Haftung nach § 823 Abs. 2 BGB iVm § 15a InsO –, in: KTS 2012, 133

Klose, Andreas: Insolvenzantragspflicht bei der PartG mbB?, in: GmbHR 2013, 1191

Knickrehm, Sabine / Kreikebohm, Ralf / Waltermann, Raimund: Kommentar zum Sozialrecht, VO (EG) Nr. 883/2004, SGB I bis SGB XII, SGG, BaföG, BEEG, Kindergeldrecht (EstG), UnterhaltsvorschussG, WoGG, 4. Aufl., München 2015 (zitiert: *Bearbeiter*, in: KKW Sozialrecht)

Koller, Ingo / Kindler, Peter / Roth, Wulf-Henning / Morck, Winfried: Kommentar zum Handelsgesetzbuch, 8. Aufl., München 2015 (zitiert: *Bearbeiter*, in: Koller/Kindler/Roth/Morck, HGB)

Korch, Stefan: Offene Rechtsfragen zur Reichweite der Haftungsbeschränkung durch die Partnerschaftsgesellschaft mit beschränkter Berufshaftung, in: NZG 2015, 1425

Korch, Stefan: Haftungsrisiken in der PartG mbB – Interdisziplinäre Partnerschaften und Fragen der Rechtsscheinhaftung, in: GmbHR 2016, 150

Kraft, Julia: Die Partnerschaftsgesellschaft mit beschränkter Berufshaftung als Alternative zur britischen LLP, in: ZNotP 2013, 242

Kraft, Julia / Redenius-Hövermann, Julia (Hrsg.): Umwandlungsrecht, Tübingen 2015 (zitiert: *Bearbeiter*, in: Kraft/Redenius-Hövermann, UmwandlungsR)

Kreße, Bernhard: Die neue Partnerschaftsgesellschaft mit beschränkter Berufshaftung, in: NJ 2013, 45

Kubata, Adrian / Riegler, Fabian / Straßen, Laura: Zur Gewerblichkeit freiberuflich tätiger Personengesellschaften, in: DStR 2014, 1949

Kübler, Friedrich / Assmann, Heinz-Dieter: Gesellschaftsrecht, Die privatrechtlichen Organisationsstrukturen und Regelungsprobleme von Verbänden und Unternehmen, 6. Aufl., Heidelberg 2006 (zitiert: *Kübler/Assmann*, GesR)

Kuhner, Christoph: Zur Zukunft der Kapitalerhaltung durch bilanzielle Ausschüttungssperren im Gesellschaftsrecht der Staaten Europas, in: ZGR 2005, 753

Lange, Frank-Holger: Wenn die UG erwachsen werden soll – „Umwandlung" in die GmbH, in: NJW 2010, 3686

Langenkamp, Karsten / Jeager, Carsten: Die Haftung für Fehler von Scheinpartnern in Rechtsanwalts- und Steuerberater-Partnerschaftsgesellschaften, Bedeutung der Kanzlei-Außendarstellung für Haftungsfragen, in: NJW 2005, 3238

Langheid, Theo / Rixecker, Roland / Gal, Jens / Muschner, Jens: Kommentar zum Versicherungsvertragsgesetz, mit Einführungsgesetz und VVG-Informationspflichtenverordnung, 5. Aufl., München 2016 (zitiert: *Bearbeiter*, in: Langheid/Rixecker, VVG)

Larenz, Karl: Lehrbuch des Schuldrechts, Erster Band, Allgemeiner Teil, 14. Aufl., München 1987 (zitiert: *Larenz*, Schuldrecht, Bd. 1)

Larenz, Karl / Canaris, Claus-Wilheln: Lehrbuch des Schuldrechts, Zweiter Band, Besonderer Teil, 2. Halbband, 13. Aufl., München 1994 (zitiert: *Larenz/Canaris*, Schuldrecht BT, Bd. 2)

Laufs, Adolf / Kern, Bernd-Rüdiger (Hrsg.): Handbuch des Arztrechts, Zivilrecht – Öffentliches Rechts – Vertragsarztrecht – Krankenhausrecht – Strafrecht, 4. Aufl., München 2010 (zitiert: *Bearbeiter*, in: Laufs/Kern, HdB Arztrecht)

Lehmann, Michael: Das Privileg der beschränkten Haftung und der Durchgriff im Gesellschafts- und Konzernrecht, Eine juristische und ökonomische Analyse, in: ZGR 1986, 345

Leitzen, Mario: Die Partnerschaftsgesellschaft mit beschränkter Berufshaftung, in: DNotZ 2013, 596

Lenz, Andreas: Gesellschafter- und Gläubigerschutz bei dem Formwechsel einer OHG in eine GmbH, Univ., Diss., Berlin 2000

Lerch, Klaus / Lerch, Verena / Junkov, Alexander: Die neue PartG mbB als Konkurrenz zur Rechtsanwalts-GmbH, in: GmbHR 2012, R 329

Leuering, Dieter: Auf dem Weg zur Partnerschaft mit beschränkter Berufshaftung, in: ZIP 2012, 1112

Leuering Dieter: Die Partnerschaft mit beschränkter Berufshaftung, in: NZG 2013, 1001

Leutheusser-Schnarrenberger, Sabine: Die Partnerschaftsgesellschaft – nationale und EG-rechtliche Bestrebungen zu einem Sondergesellschaftsrecht für die freien Berufe, in: Für Recht und Staat, Festschrift für Herbert Helmrich zum 60. Geburtstag, hrsg. von Klaus Letzgus, Hermann Hill, Hans Hugo Klein, Detlef Kleinert, Georg-Bernd Oschatz, Hans de With, München 1994, S. 677 ff. (zitiert: *Leutheusser-Schnarrenberger*, in: FS Helmrich (1994))

Lieb, Manfred: Haftungsprobleme beim Übergang des Gesellschaftsvermögens auf einen Kommanditisten – Besprechung der Entscheidung BGH, Urt. v. 10.12.1990 – II ZR 256/89, in: ZGR 1991, 572

Lieder, Jan: Die Partnerschaftsgesellschaft mit beschränkter Berufshaftung – Teil 1, Grundzüge und erste Problemfragen der neuen Rechtsformvariante, in: NotBZ 2014, 81

Lieder, Jan: Die Partnerschaftsgesellschaft mit beschränkter Berufshaftung – Teil 2, Grundzüge und erste Problemfragen der neuen Rechtsformvariante, in: NotBZ 2014, 128

Lieder, Jan / Hoffmann, Thomas: Rechtstatsachen zur PartG mbB und zur LLP, in: NZG 2014, 127

Lieder, Jan / Hoffmann, Thomas: Die PartG mbB – Rechtstatsachen und Rechtsprobleme, in: NJW 2015, 897

Lieder, Jan / Hoffmann, Thomas: Rechtstatsachen-Update zur PartG mbB, in: NZG 2016, 287

Linardatos, Dimitrios: Die Partnerschaftsgesellschaft mit beschränkter Berufshaftung – eine echte Alternative zur Limited Liability Partnership oder eine systemwidrige Implementierung in das Partnerschaftsgesellschaftsgesetz?, in: VersR 2013, 1488

Lohbeck, Andreas: Die geplante Partnerschaftsgesellschaft mit beschränkter Berufshaftung – von irdischer Schwere und deutschem Berufsrecht, in: JSE 2013, 5

Looschelders, Dirk / Pohlmann, Petra: VVG-Kommentar, 3. Aufl., Köln 2017 (zitiert: *Bearbeiter*, in: Looschelders/Pohlmann, VVG)

Lutter, Marcus: Die zivilrechtliche Haftung in der Unternehmensgruppe, in: ZGR 1982, 244

Lutter, Marcus: Haftungsrisiken des Geschäftsführers einer GmbH, in: GmbHR 1997, 329

Lutter, Marcus / Hommelhoff, Peter: Nachrangiges Haftkapital und Unterkapitalisierung in der GmbH, in: ZGR 1979, 31

Lutter, Marcus / Hommelhoff, Peter: Kommentar zum GmbH-Gesetz, 19. Aufl., Köln 2016 (zitiert: *Bearbeiter*, in: Lutter/Hommelhoff, GmbHG)

Lutter, Marcus (Begr.) / Bayer, Walter / Vetter, Jochen (Hrsg.): Kommentar zum Umwandlungsgesetz, mit systematischer Darstellung des Umwandlungssteuerrechts und Kommentierung des SpruchG, Bd. 1, §§ 1–122, 5. Aufl., Köln 2014 (zitiert: *Bearbeiter*, in: Lutter, UmwG)

– Bd. 2, §§ 123–325, SpruchG, 5. Aufl., Köln 2014

Lux, Jochen: Rechtsscheinhaftung des Scheinsozius auch für nicht anwaltstypische Tätigkeiten, in: NJW 2008, 2309

Maunz, Theodor / Dürig, Günter (Begr.): Kommentar zum Grundgesetz, Bd. 5 (Loseblatt, Stand: 78. EL September 2016) (zitiert: *Bearbeiter*, in: Maunz/Dürig, GG)

Mayer, Stefanie: Insolvenzantragspflicht und Scheinauslandsgesellschaften, Univ., Diss., Baden-Baden 2008

Meckbach, Anne: Haftungsfolgen unrechtmäßiger Firmierung einer UG (haftungsbeschränkt), in: NZG 2011, 968

Meilicke, Wienand / Graf v. Westphalen, Friedrich / Hoffmann, Jürgen / Lenz, Tobias / Wolff, Reinmar: Kommentar zum Partnerschaftsgesellschaftsgesetz, 3. Aufl., München 2015 (zitiert: *Bearbeiter*, in: M/GvW/H/L/W, PartGG)

Meixner, Rafael / Schröder, Uwe: Zur Haftung des ausgeschiedenen Sozius für Altverbindlichkeiten, Anm. Zu OLG Saarbrücken, Urteil v. 30.4.2007–1 U 148/06, in: DStR 2008, 527

Merkt, Hanno: Der Kapitalschutz in Europa – ein rocher de bronze?, in: ZGR 2004, 305

Meyer, Patricia: Die Partnerschaftsgesellschaft mit beschränkter Berufshaftung gemäß § 8 Abs. 4 PartGG, Univ., Diss., Berlin 2016 (zitiert: *Meyer*)

Michalski, Lutz (Hrsg.): Kommentar zum Gesetz betreffend die Gesellschaften mit beschränkter Haftung (GmbH-Gesetz), Bd. I, Systematische Darstellungen, §§ 1–34 GmbHG, 2. Aufl., München 2010 (zitiert: *Bearbeiter*, in: Michalski, GmbHG)

– Bd. II, §§ 35–85 GmbHG, §§ 1–4 EGGmbHG, 2. Aufl., München 2010

Michalski, Lutz / Römermann, Volker (Hrsg.): Kommentar zum Partnerschaftsgesellschaftsgesetz, 4. Aufl., Köln 2014 (zitiert: *Bearbeiter*, in: Michalski/Römermann, PartGG)

Miras, Antonio: Handelndenhaftung für fehlerhafte Firmierung im Rechtsverkehr, in: NZG 2012, 1095

Mülbert, Peter O.: Die rechtsfähige Personengesellschaft; Rechtsfähigkeit, akzessorische Mitgliederhaftung und das Umwandlungsrecht, in: AcP 199 (1999), 38

Mülbert, Peter O.: Zukunft der Kapitalaufbringung / Kapitalerhaltung, in: Der Konzern 2004, 151

Mülbert, Peter O.: A Synthetic View of Different Concepts of Creditor Protection, or: A High-Level Framework for Corporate Creditor Protection, in: EBOR 7 (2006), 357

Mülbert, Peter O. / Birke, Max: Legal Capital – Is There A Case against the European Legal Capital Rules, in: EBOR 3 (2002), 695

Müller-Graf, Peter-Christian: Haftungsrecht und Gesellschaftsrecht: Der Maßstab der „diligentia quam in suis" für Geschäftsführer in Personengesellschaften, in: AcP 191 (1991), 475

Münchener Anwaltshandbuch Personengesellschaftsrecht, hrsg. v. Gummert, Hans, 2. Aufl., München 2015 (zitiert: *Bearbeiter*, in: MAH Personengesellschaftsrecht)

Münchener Handbuch des Gesellschaftsrechts, hrsg. v. Gummert, Hans / Weipert, Lutz, Bd. 1, BGB- Gesellschaft, Offene Handelsgesellschaft, Partnerschaftsgesellschaft, Partenreederei, EWIV, 4. Aufl., München 2014 (zitiert: *Bearbeiter*, in: MüHdB GesR, Bd. 1)

Münchener Handbuch des Gesellschaftsrecht, hrsg. v. Priester, Hans-Joachim / Mayer, Dieter / Wicke, Hartmut, Bd. 3, Gesellschaft mit beschränkter Haftung, 4. Aufl., München 2012 (zitiert: *Bearbeiter*, in: MüHdB GesR, Bd. 3)

Münchener Handbuch des Gesellschaftsrechts, hrsg. v. Leible, Stefan / Reichert, Jochem, Bd. 6, Internationales Gesellschaftsrecht, Grenzüberschreitende Umwandlungen, 4. Aufl., München 2013 (zitiert: *Bearbeiter*, in: MüHdB GesR, Bd. 6)

Münchener Kommentar zum Bürgerlichen Gesetzbuch, hrsg. v. Säcker, Franz Jürgen / Rixecker, Roland / Oetker, Hartmut / Limperg, Bettina, Bd. 1, Allgemeiner Teil, §§ 1–240, ProstG, AGG,, 7. Aufl., München 2015 (zitiert: *Bearbeiter*, in: MüKo BGB)

- Bd. 2, Schuldrecht – Allgemeiner Teil, 7. Aufl. München 2016
- Bd. 3, Schuldrecht, Besonderer Teil, §§ 433–610, Finanzierungsleasing, HeizkostenV, BetriebskostenV, CISG, 7. Aufl., München 2016
- Bd. 4, Schuldrecht, Besonderer Teil II, §§ 611–704, EFZG, TzBfG, KschG, 6. Aufl., München 2012
- Bd. 5, Schuldrecht, Besonderer Teil III, §§ 705–853, Partnerschaftsgesellschaftsgesetz, Produkthaftungsgesetz, 6. Aufl., München 2013
- Bd. 11, Internationales Privatrecht II, Internationales Wirtschaftsrecht, Einführungsgesetz zum Bürgerlichen Gesetzbuch (Art. 25–248), hrsg. v. Säcker, Franz Jürgen / Rixecker, Roland / Oetker, Hartmut, 6. Aufl., München 2015

Münchener Kommentar zum Gesetz betreffend die Gesellschaften mit beschränkter Haftung (GmbHG), hrsg. v. Fleischer, Holger / Goette, Wulf, Bd. 1, §§ 1–34, 2. Aufl., München 2015 (zitiert: *Bearbeiter*, in: MüKo GmbHG)

- Bd. 3, §§ 53–85, 2. Aufl., München 2016

Münchener Kommentar zum Handelsgesetzbuch, hrsg. v. Schmidt, Karsten, Bd. 1, Erstes Buch. Handelsstand, §§ 1–104a, 4. Aufl., München 2016 (zitiert: *Bearbeiter*, in: MüKo HGB)

- Bd. 2, Zweites Buch. Handelsgesellschaften und stille Gesellschaft, Erster Abschnitt. Offene Handelsgesellschaft §§ 105–160, 4. Auf., München 2016
- Bd. 3, Zweites Buch. Handelsgesellschaften und stille Gesellschaft, Zweiter Abschnitt. Kommanditgesellschaft, Dritter Abschnitt. Stille Gesellschaft, §§ 161–237, Konzernrecht der Personengesellschaften, 3. Aufl., München 2012
- Bd. 4, Drittes Buch. Handelsbücher, §§ 238–342e HGB, hrsg. v. Schmidt, Karsten / Ebke, Werner F., 3. Aufl., München 2013

Münchener Kommentar zur Insolvenzordnung, hrsg. v. Kirchhof, Hans-Peter / Eidenmüller, Horst / Stürner, Rolf, Bd. 1, §§ 1–79, Insolvenzrechtliche Vergütungsverordnung (InsVV), 3. Aufl., München 2013 (zitiert: *Bearbeiter*, in: MüKo InsO)

Münchener Kommentar zum Versicherungsvertragsgesetz, hrsg. v. Langheid, Theo / Wandt, Manfred, Bd. 1, §§ 1–99, VVG-InfoV, 2. Aufl., München 2016 (zitiert: *Bearbeiter*, in: MüKo VVG)

- Bd. 2, §§ 100–191 VVG, 2. Aufl., München 2017

Nerlich, Jörg / Römermann, Volker (Hrsg.): Kommentar zur Insolvenzordnung (Loseblatt, Stand: 30. EL Juli 2016) (*Bearbeiter*, in: Nerlich/Römermann, InsO)

Neufang, Bernd / Bartschat, Daniel: Die neue PartG mbB – ein Beitrag zur weiteren Verunsicherung?, in: StB 2012, 430

Nomos Kommentar zum Bürgerlichen Gesetzbuch, hrsg. v. Dauner-Lieb, Barbara / Langen, Werner, Schuldrecht, Band 2/2: §§ 611–853, 3. Aufl., Baden-Baden 2016 (zitiert: *Bearbeiter*, in: NK-BGB)

Nomos-Kommentar zum Umwandlungsrecht, hrsg. v. Böttcher, Lars / Habighorst, Oliver / Schulte, Christian, Baden-Baden 2015 (zitiert: *Bearbeiter*, in: NK-UmwandlungsR)

Oetker, Hartmut: Kommentar zum Handelsgesetzbuch (HGB), 4. Aufl., München 2015 (zitiert: *Bearbeiter*, in: Oetker, HGB)

Offermann-Burckart, Susanne: Anwaltliches Gesellschaftsrecht – das kleine Einmaleins der PartG, Siebter Teil einer Serie: Die richtige Rechtsform für die Kanzlei, in: AnwBl 2014, 194

Offermann-Burckart, Susanne: Anwaltliches Gesellschaftsrecht – Das große Einmaleins der PartG, Achter Teil einer Serie: Die richtige Rechtsform für die Kanzlei finden, in; AnwBl. 2014, 366

Offermann-Burckart, Susanne: Anwaltliches Gesellschaftsrecht – Die Partnerschaftgesellschaft mbB, Neunter Teil einer Serie: Die richtige Rechtsform für die Kanzlei finden, in: AnwBl. 2014, 474

Orth, Manfred: Umwandlung durch Anwachsung (Teil II), in: DStR 1999, 1053

Palandt, Otto: Kommentar zum Bürgerlichen Gesetzbuch, mit Nebengesetzen, 76. Aufl., München 2017 (zitiert: *Bearbeiter*, in: Palandt, BGB)

Pellens, Bernhard / Kemper, Thomas / Schmidt, Andre: Geplante Reform im Recht der GmbH: Konsequenzen für den Gläubigerschutz, in: ZGR 2008, 381

Peres, Holger / Senft, Klaus: Sozietätsrecht, Handbuch für rechts-, steuer- und wirtschaftsberatende Gesellschaften, 3. Aufl., München 2015 (zitiert: *Bearbeiter*, in: Peres/Senft, SozietätsR)

Pestke, Axel / Michel, Christian: Die Partnerschaftsgesellschaft mit beschränkter Berufshaftung (PartG mbB) – Ein Angebot an die rechts- und steuerberatenden sowie wirtschaftsprüfenden Berufe –, in: Stbg 2013, 366

Petersen, Jens: Der Gläubigerschutz im Umwandlungsrecht, Univ., Habil., München 2001 (zitiert: *Petersen*, Gläubigerschutz und Umwandlungsrecht)

Piller, Timo U.: Die Evolution der Partnerschaftsgesellschaft, Eine Untersuchung der Entwicklung der Partnerschaft als Gesellschaftsform der Freien Berufe von den ersten Initiativen bis zur Partnerschaft mit beschränkter Berufshaftung unter Berücksichtigung der Limited Liabilty Partnership des englischen Rechts und ihrer Einflüsse, Univ., Diss., Hamburg 2015 (zitiert: *Piller*)

Pleister, Christian: Ein Weg zur begrenzten Haftung für Berufsfehler: Die englische LLP, Erfahrungsbericht. Die Vorteile überwiegen heute noch, in: AnwBl. 2012, 801

Pluskat, Sorika: Vorzeitiges „Aus" für die interprofessionelle GmbH von Rechtsanwälten, Steuerberatern und Wirtschaftsprüfern?, Aktuelle Planungen für eine neue europäische Prüferrichtlinie, in: GmbHR 2004, 1058

Poertzgen, Christoph: Organhaftung wegen Insolvenzverschleppung, Univ., Diss., Baden-Baden 2006 (zitiert: *Poertzgen*, Organhaftung)

Poertzgen, Christoph: Die systematische Berechtigung der Insolvenzantragspflicht (§ 15a InsO), in: ZInsO 2014, 165

Posegga, Volker: Die Partnerschaftsgesellschaft als neue Organisationsform, Überblick und erste Bewertung des Referentenentwurfs zur Einführung einer PartG mbB, in: DStR 2012, 611

Priester, Hans-Joachim: Jahresabschlussfeststellung bei Personengesellschaften, Grundlagengeschäft? – Mehrheitsregeln – Thesaurierung, in: DStR 2007, 28

Prölss, Erich R. / Martin, Anton: Kommentar zum Versicherungsvertragsgesetz, mit Nebengesetzen, Vermittlerrecht und Allgemeinen Versicherungsbedingungen, 29. Aufl., München 2015 (zitiert: *Bearbeiter*, in: Prölss/Martin, VVG)

Raiser, Thomas: Durchgriffshaftung nach der Reform des GmbH-Rechts, in: Festschrift für Hans-Joachim Priester zum 70. Geburtstag, hrsg. v. Hommelhoff, Peter / Rawert, Peter / Schmidt, Karsten, Köln 2007, S. 619 ff. (zitiert: *Raiser*, FS Priester (2007))

Riechert, Stefan: Die Berufshaftpflichtversicherung der PartG mbB – Grundlagen, in: AnwBl. 2014, 266

Ring, Gerhard: Die Partnerschaftsgesellschaft mit beschränkter Berufshaftung für Angehörige freier Berufe (insbesondere Rechtsanwälte), in: WM 2014, 237

Röhricht, Volker: Die GmbH im Spannungsfeld zwischen wirtschaftlicher Dispositionsfreiheit ihrer Gesellschafter und Gläubigerschutz, in: Festschrift aus Anlaß des fünfzigjährigen Bestehens von Bundesgerichtshof, Bundesanwaltschaft und Rechtsanwaltschaft beim Bundesgerichtshof, hrsg. v. Geiß, Karlmann / Nehm, Kay / Brandner, Hans Erich / Hagen, Horst, Köln u.a. 2000, S. 83 ff. (zitiert: *Röhricht*, FS 50 Jahre BGH (2000))

Röhricht, Volker: Insolvenzrechtliche Aspekte im Gesellschaftsrecht, in: ZIP 2005, 505

Röhricht, Volker / Graf von Westphalen, Friedrich / Hass, Ulrich: Kommentar zum Handelsgesetzbuch, zu Handelsstand, Handelsgesellschaften, Handelsgeschäften und besonderen Handelsverträgen (ohne Bilanz-, Transport- und Seerecht), 4. Aufl., Köln 2014 (zitiert: *Bearbeiter*, in: R/GvW/H, HGB)

Römermann, Volker: Kommentar zu BGH, Urt. v. 12.6.2012 – II ZR 256, 11, in: GmbHR 2012, 955

Römermann, Volker: Die PartG mbB – eine neue attraktive Rechtsform für Freiberufler, in: NJW 2013, 2305

Römermann, Volker: Kommentar zu OLG Nürnberg, Beschl. v. 5.2.2014–12 W 351/14, in: BB 2014, 535

Römermann, Volker: Weite Öffnung für interprofessionelle Sozietäten von Rechtsanwälten, in: NJW 2016, 682

Römermann, Voker: Marginalien geklärt, Grundfragen völlig offen: Die PartG mbB wird drei Jahre alt, in: GmbHR 2016, R209

Römermann, Volker / Dibbelt, Monika: Die Partnerschaftsgesellschaft mit beschränkter Berufshaftung, in: HFR 2013, 38

Römermann, Volker / Jähne, Ina: Die Partnerschaftsgesellschaft mit beschränkter Berufshaftung – ein Erfolgsmodell, in: BB 2015, 579

Römermann, Volker / Praß, Jan-Philipp: Die Partnerschaftsgesellschaft mit beschränkter Berufshaftung, Rechtspolitische Kritik und rechtssystematische Einordnung, in: NZG 2012, 601

Römermann, Volker / Praß, Jan-Philipp: Die Partnerschaftsgesellschaft mit beschränkter Berufshaftung (PartG mbB) eine attraktive Rechtsform für Steuerberatungsgesellschaften?, in: Stbg 2012, 319

Roth, Günter H. / Altmeppen, Holger: Kommentar zum Gesetz betreffend die Gesellschaften mit beschränkter Haftung, 8. Aufl., München 2015 (zitiert: *Bearbeiter*, in: Roth/Altmeppen, GmbHG)

Rouch, David / Smethurst, James: Limited Liability Partnerships: Flexing the body corporate, in: J.I.B.F.L. 2004, 19 (2), S. 46

Rowedder, Heinz (Begr.) / Schmidt-Leithoff, Christian (Hrsg.): Kommentar zum Gesetz betreffend die Gesellschaften mit beschränkter Haftung (GmbHG), 5. Aufl., München 2013 (zitiert: *Bearbeiter*, in: Rowedder, GmbHG)

Rüffer, Wilfried / Halbach, Dirk / Schimikoswki, Peter: Kommentar zum Versicherungsvertragsgesetz, VVG, EGVVG, VVG-InfoV, AltZertG, PflVG, KfzPflVV, Allgemeine Versicherungsbedingungen, 3. Aufl., Köln 2015 (zitiert: *Bearbeiter*, in: Rüffer/Halbach/Schimikowski, VVG)

Ruppert, Stefan: Partnerschaftsgesellschaft mit beschränkter Berufshaftung – Ende gut, alles gut?, in: DStR 2013, 1623

Saenger, Ingo: Gesellschaftsrecht, 3. Aufl., München 2015 (zitiert: *Saenger*, GesR)

Salger, Hanns-Christian: Beschränkte Berufshaftung, – Zum Gesetzesentwurf zur Einführung einer „Partnerschaftsgesellschaft mit beschränkter Berufshaftung" –, in: DB 2012, 1794

Sandberger, Georg / Müller-Graff, Peter-Christian: Die rechtliche Form freiberuflicher Zusammenarbeit, in: ZRP 1975, 1

Schäfer, Carsten: Scheinsozietät und Scheinsozius – Gesellschafts- und wettbewerbsrechtliche Fragen am Beispiel der Anwaltssozietät, in: DStR 2003, 1078

Schäfer, Carsten / Hemberger, Natalie: Rechtsscheinhaftung bei unzulässigem Rechtsformzusatz, in: Ad Legendum 2014, 329

Schäfer, Carsten: Stellungnahme zum Entwurf eines Gesetzes zur Einführung einer PartG mbB (online abrufbar: http://webarchiv.bundestag.de/cgi/show.php?fileToLoad=2516&id=1204, letzter Abruf: 22.10.2016) (zitiert: *C. Schäfer*, Stellungnahme Rechtsausschuss)

Schimikowski, Peter: Versicherungsvertragsrecht, 5. Aufl., München 2014

Schlegelberger, Franz (Begr.): Kommentar zum Handelsgesetzbuch, Band III/1. Halbband, §§ 105–160, 5. Aufl., München 1992 (zitiert: *Bearbeiter*, in: Schlegelberger, HGB)

Schmidt, Karsten: Kapitalaufbringung, Kapitalerhaltung und Unterkapitalisierung bei der GmbH & Co., in: DB 1973, 2227

Schmidt, Karsten: Kommanditisteneinlage – Kapitalaufbringung und Kapitalerhaltung in der KG, in: ZGR 1976, 307.

Schmidt, Karsten: Einlage und Haftung des Kommanditisten, Köln 1977 (zitiert: *K. Schmidt*, Einlage und Haftung)

Schmidt, Karsten: Zum Liquidationsrecht der GmbH & Co., in: GmbHR 1980, 261

Schmidt, Karsten: Zum Haftungsdurchgriff wegen Sphärenvermischung und zur Haftungsverfassung im GmbH-Konzern, Bemerkungen zum Urteil des BGH vom 16.9.1985, in: BB 1985, 2074

Schmidt, Karsten: Zur Haftung und Enthaftung der persönlich haftenden Gesellschafter bei Liquidation und Konkurs der Personengesellschaft, Korrekturen im Rechtsbild der §§ 128, 159, 160 HGB, in: ZHR 152 (1988), 105

Schmidt, Karsten: Konkursverschleppungshaftung und Konkursverursachungshaftung, Überlegungen zum Haftungsrecht der GmbH und GmbH & Co., in: ZIP 1988, 1497

Schmidt, Karsten: Die Handels-Personengesellschaft in Liquidation – Ein neues Bild des Liquidationsrechts der Gesamthandsgesellschaften, in: ZHR 153 (1989), 270

Schmidt, Karsten: Gesellschaftsrechtliche Grundlagen eines Nachhaftungsbegrenzungsgesetzes – zum Konzept einer überfälligen Neuregelung –, in: DB 1990, 2357

Schmidt, Karsten: Gesetzliche Gestaltung und dogmatisches Konzept eines neuen Umwandlungsgesetzes – Überlegungen zur legislatorischen Praxis und Theorie –, in: ZGR 1990, 580

Schmidt, Karsten: Gläubigerschutz bei Umstrukturierungen – Zum Referentenentwurf eines Umwandlungsgesetzes -, in: ZGR 1993, 366

Schmidt, Karsten: Partnerschaftsgesetzgebung zwischen Berufsrecht, Schuldrecht und Gesellschaftsrecht, Ein Alternativvorschlag zum Entwurf eines Partnerschaftsgesellschaftsgesetzes, in: ZIP 1993, 633

Schmidt, Karsten: Die Freiberufliche Partnerschaft, Zum neuen Gesetz zur Schaffung von Partnerschaftsgesellschaften, in: NJW 1995, 1

Schmidt, Karsten: Das Handelsrechtsreformgesetz, in: NJW 1998, 2161

Schmidt, Karsten: Überschuldung und Unternehmensfortführung oder: per aspera ad astra, in: ZIP 2013, 485

Schmidt, Karsten / Schneider, Christian: Haftungserhaltende Gläubigerstrategien beim Ausscheiden von Gesellschaftern bei Unternehmensübertragung, Umwandlung und Auflösung; Abstimmungsbedarf bei den §§ 26, 160 HGB, 45, 133, 157, 224 UmwG und § 159 HGB, in: BB 2003, 1961

Schmidt, Karsten: Gesellschaftsrecht, 4. Aufl., Köln u.a. 2002 (zitiert: *K. Schmidt*, GesR)

Schmidt, Karsten: Handelsrecht, Unternehmensrecht I, 6. Aufl., Köln 2014 (zitiert: *K. Schmidt*, Handelsrecht)

Schmidt, Karsten (Hrsg.): Kommentar zur Insolvenzordnung, InsO mit EuInsVO, 19. Aufl., München 2016 (zitiert: *Bearbeiter*, in: K. Schmidt, InsO)

Schmitt, Joachim / Hörtnagel, Robert / Stratz, Rolf-Christian: Kommentar zum Umwandlungsgesetz, Umwandlungssteuergesetz, 7. Aufl., München 2016 (zitiert: *Bearbeiter*, in: Schmitt/Hörtnagel/Stratz, UmwG)

Schnauder, Franz / Müller-Christmann, Bernd: Durchblick: Der zivilrechtliche Schutz des GmbH-Vermögens vor dem Zugriff der Gesellschafter, in: JuS 1998, 980

Schneider, Uwe H.: Die Rückdatierung von Rechtsgeschäften – Unter besonderer Berücksichtigung der Probleme rückdatierter Gesellschaftsverträge – in: AcP 175 (1975), 279

Schnittker, Helder: Gesellschafts- und steuerrechtliche Behandlung einer englischen Limited Liability Partnership mit Verwaltungssitz in Deutschland, Univ., Diss., Köln 2007

Schnittker, Helder / Bank, Stephan: Die LLP in der Praxis, Gesellschaftsrecht und Steuerrecht der Limited Liability Partnership, München 2008 (zitiert: *Schnittker/Bank*, Die LLP in der Praxis)

Schön, Wolfgang: Die Zukunft der Kapitalaufbringung/-erhaltung, in: Der Konzern 2004, 162

Scholz, Franz (Begr.): Kommentar zum GmbH-Gesetz, mit Anhang Konzernrecht, Bd. 1, §§ 1–34 11. Aufl., Köln 2012 (zitiert: *Bearbeiter*, in: Scholz, GmbHG)

– Bd. 3, §§ 53–85, 11. Aufl., Köln 2015

Schreiber, Alexander: Die Unternehmergesellschaft als Rechtsformvariante im Gefüge des GmbH-Rechts, in: DZWIR 2009, 492

Schüppen, Matthias: Wider die LLP, für rechtspolitische Plausibilität – es bleibt viel zu tun bei der Änderung des PartGG, in: BB 2012, 783

Schüppen, Matthias: Die Partnerschaftsgesellschaft mit beschränkter Berufshaftung (PartG mbB) – Schubladenmodell oder Handlungszwang?, in: WPg 2013, 1193

Schumacher, Antje: Die Partnerschaftsgesellschaft mit beschränkter Berufshaftung für Rechtsanwälte, Univ., Diss., Berlin 2015 (zitiert: *Schumacher*)

Schumacher, Antje: Zur materiellen Reichweite des partiellen Haftungsausschlusses bei der rechtsanwaltlichen Partnerschaftsgesellschaft mit beschränkter Berufshaftung (§ 8 IV 1 PartGG), in: NZG 2015, 379

Schumacher, Antje: Der Wechsel in die Partnerschaftsgesellschaft mit beschränkter Berufshaftung (PartG mbB) – Voraussetzungen und Risiken der Haftung für Alt- bzw. außervertragliche Verbindlichkeiten -, in: GmbHR 2016, 732

Schumacher, Antje: Das Versicherungsjunktim bei der anwaltlichen Partnerschaftsgesellschaft mit beschränkter Berufshaftung, in: VersR 2016, 964

Seibert, Ulrich: Die Partnerschaft: Eine neue Gesellschaftsform für die Freien Berufe, Bonn 1994 (zitiert: *Seibert*, Die Partnerschaft)

Seibert, Ulrich: Nachhaftungsbegrenzungsgesetz – Haftungsklarheit für den Mittelstand, in: DB 1994, 461

Seibert, Ulrich: Der Regierungsentwurf des MoMiG und die haftungsbeschränkte Unternehmergesellschaft, in: GmbHR 2007, 673

Seibert, Ulrich: Die Partnerschaftsgesellschaft mit beschränkter Berufshaftung (PartGmbB), in: DB 2013, 1710

Seibert, Ulrich: Die Partnerschaftsgesellschaft mit beschränkter Berufshaftung – Eine Lücke wird geschlossen, in: WPg 2013, I.

Semler, Johannes / Stengel, Arndt (Hrsg.): Kommentar zum Umwandlungsgesetz, mit Spruchverfahrensgesetz, 3. Aufl., München 2012 (zitiert: *Bearbeiter*, in: Semler/Stengel, UmwG)

Sieg, Oliver: Auswirkungen der neuen Rechtsprechung zur BGB-Gesellschaft auf die persönliche Haftung der Mitglieder von Rechtsanwalts-, Steuerberater- und Wirtschaftsprüfersozietäten, in: WM 2002, 1432

Soergel, Hans Theodor (Begr.): Kommentar zum Bürgerlichen Gesetzbuch, mit Einführungsgesetz und Nebengesetzen, Band 2, Allgemeiner Teil 2, §§ 104–240, Stuttgart 1999 (zitiert: *Bearbeiter*, in: Soergel, BGB)

- Bd. 3/2, Schuldrecht 1/2, §§ 243–304, 13. Aufl., Stuttgart 2014
- Bd. 5/1a, Schuldrecht, §§ 311, 311a-c, 313, 314, 13. Aufl., Stuttgart 2013
- Bd. 11/1, Schuldrecht 9/1, §§ 705–758, 13. Aufl., Stuttgart, 2011

Sommer, Michael / Treptow, Oliver: Die „Umwandlung" einer Partnerschaftsgesellschaft in eine PartG mbB und ihre Folgen, in: NJW 2013, 3629

Sommer, Michael / Treptow, Oliver / Dietlmeier, Stefan: Haftung für Berufsfehler nach Umwandlung einer Freiberufler-GbR in eine Partnerschaftsgesellschaft, in: NJW 2011, 1551

Sommer, Michael / Treptow, Oliver / Friemel, Kilian: Die Aushebelung der Haftungskonzentration nach § 8 II PartGG durch Scheinpartner, in: NZG 2012, 1249

Späte, Bernd / Schimikowski, Peter: Haftpflichtversicherung, Kommentar zu den AHB und weiteren Haftpflichtversicherungsbedingungen, 2. Aufl., München 2015 (zitiert: *Bearbeiter*, in: Späte/Schimikowski, Haftpflichtversicherung)

Spindler, Gerald: Der Gläubigerschutz zwischen Gesellschafts- und Insolvenzrecht, in: JZ 2006, 839

Spindler, Gerald / Stilz, Eberhard (Hrsg.): Kommentar zum Aktiengesetz, Bd. 1, §§ 1–149, 3. Aufl., München 2015 (zitiert: *Bearbeiter*, in: Spindler/Stilz, AktG)

- Bd. 2, §§ 150–410, IntGesR, SpruchG, SE-VO, 3. Aufl., München 2015

Staub, Hermann (Begr): Großkommentar zum Handelsgesetzbuch, hrsg. v. Canaris, Claus-Wilhelm / Habersack, Matthias / Schäfer, Carsten, Bd. 1, Einleitung, §§ 1–47b, 5. Aufl., Berlin 2009 (zitiert: *Bearbeiter*, in: GroßKomm HGB)

- Bd. 3, §§ 105–160, 5. Aufl., Berlin 2009
- Bd. 4, §§ 161–236, 5. Aufl., Berlin 2015
- Bd. 5, §§ 238–289a, 5. Aufl., Berlin 2013

Staudinger, Julius von (Begr.): Kommentar zum Bürgerlichen Gesetzbuch, mit Einführungsgesetz und Nebengesetzen, Buch 1, Allgemeiner Teil, §§ 125–129, BeurkG (Beurkundung), Neubearbeitung 2012 (zitiert: *Bearbeiter*, in: Staudinger, BGB)

- Buch 1, Allgemeiner Teil, §§ 139–163 (Allgemeiner Teil 4b), Neubearbeitung 2015
- Buch 1, Allgemeiner Teil, §§ 164–240 (Allgemeiner Teil 5), Neubearbeitung 2014
- Buch 2, Recht der Schuldverhältnisse, §§ 249–254 (Schadensersatzrecht), Neubearbeitung 2017
- Buch 2, Recht der Schuldverhältnisse, §§ 255–304 (Leistungsstörungsrecht 1), Neubearbeitung 2014
- Buch 2, Recht der Schuldverhältnisse, §§ 311, 311a, 312, 312 a-i (Vertragsschluss), Neubearbeitung 2013
- Buch 2, Recht der Schuldverhältnisse, §§ 705–740 (Gesellschaftsrecht), Neubearbeitung 2003

Stimpel, Walter: „Durchgriffshaftung" bei der GmbH: Tatbestände, Verlustausgleich, Ausfallhaftung, in: Bilanz- und Konzernrecht, Festschrift zum 65. Geburtstag von Dr. Dr. h.c. Reinhard Goerdeler, hrsg. v. Havermann, Hans, Düsseldorf 1987, S. 601 ff. (zitiert: *Stimpel*, FS Goerdeler (1987))

Sudhoff, Heinrich (Begr.): Unternehmensnachfolge, 5. Aufl., München 2005 (zitiert: *Bearbeiter*, in: Sudhoff, Unternehmensnachfolge)

Suyr, Martina: Die Partnerschaftsgesellschaft mit beschränkter Berufshaftung unter besonderer Berücksichtigung der Haftungsbeschränkung nach § 8 Abs. 4 PartGG und des Gläubigerschutzes, Univ. Diss., Berlin 2016 (zitiert: *Suyr*)

Teichmann, Christoph: Reform des Gläubigerschutzes im Kapitalgesellschaftsrecht, in: NJW 2006, 2444

Tilch, Horst: Münchener Rechts-Lexikon, Bd. 3, München 1987 (Zitiert: *Tilch*, Münchener Rechts-Lexikon)

Triebel, Volker / Silny, Deny: Die persönliche Haftung der Gesellschafter einer in Deutschland tätigen englischen Rechtsanwalts-LLP, in: NJW 2008, 1034

Tröger, Tobias: Kollektive Einheit, Haftungsverfassung und ökonomische Theorie des Unternehmens, in: Festschrift für Harm Peter Westermann zum 70. Geburtstag, hrsg. v. Aderhold, Lutz / Grunewald, Barbara / Klingberg, Dietgard / Paefgen, Walter G., Köln 2008, S. 1533 ff. (zitiert: *Tröger*, FS Westermann (2008))

Tröger, Tobias / Pfaffinger, Lisa: Die Partnerschaftsgesellschaft mit beschränkter Berufshaftung, Eine kritische Bewertung deutscher Verteidigungsbemühungen im europäischen Wettbewerb der Verbandsrechtsordnungen, in: JZ 2013, 812

Uhlenbruck, Wilhelm / Hirte, Heribert / Vallender, Heinz: Kommentar zur Insolvenzordnung, 14. Aufl., München 2015 (zitiert: *Bearbeiter*, in: Uhlenbruck, InsO)

Ulmer, Peter: Wirksamkeitsschranken gesellschaftsvertraglicher Abfindungsklauseln, in: NJW 1979, 81

Ulmer, Peter: Die Haftungsverfassung der BGB-Gesellschaft, Stand und Perspektiven im Lichte neuer BGH-Urteile, in: ZIP 2003, 1113

Ulmer, Peter / Habersack, Mathias: Die Haftungsverfassung der Partnerschaftsgesellschaft, in: Festschrift für Hans Erich Brandner zum 70. Geburtstag, hrsg. v. Pfeiffer, Gerd / Kummer, Joachim / Scheuch, Silke, Köln 1996, S. 151 ff. (zitiert: *Ulmer/Habersack*, FS Brandner (1996))

Ulmer, Peter / Schäfer, Carsten: Gesellschaft bürgerlichen Rechts und Partnerschaftsgesellschaft, Systematischer Kommentar, 6. Aufl., München 2013 (zitiert: *Bearbeiter*, in: Ulmer/Schäfer, Syst Komm GbR/PartGG)

Ulmer, Kai Oliver: Von der PartG zur PartG mbB: Auswirkungen auf Dauermandate, Praktische Probleme der beschränkten Berufshaftung einer Rechtsanwalts-PartG, in: AnwBl. 2014, 806

Ulrich, Stephan: BREXIT – „We really didn't see that coming, ..." in: GmbHR 2016, R225

Uwer, Dirk/ Roeding, Manuela: Wege in die Partnerschaftsgesellschaft mit beschränkter Berufshaftung, Die PartG mbB als Variante einer bekannten Rechtsform – ein Leitfaden, in: AnwBl. 2013, 309

Uwer, Dirk / Roeding, Manuela: Die Partnerschaftsgesellschaft mit beschränkter Berufshaftung kommt, in: AnwBl. 2013, 483

Veith, Alexander: Der Gläubigerschutz beim Formwechsel nach dem Umwandlungsgesetz, Univ., Diss., Frankfurt u.a. 2003 (zitiert: *Veith*, Gläubigerschutz beim Formwechsel)

Vetter, Jochen: Altschuldenhaftung auf fehlerhafter Vertragsgrundlage: Eine Untersuchung zu den §§ 25, 28 und 130 HGB, Univ., Diss., Köln 1995 (zitiert: *Vetter*, Altschuldenhaftung auf fehlerhafter Vertragsgrundlage)

Vetter, Jochen: Grundlinien der GmbH-Gesellschafterhaftung, in: ZGR 2005, 788

Vollkommer, Max (Begr.) / Greger, Reinhard / Heinemann, Jörn: Anwaltshaftungsrecht, 4. Aufl., München 2014

Vossius, Oliver: Regierungsentwurf zur PartG mbB, in: GmbHR 2012, R213

Wälzholz, Eckhard: Wege in die PartG mbB, Überlegungen zur Gründung und Umwandlung bereits existierender Rechtsträger in eine PartG mbB, in: DStR 2013, 2637

Wandt, Manfred: Versicherungsrecht, 6. Aufl., München 2016

Weber, Jörg-Andreas: Die Unternehmergesellschaft (haftungsbeschränkt), in: BB 2009, 842

Wehrheim, Michael / Wirtz, Holger: Die Partnerschaftsgesellschaft; Recht, Steuer, Betriebswirtschaft, 5. Aufl., Berlin 2013 (zitiert: *Wehrheim/Wirtz*, Die Partnerschaftsgesellschaft)

Weinbeer, Alexander: Die Haftungsverfassung bei Zusammenschlüssen von Rechtsanwälten, Unter besonderer Berücksichtigung versicherungsrechtlicher Bestimmungen, Univ., Diss., Baden-Baden 2013 (zitiert: *Weinbeer*, Die Haftungsverfassung bei Zusammenschlüssen von Rechtsanwälten)

Weller, Marc-Philippe: Europäische Rechtsformwahlfreiheit und Gesellschafterhaftung, Zur Anwendung der Existenzvernichtungshaftung auf Scheinauslandsgesellschaften nach „Überseering“ und „Inspire Art“, Univ., Diss., Köln u.a. 2004 (zitiert: *Weller*, Europäische Rechtsformwahlfreiheit)

Weller, Marc-Philippe: Solvenztest und Existenzvernichtungshaftung – Zwei grundverschiedene Gläubigerschutzfiguren, in: DStR 2007, 116

Weller, Marc-Phillipe: Die Existenzvernichtungshaftung im modernisierten GmbH-Recht – eine Außenhaftung für Forderungsvereitelung (§ 826 BGB), in: DStR 2007, 1166

Weller, Marc-Philippe: Die Neuausrichtung der Existenzvernichtungshaftung durch den BGH und ihre Implikationen für die Praxis, Zugleich Besprechung BGH v. 16.7.2007 – II ZR 3/04, ZIP 2007, 1552 („Trihotel“), in: ZIP 2007, 1681

Werner, Rüdiger: Die neue Partnerschaftsgesellschaft mit beschränkter Berufshaftung (PartG mbB), in: StBW 2013, 715

Wertenbruch, Johannes: Die Innenhaftung bei der Partnerschaftsgesellschaft mbB, in: NZG 2013, 1006

Westermann, Harm Peter: Vertragsfreiheit und Typengesetzlichkeit im Recht der Personengesellschaften, Univ., Habil., Berlin u.a. 1970 (zitiert: *H.P. Westermann*, Vertragsfreiheit)

Westermann, Harm Peter / Wertenbruch, Johannes (Hrsg.): Handbuch Personengesellschaften, Gesellschaftsrecht – Steuerrecht – Sozialversicherungsrecht, Bd. 1 (Loseblatt, Stand: 66. Lfg. November 2016) (zitiert: *Bearbeiter*, in: Westermann/Wertenbruch, HdB Personengesellschaften, Bd. 1)

Whittaker, John / Machell, John: The Law of Limited Liability Partnerships, 3. Aufl., London 2009

Wicke, Hartmut: Kommentar zum Gesetz betreffend die Gesellschaften mit beschränkter Haftung (GmbHG), 3. Aufl., München 2016 (*Wicke*, GmbHG)

Widmann, Siegfried / Mayer, Dieter (Hrsg.): Kommentar zum Umwandlungsrecht, Umwandlungsgesetz, Umwandlungssteuergesetz, Spruchverfahrensgesetz, Einbringung, Realteilung, Umsatzsteuer, Grunderwerbssteuer, Vertragsmuster (Loseblatt, Stand: 160. Lfg. 1.11.2016) (zitiert: *Bearbeiter*, in: Widmann/Mayer, Umwandlungsrecht)

Wiedemann, Herbert: Juristische Person und Gesamthand als Sondervermögen, in: WM 1975, Sonderbeilage Nr. 4/75, 7

Wiedemann, Herbert: Besprechung der Entscheidung BGHZ 62, 216, in: ZGR 1975, 354

Wiedemann, Herbert: Gesellschaftsrecht, Ein Lehrbuch des Unternehmens- und Verbandsrechts, Bd. I, Grundlagen, München 1980 (zitiert: *Wiedemann*, GesR, Bd. I)

Wiedemann, Herbert: Gesellschaftsrecht, Ein Lehrbuch des Unternehmens- und Verbandsrechts, Bd. II, Recht der Personengesellschaften, München 2004 (zitiert: *Wiedemann*, GesR, Bd. II)

Wiedemann, Herbert: Gedanken zum Inhalt der Juristischen Person im Zivilrecht, in: Festschrift für Uwe Hüffer zum 70. Geburtstag, hrsg. von Kindler, Peter / Koch, Jens / Ulmer, Peter / Winder, Martin, München 2010, S. 1091 ff. (zitiert: *Wiedemann*, FS Hüffer (2010))

Willerscheid, Katharina: Die Partnerschaftsgesellschaft mit beschränkter Berufshaftung, Eine Alternative zur Partnerschaftsgesellschaft mit Handelndenhaftung?, in: NWB 2013, 2490

Windbichler, Christine: Gesellschaftsrecht, Ein Studienbuch, 23. Aufl., München 2013 (zitiert: *Windbichler*, GesR)

Wischemeyer, Markus / Honisch, Philipp: Gesellschafterhaftung in der Insolvenz von Anwaltssozietäten – Erstreckung auf (ausgeschiedene) Scheingesellschafter?, in: NJW 2014, 881

Wollweber, Markus: Sieben Stolpersteine beim Weg in die PartG mbB, in: DStR 2014, 1926

Zimmermann, Christian: Verdrängt die PartG mbB Haftungsvereinbarungen?, in: NJW 2014, 1142

Zöllner, Wolfgang: Gläubigerschutz durch Gesellschafterhaftung bei der GmbH, in: Festschrift für Horst Konzen zum siebzigsten Geburtstag, hrsg. v. Dauner-Lieb, Barbara / Hommelhoff, Peter / Jacobs, Matthias / Kaiser, Dagmar / Weber, Christoph, Tübingen 2006, S. 999 ff. (zitiert: *Zöllner*, FS Konzen (2006))

Schriften zum Gesellschafts-, Bilanz- und Unternehmensteuerrecht

Herausgegeben von Barbara Grunewald und Joachim Hennrichs

Band 1 Moritz Pöschke: Eigenkapital mittelständischer Gesellschaften nach IAS/IFRS. 2009.

Band 2 Ulrike Lehmann: Gesellschaftsrechtliche Gestaltungen im Erbschaft- und Schenkungsteuerrecht. Eine Untersuchung der Erbschaft- und Schenkungsteuersubjektivität der Personengesellschaft sowie der mittelbaren Anteilsschenkung. 2009.

Band 3 Christian Graw: Das Konzept der Anteilseignerbesteuerung nach § 22 UmwStG 2006 – insbesondere im Vergleich zu § 21 UmwStG 1995. 2009.

Band 4 Christopher M. Picot: Die Rechte der Aktionäre beim Delisting börsennotierter Gesellschaften. 2009.

Band 5 Pascal Alexander Salomon: Regelungsaufträge in der Societas Privata Europea. Einführung in eine neue Rechtsform unter besonderer Berücksichtigung des Gesetzgebungs-instruments des Regelungsauftrages. 2010.

Band 6 Anna Sabrina Cryns: Gesellschafterfremdfinanzierung in Frankreich und Zinsschranke – ein Rechtsvergleich. 2011.

Band 7 Björn Karst: Das Marktmanipulationsverbot gem. § 20a WpHG. Unter besonderer Berücksichtigung der „Safe-Harbor"-Regelung. 2011.

Band 8 Ulrike Petig: Verdeckte Sacheinlagen im GmbH- und Aktienrecht. Die Veränderungen durch MoMiG und ARUG. 2012.

Band 9 Jochen Möller: Vorteilsanrechnung bei nützlichen Pflichtverletzungen im Kapitalgesellschafts- und Kartellrecht. 2012.

Band 10 Alexander Kersten: Zinsschranke und IFRS. Rechtssystematische Einordnung einer punktuellen Maßgeblichkeit der IFSR im Steuerrecht am Beispiel der Zinsschranke. 2012.

Band 11 Tobias Strohmeier: Special Purpose Acquisition Companies. SPACs im Spannungsfeld von deutschem Aktien- und Kapitalmarktrecht. 2012.

Band 12 Ruth Winter: Die steuerliche Behandlung von Scheinauslandsgesellschaften. Eine Untersuchung zur doppelansässigen Kapitalgesellschaft. 2013.

Band 13 Daniel Krey: IFRS und Ausschüttungsbemessung. 2013.

Band 14 Gabriel Jakob Litzenberger: Sanierungspflichten in der Krise von AG und GmbH. 2014.

Band 15 Franziska Neumann: Rechtliche Probleme von PIPE-Transaktionen. 2014.

Band 16 Jan Winzen: Vorzugsaktie und KGaA. Instrumente zur Kontrollerhaltung bei der Eigenkapitalfinanzierung. Unter besonderer Berücksichtigung der Vereinheitlichung von Aktiengattungen. 2014.

Band 17 Andreas Gerten: Angemessenheit und Steuern. Verdeckte Einkommensverwendung bei Kapitalgesellschaften im internationalen Vergleich. 2014.

Band 18 Isabel Kristin Fischer: Die Partnerschaftsgesellschaft mit beschränkter Berufshaftung. Rechtliche Einordnung und Haftungsverfassung unter Berücksichtigung der englischen LLP. 2015.

Band 19 Leif Klinkert: Probleme der neuen Ansatzrechte im Sinne des § 268 Abs. 8 HGB und der entsprechenden Ausschüttungssperren. Zugleich ein Vergleich zur kalifornischen Ausschüttungsregelung. 2016.

Band 20 Kai Sofia Loth: Die Haftung der Organe einer Aktiengesellschaft bei Entscheidungen unter Rechtsunsicherheit. De lege lata et ferenda. 2016.

Band 21 Nikolaus Moench: Die Societas Unius Personae (SUP). 2016.

Band 22 Moritz Evertz: Unternehmensstrafrecht aus gesellschaftsrechtlicher Sicht. Eine Untersuchung am Beispiel des nordrhein-westfälischen Gesetzesentwurfs zur Einführung eines Verbandsstrafgesetzbuchs. 2016.

Band 23 Gudrun Dorothea von der Laage: Handelsbilanzielle und körperschaftsteuerliche Aspekte der Sitzverlegung einer Europäischen Aktiengesellschaft (SE). Profili contabili e fiscali (dell'IRES) del trasferimento di sede di una Società Europea (SE). 2017.

Band 24 Christina Schröter: Rechtliche Grundlagen und normzweckadäquate Unternehmensbewertung bei Kapitalgesellschaften. 2017.

Band 25 Eric Becker: Unternehmerische Freiheit in deutscher KGaA und britischer PLC. Eignet sich die PLC als Rechtsformalternative für börsenwillige Familienunternehmen in Deutschland? 2017.

Band 26 Benedikt Statz: Die Haftungsverfassung der Partnerschaftsgesellschaft mit beschränkter Berufshaftung. 2017.

www.peterlang.com

www.ingramcontent.com/pod-product-compliance
Ingram Content Group UK Ltd.
Pitfield, Milton Keynes, MK11 3LW, UK
UKHW041824031026
15587UKWH00002B/547

9 783631 725054